하나님의 온전한 선교

Copyright © 2013 by Dean Flemming
Originally published in English under the title *Recovering the Full Mission of God*
by InterVarsity Press, Downers Grove, Illinois, USA.
All rights reserved.

This Korean Edition Copyright © 2015 by Daiseo, Seoul, Republic of Korea
This Korean edition is translated and used by arrangement of InterVarsity Press
through rMaeng2, Seoul, Republic of Korea.

# 하나님의 온전한 선교

초판 1쇄 인쇄 2015년 5월 25일
초판 1쇄 발행 2015년 5월 30일

      지은이  딘 플레밍
      옮긴이  한화룡
      펴낸이  장대윤

      펴낸곳  도서출판 대서
        등록  제22-2411호
        주소  서울시 서초구 방배동 981-56
        전화  02-583-0612 / 팩스 02-583-0543
        메일  daiseo1216@hanmail.net

      디자인  참디자인(02-3216-1085)

ISBN 979-11-86595-00-8 (03230)

* 책 값은 뒤표지에 있습니다.
* 잘못된 책은 교환하여 드립니다.

이 한국어판의 저작권은 알맹2 에이전시를 통하여 InterVarsity Press와 독점 계약한 도서출판 대서에 있습니다.
신 저작권법에 의하여 한국 내에서 보호받는 저작물이므로 무단 전재와 무단 복제를 금합니다.

# 하나님의 온전한 선교

딘 플레밍 지음 | 한화룡 옮김

도서출판 대서

# CONTENTS
# 목차

감사의 글 • 7
서언 • 9

1. 축복의 백성 • 23
   이스라엘의 선교적 삶

2. 열방에 말할 이야기가 있는가? • 57
   이스라엘의 언어적 증언

3. 하나님의 통치를 선포하고 구현하심 • 81
   예수님의 온전한 선교

4. 행동가, 교사, 구세주 • 117
   공관복음에 나타난 선교

5. 보내시는 사랑의 선교 • 155
   요한복음에 나타난 존재, 행동, 말

6. 너희가 내 증인이 되리라 • 183
　　사도행전에 나타난 말과 삶의 선교

7. 강권하시는 그리스도의 사랑 • 219
　　바울의 총체적 선교

8. 복음의 동역자들 • 251
　　바울이 세운 교회들의 선교적 삶

9. 주변부에서 이루어지는 선교 • 287
　　베드로전서에 나타난 존재, 행동, 말

10. 어린 양을 따라서 • 317
　　요한계시록에 나타난 말과 삶의 선교

11. 어떤 영향을 끼치는가? • 347
　　결론적 성찰

추천도서 목록 • 383

# ACKNOWLEDGEMENTS
# 감사의 글

이 책을 쓰는 일은 즐거운 여정이었다. 나는 책을 쓰면서 예리한 통찰력을 지닌 많은 동료들과 대화를 나눌 수 있는 복을 누렸다. 특별히 원고 전체를 읽는 수고를 한 팀 이스벨과 스티븐 머키에게 감사한다. 그들은 목회적 관점에서 가치 있는 논평을 해주었다. 그들이 소중한 시간을 내서 조언을 해주지 않았더라면 이 책은 지금보다 훨씬 부족한 작품이 되었을 것이다. 나는 또 이 책의 일부를 읽고 유익한 피드백을 해준 수많은 친구들과 동료들에게 감사를 드린다. 앤디 존슨, 존 닐슨, 제이슨 비치, 린 니콜스, 아요 아데유야, 존 헤인즈, 짐 에들린 모두에게 감사를 드린다.

나는 또 이 책을 쓰는 동안 유럽 나사렛 대학의 동료들과, 더 최근에는 미드아메리카 나사렛 대학교의 동료들이 베푼 후원에 대해 감사를 드린다. 게다가, 두 학교에서 나에게 배운 학생들이 원고의 일부를 읽고 격려와 피드백을 해주었다. 그 점에 대해 나는 감사한다.

또 나는 IVP 출판사의 다니엘 리드가 원고를 세심하게 검토하고 격려해 준 것에 대해 심심한 감사를 드린다. 그와 함께 이 책을 쓰게 된 것은 정말 즐거운 일이었다. 나는 또 내 아버지 플로이드 플레밍을 특별히 언급하고자 한다. 이 책을 쓸 때뿐만 아니라 내 생애 전체에 걸쳐, 나는 아버지의 경건한 삶, 확고한 격려와 매일의 기도 가운데 자라는 축복을 누렸다.

마지막으로 나는 힘과 지혜와 용기를 제공해 주신 하나님께 큰 감사를 드린다. 성령의 도우심이 없었더라면 이 책을 쓰는 계획은 시작도 하기 전에 끝나고 말았을 것이다. "하나님 곧 우리 아버지께 세세무궁하도록 영광을 돌릴지어다"(빌 4:20).

딘 플레밍

# INTRODUCTION
# 서언

> 항상 복음을 전하라. 그리고 필요하다면 말도 사용해라.
> **아시시의 성 프란시스**

오늘날 교회 안에는 긴장이 있다. 이 책은 바로 그 문제를 다루려고 한다. 그것은 세상 속에 존재하는 교회의 목적, 즉 선교와 관련된 것이다. 특별히, 예수님의 추종자들은 하나님이 우리에게 부여하신 선교를 수행하는 **방법**에 대해 의견이 다르다. 우리의 일차적 과제는 복음을 선포하는 것인가 아니면 복음을 실행하는 것인가? 우리는 사람들을 설득하는 말에 초점을 맞추어야 하는가 아니면 사랑의 행위에 초점을 맞추어야 하는가? 우리가 우선적으로 해야 할 일은 말하는 것인가 아니면 섬기는 것인가? 사람들을 설득해서 그리스도를 따르게 만드는 것인가 아니면 하나님의 나라를 구현하는 것인가?

이 긴장에는 역사적인 배경이 있다. 전통적으로 복음주의 그리스도인들은 언어적 증언에 치중해 왔다. 때때로 거의 말로만 전도를 하기도 했다. 부분적으로 이것은 19세기의 신학적 자유주의자들 가운데서 생긴 이른바 사회복음에 대한 반작용 때문에 그렇게 되었다. 주류 기독교에서 발생한 이 추세로 말미암아 사람들을 그리스도께 인도하는 "영적" 과제는 사회에 정의와 자비를 나타내는 실제적인 선교로 바뀌어 버렸다.[1] 그에 반해서, 20세기 내내 많은 복음주의자들에게 선교는 압도적으로 불신자들에게 복음을 선포하는 것이었다. 그 목표는 개인들로 하여금 그들이 죽은 다음 천국에 갈 것이라는 확신을 갖게 만드는 것이었다. 선교는 전도를 의미했으며, 전도는 그리스도에 대해 **말하는 것**을 의미했다. 다른 사람들은 동정과 정의의 사역이 필수적이기는 하지만 그것들은 보조적인 역할을 한다고 믿었다. 복음을 선포하는 것이 우선적으로 해야 할 일이었다.

그러나 최근에 많은 그리스도인들은, 특히 젊은 그리스도인들은 **말**에 초점을 맞추는 것에 대해 점차 불만을 갖게 되었다. 그들에게 선교는 우리가 하는 말이라기보다는 우리가 사는 삶이다. 그들의 표어는 성 프란시스가 한 것으로 알려진 말이다 (하지만 그가 그런 말을 했는지 확실하지 않다). "항상 복음을 전하라. 그리고 필요하다면 말도 사용해라." 적어도 일부 사람들에게, 이것은 좋은 소식을 전달하는데 **말**이 거의 **필요하지 않**다는 것을 의미한다. 오히려 교회는 혹사당하는 자들을 위한 사랑의 봉사와 돌봄을 통해 복음을 구현한다. 지켜보고 있는 세상 앞에서 독특한 공동생활을 함으로써 다른 사람들을 그리스도께 이끈다. 이것이 오늘날의 포스트모던 상황에 더 적절한 선교인가? 아니면 균형을 잃고 하나님의 진리를 말할 필요에서 너무 멀리 나간 것인가? "말없이 복음을 전하는 것"이 사람들에게 그리스도에 대해 **전혀 말하지 않는 것**을 정당화하는 핑계가 될 위험이 있는가?

## 내가 이 문제에 관심을 갖는 이유

나는 이 간단한 묘사가 복잡한 문제들을 지나치게 단순화할 수 있음을 인정한다. 그리고 오늘날 많은 복음주의자들은 메시지를 선포하는 것과 그 메시지를 구현하는 것을 더 통합시킬 것을 주장하고 있다. 그러나 북미 및 다른 곳에서 그 논쟁은 교회 및 개인 대화에서 계속되고 있다. 그리고 그것은 우리가 세상 속에서 이루어지는 선교를 이해하고 수행하는데 심오한 함축을 지닌다. 이 문제를 다루는 것이 **나**에게 아주 중요한 한 가지 이유는 내가 신앙생활을 해오면서 이 긴장을 절실하게 느꼈기 때문이다. 나는 **말**이 기독교 선교를 지배하는 신앙 배경에서 자랐다. 선교사들은 정기적으로 우리의 과제는 모든 민족에게 복음을 전해서 회심자를 만들고 교회를 세우는 것이라는 점을 상기시켰다. 지역 전도 행사도 다른 사람들에게 예수님에 대해 말하는 것을 의미했다. 대학생 시절 나는 공원이나 쇼핑몰에 가서 모르는 사람들에게 사전에 준비한 전도지를 나누어주면서 복음을 전하도록 훈련받았다 (그때 나는 참 힘들었다!). 신학교에 들어가서, 나는 사람들의 집을 방문해 그들에게 "오늘밤 죽으면 당신이 천국에 갈 것을 확신하느냐?"고 질문하는 훈련을 받았다. 나는 그런 전도 활동들을 깎아 내리려고 하는 것이 아니다. 나는 내가 단지 절 빈으로만 형성된 기독교 선교 개념을 갖게 되었음을 고백하는 것일 뿐이다. 그것은 모두 **언어적** 증언이었다.

하지만 후에 나는 필리핀에 있는 아시아 학생들에게 성경을 가르치러 갔다. 나는 갑자기 내가 인간 필요가 넘쳐나는 바다에 빠진 것 같은 느낌을 받았다. 사람들이 불결한 조건에서 사는 빈민가 공동체가 내가 일하는 캠퍼스 옆에 있었다. 내 그리스도인 친구들 가운데 많은 사람들이 끝도 없이 계속되는 빈곤, 인간성을 말살시키는 불의, 만연하는 부패 같은 문제들에 대해 성경적으로 접근하는 방식을 갖고 씨름하고 있었다. 나는 신학생들을 데리고 가서 "스모키 마운틴"의 쓰레기처리장에 사는 사람들에게 실제적인 도움을 제공했다. 그곳 사람들은 여전히 예수님을 아는 것이 필요했다. 그러나 그들은 그 이상이 필요했다. 말만 가지고는 그런 장소에 그리스도의 희망을 가져올 수 없었다. 나는 아시아에 사는 내 그리스도인 형제자매들이 북미에 있는 대부분의 내 동료 신자들보다 **복음**을 신포하는 것과 실세석인 인간 필요를 돌보는 것을 더 잘 통합한다는 사실을 발견했다.

더 최근에, 나는 서유럽에서 선교사 교육가로 활동했다. 나는 거기에서도 주로 말에 의존하는 선교가 부적당하다는 사실을 발견했다. 그런 "후기 기독교" 배경에서 사는 많은 세속적 사람들에게 관심을 불러일으킬 수 있는 것은 복음의 내용이나 기독교 신앙에 대한 설득력 있는 논거가 아니다. 사람들은 그리스도의 사랑으로 진정으로 변화된 삶에 더 자주 끌린다. 그들이 우리의 삶과 사랑이 넘치는 관계 속에서 읽는 메시지가 그들로 하여금 마음을 열고 우리가 그런 식으로 사는 **이유**에 대해 귀 기울여 듣게 만들 수 있다.

동시에, 나는 유럽과 지금 내가 가르치고 있는 북미의 학생들이 세상 속에서 하나님의 백성이 되는 새로운 방법들을 찾고 있음을 목도했다. 그들 중 많은 사람들이 공동체로 사는 것, 정의를 실현하는 것, 다른 사람들을 섬기는 것 그리고 창조 세계를 돌보는 것에 열정을 보이고 있다. 그러나 반드시 그들의 신앙에 대해 **말하는 것**은 아니다. 그들은 하나님 나라의 표적으로 그들이 속한 공동체에서 그리스도의 동정을 **실행하는 것**에 더 관심을 가진다.

유감스럽게도, 이 문제의 양측은 때때로 상대방의 관점을 오해하고 심지어는 불신하기까지 한다. 언어적 증언을 강조하는 자들은 종종 기독교를 더 총체적으로 표현하는 사역들이 복음을 소홀히 하거나 아예 전도를 포기하지 않을까 염려한다. 반면에, 삶으로 복음을 전하기 원하는 자들은 때때로 메시지와 모순되는 행동을 하는 그리스도인들로 인해 실망한다. 그들은 공허한 말을 너무 많이 들어온 나머지, 진정한 사랑이 넘치는 관계를 보고 경험하기를 갈망하는 세대의 사람들에게 말을 갖고 전도할 수 있을지 의문을 제기한다. 그 결과 복음을 말하고 복음을 실행하는 것이 결혼하는 대신에, 이 둘은 이혼으로 끝나고 만다.

## 문제 제기

따라서 우리가 살펴볼 문제는 이것이다. 하나님의 백성으로서 우리의 선교의 언어적 차원과 비언어적 차원은 어떻게 연결되어야 하는가? 이 문제는 **말** 대 **행위**의 단순한 문제보다 더 미묘하다. 그것은 그동안 논쟁의 프레임 역할을 했던 복음전도와 사회활동의 오랜 이원론으로 다시 돌아가는 것이 아니다. 그것은 또한 하나님의 부르심을 받고 세상에 파송된 백성으로서 우리는 누구인가 하는 우리의 **선교적 정체성**과 관련된다. 다시 말해, 우리의 특별한 말과 행동을 넘어서, 우리는 어떻게 하나님의 선교를 **구현할 것**인가? 선교의 비언어적 측면은 우리가 누구인지 하는 것과 우리가 하는 것 **둘 다**를 포함한다. 따라서 이 연구에서 나는 기독교 선교에서 **존재**(being), **행동**(doing) 및 **말**(telling)의 관계에 대해 성찰할 것이다.

그러므로 **말**과 **행위**를 대비하는 대신에, 나는 좋은 소식을 **말하는 것**과 **삶으로 나타내는 것**의 관련성에 대해 이야기하겠다. 복음을 "삶으로 나타내는 것"은 우리의 선교의 비언어적 측면들에 대해 이야기하는 것을 속기처럼 줄여 말하는 것이다. 그것은 하나님의 선교적 백성으로서 우리의 **존재**와 그런 정체성 가운데서 흘러나오는 구체적인 **행동** 둘 다를 언급할 수 있다. 예를 들어, 베드로전서에서 베드로는 하나님의 거룩한 제사장 백성으로 교회의 정체성에 대해 이야기한다(벧전 2:9). 그러나 베드로는 또한 하나님의 백성이 그들을 학대하는 자들에게 반응하면서 그 정체성을 실제로 어떤 행동으로 나타내는지 보여준다(벧전 2:18; 3:9을 보라). 우리의 "존재"와 우리의 "행동" 둘 다로, 우리는 우리가 선포하는 그 메시지를 실행한다.

하나님의 선교에서 말과 삶이 차지하는 위치를 이해하는 것이 문제라면, 우리는 그 문제를 어떻게 다루어야 하는가? 나는 당면한 문제에 대해 생각하는 방법이나 행동하는 방식을 찾을 때 수세기에 걸쳐 그리스도인들이 해온 일을 하고자 한다. 즉 그들은 성경으로 돌아갔다. 그들은 성경이 조각가의 역할을 수행하노록 했다. 그래서 하나님의 백성이 생각하고 느끼고 살아가는 방식을 형성하게 했다.[2] **그러면 성경은 기독교 선**

교에서 존재, 행동, 말의 관계에 대해 무어라고 말하는가? 그리고 그것은 오늘날 우리가 하나님의 선교에 참여하는 것에 어떤 영향을 끼치는가? 이 책은 이 두 가지 중대한 문제들에 대해 답변을 하고자 한다. 지면의 한계와 나 자신의 관심사 때문에, 나는 주로 신약에 나오는 구절들에 대해 고찰할 것이다. 처음부터 내 입장을 밝힌다면, 신약은 좋은 소식을 말하고 실천하고 구현하는 것이 아주 완벽하게 통합되어 있음을 나타낸다는 것이다. 당신이 나와 함께 이 탐구 여행을 한다면, 성경에서 복음을 말하고 삶으로 나타내는 것이 참으로 아름다운 결혼 관계인 사실을 발견할 것이다. 그것은 하나님의 온전한 선교를 하기 위해 회복해야 하는 도전적 과제이다.

동시에, 우리는 여러 성경 저자들이 이런 문제들에 대해 똑같은 관점을 보여주기를 기대하지 말아야 한다. 성경의 다른 자료들에 대해 고찰하면서, 우리는 그 자료들 각각이 존재, 행동, 말의 연관성을 어떻게 다루는지 묻는 것이 필요하다. 그 자료들은 다른 차원들보다 한 차원을 더 강조하는가? 그렇다면 그 이유는 무엇인가? 우리는 신약의 모든 저자가 그 문제를 똑같은 방식으로 다루지 않는다는 점을 볼 것이다. 다른 환경은 선교를 수행하는 교회에 다른 접근을 요구한다.

나는 또 이 연구에서 하나님의 사랑과 동정이 성경적 선교의 기반임을 보여주기를 희망한다. 우리가 선포, 실천, 존재 무엇을 이야기하든, 신적 사랑이 교회의 선교의 심장이다.

## 책의 내용 소개

이 책의 대부분은 신약에서 복음을 말하고 삶으로 나타내는 것의 연관성을 살펴본다. 하지만, 처음 두 장은 그 과제를 수행하기 위한 기초 작업으로, 하나님의 선교에서 구약의 이스라엘이 차지하는 역할에 대해 탐구한다. 1장은 하나님의 백성의 선교적 **정체성** 및 지켜보고 있는 세상 앞에서 그 정체성을 실행하는 방식에 대해 고찰한다. 그 다음에 2장은 이스라엘이 또한 열방에 적극적으로, 말로 증언을 하도록 부름을 받았는지 묻는다. 그리고 하나님의 백성 이스라엘의 선교가 오늘날 선교를 수행하는 교회에 어떤 교훈을 주는지 고려한다.

3장은 본격적으로 신약 여행을 시작한다. 그 여행은 예수님으로 출발한다. 존재, 행동, 말의 요소들은 예수님의 하나님 나라 선교에 어떻게 서로 잘 어울리는가? 그리고 예수님의 사역은 교회의 선교 패턴으로 어느 정도 역할을 하는가? 예수님의 선교를 전체적으로 살펴본 후에, 우리는 4장과 5장에서 각각의 복음서로 돌아간다. 4장은 마태, 마가, 누가복음에서 복음을 선포하는 것과 현시(顯示; demonstration; 나타내 보임)하는 것의 관계를 제시한다. 4장은 이 복음서들 각각이 강조하는 것이 무엇이고, 그것들이 서로 어떻게 다른지, 그리고 그런 독특한 관점들이 세계교회에 말하는 것이 무엇인지 탐구한다. 5장에서 우리는 요한복음이 예수님 및 그분의 추종자들의 사역을 다루는 독특한 방식이 우리가 세상 속에서 이루어지는 하나님의 사랑의 선교를 이해하는데 얼마나 도움이 되는지 고려한다.

6장은 예수님의 선교에서 성령으로 형성된 공동체의 선교로 이동한다. 사도행전은 선교하는 교회에 대해 이야기한다. 그 내러티브에서, 우리가 상상할 수 있는 대로 말씀을 선포하는 것이 주된 역할을 한다. 그러나 우리는 교회가 세상에서 그 소명을 수행하면서 비언어적 증언이 사도행전에서 얼마나 중요한 역할을 하는지 미처 생각하지 못한다.

다음 두 장은 바울서신에 초점을 맞춘다. 7장은 그리스도의 사도로서 바울 자신의 사역에서 복음을 선포하는 것과 삶으로 나타내는 것의 관계를 고려한다. 그 다음에 8장에서 우리는 바울이 그가 돌보는 교회들에 속한 일반 그리스도인들의 선교를 어떻게 묘사하는지 살펴본다. 우리는 하나님의 백성이 하나님의 선교에 열심히 참여해야 하지만 반드시 사도 자신과 똑같은 방법으로 하는 것은 아니라는 점을 발견한다.

우리가 9장에서 발견하는 것처럼, 베드로전서는 선교하는 하나님의 백성이 **된다**는 것이 무엇을 의미하는지 흥미진진하게 보여준다. 이 편지는 주변 세상으로부터 압박을 받으며 살고 있는 그리스도인들을 대상으로 기록되었다. 그들이 가시적인 행위와 언어적인 증언을 통해, 하나님의 거룩한 교회로서 자신들의 정체성을 실행하는 모습은 오늘날 그리스도인들에게 도전이 된다.

마지막으로, 요한계시록은 기독교 선교를 이해하는데 놀랄 만큼 풍부한 자료이다. 10장에서 우리는 요한계시록이 하나님의 백성에게 말과 행위로 신실하게 증언할 것을 요청한다는 점을 배운다. 심지어 그런 증언이 그들에게 모든 것을 잃게 할 경우에도 마찬가지이다. 특히 요한계시록은 교회의 증언의 공적 정치적 차원을 드러내는데, 그것은 모든 세대의 교회에 다 해당된다.

11장은 이 성경 여행이 기독교 선교에서 말, 행동, 존재의 관계에 대해 우리에게 가르치는 것을 요약한다. 그러나 그것의 초점은 성경이 21세기 교회의 성격과 실천을 어떻게 형성시키는가 하는 점에 있다. 특히, 다양한 환경에 처해 있는 그리스도인들에게 복음을 선포하는 것과 삶으로 나타내는 것은 어떤 연관성이 있는가? 우리가 우선적으로 해야 하는 일이 있다면 그것은 무엇인가? 말은 언제나 필요한가? 그리고 우리가 말하는 것, 살아가는 방식, 그리고 우리의 존재에 동기를 부여하는 것은 무엇인가?

그러나 이런 점들에 대해 살펴보기 전에 몇 가지 핵심 용어들에 대해 설명하는 것이 필요하다.

## 몇 가지 중요한 단어들

단어들은 그 뜻을 헤아리기가 힘들 수 있다. 이것은 그리스도인들이 여러 방식으로 사용하는 **선교**, **선교적**, **전도** 같은 단어들의 경우에도 분명히 사실이다. 그래서 처음에 나는 이 책에 자주 나오는 이 중요한 용어들이 뜻하는 바를 진술하고자 한다.

### 선교

**선교**(mission)라는 단어는 "보내다"라는 라틴어 어근에서 나오며, 보낸다는 개념은 분명히 성경적 선교의 핵심을 차지한다. 하나님은 보내시며 교회는 세상에 보냄을 받는다. 하지만 우리가 하나님의 백성은 무엇을 하도록 보냄을 받는가 하는 문제를 규명하려고 할 때 문제가 생긴다. 때때로 "선교"는 교회의 타문화 선교 사역으로 이해되는 복수형 "선교"(missions)와 동등한 것으로 여겨진다. 다른 사람들은 기독교 선교를 전도 및 교회 개척 활동으로 한정한다. 여전히 다른 사람들은 교회의 **선교**를 확산(아웃리치) 선략이나 프로그램과 혼동한다.

그와 달리, "선교"는 하나님으로부터 시작한다. 선교는 삼위일체 하나님의 무한하신 사랑 가운데서 흘러나온다. 그 목적은 창조 세계의 모든 것, 특히 하나님의 형상대로 만들어진 사람을 완전하게 회복시키는 것이다. 그러므로 하나님의 백성의 선교는 하나님의 총체적 선교에 참여하는 것 그 이상도 그 이하도 아니다. 그것은 하나님이 세상에서 행하고 계신 일의 장대한 행렬에 참여하라는 요청이다. 따라서 나는 창조 세계 전체를 위한 하나님의 포괄적인 목적 및 하나님이 그 목적과 연관해서 교회를 불러내시고 보내셔서 하도록 하신 모든 일을 언급하는데 **선교**라는 단어를 사용한다.[3] 이 책의 특별한 관심사와 관련해서, 선교는 하나님의 백성이 하나님의 선교에 참여하면서 교회가 존재하는 것, 교회가 하는 것 그리고 교회가 말하는 것을 다 포괄한다.

### 선교적

나는 하나님의 선교와 관련이 있거나 그 선교에 참여하는 것을 의미하는 형용사로서 **선교적**(missional)이라는 용어를 사용한다. 예를 들어,

우리는 교회의 존재 자체는 하나님의 선교와 관련이 있다는 의미로 교회의 선교적 정체성에 대해 이야기할 수 있다. 또 우리는 요한계시록이 하나님의 선교 및 교회가 그 선교에 참여하는 것에 대해 증언하는 방식을 찾으면서 그 책의 **선교적** 읽기에 대해 말할 수 있다. 나는 **선교사적** (missionary)이라는 형용사보다 **선교적**이라는 용어를 더 좋아한다. 전자가 일반적으로 타문화 사역으로 제한되기 때문이다. 특히 다른 지리적 장소에서 타문화 사역이 일어날 때 그렇다. 동시에, 나는 **선교적**이라는 용어가 다른 사람들에게 다른 것들을 의미하게 된 점을 인정한다. 특히 최근에 일어난 "선교적 교회"[4] 또는 "선교적 해석학"[5]에 대한 논의에서 그렇다. 물론 이런 대화들은 중요하다. 그러나 여기에서 나는 덜 전문적인 의미에서 그리고 더 광범위한 의미에서 선교의 특징을 지니고 있으며 또 하나님의 선교와 관련된 것으로 선교적이라는 형용사를 사용한다.

### 전도

일반적으로 **전도**(evangelism)라는 용어는 불신자들에게 그리스도에 대한 좋은 소식을 **말로** 전달하는 것으로 제한된다.[6] 그러나 나는 전도 과제를 다소 더 광범위한 것으로 받아들인다. **전도**는 말, 행위, 모범을 통해 사람들이 기독교 공동체의 일부가 되고 그들의 삶 전체를 드려 그리스도를 따르도록 초대하는 것을 의미한다. 나는 이렇게 전도에 대해 확대된 정의가 신약의 증언과 일치한다는 점을 보여주고자 한다.

## 독자들에게

나는 이 책이 학제간 결혼이 되기를 바란다. 성경 연구와 선교학 분야에서 일하는 사람들은 언제나 필요한 만큼 충분히 상대방을 진지하게 대하지 않는다. 그러나 이 두 과목은 서로 사이좋게 지낼 수 있을 뿐만 아니라 그것들은 정말 상대방을 위해 **만들어지는** 것이다. 우리는 신약을 선교적 안목으로 읽는 것이 필요하다. 또 우리는 선교에 대한 우리의 사고가 항상 성경에 근거하도록 하는 것이 필요하다. 이 책은 좋은 소식을 말하고 구현하는 것의 관계에 대한 긴급한 문제에 비추어, 이 두 관심사들을 연결시키는데 쓸 만한 몇 개의 대들보를 보태려고 한다. 이 책이 취하고 있는 통합적인 접근법 때문에 여러 종류의 독자들이 이 책을 사용할 수 있다. 당신의 주된 관심이 신약에 있는가 아니면 실제적인 선교 방법에 있는가에 따라, 당신이 북미의 목사인가 아니면 타문화권 선교사인가에 따라, 당신이 유럽의 평신도 지도자인가 아니면 아프리카의 신학생인가에 따라, 당신은 다른 질문과 기대를 갖고 이 책에 접근할 것이다.

특히, 나는 이 책이 다음과 같은 세 그리스도인 그룹에 도움이 되기를 희망한다.

* 교회의 선교가 주로 메시지를 선포하는 것이라고 믿는 그리스도인들
* 지켜보고 있는 세상 앞에 교회는 그 메시지를 구현하는 일에 집중할 필요가 있다고 생각하는 그리스도인들
* 기독교 선교에서 복음을 말하는 것과 삶으로 나타내는 것을 더 통합시킬 필요가 있다고 느끼는 그리스도인들

나는 우리가 성령의 지도 아래 성경 연구를 하면서 이런 그룹들 각각의 관점을 더 깊이 이해하게 될 것이라고 믿는다.

이 책을 더 많은 독자들이 사용할 수 있도록, 나는 전문적인 용어들을 최소로 언급하려고 노력했다. 하지만 어떤 경우에 나는 각주에서 더 전문적인 문제들을 다룬다. 게다가, 나는 책 전체에 걸쳐 많은 성경 구절들을 괄호 안에 넣어놓았다. 책을 읽으면서 이런 성경 구절들을 찾아보는데 많은 시간과 노력이 필요하겠지만 많은 유익이 있을 것이다. 마지막으로, 각 장의 끝에는 "생각해 볼 질문"이 첨부되어 있다. 그 질문들은 성경의 메시지가 어떻게 당신의 선교적 소명 및 당신이 속한 기독교 공동

체의 선교적 소명이 무엇인지 알려주고 또 그것들을 활성화시킬 수 있는지 생각하도록 도와주기 위한 것이다.

이와 같은 연구를 중립적 관점에서 하는 사람은 없다. 나는 웨슬리 신앙 고백과 더 광범위한 복음주의 전통에 속해 있다. 나는 북미에서 자랐지만, 대부분의 성년동안 아시아와 유럽에서 살면서 사역을 했다. 이런 현실들은 내가 성경 및 세계 기독교 선교에 접근하는 방식에 깊은 영향을 끼쳤다. 당신도 곧 그 점을 알게 될 것이다.

나는 당신이 이 책을 읽으면서 성경이 어떻게 기독교 선교에서 선포, 실천, 존재를 정교하게 통합시키는지 발견하게 되기를 희망한다. 그리고 그런 일이 일어나도록 하려면, 우리는 성경이 말씀하도록 해야 한다. 대부분, 우리는 신약에서 나오는 음성을 들을 것이다. 그러나 먼저 우리는 구약 이스라엘을 위한 하나님의 목적이 하나님의 선교와 관련하여 존재, 행동, 말에 대해 우리에게 말해 주는 것이 있는지 물어야 한다.

## 주

1) 더 최근에, 라틴 아메리카에서 생긴 해방신학은 인간 구원이 본질적으로 사람들을 억압하는 부당한 사회적, 정치적, 경제적 시스템에서 그들을 해방시키는 것이라고 역설했다.
2) Joel B. Green, *Seized by Truth: Reading the Bible as Scripture* (Nashville: Abingdon, 2007), p. 24.
3) Christopher J. H. Wright, *The Mission of God's People: A Biblical Theology of Church's Mission* (Grand Rapids: Zondervan, 2010), p. 25를 보라. 「하나님 백성의 선교」(IVP)
4) 예를 들어, Darrell L. Guder, ed., *Missional Church: A Vision for the Sending of the Church in North America* (Grand Rapids: Eerdmans, 1998)와 Alan J. Roxburgh and M. Scott Boren, *Introducing the Missional Church: What It Is, Why It Matters, How to Become One* (Grand Rapids: Baker, 2009)을 보라.
5) George R. Hunsberger, "Proposals for a Missional Hermeneutic: Mapping the Conversion," *Missiology* 39 (2011): 309-21를 보라.
6) 예를 들어, Lesslie Newbigin, "Crosscurrents in Ecumenical and Evangelical Understandings of Mission," *International Bulletin of Missionary Research* 6 (1982): 146를 보라.

# CHAPTER 01

# 축복의 백성

## 이스라엘의 선교적 삶

너희가 내게 대하여 제사장 나라가 되며

거룩한 백성이 되리라 (출 19:6)

나는 세계 전도에 관심을 많이 가진 지역 교회에서 자랐다. 교회 행사 일정에는 언제나 선교사들의 방문과 "선교 교육" 프로그램이 들어 있었다. 나는 훌륭한 여러 강사늘이 성경을 갖고 복음을 세상에 전하는 일이 중요하고 긴급하다는 점을 강조하는 설교를 들었다. 나는 그들의 메시지를 듣고 큰 도전을 받았다. 그러나 되돌아보건대 무언가가 빠져 있었다. 구약에 대한 언급이 거의 없었던 것이다. "선교"는 가서 모든 민족을 제자로 삼으라는 예수님의 행군 명령으로 태어났다고 사람들은 말한다(마 28:19). 세상에 대한 교회의 선교는 한 부모 즉 신약의 자녀인 것처럼 보였다.

사도행전에 기록된 바울의 사역에서 보는 것처럼, 우리가 선교를 타문화 전도로 본다면, 구약은 그 주제를 중요하게 다루지 않는다고 결론을 내릴 수 있다. 그러나 **우리의** 선교에서 **하나님의** 선교로 초점을 바꾸이 보면 어떨까? "신교 사역"(missions)을 나문화권에 전도자늘을 파송하는 일로 보고, "선교"(mission)를 하나님의 광범위하고 놀라운 선교에 참여하는 것으로 확대해 보면 어떨까? 그럴 경우 우리는 다른 렌즈로 구약을 읽기 시작할 수 있다.

사실상 구약은 처음부터 끝까지 선교로 가득하다. 하나님의 선교, 즉 모든 사람과 온 세상을 위한 하나님의 목적은 창세기 1장의 창조로 시작해서 요한계시록 22장의 새 창조로 절정에 이른다. 이 광범위한 성경적 내러티브에서 중요한 것은 창세기 12장에서 하나님이 아브라함과 그 후손을 부르신 일이다. 이 특별한 백성은 그 자체를 위해서가 아니라 세상의 모든 민족을 위한 하나님의 축복의 도구가 되도록 선택받는다. 따라서 이스라엘의 이야기는 이 책의 관심사에 필수적이다. 신약의 선교관은 훨씬 더 큰 이야기의 일부이다. 교회를 위한 하나님의 목적은 이스라엘의 선교적 사명에 뿌리를 굳게 박고 있다.

구약에 나타난 선교를 철저하게 다루는 것은 이 책의 범위를 넘어 선다.[1] 대신에, 나는 다소 제한적인 관심사를 다루고자 한다. 신적 선교에서 하나님의 백성 이스라엘의 역할은 무엇인가? 또 이것은 우리에게 하나님의 선교에서 존재, 행동, 말의 관계에 대해 무엇을 보여주는가? 우리는 이 책의 처음 두 장에서 이런 문제들을 다룰 것이다. 이 장은 주로 하나님의 백성이 열방 가운데서 그들의 선교적 소명을 어떻게 실행하는가 하는 문제를 다룬다. 그것은 그들이 누구인가, 또 그 정체성이 그들의 행동 가운데 어떻게 표현되는가 하는 문제에 초점을 맞춘다. 그 다음에 2장에서 우리는 이스라엘이 하나님에 대한 진리를 외부인들에게 말하도록 부름받았는가 하는 문제를 살펴볼 것이다. 그리고 마지막으로 우리는 하나님의 선교에서 이스라엘이 담당한 역할은 오늘날 교회의 선교에 계속 유효한가? 하는 문제를 살펴볼 것이다.

## 복이 됨

많은 그리스도인들이 구약의 선교적 취지를 간과하는 한 가지 이유는 구약이 분명한 선교적 명령을 포함하고 있지 않기 때문이다. 우리는 구약에서 "가서 모든 민족을 제자로 삼으라"는 예수님의 명령(마 28:19)과 대응하는 말씀을 찾아볼 수 없다. 우선 이스라엘의 선교는 어디에 **가거나** 무언가를 **말하거나 행동하는** 문제가 아니다. 선교는 근본적으로 **존재**에 대한 것이다. 그것은 **정체성** 문제이다. 그리고 이스라엘의 선교적 정체성은 이스라엘이 세상 가운데서 하나님의 구속적 선교를 담당하도록 부름받은 역할에 의해 규정된다.2)

그렇다면 우리는 이스라엘의 역할과 정체성을 이해하는데 초점을 맞추어야 한다. 그것이 구약의 초점이기 때문이다. 또는 크리스토퍼 라이트가 표현한 것처럼, 하나님의 백성은 누구이며 그들은 도대체 무엇을 위해 존재하는가?3) 이런 문제들에 대한 답을 찾기에 아브라함(여기에서는 아브람)을 부르신 하나님에 대한 이야기를 하고 있는 창세기 12:1-3보다 더 좋은 곳은 없다.

> 여호와께서 아브람에게 이르시되
> 너는 너의 고향과 친척과 아버지의 집을 떠나
> 내가 네게 보여 줄 땅으로 가라
> 내가 너로 큰 민족을 이루고
> 네게 복을 주어 네 이름을 창대하게 하리니
> 너는 복이 될지라
> 너를 축복하는 자에게는 내가 복을 내리고
> 너를 저주하는 자에게는 내가 저주하리니
> 땅의 모든 족속이 너로 말미암아 복을 얻을 것이라 하신지라

이 구절은 창조 세계에 대한 하나님의 선한 목적을 인간이 반역하는 어두운 이야기(창 3-11장) 바로 뒤에 나온다. 에덴동산에서 시작한 인간 죄의 소용돌이는 아래로 내달리다가 바벨탑 이야기에서 최저점에 이른다. 여기에서 땅의 모든 족속이 힘을 모아 그들의 창조자께 반란을 꾀한

다. 하늘에 이르는 탑을 건설하려고 시도하면서, 그들은 노골적으로 하나님을 대적한다(창 11:1-9). 창세기 3-11장은 근본적인 깨어짐에 대해 이야기한다. 인간이 저지른 죄의 결과가 인간의 삶의 구석구석과 하나님의 창조 세계의 전부에 침입한다.[4]

이런 전 세계적인 죄의 유행병에 대한 하나님의 응답은 무엇인가? 그것은 놀랍게도 "작은 것"으로 시작한다. 은혜로 하나님은 한 사람, 아브라함을 부르신다. 그리고 그를 통해 하나님은 독특한 한 백성을 만드신다. 하나님은 그 백성에게 땅과 그분의 축복을 약속하신다. 그러나 처음부터 그들은 사명을 지닌 백성이다. 즉 그들은 땅의 모든 족속에 대해 복이 **되어야** 한다. 이런 식으로 하나님은 다국적인 죄의 저주를 다국적인 축복의 공동체로 받아치신다.

창세기 12:1-3에 나타난 아브라함에 대한 하나님의 언약적 약속은 성경적 선교 이해에 매우 중요하다. 하나님이 아브라함을 통해 모든 민족을 축복하시겠다는 약속은 창세기에 거의 같은 형태로 다섯 번 나타난다.[5] 게다가 이 약속은 반복되는 음악적 주제처럼 성경의 심포니 전체에 걸쳐 나타난다. 라이트는 "모든 민족을 위한 축복이 어떻게 이루어지는가 하는 이야기가 성경의 나머지를 차지하며, 그리스도가 중심 초점을 이룬다"고 말한다.[6] 그것은 모든 족속과 방언과 나라 출신의 백성이 주권적인 하나님과 어린 양을 경배하는 요한계시록의 환상으로 절정에 이르는 이야기이다(계 7:9-10).

창세기 12:1-3을 더 자세히 살펴보면 하나님의 선교에서 하나님의 백성의 정체성과 역할이 무엇인지 규명하는데 유익하다. 첫째, 하나님이 선택하신 백성은 하나님이 그분의 축복을 전 세계에 확장하시는 **수단**이다. 2절과 3절에서 하나님이 아브라함과 그의 후손에게 7배의 약속을 하시는 바로 그 중간에서 우리는 한 명령을 발견한다. "너는 복이 **될지라**"(창 12:2).[7] "복이 되라"는 임무는 하나님이 아브라함과 그의 후손에게 부과하신 선교적 역할이다. 하나님이 이 특별한 민족을 축복하시는 목표

는 앞으로 이스라엘의 삶이 다른 민족들을 축복하는 모습으로 나타나도록 하는 것이다.[8]

3절의 최종적 약속은 이스라엘의 사명을 더욱 특별하게 만든다. 하나님의 백성은 세상의 모든 가족에 하나님의 복을 **중개할** 것이다. 전 세계적 복에 대한 약속이 창세기에서 나타날 때마다, 그것은 "네 안에서," 또는 더 나은 것으로 "너를 **통해**"(또는 "네 자손으로 말미암아"; 창 22:18; 26:4; 28:14)라는 단어로 한정된다. 처음부터 하나님은 특별한 역사적 백성을 도구로 사용해서 그분의 무한한 선교를 수행하기로 작정하셨다.

수세기가 지나서, 바벨론 포로에게 보낸 예레미야의 편지는(렘 29:1-14) 하나님이 아브라함을 부르신 것을 현저한 방식으로 적용한다. 포로로 잡혀 있는 와중에서도, 하나님은 그분의 백성에게 그들의 적들에 대해 복을 전달하는 통로가 되라고 명령하신다. "너희는… 그 성읍의 평안을 구하고 그를 위하여 여호와께 기도하라. 이는 그 성읍이 평안함으로 너희도 평안할 것임이라"(렘 29:7). 자기연민에 빠져 물러나거나 "안전한" 게토에 머물러 있는 대신에, 하나님의 백성은 그들이 처한 땅에서 온전함과 조화를 이루는 대행자가 되어야 한다. 그때나 지금이나 하나님의 백성의 기본적인 역할은 다른 사람들을 위해 축복의 공동체가 **되는** 것이다. 그 공동체가 구체적으로 어떤 형태를 취할 것인가 하는 문제는 상황에 따라 크게 다를 것이다. 그러나 그 소명은 언제나 똑같다.

둘째, 하나님의 다국적 축복의 대행자가 되는 것은 **생활방식**의 차원을 지니고 있다. 그것은 **순종**을 요구한다. 하나님은 **먼저** 아브라함에게 "내가 네게 보여 줄 땅으로 가라"고 명령하신다(창 12:1; 참고. 4절). 이 구절에서 이어 나오는 모든 것(여기에는 다른 사람들에 대해 "복이 되는" 사명이 포함된다)은 아브라함이 고향을 떠나 가나안으로 기꺼이 가려는 자세에 달려 있다. 아브라함의 모험적인 순종이 없었다면, 그 이야기는 시작도 하기 전에 끝나고 말았을 것이다.[9]

순종과 선교의 연관성은 창세기 22장에서 더 분명하게 드러난다. 아브라함은 막 궁극적인 순종의 시험을 통과했다. 아브라함은 아들 이삭을 기꺼이 제물로 바치려 했다. 그러자 하나님은 다음과 같은 약속으로 반응하신다. "또 네 씨로 말미암아 천하 만민이 복을 받으리니 **이는 네가 나의 말을 준행하였음이니라**"(창 22:18). 아브라함은 이스라엘과 그 후에 등장할 하나님의 백성이 따라야 할 모범이다. 그 약속과 그 사명은 하나님의 것이지만, 하나님이 하시는 일에 우리가 참여하는 것은 우리가 기꺼이 그분을 신뢰하고 순종하는 것에 달려 있다.

셋째, 다른 사람들을 축복하는 매개체의 역할을 하는 이스라엘은 **포괄적인** 선교를 가리킨다. "축복하다"(히브리어 어근: 바라크) 또는 "축복"은 이 구절뿐만 아니라 창세기 드라마 전체에서 중요한 역할을 한다. "축복"은 많은 차원을 지닌 풍부하고 포괄적인 용어이다. 라이트는 "축복이 처음에는 창조 세계 및 모든 좋은 선물(풍성함, 번영, 비옥함, 장수, 평강, 안식)과 강력하게 연결되어 있다"고 말한다[10](창 1:28; 26:24; 30:27-30; 신 28:3-15을 보라). 그러나 창세기 3-11장이 매우 분명히 하는 것처럼, 창조 세계와 인류는 인간의 죄로 망가졌다. 그것들은 회복이 필요하다. 그러므로 창세기 12:1-3의 "복"은 사람들을 구속하고 궁극적으로 모든 창조 세계를 갱신하기 위한 하나님의 목적도 포함해야만 한다. 그것은 아담과 이브의 죄를 뒤따라 생긴 저주의 역전이다(창 3:14, 17; 5:29을 보라).

그러니까 하나님이 약속하신 축복은 죄로 말미암아 산산이 부서진 모든 관계가 회복되는 것을 포함한다. 거기에는 하나님과 인간, 인간과 인간, 인간과 창조 세계의 관계가 다 포함된다. 그러므로 아브라함의 후손에게 주어진 열방을 축복하는 사명은 개인 구원이나 물질적 복지 같은 것에 국한될 수 없다. 하나님의 복은 하나님이 피조물에게 의도하신 삶에 필요한 모든 것을 그들에게 주시려는 하나님의 목적을 포함한다.[11] 그리고 우리가 이 본문을 바울과 함께 새 언약의 관점에서 읽으면, 우리는 궁극적으로 모든 민족을 위한 이 충만한 복은 아브라함의 참된 씨인 나사렛 예수를 통해서만 가능하다는 점을 알게 된다(갈 3:8, 16; 참고. 마

1:1).¹²⁾ 게다가, "아브라함의 자손"으로(갈 3:29) 우리는 또한 아브라함이 받은 것과 똑같은 약속의 상속자이다. 즉 다른 사람들을 위한 축복의 백성이 되는 이스라엘의 소명은 교회의 사명이기도 하다.

## 하나님의 거룩하심을 구현함

우리는 이제 두 번째 핵심 구절인 출애굽기 19:4-6을 살펴볼 차례이다.

> 내가 애굽 사람에게 어떻게 행하였음과
> 내가 어떻게 독수리 날개로 너희를 업어
> 내게로 인도하였음을 너희가 보았느니라
> 세계가 다 내게 속하였나니
> 너희가 내 말을 잘 듣고 내 언약을 지키면
> 너희는 모든 민족 중에서 내 소유가 되겠고
> **너희가 내게 대하여 제사장 나라가 되며 거룩한 백성이 되리라**

여기에서 우리는 구약에서 하나님의 백성의 정체성, 특징 및 사명에 대해 가장 흥미진진하게 묘사한 진술 중 하나를 만난다. 이 구절은 세 부분으로 이루어져 있다.

* 출애굽기 1-18장에 서술된 이야기로, 하나님이 이스라엘을 위해 행하신 위대한 일을 상기시키는 부분(출 19:4).
* 언약에 순종하고 신실하게 살 것을 이스라엘에 요청하면서 내건 조건 ("만약 ... 하면")(출 19:5). 이것은 출애굽기 나머지에서 율법 수여 및 언약이 이루어질 것을 예상한다(출 20-40장).
* 이스라엘이 하나님 및 세상의 모든 다른 백성과 관련해 어떤 존재가 될 것인지에 대한 약속(출 19:5-6).

이런 진술이 전개되는 순서가 중요하다. 이스라엘의 순종과 그 정체성은 하나님의 구원 사역 가운데서 흘러나온다 ("그러므로" 출 19:5; 우리말 성경에는 이 단어가 번역되어 있지 않다-역주).[13] 은혜가 먼저이다. 그리고 우리가 창세기 12:1-3에서 본 것처럼, 하나님이 이스라엘에 부여하신 정체성을 실행할 수 있는 능력과 그 사명을 수행할 수 있는 능력은 이스라엘이 기꺼이 하나님의 음성을 듣고 순종하려는 자세에 달려 있다(출 19:5). 다시 말해서, 하나님의 언약을 지키지 못할 경우 이스라엘은 하나님이 세상 가운데서 그들에게 요구하신 종류의 백성이 되지 못할 것이다. "존재"와 "행동"은 분리할 수가 없다.

이제 우리는 이스라엘의 선교적 정체성에 대한 하나님의 목적이 무엇인지 살펴보아야 한다. 그것은 이스라엘이 **제사장 나라**와 **거룩한 백성**이 되어야 한다는 것이다. 다시 말해, 하나님의 선민으로 이스라엘의 근본적인 소명은 그저 어떤 **일들을 하는** 것이 아니라 특정한 종류의 **백성이 되는** 것이다. 하지만 "모든 민족 중에서"와 "세계가 다 내게 속하였나니"라는 구절들은 이스라엘이 특별한 정체성을 갖는다고 해서 그들이 주위에 있는 "크고 나쁜 세상"으로부터 물러나야 하는 것은 아니라는 점을 암시한다. 반대로, "**이스라엘은 하나님께 속한 세상을 위한 하나님의 백성이 되는 임무를 부여받는다.**"[14] 윌리엄 덤브렐이 출애굽기 19:6은 창세기 12:1-3에 대한 일종의 주석이라고 말한 것은 옳다. 그것은 우리에게 이스라엘이 열방에 대해 복이 되리라는 하나님의 약속을 **어떻게** 성취할 것인지 말해준다.[15]

### 제사장 백성

"제사장 나라"로서 이스라엘의 역할은 정체성과 선교가 관련되어 있음을 나타낸다. 이 공동체는 전부 제사장으로 이루어져 있기 때문이 아니라 열방 가운데서 제사장의 **기능**을 수행하기 때문에 제사장 나라이다. "제사장이 백성을 위해 있는 것처럼, 이스라엘 백성은 세상을 위해 있다."[16]

그렇다면 이 제사장적 역할은 무엇인가? 무엇보다도 그것은 중간에 서는 것이다. 즉 하나님과 열방을 **중개하는** 것이다. 한 편으로, 제사장들이 백성에게 하나님의 복을 가져다주기 위해 산 것처럼, 이스라엘은 열방에 하나님에 대한 지식과 임재를 중개해야 한다. 다른 한 편으로, 제사장들은 백성을 대신해서 하나님께 제사와 제물을 드렸다. 마찬가지로 이스라엘은 하나님께 열방을 대표한다. 이스라엘은 다른 사람들을 대신해 하나님을 섬기고, 그들을 위해 중보하고 그들을 속죄의 수단으로 데려가는 일을 한다. 하나님은 어떻게 그분 자신이 세상 사람들에게 알려지기를 바라시는가? 또 하나님은 궁극적으로 어떻게 세상을 그분 자신께 데려오기를 원하시는가? 그 대답은 둘 다 같다. **이스라엘을 통해**.[17] 이스라엘의 선교는 열방 가운데서 제사장 나라가 되는 것이다.

### 거룩한 백성

이스라엘의 선교적 역할의 일부는 세상에 하나님의 거룩하심을 나타내는 것이다. 라이트가 지적한 대로, 이스라엘의 거룩함은 두 차원을 갖고 있다. 그것은 **주어진 것**이면서 **과제**이다.[18] 먼저 이스라엘은 하나님의 용도를 위해 구별되었기 때문에 거룩하다. 이것은 하나님의 선물이다. 하나님은 "너희는 나에게 거룩할지어다. 이는 나 여호와가 거룩하고 내가 또 너희를 나의 소유로 삼으려고 너희를 만민 중에서 구별하였음이니라"고 말씀하신다(레 20:26; 또 신 7:6; 26:18-19을 보라). 거룩한 나라가 된다는 것은 여호와가 다른 모든 신과 다른 것처럼 이스라엘은 독특하고 다른 모든 나라와 다르다는 것을 의미한다.

그러나 이스라엘은 또한 매일의 삶 가운데서 그런 독특한 지위를 실행하는 **과제**를 갖고 있다. 거룩함은 이스라엘의 제도, 의식, 정한 것 및 부정한 것과 관련된 관례(레 20:25-26을 보라), 그리고 특히 윤리적 행위 가운데 실제적으로 표현된다. 공동체의 개인적 공동적 생활은 하나님을 닮은 특징을 나타내야 한다. 그 특징은 정직, 사랑, 동정, 의, 정의이다.

또 이것은 이스라엘의 존재의 모든 측면에서 이루어져야 한다. 가정생활, 사회적 관계, 경제, 정치, 놀이를 다 포함한다. "너희는 거룩하라. 이는 나 여호와 너희 하나님이 거룩함이니라"(레 19:2)는 호소가 지닌 의미는 엄청나다. 그것은 인간의 삶의 전 영역을 망라한다(레 19:3-37을 보라).

하지만 이스라엘의 거룩한 삶은 그 자신을 위한 것이 아니다. 이스라엘 공동체는 하나님의 거룩한 성품을 세상에 내보인다. "하나님의 통치를 받는 이스라엘의 삶은... 열방이 끌려올 만큼 충만하고 풍성한 인간 삶이 되어야 한다."[19] 이스라엘이 열방에 하나님의 복을 중개하기 원하면, 그들을 지켜보고 있는 세상 앞에서 거룩한 백성으로 살아야 한다. 이스라엘은 하나님이 모든 사람에게 원하시는 풍성하고 변화된 삶을 보여 주는 증거물 제1호가 되어야 한다. 그것은 선교적 거룩함이다. 애석하게도, 앞으로 전개되는 구약 이야기는 대체로 그들의 거룩한 소명을 따라 살지 못한 한 백성의 모습을 드러낸다. 그들은 거룩하신 하나님을 닮기보다는 주변에 있는 열방을 더 닮은 백성이다.

우리는 출애굽기 19장에서 이스라엘의 선교에 대해 두 가지 더 관찰할 수 있다. 첫째, 이스라엘은 주로 **공동체**로 열방에 대해 증언한다. 이스라엘은 그저 제사장**이 있는** 나라가 아니라 제사장**의** 나라이다. 하나님은 거룩한 개인들을 만드신 것이 아니라 거룩한 백성을 만드셨다.[20] 둘째, 이스라엘의 선교는 주로 다른 사람들을 위한 **모델** 역할을 하는 것이다. 이스라엘의 과제는 **가서** 열방**에** 대해 증언하는 것이라기보다는 주로 열방 **앞에서** 하나님을 닮은 공동체가 **되는** 것이다.

그러니까 출애굽기 19:4-6은 하나님의 백성의 정체성과 사명을 분명히 밝히는 진술이다. 나중에 우리는 베드로가 이 구절의 언어를 교회에 직접 적용하는 것을 보게 될 것이다. 예수 그리스도의 교회는 이스라엘과 마찬가지로 제사장적 소명을 갖고 있다. 교회는 하나님과 세상 사이에 서 있다. 그리고 이스라엘처럼 교회는 어느 정도 이방인들 가운데 독특한 생활방식을 나타내서 그들이 결국 하나님을 예배하러 오게 함으로써 제사장적 사명을 성취한다(벧전 2:9-12; 또 계 1:6; 5:10을 보라).

## 열방을 하나님께 끌어들임

나는 태평양에 있는 서사모아 섬에서 한 학급을 가르친 적이 있다. 그런데 나는 그곳에 있는 전통 가옥을 보고서 충격을 받았다. 그 집들은 기둥에다가 지붕을 얹어놓았는데 벽이 없었다. 그 집에서 일어나는 모든 일을 공동체 전체가, 또는 지나가는 외부인들이 볼 수 있게 개방되어 있었다. 마찬가지로 이스라엘은 벽이 없는 집에서 살았다고 말할 수 있다. 이스라엘은 세상이 지켜보는 진열장 국가가 되는 녹녹한 위치에 놓여 있었다. 하나님은 "내가 그[예루살렘]를 이방인 가운데에 두어 나라들이 둘러 있게 하였노라"고 말씀하신다(겔 5:5). 이스라엘은 주로 **끌어들이는** 선교를 통해 열방에 하나님의 복을 중개해야 했다. 꽃이 꿀벌을 끌어들이는 것처럼 이스라엘은 다른 사람들을 끌어들여서 하나님을 섬기게 하는 것이다. 그러나 이스라엘이 열방을 살아계신 하나님께 끌어당기는 것은 무엇인가? 이스라엘의 삶에는 적어도 자석처럼 끌어당기는 두 가지 차원이 있다. 하나는 그들이 하나님의 은혜를 경험한 것이고, 다른 하나는 그들이 하나님께 순종하며 사는 생활방식이다.

### 하나님의 축복을 나타내 보임

하나님은 먼저 이스라엘 **가운데** 일하신다. 그런 다음 하나님은 다른 민족들을 위해 이스라엘을 **통해** 일하신다.[21] 이스라엘의 삶 가운데 하나님의 은혜가 넘치는 임재는 열방을 이끄는 매력적인 표지판이 된다. 시편 67편은 이 점을 아름답게 표현해 놓았다. 시편 67편은 이렇게 시작한다.

> 하나님은 우리에게 은혜를 베푸사 복을 주시고
> 그의 얼굴 빛을 우리에게 비추사 (셀라)

주의 도를 땅 위에

주의 구원을 모든 나라에게 알리소서(시 67:1-2)

여기에서 시편기자는 아론과 그의 아들들이 이스라엘 사람들에게 베푼 전통적인 축복(민 6:24-26)을 상황에 맞게 다시 조정한다. "우리"(이스라엘)를 축복해 달라고 하나님께 기도하는 것으로 보는 대신에, 시편기자는 그것을 바깥쪽으로 몰고 나간다. 시편기자는 하나님의 은혜가 넘치는 구원이 언약 바깥에 있는 사람들에게 퍼져나가기를 간구한다. 이스라엘은 사실상 "하나의 모범 사례를 제공하는" 셈이다. 그래서 열방이 하나님을 아는 지식과 예배에 동참할 수 있도록 하기 위함이다(시 67:3을 보라).[22] 하나님이 이스라엘을 축복하시는 것은 이방인들의 주목을 끌 것이다. 이방인들은 자신들의 유익을 위해 관심을 가질 것이다.

이 주제는 또한 전혀 기대하지 않은 배경에서 등장한다. 그것은 솔로몬왕이 예루살렘 성전을 하나님께 봉헌하면서 기도할 때이다. 하나님의 언약 백성인 이스라엘에 그분의 축복이 임하기를 간구하는 가운데, 솔로몬은 갑자기 외부인들에게 관심을 돌린다.

> 또 주의 백성 이스라엘에 속하지 아니한 자 곧 주의 이름을 위하여 먼 지방에서 온 이방인이라도 그들이 주의 크신 이름과 주의 능한 손과 주의 펴신 팔의 소문을 듣고 와서 이 성전을 향하여 기도하거든 주는 계신 곳 하늘에서 들으시고 이방인이 주께 부르짖는 대로 이루사 땅의 만민이 주의 이름을 알고 주의 백성 이스라엘처럼 경외하게 하시오며 또 내가 건축한 이 성전을 주의 이름으로 일컫는 줄을 알게 하옵소서(왕상 8:41-43)

여기에서 이방인들이 하나님의 임재의 장소(성전)에 와서 이스라엘의 하나님을 예배하게 될 것이라고 **가정**하고 있다. 그 이유는 무엇인가? 하나님이 그분의 백성을 위해 하신 일을 이방인들이 알아챘기 때문이다. 또 여기에서 이방인들이 응답받는 기도를 통해 하나님의 복을 받게 될 것을 **요청**하고 있다. 그리고 이런 간구의 **목적**은 "땅의 만민"이 이스라엘처럼 하나님을 알고 예배를 드리게 되는 것이다.[23)] 이 기도가 품고 있는 비전은 굉장히 놀랍다. 솔로몬은 하나님이 그분의 백성을 축복하시는 것으로 인해 도처에 있는 모든 사람이 하나님의 무한한 은혜의 궤도 안으로 끌려오게 되기를 간구한다(또 사 61:9을 보라). 이 경우에, 이방인들은 하나님의 백성이 **행하거나 말하는 것**보다는 주로 그들의 **존재**에 의해 끌려온다. 다시 말해 하나님의 은혜가 넘치는 임재와 축복을 받은 모습을 보고 끌려온다.

### 하나님의 도를 행함

그러니까 구약은 하나님이 이스라엘에게 베푸시는 은혜가 외부인들을 자극해서 그들이 하나님께 와 예배를 드리게 되기를 소망한다. 그러나 그것이 전부가 아니다. 이스라엘이 복의 도구가 되는 열쇠는 하나님이 하신 일에 대해 어떻게 **반응**하는가 하는 것이다. 그 무엇보다 이스라엘의 독특한 생활방식이 열방을 거룩하고 사랑이 많으신 하나님께 끌어들일 것이다. 선교의 **존재** 및 **행동** 차원이 이스라엘의 순종의 삶 가운데 합쳐진다.

창세기에 기록된 아브라함 내러티브처럼 이른 시기에 우리는 하나님의 선교 의제가 이스라엘의 순종적인 생활방식에 묶여 있음을 발견한다.

> 아브라함은 강대한 나라가 되고 천하 만민은 그로 말미암아 복을 받게 될 것이 아니냐 내가 그로 그 자식과 권속에게 명하여 **여호와의 도를 지켜 의와 공의를 행하게 하려고** 그를 택하였나니 이는 나 여호와가 아브라함에게 대하여 말한 일을 이루려함이니라(창 18:18-19)

이 구절이 등장하는 문맥이 중요하다. 이 말씀은 하나님이 소돔을 심판하시는 이야기의 중간에 나온다. 구약에서 소돔은 인간의 사악함을 나타내는 원형이다(예를 들어, 사 1:9-17; 겔 16:46-50을 보라). 소돔의 길과 몹시 대조적으로, 하나님은 아브라함의 백성에게 "여호와의 도를 행할" 것을 요구하신다. 이 구절은 구약 윤리의 핵심적인 특징을 포착한다. 크리스토퍼 라이트는 "여호와의 도를 행한다"는 비유(신 10:12을 보라)가 두 가지 이미지를 제시한다고 언급한다.[24] 첫째, 그것은 길을 걸어가는 어떤 사람을 따라가는 모습이다. 이스라엘은 하나님이 하시는 일을 관찰하고 그분의 인도하심을 따라가야 했다. 두 번째 이미지는 길을 잃어버리지 않도록 그들이 받은 지침을 따르는 여행객의 모습이다. 이스라엘의 경우에, 하나님의 도를 행하는 것은 하나님 자신의 성품을 반영하는 하나님의 명령에 순종하는 것을 포함한다. 브라이언 스톤이 표현한 것처럼, "하나님의 도는 이스라엘의 도가 되어야 한다. 그래서 하나님이 어떤 분인지 알기 원하는 자는 이스라엘을 바라보기만 하면 되도록 만들어야 한다."[25]

창세기 18:19의 흐름에서, 거룩한 삶("여호와의 도를 지킴," "의와 공도를 행함")은 그 앞에 나오는 것과 그 후에 나오는 것을 연결하는 경첩 역할을 한다. 한 편으로, 그것은 하나님이 아브라함을 선택하신 목적이다. 다른 한 편으로, 그것은 하나님이 아브라함의 씨를 통해 열방을 축복하시겠다는 약속을 이행하는 수단이다(창 18:18을 보라). 라이트는 다음과 같이 정곡을 찌른다. **"하나님의 백성의 삶의 윤리적 특성은 그들의 소명과 그들의 선교를 연결하는 중요한 고리이다."**[26]

### 율법을 따라 삶

실천과 선교를 연결하는 "중요한 고리"는 하나님이 율법을 수여하시면서 더 구체화된다. 율법과 그것이 형성하는 관례들은 이스라엘의 유익만을 위해 만들어진 것이 아니다. 신명기 4:6-8에 기록된 모세가 이스라엘을 향해 한 말은 명백하다.

> 너희는 지켜 행하라 이것이 여러 민족 앞에서 너희의 지혜요 너희의 지식이라 그들이 이 모든 규례를 듣고 이르기를 이 큰 나라 사람은 과연 지혜와 지식이 있는 백성이로다 하리라 우리 하나님 여호와께서 우리가 그에게 기도할 때마다 우리에게 가까이 하심과 같이 그 신이 가까이 함을 얻은 큰 나라가 어디 있느냐 오늘 내가 선포하는 이 율법과 같이 그 규례와 법도가 공의로운 큰 나라가 어디 있느냐

신명기 4장에서, 모세는 이스라엘에 하나님의 언약 조건을 충실히 지키는 것의 중요성을 강조한다. 그리고 그렇게 하는 주된 동기는 그것이 주변 민족들에게 끼칠 '영향력 때문이다. 이스라엘은 말하자면 지정학적 어항 속에서 공동체 생활을 한다. 하나님의 백성이 하나님께서 의도하신 대로 율법의 요구를 실행하면, 그들은 주변에 있는 민족들에게 호기심을 불러일으키지 않을 수 없다.27)

율법을 지키는 것이 이스라엘의 선교에 중요한 이유는 무엇인가? 부분적으로 율법이 하나님의 통치를 받는 삶이 무엇인지 구체적이고, 문화적으로 특정한 예를 제공하기 때문이다. 이스라엘의 사회생활은 하나님이 모든 사람에게 바라시는 종류의 인간관계를 보여주어야 한다. 그것은 매우 실제적인 방식으로 하나님이 의도하시는 삶의 모습이 어떤지 보여준다.

이것은 이스라엘의 사회생활에서 율법 및 그것을 구현한 모습이 주목을 받을 만큼 다름을 추정한다. 신명기 4:7-8에 기록된 수사학적 질문들은 두 가지 독특한 특징을 집중 조명한다. 첫째, 여호와의 백성 가운데 그분의 임재(신 4:7; 또 출 33:16; 레 26:11-13을 보라)와 둘째, 하나님의 의로운 율법(신 4:8)이다. 이 둘은 긴밀하게 연결되어 있다. 이스라엘에 가까이 계시는 하나님은 그 나라의 매일의 생활방식 가운데 공적으로 표현된

다. 다시 말해, 하나님의 백성이 다른 모든 사람과 똑같을 경우 열방은 하나님이 그들과 함께 하신다는 이스라엘의 주장에 주의를 기울이지 않을 것이다.

그러니까 이스라엘의 실제적인 순종의 삶은 열방이 따라야 할 긍정적인 모델을 제공하는 것이었다(신 28:9-10; 렘 33:8-9). 그러나 그 반대도 진실이었다. 이스라엘 백성이 언약에 신실하지 못하고 하나님의 율법에 불순종했을 때, 그들은 부정적인 예를 제공하는 역할을 했다. 이스라엘이 죄악을 행하면서 하나님의 거룩한 이름이 열방 가운데 심한 모독을 당하게 되었다(겔 36:16-21; 또 신 29:24-28을 보라). 마이클 고힌은 "불의 및 토라에 대한 불순종은 이스라엘의 선교적 정체성을 저버리는 것과 마찬가지"라고 말한다.[28]

### 하나님이 사랑하시는 것처럼 사랑함

이스라엘이 하나님의 율법에 순종하는 것은 열방에 대한 증언이 된다. 왜냐하면 부분적으로 율법은 하나님의 백성을 하나님이 어떤 분이신지 그리고 하나님께서 돌보시는 모습이 어떤지를 보여주는 생생한 모델로 만들어주기 때문이다. 이것은 신명기 10:12-19에 특히 분명히 나타나 있다.[29] 이 구절의 처음에서, 하나님의 백성은 하나님이 그들에게 요구하시는 것을 요약한 오중적 명령을 듣는다(신 10:12-13).

* 네 하나님 여호와를 **경외하라**
* 그의 모든 도를 **행하라**
* 그를 **사랑하라**
* 마음을 다해 네 하나님 여호와를 **섬기라**
* 여호와의 명령을 **지키라**

이 구절은 뒤에 가서 이스라엘에 매일 이런 식으로 사는 것이 실제로 무엇을 의미하는지 가르쳐 준다. 그러나 여기에서 이스라엘이 따라야 할 특별 명령의 목록을 제공하지는 않는다. 오히려 이스라엘에 하나님의 성품이 제시된다. 여호와는 특정한 태도와 관례를 통해 그분이 어떤 존재인지 계시하신다. 여호와는 다음과 같은 하나님이시다.

* 사람을 외모로 보지 아니하시며 뇌물을 받지 않으신다
* 고아와 과부를 위하여 정의를 행하신다
* 나그네를 사랑하신다
* 나그네에게 떡과 옷을 주신다(신 10:17-18)

하나님의 행동은 그분이 정직한 하나님, 약자와 소외된 자들을 위한 정의의 동정의 하나님이심을 보여준다. 그리고 이것이 **하나님**의 본질과 **하나님**이 행동하시는 방식이라면, 그것은 분명히 하나님의 **백성**이 본받아야 하는 것이고 또 하나님의 **백성**이 행동해야 하는 것이기도 하다. 그것이 신명기 10:19에 기록된 명령의 요점이다. "**너희도 나그네를 사랑하라.**"30) 이스라엘이 여호와의 도를 행하고 그분의 명령을 지키는 것은 일상생활을 하면서 그분의 성품을 반영하는 것을 포함한다. 그리고 이스라엘이 하나님의 모범을 따라서 다른 사람들을 대할 때, 세상의 열방은 관심을 갖고 주목할 것이다(신 4:6-8). 여기에서 여호와의 도를 따르는 것은 두 가지 영역에 초점을 맞춘다. 하나는 힘이 없는 자들을 위한 정의와 다른 하나는 이방인들을 위한 사랑이다.

이스라엘 사회에서, 고아와 과부는 특히 위험에 처해 있었다. 그들은 가족을 통해 자연스럽게 보호와 지원을 받을 수 없었기 때문이다. 게다가 그들은 법적 지위나 권리가 없었다. 하지만 하나님의 백성은 그들을 에워싸고 있는 문화의 흐름에 거슬러 살아야 했다. 그들은 버림받은 자들과 하찮은 자들의 편을 들어야 했다(예를 들어, 신 24:19-21; 26:12-13; 렘 22:3; 슥 7:10). 여기에서 "정의"는 우리가 오늘날 종종 생각하는 것처럼 그

저 범법자들을 처벌하는 문제가 아니다. 오히려, 그것은 자기를 변호할 수 없는 힘없는 자들을 위해 행동하는 것이다.[31] 나중에, 선지자들은 가난하고 약한 자들을 위한 정의를 그들이 이스라엘에 도전하는 제일 중요한 문제로 삼는다(예를 들어, 사 1:17; 10:1-2; 암 5:11-15). 이스라엘이 여호와께 돌아와서 정의를 실천할 때, 열방이 복을 받게 될 것이다(렘 4:1-2).

"나그네를 사랑하라"는 명령(신 10:19)은 이스라엘 사회에서 취약한 또 한 집단을 언급하는 것이다. "거주 이방인"(게르)은 이스라엘 땅에 흘러들어와 사는 외국인이었다. 현대어로 말하면 이주자였다. 자신의 땅이 없고 친척의 도움을 받을 수 없었던 이주자들은 매우 위험한 상황에 놓여 있었다. 이스라엘의 율법은 나그네들을 돌보고 도움을 베풀도록 했다(예를 들어, 출 23:9, 12; 레 19:10; 23:22; 신 24:14-22). 비교해 보면, 고대 근동의 법률은 거주하는 이방인들을 거의 완전히 무시한다.[32] 그 차이는 매우 크다.

이스라엘에 주어진 나그네를 **사랑하라**는 명령은 현대 사회에서 사랑을 열정적인 감정이나 감상적인 느낌으로 여기는 것과 전혀 상관이 없다. 여기에서 사랑은 음식과 옷을 주는 것처럼 실제적인 봉사의 행위를 포함한다(신 10:18).[33] 이스라엘이 나그네를 사랑해야 하는 동기는 이중적이다. 첫째, **신학적인** 이유가 있다. 하나님은 이주자들을 포함해서 힘없는 자들을 사랑하신다(신 10:18). 하나님을 사랑하고 그분의 도를 행하는 것은 하나님이 사랑하시는 자들을 사랑하고, 하나님이 다른 사람들을 대하시는 것처럼 그들을 대하는 것을 의미한다. 이것은 오늘날 이주자들과 소수집단을 대하는 교회의 태도에 의미하는 바가 크다.[34]

둘째, **경험적인** 이유가 있다. 그것은 하나님의 백성은 나그네가 된다는 것이 무엇을 의미하는지 직접 체험으로 안다는 것이다(신 10:19). 그들은 이집트에서 억압을 당하다가 하나님의 은혜로 구출 받은 사실을 기억해야만 한다. 그들이 과거에 경험한 것이 그들이 현재 나그네들을 대하는 방식을 형성해야만 한다.

그러니까 "여호와의 도를 행하는 것"은 이스라엘이 하나님의 선교에 참여하는 한 가지 방식이다. 하나님의 백성이 억압당하는 자들을 위해 정의를 추구하고 약한 자들을 돌보고 이주자들을 사랑할 때, 그들은 그들이 처한 구체적인 상황에서 하나님의 회복시키는 선교를 구현하는 것이다. 동시에, 그들은 그들 주위에 있는 민족들 및 문화들에 대조적인 모델을 제공하는 것이다. 이사야가 표현한 대로, 그들은 "이방의 빛"이 된다(사 42:6). 오늘날 그리스도인들에게 약자들을 섬기고 나그네들을 위한 정의를 추구하는 것은, 그것이 비록 정치적으로 인기가 없을지라도, 하나님의 사랑의 선교를 가시적으로 표현하는 것이다. 예를 들어, 하나님의 백성이 그들이 위치한 공동체 안에 있는 취약한 **모든 자**에게, 그들의 법적 지위에 상관없이, 물질을 제공하는 일을 해야 하는 경우가 있는가? 우리가 **하는 것**이 우리의 **존재**를 나타낸다.

### 문화에 관여함

이스라엘은 거친 이웃들 사이에서 살았다. 이스라엘은 종교적 믿음, 가치, 윤리적 관행이 여호와의 도와 확연하게 다른 민족들과 이웃해 살았다. 그러나 이스라엘은 바로 이같이 다양하고 비우호적인 이웃들 가운데서 하나님의 복을 중개하도록 부름받았다. 이스라엘이 선교적 백성이 된다는 것은 이스라엘이 그 주위에 있는 민족 및 문화에 관여했던 방식과 직접적인 관련이 있다. 여기에서 이 복잡한 문제를 철저하게 다룰 수는 없다. 대신에 나는 선교적 사명을 지닌 백성으로서 이스라엘이 담당한 역할이 어떻게 그들이 처한 특정한 문화적 배경과 관련해 다방면의 접촉을 요구했는지에 대해 몇 가지 관찰을 하겠다. 이것은 적어도 두 가지 방식으로 나타난다.

**다른 사회적 형태**

첫째, 이스라엘은 그 역사의 각기 다른 시기동안 다른 방식으로 그 선교적 사명을 수행했다. 한 백성으로 이스라엘의 긴 여정 전체에 걸쳐, 열방에 복이 되는 소명은 변함없는 상수이다. 그러나 그 소명이 취하는 특정한 형태들은 상황에 따라 달랐다.[35] 예를 들어, 군주제 기간에 예루살렘 성전은 이스라엘의 예배뿐만 아니라 선교적 정체성을 위해서도 매우 중요했다. 성전은 하나님이 그분의 백성 가운데 임재하심을 상징하는 것이었다. 그러나 이스라엘은 하나님의 임재에 대해 배타적인 주장을 하지 않았다. 그레고리 빌은 성전은 "이스라엘에게 하나님의 영광스러운 임재가 궁극적으로 우주 전체를 채울 것이라는 점을 상징적으로 상기시켜 주는 장치"였음을 지적한다. 성전은 "세상에 하나님의 임재와 진리를 신실하게 증언하는 증인이 되도록 이스라엘에 동기를 부여하는 역할을 했다."[36] 앞서 우리는 솔로몬의 성전 봉헌 기도가 어떻게 이 주제를 집중 조명하는지 보았다. 솔로몬왕은 이방인들이 하나님의 임재의 장소에 끌려와서 그들도 하나님을 알고 예배하게 되기를 간구한다(왕상 8:41-43). 비극적으로, 이스라엘은 그들이 "하나님의 유일하게 참된 백성이요 또 하나님의 임재는 그들에게만 국한되어 있다"고 성전을 잘못 이해하는 경향이 있었다.[37]

하지만 이스라엘이 바벨론에 포로로 잡혀가 있을 때의 상황은 다르다. 성전과 고국을 빼앗긴 하나님의 백성은 위기에 직면한다. 그들은 강력한 제국의 국민으로서 어떻게 그들의 선교적 소명을 실행할 것인가? 이 새로운 상황은 두 가지 항상 존재하는 위험을 제기한다. 그것은 고립과 동화이다.[38] 그들은 자신들의 특별한 정체성을 고수하기 위해 "거룩한 게토"로 물러날 것인가? 아니면, 그들은 그냥 불경한 제국의 방식에 뒤섞여서 자신들의 독특성을 완전히 잃어버리고 말 것인가? 이런 반응 둘 다 열방에 복이 되는 이스라엘의 선교에 재앙을 가져올 것이다. 하지만 포로기 선지자들은 다른 진로를 제시한다.

한 편으로, 선지자들은 불경한 제국의 이야기와 상반되는 이야기를 들려준다. 그것은 하나님을 역사의 통치자로 보는 이야기이다(예를 들어, 겔 39:21-23, 27-29).[39)] 다른 한 편으로, 그들은 하나님의 백성에게 바벨론에서 그들의 선교적 소명을 실행하라고 말한다. 그들은 사악한 제국의 문화생활에서 빠져나옴으로써가 아니라 **참여함으로써** 그렇게 할 것이다! 예레미야가 포로들에게 보낸 편지를 상기하라. 예레미야 선지자는 그들에게 바벨론에 "뿌리를 내리라"고 충고한다. 그들은 집을 짓고 정원에 나무를 심고 결혼해서 자녀를 낳아야 한다. 그러나 그것이 다가 아니다. 놀랍게도, 그들은 하나님이 위치하게 하신 "그 성읍의 평안을 구해야" 한다. 그것은 그들을 억압하는 자들의 성읍이다! 그들은 바벨론 이웃들이 번성하고 잘 살도록 기도해야 한다(렘 29:4-7). 이것은 열방에 복이 되라는 아브라함의 소명을 새로운 상황에 맞게 적용한 탁월한 예이다.

다니엘서는 포로로 잡힌 상태에서 선교적 삶을 산다는 것이 실제로 무엇을 의미하는지 이야기한다. 다니엘과 그의 친구들은 바벨론 제국의 삶과 문화에 철저하게 참여한다. 그들은 바벨론식 이름을 받아들인다. 그들은 바벨론식 교육을 받고 바벨론 언어를 배운다. 그들은 공직을 맡아서 바벨론 국가의 복지 향상을 도모한다.

동시에, 이 포로들은 바벨론 제국의 세계관 및 방식과 타협하기를 거부한다. 그들은 왕의 식탁에 오른 음식을 먹어서 몸을 더럽히기를 거절한다(단 1장). 다니엘의 친구들은 금상을 경배하라는 왕의 명령을 거부한다(단 3장). 다니엘은 엄청난 개인적 대가를 치루면서 살아계신 참 하나님께 계속 기도한다(단 6장). 한 마디로, 다니엘과 그의 동료들은 제국의 문화생활에 자유롭게 참여하지만, 하나님이 그들에게 부여하신 정체성과 일치하는 방식으로만 그렇게 한다. 월터 부르그만이 예리하게 관찰한 것처럼, 그들은 "'두 가지 언어'에 능했다. 제국의 언어를 알고 그 말을 기꺼이 사용하려고 하면서도 자신들의 '모국어'의 억양을 결코 잊지 않았다."[40)] 이스라엘의 선교적 소명은 그들이 바벨론에 포로로 끌려갔을 때

끝나지 않는다. 하지만, 그 소명은 포로로 잡혀간 상황에 적절한 구체적 형태를 취해야만 한다.

그러나 이스라엘만 포로로서 그들의 선교적 소명을 실행하는 방법을 배워야 하는 것이 아니다. 이것은 또한 교회에도 적용된다. 특히 베드로전서는 하나님의 백성의 삶을 거류민과 나그네 같은 것으로 본다(벧전 1:1; 2:11). 그것은 그 문화에 관여하긴 하지만 그 문화와 근본적으로 다른 삶을 말한다(9장을 보라). 이스라엘처럼 오늘날 교회는 두 방향에서 유혹에 직면한다. 한 편으로, 우리는 우리가 지닌 가치 및 관행이 주변 문화와 매우 같아져서 우리가 그 문화에 대해 말할 것이 전혀 없게 될 수 있다. 세계 로잔 운동에서 발간한 한 문서가 말한 대로, "모든 지역교회는 항상 그것이 처한 상황과 타협하려는 긴장 가운데 산다."[41] 다른 한 편으로, 우리는 기독교 음악, 기독교 서적, 기독교 학교, 기독교 친구들로 가득 차 있는 환경으로 물러나서 더 이상 문화에 관여하는 수단이 없게 될 수 있다. 그런 잘못된 대안들을 거부하고, 하나님의 선교적 백성은 언제나 "두 세계의 언어를 말할 수 있어야" 한다. 우리는 하나님 나라의 언어와 우리가 속한 문화의 언어 **둘 다**를 유창하게 말하는 법을 배워야 한다.

### 다양한 반응

이스라엘이 하나님의 선교에 참여하는 것은 특정한 사회적 상황에 적절하게 이루어져야 할뿐만 아니라, 그것은 또한 주변 문화에 대한 여러 가지 다른 반응을 요구했다. 첫째, 이방 문화의 어떤 측면들은 **도전하고 거부해야만** 했다. 무엇보다도, 이스라엘 사람들은 그들이 처한 근동 이웃 국가들의 삶 가운데 가득한 우상숭배를 거부해야만 했다. 여기에는 자신이 신이라고 주장하는 이집트의 바로, 가나안 종교들의 여러 신들 그리고 파괴적인 관행들이 가득한 종교 문화--그 중에는 제의 매춘, 아동 제물, 마법 등이 있다--가 포함된다. 하나님의 명령은 매우 분명하다. "너희는 너희가 거주하던 애굽 땅의 풍속을 따르지 말며 내가 너희를 인도할 가나안 땅의 풍속과 규례도 행하지 말라"(레 18:3). 이스라엘의 선교적 소명의 일부는 언제 어디서나 우상숭배와 맞서 싸우고 그렇게 함으로써 열방에 여호와가 하나님이시며 다른 신은 없다는 사실을 보여주는 것이었다(신 4:35, 39).

이스라엘이 그런 관행들을 거부하는 것은 "이야기들의 전형적인 충돌"을 나타낸다.[42] 하나님의 통치 아래 사는 이스라엘의 삶은 이방 세계의 문화적 대본에 대안이 되는 이야기를 제공했다. 애석하게도, 이스라엘은 반복해서 그 자신의 이야기대로 실행하지 못했다. 대신에, 하나님의 백성은 이질적인 이야기를 받아들이고, 그들 주위에 있는 문화의 우상숭배 및 관행들에 도전하기보다는 그것들과 타협했다.

둘째, 고대 문화의 다른 요소들은 **한정된 의미에서 용인**되었다. 여기에는 일부다처제, 노예제 및 이혼 관례들이 포함된다. 그런 관행들은 용납되지 않고 "하나님의 최고 수준에 미달하는 것으로 평가하는 신학적 비판"을 받았다.[43]

이스라엘의 주변 문화들에 대한 세 번째 반응은 일종의 **변혁적 관여**였다. 하나님의 백성은 주변 이웃들의 사회적, 정치적, 종교적 세계의 특정한 요소들을 긍정하고 받아들일 수 있었다. 그러나 결코 무비판적으로 그런 것은 아니었다. 예를 들어, 부족, 국가 및 제국 간에 맺은 조약은 고대 근동의 사회적 정치적 삶에서 공통적으로 찾아볼 수 있는 특징이었다.[44] 특히 군주와 신하 간에 맺은 조약은 이스라엘의 왕 여호와와 그분의 종 나라 간의 언약 관계를 나타내는 은유가 되었다. 하나님이 시내산에서 이스라엘과 맺은 언약은 다른 고대 언약들과 표면상으로 많은 유사점을 갖고 있다. 그러나 그것은 또한 그 언약 관계를 안에서부터 재형성한다. 다른 언약들이 정치권력 및 실용주의에 근거해서 수립된 반면에, 시내 언약은 하나님의 은혜의 표현이다. 게다가, 그 관계에 대한 이스라엘의 의무는 감사하는 마음 및 이스라엘이 여호와와 공유하는 가치에서 흘러나온다. 이렇게 변형된 언약 관계는 지켜보고 있는 세상이 본받을 만한 모범이 된다. 나중에 선지자들은 언약 개념을 그들 자신의 시대에 맞게 다시 상황화한다. 선지자들은 하나님이 그분의 백성의 마음에 쓰실 새롭고 영원한 언약에 대한 환상을 그린다(렘 31:31-34).

이스라엘의 지혜문헌은 구약에서 변혁적 관여를 나타내는 가장 현저한 예를 제공한다. 지혜의 글은 가장 국제적인 고대 저술 형태였으며, 이스라엘은 다행히 외부 문화들 속에 하나님의 지혜가 있음을 알아보았다. 구약 지혜서들은 이집트와 메소포타미아 같은 문화들에 있는 본문들을 주저하지 않고 사용했다. 예를 들어, 잠언 22-24장은 분명히 이집트의 "아메네모페의 교훈"을 상당히 공유하고 있다.[45] 그러니까 이스라엘의 현자들은 다른 사회의 여러 가치 및 교훈에서 공통되는 기반을 발견했다. 광범위한 지혜의 세계에 대해 이렇게 개방적인 태도는 하나님이 모든 인간의 창조자시라면, 하나님의 은혜, 진리, 선을 세상의 모든 사람 가운데서 찾을 수 있을 것이라고 추정한다.[46]

하지만 이스라엘은 열방의 모든 "지혜"의 말을 참 지혜로 받아들이지는 않았다. 여러 신을 섬기거나 마술적 예술의 냄새가 나는 것은 강력하게 거부해 버렸다. 다른 금언들은 이스라엘의 언약 신앙의 믿음 및 관례들을 반영하도록 개조되었다. 이스라엘은 기꺼이 주변 문화의 지혜를 활용하려고 했다. 하지만 "확고한 유일신약으로 소독을 한 후" 그렇게 했다.[47] 이스라엘의 현자들은 "주를 경외함이 지혜요 악을 떠남이 명철이니라"는 믿음을 굳게 붙잡았다(욥 28:28).

그러니까 이스라엘의 지혜 사상가들은 언약 바깥에 있는 자들과 교류하면서 그들의 전통에 담겨 있는 보물들을 받아들였다. 그러나 그들은 이스라엘의 신앙을 희석시키는 것을 거부했다. 이것은 오늘날 교회가 다원주의 세계에서 문화에 관여하는 방식이 어떠해야 하는지 가르쳐준다. 진실로 우리는 사도행전 17:22-31에서 바울이 아덴의 교육받은 이방인들에게 적절하게 복음을 전하는 방식에서 비슷한 예를 찾아볼 수 있다. 바울은 하나님의 피조물로서 인간의 경험을 공유하고 있는 청중에게서 공통점을 찾는다. 바울은 그들의 그리스 시인의 말을 인용하기까지 한다. 그러나 내내 바울은 부활하신 그리스도의 복음을 타협하지 않는다. 오늘날의 교회 역시 다른 사람들의 문화적 지혜 및 경험에 대해 이런 식으로 분별력을 갖고 관여해야 한다.[48]

## 하나님의 창조 세계를 돌봄

하나님의 선교는 창조로 시작한다. 성경에 처음 나오는 말씀을 보면, 하나님은 "하늘과 땅"을 창조하신다(창 1:1). 하나님은 인류를 위한 목적 뿐만 아니라 창조 세계 전체를 위한 목적을 갖고 계신다. 그 목적은 창조주께 영광과 찬송을 돌리는 것이다(시 103:22; 148; 150:6을 보라). 이 목적을 위해, 하나님은 인간에게 장조적 과제를 주신다. 그것은 땅을 채우고 정복하며, 하나님 자신의 왕권을 반영하는 방식으로 창조 세계를 다스리는 것이다(창 1:28).[49] 동시에 인간으로서 우리는 일을 하고 하나님이 만드신 땅을 돌보아야 한다(창 2:15). 우리는 하나님의 창조 세계를 다스리고 섬기는 일을 둘 다 하도록 부름받는다. "창조 세계를 돌보고 지키는 것은 우리 인간의 사명이다. 인류는 하나님 자신의 창조 목적에서 나오는 하나의 목적을 가지고 이 땅에 존재한다."[50]

그러나 성경적 이야기는 또한 하나님의 선한 창조 세계가 인간이 저지른 죄의 결과로 망가지고 병들었다고 말한다(호 4:1-3을 보라). 세상은 저주를 받은 상태이다. 인간과 창조 세계의 관계는 파괴되어 있다. 그러므로 하나님의 구속적 선교는 모든 사람, 모든 민족, 진실로 창조 세계의 모든 것을 회복시키는 것이다. 그것은 하나님, 인간, 땅의 조화를 회복시키는 것이다. 따라서 하나님이 특정한 배성 이스라엘을 선택하시고 축복하실 때, 그것은 이스라엘만을 위함이 아니다. 그것은 모든 민족을 축복하기 위함이고 궁극적으로는 창조 세계 전체를 회복시키기 위함이다. 하나님은 만물을 새롭게 하시는 일을 하고 계신다(사 65:17; 계 21:5).

그러니까 땅과 이스라엘의 관계는 언제나 하나님 자신이 창조 세계를 돌보시고 관심을 기울이시는 맥락 가운데 있다. 하나님의 선민이라고 해서 이스라엘은 하나님의 창조 세계를 다스리고 섬기는 **인간적** 소명에서 면제되지 않는다. 하나님의 백성은 "땅과 거기에 충만한 것과 세계와 그 가운데에 사는 자들은 다 여호와의 것이로다"는 말씀을 계속해서 상기해야 한다(시 24:1). 약속의 땅을 받을 때, 그들은 하나님께 속한 것을 관리하는 청지기 직분을 함께 받는다. 그 땅은 그들이 소유하고 원하는 대로 사용할 수 있는 것이 아니다. 하나님은 이렇게 말씀하신다. "토지를 영구히 팔지 말 것은 토지는 다 내 것임이니라 너희는 거류민이요 동거하는 자로서 나와 함께 있느니라"(레 25:23). 단지 인간의 욕망을 만족시키는 것이 아니라, 땅에 좋은 것이 무엇인지 항상 고려된다.[51]

이스라엘의 율법은 이 점을 아주 분명하게 한다. 자연자원은 없어질 정도로 사용하지 말아야 한다(신 22:6-7). 유실수는 다 자랄 때까지 추수하지 말아야 한다(레 19:23-25). 동물들도 존중하고 안식일에는 쉬게 해주어야 한다(출 23:4-5, 12). 창조 세계의 주인이신 하나님은 그분의 백성에게 온 세상을 위한 그분의 선교적 목적에 참여할 것을 지시하신다. 이것이 하나님의 백성이 **된다**는 것이 의미하는 것 중 일부이다.

결과적으로 창조 세계를 돌보는 것은 하나님의 백성이 선택할 수 있는 일시적인, 최신 유행이 아니다. 하나님이 "그 지으신 모든 것에 긍휼을 베푸신다"면(시 145:9), 하나님의 백성도 하나님의 세상에 대해 그와 똑같은 사랑과 열정을 구현해야 한다. 게다가, 그런 구현은 세상에 대해 증언하는 한 형태가 된다. 라이트가 현명하게 결론을 내린 것처럼,

> 참으로 기독교적인 환경 활동은 사실상 전도 면에서도 풍성한 열매를 맺는다. 그것이 어떤 식으로든 "진짜 선교"의 대역이 되기 때문이 아니라, 창조주께서 자신의 피조물 전체에 대해 갖고 계시는 무한한 사랑(거기에는 물론 인간 피조물에 대한 그분의 사랑도 포함된다)을 말과 행동으로

선포하며, 또 창조주가 그 둘 다를 구속하기 위해 치르신 대가에 대해 말하는 성경 이야기를 드러내기 때문이다.[52]

하나님의 장기적 목적이 모든 창조 세계를 회복시키는 것이라면, 하나님의 백성도 지켜보고 있는 세상 앞에서 그 목적을 따라 살아야 한다.

## 결론

우리는 이제까지 하나님의 선교에서 하나님의 백성 이스라엘이 담당하는 역할에 대해 무엇을 배웠는가? 또 그것은 하나님의 구원의 이야기를 **삶으로 나타내는 것**과 **말하는 것**의 관계에 대해 우리에게 무엇을 가르쳐 주는가? 다음과 같이 요약해 보기로 하자.

* 이스라엘의 기본적인 선교적 소명은 하나님의 축복이 땅의 모든 족속에게 흘러가는 수단이 **되는** 것이다.
* 이스라엘의 선교적 정체성은 **거룩한 제사장** 백성이 되는 것이다. 하나님과 열방 사이에 서서, 이스라엘은 외부인들에게 하나님의 지식을 중개해야 한다.
* 이스라엘은 하나님이 어떤 분이신지 세상에 보여주는 독특한 **생활방식**과 **관례**로 그 소명과 정체성을 실행해야 한다. 이스라엘의 공동생활은 다른 민족들의 공동생활과 극명하게 대조된다. 하지만 동시에 그것은 모든 민족이 어떻게 살아야 하는지 보여주는 모델 역할을 한다.
* 이스라엘의 선교는 열방을 향해 가는 것이기보다는 주로 열방을 **끌어들이는** 것이다. 언약 바깥에 있는 자들이 이스라엘을 주목할 때, 그들은 전시된 하나님의 권능과 임재를 볼 것이다. 하나님이 이스라엘을 위해 하신 일은 외부인들을 하나님의 은혜의 자기장 안으로 끌어들이는 잠재력을 갖고 있다.

* 이스라엘은 부분적으로 그 당시 세계의 문화에 관여함으로써 그 선교적 정체성을 실행한다. 여기에는 문화가 지니고 있는 우상숭배적 요소들을 거부하는 것과 하나님의 진리를 반영하는 문화적 요소들을 비판적으로 받아들이는 것이 포함된다. 게다가, 이스라엘이 다른 문화들에 관여하는 특별한 **방법**은 각기 다른 때와 상황에 맞추어 변화를 주어야 한다.
* 이스라엘의 선교의 일부는 **하나님의 창조 세계**를 돌보는 것이다. 이것은 온 세상을 위한 하나님의 사랑과 돌보심을 증언하는 활동이 된다. 이스라엘은 온 창조 세계를 회복시키려는 하나님의 목적에 협력하는 파트너가 된다.

이 요약은 이스라엘이 메시지를 선포하러 어디론가 **감**으로써가 아니라 주로 메시지를 **삶으로 나타냄**으로써 세상 속에서 하나님이 부여하신 사명을 완수한다는 점을 보여준다. 구약은 **말**보다 **존재**와 **행동**을 집중 조명한다. 이스라엘의 주요 질문은 "그들은 어떻게 들을 것인가?"가 아니라, "그들은 무엇을 볼 것인가?"였다.[53]

물론 우리가 다음 장에서 알게 될 것처럼, 이것이 전부는 아니다. 하지만 하나님이 그분의 사랑을 모든 사람에게 확대하실 수 있도록 도구 역할을 하는 백성으로서 이스라엘의 **정체성**은 구약 선교 이해의 핵심이다.

혹시 독자들 가운데 "그래서 어쨌다는 것이냐?"고 생각하는 사람이 있을지 모른다. 그것은 **이스라엘**이었다. 그것은 **옛** 언약이었다. 그것이 오늘날 예수 그리스도의 교회의 선교와 무슨 상관이 있단 말인가? 나는 그 문제에 대해 다음 장 끝에서 말하겠다. 그러나 하나님의 선교에서 이스라엘이 담당하는 역할을 온전히 묘사하려면, 우리는 이스라엘이 그 오래된 이야기를 삶으로 나타내는 것은 물론이고, 또 "그 이야기를 말하도록" 부름을 받았는지 질문해 보아야 한다.

**생각해 볼 질문**

1. 당신은 교회가 세상 속에서 이루어지는 하나님의 선교를 이해하면서 구약에 충분한 관심을 기울였다고 생각하는가? 그렇다면 그 이유는 무엇인가? 또 그렇지 않다면 그 이유는 무엇인가?
2. 당신과 당신의 기독교 공동체가 처한 상황에서 다른 사람들을 위한 복이 되는 소명을 실행할 수 있는 실제적인 방법들은 무엇인가?
3. 오늘날 교회는 어떤 식으로 끌어들이는 선교를 할 수 있는가? 당신이 처한 환경에서 하나님의 백성의 삶이 다른 사람들을 하나님께 끌어들일 수 있는 실제적인 예들을 들라.
4. 하나님의 선교가 사람은 물론 창조 세계도 포함한다면, 그것은 그리스도인들이 오늘날 하나님의 선교에 참여하는 방식에 실제적으로 어떤 의미를 갖는가?

## 주

1) Christopher J. H. Wright, *The Mission of God: Unlocking the Bible's Grand Narrative* (Downers Grove, IL: InterVarsity Press, 2006). 「하나님의 선교」(IVP)
2) Michael W. Goheen, *A Light to the Nations: The Missional Church and the Biblical Story* (Grand Rapids: Baker, 2011), p. 25. 「열방에 빛을」(복있는 사람)
3) Christopher J. H. Wright, *The Mission of God's People: A Biblical Theology of the Church's Mission* (Grand Rapids: Zondervan, 2010), p. 114. 「하나님 백성의 선교」(IVP)
4) Goheen, *Light to the Nations*, p. 28.
5) 창 12:3; 18:18; 22:18; 26:4; 28:14. 약속된 복의 대상은 첫 번째와 다섯 번째 언급의 모든 "족속"부터 나머지 세 언급의 천하 "만민"까지 다양하게 표현된다. 이런 용어들의 차이점에 대해서는 Daniel I. Block, "Nations/Nationality," *New International Dictionary of Old Testament Theology and Exegesis*, ed. W. A. VanGemeren (Grand Rapids: Zondervan, 1997), 4:966-72를 보라.
6) Wright, *Mission of God*, pp. 194-95.
7) 나는 NRSV 번역보다 명령형을 더 좋아한다. NRSV 번역은 그 구절을 하나님이 한 백성을 만드시는 것의 결과 또는 목표로 본다. 즉 "**그래서** 네가 복이 될 것이다." M. Daniel Carroll R., "Blessing the Nations: Toward a Biblical Theology of Mission from Genesis," *Bulletin for Biblical Research* 10 (2000): 21-22를 보라.
8) Terence E. Fretheim, "The Book of Genesis," in *The New Interpreter's Bible Commentary*, vol. 1 (Nashville: Abingdon, 1994), p. 424.
9) Wright, *Mission of God*, p. 206을 보라.
10) Ibid., p. 221.
11) Craig G. Bartholomew and Michael W. Goheen, *The Drama of Scripture: Finding Our Place in the Biblical Story* (Grand Rapids: Baker, 2004), pp. 54-55를 보라. 「성경은 드라마다」(IVP)

12) Wright, *Mission of God*, pp. 220-21.
13) Ibid., p. 370.
14) Terence E. Fretheim, *Exodus* (Louisville: Westminster John Knox, 1991), p. 212 (원저자 강조). 「출애굽기」(한국장로교출판사)
15) William Dumbrell, *Covenant and Creation: A Theology of Old Testament Covenants* (Nashville: Thomas Nelson, 1984), p. 90. 「언약과 창조: 구약 언약의 신학」(크리스챤서적)
16) Johannes Blauw, *The Missionary Nature of the Church: A Survey of the Biblical Theology of Mission* (Grand Rapids: Eerdmans, 1962), p. 24.
17) Wright, *Mission of God's People*, p. 121.
18) 이스라엘의 거룩함에 대해 논의한 글로 Wright, *Mission of God*, pp. 372-75를 보라.
19) Bartholomew and Goheen, *Drama of Scripture*, p. 66.
20) Bryan Stone, *Evangelism After Christendom: The Theology and Practice of Christian Witness* (Grand Rapids: Brazos, 2007), pp. 68, 70.
21) Goheen, *Light to the Nations*, p. 47.
22) Walter Brueggemann, *Theology of the Old Testament: Testimony, Dispute, Advocacy* (Minneapolis, MN: Fortress, 1997), p. 500. 「구약신학」(CLC)
23) Wright, *Mission of God's People*, pp. 134-35.
24) Wright, *Mission of God*, pp. 363-64.
25) Stone, *Evangelism After Christendom*, p. 67.
26) Wright, *Mission of God*, p. 369 (원저자 강조).
27) Christopher J. H. Wright, *Old Testament Ethics for the People of God* (Downers Grove, IL: InterVarsity Press, 2004), p. 36. 「현대를 위한 구약윤리」(IVP)
28) Goheen, *Light to the Nations*, p. 42.
29) 이 구절이 함축하고 있는 선교적 의미를 알려면, Howard Peskett and Vinoth Ramachandra, *The Message of Mission: The Glory of Christ in All Time and Space* (Downers Grove, IL: InterVarsity Press, 2003), pp. 107-23를 보라. 「BST 선교」(IVP)

30) Wright, *Old Testament Ethics*, p. 263.
31) Mark E. Biddle, *Deuteronomy* (Macon, GA: Smyth and Helwys, 2003), p. 183.
32) M. Daniel Carroll R., *Christians at the Border: Immigration, the Church, and the Bible* (Grand Rapids: Baker, 2008), p. 102.
33) Biddle, *Deuteronomy*, pp. 125, 179를 보라.
34) Carroll R., *Christians at the Border*, 3장을 보라.
35) Goheen, *Light to the Nations*, pp. 50-73를 보라.
36) Gregory K. Beale, "Eden, the Temple, and the Church's Mission in the New Creation," *Journal of the Evangelical Theological Society* 48 (2005): 18-19.
37) Ibid., p. 19.
38) Goheen, *Light to the Nations*, p. 60.
39) Ibid., p. 62.
40) Walter Brueggemann, *Cadences of Home: Preaching Among Exiles* (Louisville: Westminster John Knox, 1997), p. 11.
41) "Transformation: The Church in Response to Human Need: Wheaton Consultation, June 1983," in *Mission as Transformation: A Theology of the Whole Gospel*, ed. Vinay Samuel and Chris Sugden (Oxford: Regnum, 1999), p. 272.
42) Michael W. Goheen, "The Urgency of Reading the Bible as One Story," *Theology Today* 64 (2008): 478.
43) Wright, *Old Testament Ethics*, pp. 329-30.
44) 언약 개념의 고대 배경에 대해서는 D. F. Estes, "Covenant (OT)," in *The International Standard Bible Encyclopedia*, ed. G. W. Bromiley (Grand Rapids: Eerdmans, 1979) 1:790-93를 보라.
45) Arthur F. Glasser, "Old Testament Contextualization: Revelation and Its Environment," in *The Word Among Us: Contextualizing Theology Mission Today*, ed. Dean S. Gilliland (Dallas, TX: Word Publishing, 1989), p. 48.
46) Wright, *Mission of God*, pp. 445-46.

47) Ibid., p. 50.
48) Dean Flemming, *Contextualization in the New Testament* (Downers Grove, IL: InterVarsity Press, 2005), pp. 81-84, 306-10를 보라.
49) 애석하게도, 창세기 1:28에 나오는 창조 세계를 다스리라는 하나님의 명령은 너무 자주 환경을 돌보기보다는 환경을 지배하고 착취할 수 있는 허가로 오용되었다. 그리스도인들도 예외가 아니었다. 이것은 그 구절이 지닌 의미를 완전히 놓친 것이다. 하나님은 인간에게 창조 세계에 대한 **그분 자신의** 통치를 대표하고 닮을 수 있는 권한을 부여하시는데, 그것은 은혜와 동정, 정의와 사랑의 통치이다.
50) Wright, *Mission of God*, p. 65; 참고. p. 415.
51) William A. Dyrness, *The Earth Is God's: A Theology of American Culture* (Maryknoll, NY: Orbis, 1997), pp. 115-16.
52) Wright, *Mission of God*, p. 419.
53) Wright, *Mission of God's People*, p. 131.

# CHAPTER 02

# 열방에 말할 이야기가 있는가?

## 이스라엘의 언어적 증언

그의 영광을 백성들 가운데에

그의 기이한 행적을 만민 가운데에 선포할지어다 (시 96:3)

1장에서 우리는 하나님의 백성 이스라엘의 선교는 주로 "말없는 증언"으로 이루어진다는 점을 살펴보았다. 이스라엘은 열방의 목전에서 하나님의 거룩한 백성이 "됨"으로써 하나님의 지식과 축복을 중개하도록 부름받았다. 하나님을 닮은 관행(그들이 **행하는 것**)을 통해, 이스라엘은 하나님이 모든 사람에게 의도하셨던 풍성한 삶을 보여주는 모범이 되어야 했다. 이스라엘은 고대 근동 이웃들을 살아계신 하나님께 끌어들이는 공동체가 되어야 했다. 다시 말해, 이스라엘의 선교는 주로 **말하는 것**보다 **보여주는 것**이었다.

그러나 그것이 이스라엘이 하도록 부름받은 **전부**인가? 아니면 하나님의 구원의 메시지를 외부인들에게 적극적으로 **선포하는 것** 역시 이스라엘의 과제였는가? 이 문제는 학자들과 일반 그리스도인들 사이에 격렬한 논쟁을 불러일으켜 왔다. 구약학자 월터 카이저는 하나님은 이스라엘이 "증언하고, 선포하고, 전도하는 나라," 계획적으로 하나님의 구원의 메시지를 세상 사람들에게 전하는 백성이 되도록 의도하셨다고 열정적으로 주장한다.[1] 그러나 이 결론은 증거를 뛰어넘는 것 같다. 우리는 구약에 신약이나, 선교를 열방에 복음을 선포하는 것으로 국한시키는 현대 선교 모델을 부과하지 않도록 주의해야 한다.[2] 게다가 하나님이 이스라엘에 타문화 전도의 과제를 부여하셨다면, 구약은 왜 이스라엘에 이런 선교를 수행하지 **못한 것**에 대해 회개를 촉구하지 않는가?

그렇다면 우리는 세상 속에서 이루어지는 이스라엘의 선교는 "말하는" 것이 **아니고** 그저 "존재하는" 것이었다고 결론을 내려야 하는가? 이스라엘은 온 세상을 구원하시려는 하나님의 목적을 단지 수동적으로 증언하는 증인인가?[3] 그 답은 우리가 **수동적** 증언을 무슨 의미로 사용하느냐에 달려 있다. 구약에 나타나는 이스라엘의 역할이 선교 팀을 조직해 열방에 가서 전도를 하고, 여호와께 돌아오는 회심자들을 만드는 것이 아닌 것은 사실이다. 이방인들이 여호와께 돌아오는 것은 **하나님의** 일이다. 그리고 구약의 관점에서 볼 때, 그것은 주로 마지막 날에 일어난다. 그 날에 땅의 모든 족속이 살아계신 참된 하나님을 경배하기 위해 시온산에 몰려올 것이다(예를 들어, 사 2:1-4; 56:3-8; 60; 61; 미 4:1-4). 선지자들의 환상에서, 이스라엘이 열방에게 **가는** 대신에 열방이 이스라엘에게 **올** 것이다.

하지만 이것은 이스라엘의 증언이 그저 수동적으로만 이루어지거나 또는 하나님의 이야기를 말할 여지가 없다는 의미는 아니다. 구약에는 하나님의 말씀을 선포하는 선교를 암시하는 것이 많다. 이 장의 주요 부분은 외부인들에게 여호와에 대해 말하는 이스라엘의 역할이라는 주제를 탐구할 것이다. 그 다음에 나는 존재, 행동, 말이라는 이스라엘의 선교가 오늘날 교회의 선교에 어떤 영향을 끼치는지 언급할 것이다.

## 언어적 증언

우리는 지난 장에서 이스라엘은 열방 앞에서 하나님의 성품과 구원하시는 행위를 나타내야 했다는 점을 살펴보았다. 그러나 때때로 하나님이 하신 일은 설명이 필요했다. 구약 이야기 전체에 걸쳐, 개인들은 언약 바깥에 있는 자들에게 하나님의 구원하시는 능력을 공개적으로 증언한다. 예를 들어, 출애굽 이야기에서 모세는 바로와 이집트 사람들에게 하나님의 해방시키시는 행동에 대해 설명한다. 이 언어적 증언의 목적은 그들이 하나님과 그분의 방법에 대해 알게 되는 것이다(출 7:17; 8:10, 22; 9:14, 16, 29). 후에 젊은 히브리 노예 소녀와 선지자 엘리사는 수리아 장군 나아만에게 신적 계시를 전하는 도구가 되었다. 하나님은 나병에 걸린 나아만을 고쳐주신다(왕하 5장). 또 포로로 잡혀갔을 때, 다니엘과 그의 히브리 친구들은 바벨론 통치자들에게 하나님의 지혜와 능력에 대해 공개적으로 말한다(예를 들어, 단 2:27-28; 3:16-18; 6:21-22). 다니엘은 느부갓네살왕에게 "오직 은밀한 것을 나타내실 이는 하늘에 계신 하나님이시리"고 단언한다(단 2:28). 하나님의 영광스러운 행위가 그분의 종의 증언과 일치하자, 이방 왕들은 다니엘의 하나님이 살아계신 유일한 하나님이라고 고백한다. 이 선언은 바벨론뿐만 아니라 온 땅에 있는 "모든 백성과 나라들"까지 전파된다(단 6:25-27; 참고. 단 2:47; 3:28-29). **말씀**은 **행위**와 파트너가 되어서 하나님의 구원이 외부인들에게 알려지도록 한다.

## 요나의 도전

요나의 이야기는 하나님이 "타문화 선교"를 위해 누군가를 보내신다는 점을 분명히 보여주는 구약의 한 사례이다. 하나님은 마지못해 하는 선지자 요나에게 크고 사악한 니느웨성에 가서 그분의 메시지를 "선포하라"고 말씀하신다(욘 3:2; 참고. 욘 1:2). 이것은 분명히 열방에 하나님의 말씀을 전해야 하는 교회의 소명을 예시하는 것이다. 물론 요나가 말하는 것은 희망과 구원의 말이 아니고 파멸과 파괴의 선언이다. "사십 일이 지나면 니느웨가 무너지리라"(욘 3:4). 그럼에도 불구하고, 그 메시지는 놀랍게도 사람들의 마음을 사로잡는다. 니느웨성은 (왕부터 소에 이르기까지) 회개하고 하나님은 노여움을 푸신다. 약속된 심판이 철회된다(욘 3:6-10). 니느웨 사람들은 하나님을 믿고 구원을 받는다(욘 3:5).

그리고 이것은 요나서에서 이방인들이 여호와의 말씀에 적극적으로 반응하는 **첫 번째** 사례가 아니다. 요나서 1장에서, 하나님의 주저하는 선지자는 하나님의 사명을 피해 도망가려고 하는 와중에서도 신적 말씀을 이야기한다. 타고 도망가는 배가 격렬한 폭풍을 만나 부서지려고 하자, 요나는 갑판 위에 있는 선원들에게 "나는 바다와 육지를 지으신 하늘의 하나님 여호와를 경외하는 자로라"고 선언한다(욘 1:9). 그 결과, 이방 선원들이 여호와께 돌아와서 그분을 경배한다(욘 1:14-16).

하지만 요나의 선교의 "성공"에도 불구하고, 요나가 니느웨에 선포한 것은 이스라엘이 열방 선교를 하면서 따라야 할 전형적인 모범으로 의도된 것이 아니다.⁴⁾ 요나는 모델 선교사가 아니다! 역설로 가득 찬 한 이야기에서, 궁극적인 반전은 하나님이 니느웨 사람들에게 베푸신 긍휼로 말미암아 하나님의 선지자가 화를 내며 분개한다는 것이다. 요나는 하나님이 그분의 언약 백성에게 베푸시는 것과 똑같은 은혜를 이스라엘의 철천지원수에게 베푸시려 하기 때문에 몹시 화를 낸다(욘 4:1-3).

그러니까 요나라는 인물은 따라야할 모범이 아니라 하나님의 백성이 본받지 말아야 할 **부정적인** 사례의 역할을 한다. 요나는 하나님의 사랑과 동정은 이방인과 심지어는 사악한 원수를 포함해서 모든 사람을 받아들인다는 점을 온전히 이해하지 못한 이스라엘을 대표한다(욘 3:10; 4:2, 11). 니느웨 사람들만이 회개해야 하는 대상이 아니다. 이스라엘도 잘못된 교만 및 배타적인 태도에서 돌아서는 것이 필요하다. 요나서의 최종적인, 대답이 없는 질문은 이스라엘뿐만 아니라 모든 세대의 독자들에게 해당되는 도전이다. "내가 어찌 이 큰 성읍을 아끼지 아니하겠느냐"(욘 4:11). **우리** 독자들은 그 이야기를 어떻게 마무리 지을 것인가? **우리**는 요나의 태도와 하나님의 태도 중 어느 것을 받아들일 것인가?[5)] 교회의 선교의 씨는 요나의 전례에 있는 것이 아니라 사랑이 풍성하시고 사람들을 찾으시는 하나님의 마음에 있다. 요나서에 나오는 참된 선교사는 하나님 자신이시다.

## 이사야의 환상

### 양방향 통행

이사야의 마지막 장들(사 40-66장)은 구약에서 사실상 유례를 찾아볼 수 없는 이스라엘의 선교에 대한 놀라운 환상을 제공한다. 이사야의 광범위한 종말관은 열방이 여호와를 예배하기 위해 예루살렘으로 순례해 오는 현상을 예견한다(사 60:1-9; 66:20). 그러나 이것은 일방통행이 아니다. 이미 이사야서 2장에서 이사야 선지자는 열방이 시온산으로 **올** 뿐만 아니라, 여호와의 말씀이 이스라엘로부터 **나가기** 때문에 열방이 끌려온다고 상상한다.

> 많은 백성이 가며 이르기를
> 오라 우리가 여호와의 산에 오르며
> 야곱의 하나님의 전에 이르자
> 그가 그의 길을 우리에게 가르치실 것이라
> 우리가 그 길로 행하리라 하리니
> 이는 율법이 시온에서부터 나올 것이요
> **여호와의 말씀이 예루살렘으로부터** 나올 것임이니라
> (사 2:3; 또 미 4:2을 보라)

여기에서 이스라엘은 하나님의 말씀을 계시하는 도구가 된다. 이스라엘의 선교는 세계 사람들을 변화시키는 결과를 가져온다. 그것은 윤리적이면서(하나님의 도를 행하고) 정치적인(보편적 평화; 사 2:4) 변화이다. 후에 이스라엘은 어둠을 비추는 불빛으로 묘사된다. 그것은 세상 사람들과 그 통치자들을 그 빛 가운데 행하도록 이끄는 불빛이다(사 60:1-3; 참고. 마 5:14-16; 빌 2:15).

**너희는 나의 증인이라**
이사야는 또 여호와가 참 하나님이심을 열방에 증언하는 증인으로 이스라엘을 묘사한다.

열방은 모였으며
민족들이 회집하였는데…
나 여호와가 말하노라 **너희는 나의 증인**
나의 종으로 택함을 입었나니
이는 너희가 나를 알고 믿으며
내가 그인 줄 깨닫게 하려 함이라
나의 전에 지음을 받은 신이 없었느니라
나의 후에도 없으리라
나 곧 나는 여호와니라
나 외에 구원자가 없느니라
내가 알려 주었으며 구원하였으며 보였고
너희 중에 다른 신이 없었나니
그러므로 **너희는 나의 증인이요** 나는 하나님이니라
여호와의 말씀이니라(사 43:9-12; 참고. 사 44:8; 55:4-5)

여기에서 이사야는 세상의 모든 나라가 한 커다란 국제 법정에 모여

드는 것을 상상한다. 첫째, 세상의 다른 나라들은 그들의 거짓 신들을 위해 증언하도록 초대를 받는다(사 43:9). 하지만 또 하나님은 이스라엘에게 열방이 지켜보는 증인석에 설 것을 요청하신다. 하나님의 증인으로서 이스라엘은 "여호와를 대신해 진리를 말하도록" 소환된다.[6)] 이스라엘은 여호와가 유일한 하나님이시며(사 43:10) 또 구원할 수 있는 유일한 하나님이심을(사 43:11) 증언할 것이다. 이 진리는 이스라엘에게만 적용되는 것이 아니라, 하나님께 돌아오는 **모든 사람**에게 적용된다. 살아계신 하나님을 **알고** 구출할 수 있는 그분의 능력을 **경험한** 백성으로서, 이스라엘은 열방 앞에서 그런 사실에 대해 목격자 증언을 할 수 있다. 세계 열방의 법정에서 여호와의 "가장 중요한 증인"으로서의 이 역할은 이사야의 환상을 넘어 확대된다. 모든 세대에서, 하나님의 백성은 반대되는 주장과 대립되는 현세에 직면하여 하나님에 대한 진리를 말하도록 요청받는다.

이사야서 43:9-12에서, 진리를 **말하는 것**이 강조되고 있다. 그러나 이스라엘 사람들의 증언은 말로만 이루어지지 않을 것이다. 그것은 하나님의 은혜로 구속받은 백성으로서 그들의 삶에 의해 확증될 것이다. 그리고 이스라엘의 증언에 응답하는 열방 사람들에게 ("피난한 자들아," 사 45:20) 하나님은 이렇게 호소하신다. "땅의 모든 끝이여 내게로 돌이켜 구원을 받으라. 나는 하나님이라 다른 이가 없느니라"(사 45:22).

이와 같이 이사야 43장은 이스라엘을 증인의 역할을 하는 종으로 상상한다(사 43:10). 그것은 "땅 끝까지도 모두 우리 하나님의 구원을 볼" 때를 기대한다(사 52:10). 크리스토퍼 라이트가 구약에 증인으로 나오는 이스라엘의 역할에서, 열방에 이 좋은 소식을 전하기 위해 육체적으로 파송된 이스라엘 사람을 뜻하는 선교 명령을 찾아 읽을 필요는 없다고 말한 것은 옳다.[7)] 우리는 예수님의 죽음과 부활로 시작된 성령의 시대에 가서 비로소 외부를 향해 나아가는 그런 증인을 만나게 된다. 이사야 43장을 반향하는 말로, 부활하신 예수님은 교회에 "**너희가 내 증인이 되**

리라"고 약속하신다. 그리고 당신은 그 증언을 하기 위해 땅 끝까지 가게 될 것이다(행 1:8).

### 좋은 소식을 선포함

이사야서 52장에서, 이사야는 포로로 잡혀간 이스라엘을 좋은 소식을 말하는 것과 연결시킨다(사 52:7-12). 그렇게 하기 위해, 이사야는 또 한 가지 현저한 이미지를 언급한다. 한 사자(메신저)가 바벨론에서 예루살렘으로 달려온다. 그는 아름다운 발을 갖고 있다. 그가 좋은 소식, 즉 "복음"을 가져오기 때문이다(사 52:7). 그는 이렇게 외친다. "포로 시대가 끝났습니다! 하나님이 왕으로 다스리십니다! 여호와가 구원과 평화(샬롬)를 가져오십니다." 그런 다음 예루살렘 성벽 위에서 애타게 지켜보고 있는 보초들이 이 사자의 메시지를 이어 받아 합창을 한다. 그들은 환희에 넘쳐 노래를 부른다(사 52:8). 마침내 성 전체가 즐거워한다. 여호와가 그분의 상심한 백성을 위로하셨다. 여호와는 그들을 포로에서 자유롭게 하셨다(사 52:9).

그러나 이 좋은 소식은 이스라엘만을 위한 것이 아니다. 그 소식은 모든 사람을 위한 것이다. 이사야서 52:10은 이렇게 선언한다. "여호와께서 열방의 목전에서 그의 거룩한 팔을 나타내셨으므로 땅 끝까지도 모두 우리 하나님의 구원을 보았도다." 여기에서 이사야는 "그리스도보다 수 세기 전 바벨론 포로들에게 희망을 주기 위해 의도된 말을 세상을 위한 구원의 약속으로 바꾸어 버린다."[8] 후에 사도 바울은 이사야의 환상이 세상 모든 사람에 대한 교회의 선교에서 성취되는 것으로 본다. 예수님 안에서 다스리시는 하나님의 통치에 대한 좋은 소식은 선포되어야 한다(롬 10:14-18).

그러나 이사야는 이스라엘 자체가 하나님의 백성을 구원하는 일에 신실하신 하나님의 복음을 선포하는 역할을 맡고 있는 것으로 본다(예를 들어, 사 55:3-5; 61:1-2; 66:19; 참고. 사 12:5-6). 그들은 그 복음을 단지 이스라엘 내에서가 아니라 열방을 위해 선포할 것이다. 이스라엘의 진격 명령은 분명하다. "너희는 바벨론에서 나와서… 즐거운 소리로 이를 알게 하여 들려 주며 땅 끝까지 반포하여 이르기를 여호와께서 그의 종 야곱을 구속하셨다 하라"(사 48:20). 여기에서 이사야는 출애굽의 언어를 사용한다. "나오라!" 이스라엘 사람들이 이집트에서 구출받은 것처럼, 그들은 바벨론 역시 떠나야 한다. "이스라엘은 선포할 복음을 가지고 있다. 그것은 널리, 힘차게, 활기 있게 선포해야 한다."9) 여호와는 그분의 백성을 해방시키셨다! 이 구절에 대해 해설하면서, 존 오스왈트는 다음과 같이 묻는다.

> 그런 메시지는 외치지 말아야 했는가? 그것은 **땅 끝까지** 외치지 말아야 했는가? 이스라엘이 선교적 명령을 받았는지에 대해 종종 논쟁이 벌어진다. "선교적 명령"이 회심자를 만들라는 위임령을 뜻하는 것이라면 논쟁의 여지가 있다. 그러나 그것이 그들에게 계시된 진리를 세상에 선포할 의무를 뜻하는 것이라면 가타부타 논쟁의 여지가 없다. 이스라엘의 하나님이 유일한 하나님이시라면… 그분은 해 아래 있는 모든 사람의 하나님이시다.10)

이스라엘은 하나님의 구원을 그들의 삶은 물론이요 그들의 입술로도 선포해야 한다.

### 선포하도록 보냄받음

열방에 선포하는 이사야의 환상의 절정은 이사야서 마지막 장에 나온다. 이사야서 66:19-21은 하나님의 영광과 구원을 열방에 선포하기 위해 그들에게 **보냄받는** 백성에 대한 명백한 언급으로 구약에서 독보적인 구절이다. 다시 한 번 통행은 양방향으로 이루어진다. 첫째, 하나님은 모든 나라에서 사람들을 그분 자신께 불러 모아 그들을 언약의 백성 안에 완전히 받아들이신다. 그런 다음, 이사야의 종말 환상에서 그런 나라들에서 온 "도피한 자들"(남은 자)이 여호와의 "선교사"가 되어 멀리 떨어진 땅 끝까지 나아간다.

> 내가 그들의 행위와 사상을 아노라 때가 이르면 뭇 나라와 언어가 다른 민족들을 모으리니 그들이 와서 나의 영광을 볼 것이며 내가 그들 가운데에서 징조를 세워서 그들 가운데에서 도피한 자를 여러 나라… 또 나의 명성을 듣지도 못하고 나의 영광을 보지도 못한 먼 섬들로 보내리니 그들이 나의 영광을 뭇 나라에 전파하리라(사 66:18-19)

여기에서 "아브라함의 복을 받은 자들이 이제 그 복을 다른 사람들에게 전달하는 행위자가 된다."[11] 그들은 그들이 온 여러 나라로 돌아가서 하나님의 영광과 경이로움에 대해 아직 듣지 못한 자들에게 증언한다. 이 놀라운 환상은 이방인들에 대한 신약의 선교를 기대한다.

### 종의 선교

마지막으로, 여호와의 종은 열방에 하나님의 구원을 적극적으로 가져다준다. 이사야서 40-55장에 등장하는 하나님의 종의 정체성은 오랫동안 논쟁의 대상이 되어 왔다. 이스라엘은 여호와의 종이 되도록 부름받았다(사 41:8-9; 43:10; 44:1; 45:4; 48:20). 그러나 사실, 이스라엘은 눈과 귀가 멀고 반역을 일삼았다(사 42:18-25). 이스라엘은 세상 속에서 그 선교적 소명에 합당하게 살지 못했다. 따라서 "신비스러운 방식으로, 하나님은 그분의 종을 소개하신다. 그 종의 정체성은 한 편으로 이스라엘 및 그 선교**의** 공동적 구현과 다른 한 편으로 이스라엘 및 그 너머 열방**에** 대한 선교적 사명을 지닌 개인적 인물 사이를 왔다갔다하는 것 같다."[12]

이사야서에 나오는 소위 "종의 노래" 중 두 노래에서, 여호와의 종은 "이방의 빛"이 되는 이스라엘의 선교를 구현한다(사 42:6; 49:6). 이사야서

42장에서, 종의 선교는 세상 바깥으로 흘러나간다. 그 종은 이방에 정의를 "베풀" 것이며(사 42:1, 3), 섬들이 그분의 교훈을 받기 위해 기다릴 것이다(사 42:4). 그 종의 선교는 총체적이다. 그 종은 세상 사람들에게 정의, 가르침, 계시, 해방을 가져온다(사 42:1-7). 이방의 빛으로서, 그 종은 소경의 눈을 뜨게 하고 어둠 속에 갇혀 있는 죄수를 자유롭게 할 것이다(사 42:7).

열방에 하나님의 구원을 선포한다는 생각은 이사야서 49:1-6에서 더 밝게 빛난다. 그 노래는 "섬들아 내게 들으라 먼 곳 백성들아 귀를 기울이라"(사 49:1)는 말로 시작한다. 여기에서 "나의 종"은 이스라엘로 명명된다(사 49:3). 그러나 포로로 잡혀가고 하나님으로부터 멀어진 이스라엘은 하나님이 의도하셨던 백성이 될 수 없다. 그러므로 하나님의 종은 이중적인 사명을 갖는다. 첫째는 이스라엘을 하나님께 되돌아오게 하는 것이다(사 49:5-6). 그리고 둘째는 "이방의 빛"이 되는 것이다. 그래서 하나님의 "구원을 베풀어서 땅 끝까지 이르게" 하는 것이다(사 49:6). 이스라엘의 신실한 구현으로서, 그 종은 열방에 빛을 비추는 근원이 된다. 이 이미지는 적어도 두 가지 의미로 이스라엘의 선교를 묘사한다. 한 편으로, 하나님의 거룩한 백성으로 독특한 삶을 실행함으로써 이스라엘은 어둠을 밝히는 빛의 역할을 한다. 이스라엘은 지켜보고 있는 세상 앞에 하나님의 능력과 사랑을 나타낸다.[13] 다른 한 편으로, 이 구절은 계시의 빛이 바깥으로 퍼져나감을 제시한다. 하나님의 종은 그분의 구원의 축복을 멀리 땅 끝까지 전한다(참고. 사 45:22). 이스라엘의 종의 선교에서, 세상 **속에서** 이루어지는 이스라엘의 삶과 이스라엘이 세상**에** 전하는 메시지는 분리할 수 없다.

마지막 종의 노래(사 52:13-53:12)는 그 종이 이스라엘과 열방의 죄로 고난을 당하고 속죄하는 구속자가 될 것을 나타낸다(사 52:15). 신약저자들은 이사야의 고난당하고 죽는 종을 예수님의 사역과 강력하게 연결시킨다(마 8:17; 행 8:32-35을 보라). 그러나 예수님은 하나님의 종으로서 이스라엘의 역할을 단순히 **대체하시는** 것이 아니다. 더 정확히 말하면, 이스라엘을 구속하시고 종으로 섬기는 모습을 몸소 나타내심으로써, 예수님은 이스라엘이 하나님의 종의 역할을 제대로 **감당할 수 있게 만드신다**. 오스왈트가 심사숙고한 대로, "망가지고 죄악에 물든 이스라엘이 어떻게 하나님이 약속하신 그분의 종들이 될 수 있단 말인가? 그 대답은 '그 종'에게 있다. 그 종은 이스라엘이 될 수 없었던 것이 될 것이며, 또 진실로 모든 사람을 위해 그렇게 될 것이기 때문에, 이스라엘은 하나님이 약속하신 것, 즉 하나님의 구속의 빛을 비추는 그분의 종들이 될 수 있다."[14] 그러므로 바울은 아주 담대하게 그리고 올바르게 하나님의 종에 대한 이사야의 말을 하나님의 새 언약 백성에게 연결시킬 수 있다. "이방의 빛"이 되는 이스라엘의 운명은 궁극적으로 사도 자신의 선교 및 교회의 선교에서 성취된다(행 13:47).

## 찬양을 통해 선포함

시편은 이스라엘의 선교에 대해 무엇을 계시하는가? "히브리 찬송가"는 하나님의 주권적인 통치 및 구원하시는 행위에 대해 이스라엘이 나타내야 할 올바른 반응은 찬양과 경배라는 점을 분명히 한다. 그러나 경배는 "하나님과 나" 또는 "하나님과 **우리**"만의 문제가 결코 아니다. 이스라엘의 역할은 여호와의 찬송을 노래하는 것뿐만 아니라, 다른 사람들을 끌어들여서 그 노래를 함께 부르도록 하는 것이다. 경배는 증언이 되고, 찬양은 하나님의 구원하시는 통치가 세상의 모든 사람에게 이른다는 점을 선포하는 것이 된다. 때때로, 시편기자는 열방에 여호와를 경배하라고 직접 요청한다(예를 들어, 시 66:8; 67:3-5; 96:7-9; 117). 우리가 현재 관심을 기울이고 있는 것과 관련해 더 특별한 주제는 열방 가운데 하나님의 전능하시고 은혜가 넘치는 행위를 선언하는 이스라엘 또는 시편기자이다(예를 들어, 시 57:9; 105:1; 126:2; 145:11-12). 이 점에서, 시편 96

편은 타의 추종을 불허한다.

> 새 노래로 여호와께 노래하라
> 온 땅이여 여호와께 노래할지어다
> 여호와께 노래하여 그의 이름을 송축하며
> 그의 구원을 날마다 전파할지어다
> 그의 영광을 백성들 가운데에
> 그의 기이한 행적을 만민 가운데에 선포할지어다
> 여호와는 위대하시니 지극히 찬양할 것이요
> 모든 신들보다 경외할 것임이여
> 만국의 모든 신들은 우상들이지만
> 여호와께서는 하늘을 지으셨음이로다…
> 모든 나라 가운데서 이르기를 여호와께서 다스리시니
> 세계가 굳게 서고 흔들리지 않으리라
> 그가 만민을 공평하게 심판하시리라 할지로다(시 96:1-5, 10)

이 노래에 등장하는 동사들을 주목하라. 시편기자는 하나님의 백성에게 열방에 하나님의 메시지를 **노래하고, 전파하고, 선포하고, 말하라**고 명령한다. 이 노래의 가사는 하나님의 구원, 주권, 정의에 대해 증언한다. 이 선포는 하나님만 들으시라고 하는 것이 아니다. 그것은 또한 그것을 듣는 사람들의 관점을 변화시키려고 한다. 그들은 다른 모든 신은 우상이며, 참되고 살아계신 한 분 하나님께만 충성을 바쳐야 한다는 점을 인식해야 한다(시 96:4-5, 7-9). 그것이 하나님의 백성이 이 메시지를 널리 알려야 하는 이유이다.

그런 언어는 이스라엘로 하여금 이방인 국가들에 대한 선교적 증언을 적극적으로 하도록 동기를 부여하기 위함이었는가? 아니면 그것은 시온에서 비롯된 하나님의 보편적 통치를 수사적으로 선언하는 것에 지나지 않은가? 다시 말해, 열방은 하늘, 나무, 바다가 요청받는 것과 같은 의미에서 여호와를 찬양하도록 요청받는 것인가?[15] 학자들은 두 가지 대안을 놓고 논쟁을 벌여 왔다. 하지만 성경적 입장은 둘 사이 어딘가에 있는 것 같다. 한 편으로, 시편기자가 비이스라엘 사람들에게 가서 여호와를 경배하도록 만드는 선교사들을 모집하려고 하는 것 같지는 않다. 다른 한 편으로, 찬양은 선교적 기능과 목표를 갖고 있는데, 그것은 하나님의 미래에 닻을 내리고 있다. 패트릭 밀러는 그 점을 다음과 같이 훌륭하게 진술한다.

> 찬양의 목적은 하나님의 은혜 및 능력을 경험한 것에 대해 반응하는 것이다. 은혜가 풍성하시고 능력이 많으신 분으로 나타나고 알려진 하나님을 찬양하고, 그 찬양을 듣는 모든 자에게 하나님은 하나님이시라는 점을 증언하는 것이다. 그런 의미에서 구약에서 하나님 찬양은 언제나 하나님에 대해 말하는 헌신 즉 신학이며, 다른 사람들을 이 하나님을 예배하는 사람들의 집단에 끌어당기려는 선포 즉 회심을 위한 증거다… 모든 사람을 예수 그리스도의 제자로 회심시키기 위한 신약 복음서의 선포에서 화려하게 꽃핀 것은 하나님의 선하심(토브)과 은혜(헤세드)에 대한 구약의 선포에 이미 **예상되어** 있다.[16]

이런 의미에서, 이스라엘의 경배자들은 "우리는 열방에 말할 이야기가 있네"라는 옛 찬송가 가사를 "우리는 열방이 주님께 마음을 드리도록 그들에게 부를 노래가 있네"라고 바꾸어 부를 수 있었으리라.

경배와 증언이 함께 간다면, 열방은 어떻게 이스라엘의 찬송을 들을 것인가? 우리는 솔로몬왕 시대 이후로 예루살렘이 북적거리는 국제 도시였다는 점을 기억해야 한다. 사람들이 끊임없이 왕래했으며, 많은 사람들이 성전을 방문해서 이스라엘의 찬송가를 들었을 것이다.[17] 성전을 봉헌할 때에 먼 곳에 있는 이방인들이 예루살렘에 와서 함께 이스라엘의 하나님을 경배하는 일이 일어나도록 기도한 솔로몬을 상기하라(왕상 8:41-43). 게다가, 바벨론 포로를 시작으로 해서 유대인 회당들이 지중해 세계 여기저기에 세워졌다. 존 딕슨은 다음과 같이 주장한다.

> 신구약 중간기에 많은 유대인은 선교 행위로서 공적 예배의 개념을 진지하게 받아들였다. 그들은 회당이나 성전에서 하나님을 집단적으로 찬송하는 것이 이방인들로 하여금 주님께 무릎을 꿇도록 설득하는 하나님의 방법 중 하나라는 사실을 아주 잘 알고 있었다... 우리는 1세기의 수많은 회당이 유대인들의 하나님을 더 알기 원하는 많은 이방인을 끌어들였다는 사실을 안다.

딕슨은 다음과 같이 결론을 내린다.

> 고대 이스라엘의 시편 찬송부터 예수님 시대의 회당 예배에 이르기까지, 참되신 하나님에 대한 공적 찬송은 선교적 기능을 수행하는 것으로 여겨졌다. 선교적 기능의 수행이 그런 모임들의 목적은 아니었지만--이 모임들이 유대식 '구도자 예배'였다고 말하는 것은 아니다--그것은 하나님에 대한 집단적 찬송의 중요한 부산물로 간주되었다.[18]

이와 같이 시편은 선교를 이스라엘의 예배의 한 기능으로 묘사한다. 하나님의 백성은 열방이 들을 수 있는 범위 안에서 여호와의 영광과 선하심을 선포하는 것이다. 그리고 우리가 앞으로 볼 것처럼, 신약저자들 역시 찬양을 통한 선포를 교회가 수행하는 선교의 일부로 이해한다(벧전 2:9을 보라).

## 결론

이 장에서 살펴본 구약 본문들은 이스라엘의 선교의 특징에 대해 무엇을 가르쳐 주는가? 열방 가운데서 하나님의 거룩한 백성이 **되는 것**이 구약의 지배적인 관점이지만, 그것이 **전부**는 아니다. 특히 이사야서, 요나서, 시편 같은 책에서 우리는 열방도 하나님을 알고 경배할 수 있도록 하기 위해 그들에게 하나님의 능력과 은혜를 적극적으로 선포하는 분명한 추동력을 발견한다. 이것은 아직 열방에 타문화 선교사들을 파송하라는 직접적인 선교 명령이 되지는 못한다. 사실상 그것과는 거리가 멀다. 그럼에도 불구하고, 그것은 대담하게 하나님의 미래를 상상하며 또 교회가 땅 끝까지 가서 전도할 수 있는 토양을 마련한다. 다르게 말해서, 구약에서 우리는 부드러운 멜로디로, 때로는 뚜렷하게 또 때로는 거의 알아들을 수 없을 정도로 선교적 선포의 선율을 듣는다. 그러다가 신약에 가서 그것은 강력한 교향곡으로 점점 소리가 커진다.

우리는 이스라엘의 언어적 증언에 대해 세 가지를 더 관찰할 수 있다. 첫째, 구약에서 하나님의 은혜를 선포하는 것은 **개인들이 아니라 주로 하나님의 백성의 활동**이다. 요나는 물론 명백한 예외이다. 그러나 우리가 살펴본 대로, 이 "선교사"는 하나님의 선교에서 벗어난 것으로 유명하다. 전반적으로, 열방 앞에 하나님의 진리를 증언하는 것은 전체 이스라엘의 운명이다.

둘째, **이스라엘의 증언은 이스라엘의 예배와 결합되어 있다**. 찬양은 이스라엘의 선교의 필수적인 차원으로 여겨진다. 하나님의 백성은 언약 바깥에 있는 자들이 들을 수 있도록 의도적으로 하나님을 찬양하는 노래를 부른다. 그리고 그 "선교적 찬양"은 외부인들로 하여금 여호와를 함께 예배하게 만드는 잠재력을 갖고 있다.[19]

셋째, **말의 증언과 삶의 증언은 분리할 수 없다**. 하나님의 능력과 거룩하심에 대한 이스라엘의 증언은 그 능력과 거룩하심을 이스라엘 백성의 삶 가운데서 볼 수 있을 때만 의미가 있다. 우리는 이런 연관성을 무엇보다도 이스라엘의 사명을 구현하는 여호와의 종에게서 본다. 하나님의 종으로서, 이스라엘은 하나님의 영광을 선포하는 것뿐만 아니라 또한 하나님의 성품을 현시함으로써 "이방의 빛"이 되어야 한다.

이 마지막 관찰은 우리로 하여금 제1장에서 발견한 것을 되돌아보게 만든다. 이스라엘에게 선교는 열방**에** 전하는 메시지보다 열방 **앞에** 사는 삶에 더 가깝다. 다른 무엇보다도 더, 이스라엘은 모든 인류 및 창조 세계 전체를 위한 복의 백성이 **되도록** 부름받는다. 하나님은 이스라엘이 그가 처한 문화적 사회적 세계 가운데서 **존재**의 선교를 하기 원하신다.

현 시점에서, 나는 1장 끝에 제기한 "생각해 볼 질문"을 다시 살펴보고자 한다.

이 모든 것은 오늘날 교회에 무엇을 의미하는가? 신약은 선교에 대한 **새로운** 이해를 나타내지 않는가? 즉 하나님의 백성을 바깥으로 내몰아서 예수님의 좋은 소식을 전하고 열방 가운데 제자를 삼는 선교말이다. 그리스도의 죽음, 부활, 귀환에 대해 증언하도록 파송받은 교회의 선교적 과제에는 근본적으로 새로운 것이 분명히 있다. 그러나 이것은 구약이 하나님의 백성의 선교에 대해 확언하는 모든 것보다 더 중요하거나 아니면 그것들을 대체하는가? 분명히 그렇지 않다. 하나님은 메시아가 베들레헴에서 태어나신 그날 밤 갑자기 이를테면 "삭제" 키를 누르지 않으셨다. 하나님은 그분이 이전에 그분의 백성에게 세상에서 수행하는 선교에 대해 명령하신 모든 것을 기억에서 지워버리지 않으셨다. 결국, 이스라엘의 선교는 하나님의 선교에 참여하는 것 그 이상도 그 이하도 아니었다. 그리고 하나님의 선교는 성경 전체 이야기를 포괄한다.

크리스토퍼 라이트가 설득력 있게 주장한 대로, 온전한 선교에 대한 교회의 이해는 성경 **전체**에서 나오는 것이 필요하다.[20] 이것은 다음과 같은 점을 의미한다.

* 하나님은 여전히 그분의 백성이 총체적인 의미에서 불신자들을 위한 복의 통로가 되라고 명령하신다. 아브라함의 이야기는 계속 **우리의** 이야기이다.
* 우리의 선교는 여전히 우리의 이웃들에게 매력적인 독특한 공적 생활을 나타내는 공동체가 되는 것이다. 이웃들은 그것을 통해 하나님이 어떤 분이신지 알게 되기 때문이다.
* 우리가 나그네를 위한 사랑과 약자를 위한 정의 같이 이스라엘의 율법에서 발견하는 가치들은 계속해서 우리가 세상에서 선교를 실행하는 방식에 반영되어야 한다.
* 사람들이 하나님의 창조 세계를 섬겨야 한다는 명령은 취소되지 않았다. 우리는 여전히 사람들뿐만 아니라 또한 온 세상을 위한 하나님의 회복시키시는 목적의 일부이다.
* 하나님의 백성은 여전히 하나님의 영광을 그들의 공동 예배 가운데 선포해야 한다. 그래서 그것을 엿듣는 외부인들이 그분이 참된 하나님이라는 점을 납득할 수 있게 만들어야 한다.

이런 것들 중 바뀐 것은 전혀 없다.

게다가, 신약은 구약의 이미지들을 반복적으로 사용해서 교회의 정체성과 선교를 묘사한다(벧전 2:9을 보라). 신약저자들은 우리에게 하나님의 백성 이스라엘의 선교를 무시하면 세상 속에서 수행하는 교회의 역할을 온전히 이해할 수 없다고 분명히 말할 것이다. 한 편으로, 구약의 선교 이해는 교회가 모든 사람에게 복음을 선포하는 것으로 묘사하는 신약이 없다면 불완전하다. 신약은 예수 그리스도에 비추어 이스라엘의 선교를 확대하고 변화시킨다. 다른 한 편으로, 신약의 선교는 구약이 없다면 역사적 공동체적 뿌리가 손상된다. 루시앙 르그랑은 "구약은 우리가 한 백성의 삶을 선교의 수단으로 여길 수 있도록 도와준다"고 주장한다.[21]

특히 구약은 세상 속에서 교회가 맡은 **역할**과 **정체성**이 무엇인지에 대해 더 분명하게 생각하도록 도와준다. 구약은 우리에게 "선교적" 교회가 된다는 것이 다른 장소에 선교사들을 파송하는 것이 중요하긴 하지만 그것보다 더 많은 것을 요구한다는 점을 상기시킨다. 전도 프로그램을 조직하는 것이 유익하긴 하지만 그것이 전부는 아니다. 전체 교회는 그 자체를 위해 존재하지 않고 다른 사람들을 위해 존재한다. **우리의 근본적인 소명은 세상을 위한 복의 백성이 되는 것이다.**

우리는 어떻게 그 소명을 실천할 수 있는가? 분명히 우리가 처한 구체적인 상황은, 우리가 서양에 살던 아니면 다수세계에 살던, 이스라엘 국가가 처한 상황과 다르다. 우리는 하나님의 복을 전하는 소명을 우리가 처한 나양한 상황에 석설한 형태로 창의석으로 적용해야 한다. 하나님의 백성이 일하고 공부하거나 쉬는 일상적인 삶의 자리에서 "하나님의 도를 행힐" 때 그런 일들이 일어날 것이나.

로버트 프리스트는 그리스도인들이 북미에서 하나님의 선교를 구현할 수 있는 구체적인 방법들에 대해 글을 쓴다. 그는 하나님의 백성이 다른 사람들에게 복음을 보여주면서 권할 수 있는 존재 방식 및 행동을 추구해 보라고 격려한다. 프리스트는 많은 북미 그리스도인들이 종교적 표현을 제한하는 환경 가운데 살면서 일한다고 말한다.

> 그러나 예를 들어 다른 동료들이 카리브해에 있는 고급 휴양지에 가서 휴가를 즐길 때 한 간호원이 휴가를 포기하고 대신 하이티로 떠나는 교회 의료 선교 팀에 참여할 때, 그는 일터에서 그 여행에 대해 말할 수 있고, 또 물자를 지원받을 수도 있으며, 종종 병원 소식지에 그 여행에 대해 보고할 수 있는 기회를 가질 것이다. 그 결과 그는 자신의 기독교적 정체성과 동기를 드러내게 되며, 사람들은 "그의 착한 행실을 보고" 그의 칭찬받을 만한 행동이 하나님과의 관계에서 비롯되었다는 사실을 인정하게 된다. 이와 같이 그리스도인들이 적극적으로 공적 활동을 하다 보면 전도할 수 있는 문이 열린다.[22]

또 독일 프랑크푸르트에서 일어난 다른 예를 고려해 보자. 내 친구 하나가 전통적인 기독교 사역으로 이렇다 할 열매를 맺지 못한 그 도시 사람들에게 가서 사역을 하라는 하나님의 소명을 받았다. 그는 도시의 한 퍼브(술을 비롯한 여러 음료와 음식을 파는 대중 술집-역주) 주인과 파트너 관계를 맺고, 그 시설을 그 지역 공동체에 사는 온갖 종류의 사람들이 모일 수 있는 장소로 만들었다. 내 친구는 그 퍼브를 드나드는 손님들이 그 도시를 축복할 수 있는 프로젝트들을 계획하는 그리스도인 소모임에 함께 참여하도록 초청했다. 격주로 그리스도인들은 무슬림, 힌두교인, 무신론자들을 포함한 여러 사람들과 함께 퍼브에서 만나기 시작했다. 그들은 그 지역의 집 없는 거리의 사람들에게 영화를 보고 맛있는 저녁을 먹을 수 있는 기회를 제공하거나, 아니면 아프리카에서 우물을 파는 일을 후원하는 것 같은 여러 가지 활동을 조직했다. 그리고 그런 일을 함께 하면서 퍼브 손님 중 일부 사람들이 그리스도인들에게 자신들의 문제를 이야기하고 신앙에 대해 묻기 시작했다. 그 결과 몇 사람이 그리스도의 자유롭게 하는 좋은 소식을 듣고 받아들이는 일이 생겼다.

이것들은 하나님의 백성으로 사는 것이 어떻게 하나님의 이야기를 말하는 것과 파트너가 될 수 있는지 보여주는 두 가지 예에 불과하다. 그러나 구약에서는 분명히 전자가 더 강조되고 있다. 우리는 신약에서 다른 모습을 발견하는가? 그것이 이제부터 우리가 살펴볼 문제이다.

**생각해 볼 질문**

1. 이 장은 선지자 요나가 하나님의 사랑과 동정이 **모든** 사람에게, 심지어는 철천지원수에게까지 확대된다는 점을 이해하지 못했음을 보여준다. 오늘날의 그리스도인들은 다르거나 사랑을 받을 자격이 없는 것 같은 사람들에게 사랑을 베풀기 위해 어떻게 노력하는가?
2. 선교와 찬양의 관계는 무엇인가? 하나님의 백성의 찬양은 오늘날 하나님의 선교를 실행하는데 어떻게 기여할 수 있는가?
3. 하나님의 백성의 공동생활이 선교의 수단이 된다는 구약의 강조는 당신이 속한 교회에 어떤 교훈을 주는가? 당신은 일반적으로 "선교 활동"을 개인적 또는 공동적 측면에서 생각하는 경향이 있는가?

## 주

1) Walter C. Kaiser, *Mission in the Old Testament: Israel as a Light to the Nations* (Grand Rapids: Baker, 2000), p. 33. 「구약성경과 선교」(CLC); 또 David Filbeck, *Yes, God of the Gentiles, Too: The Missionary Message of the Old Testament* (Wheaton, IL: Billy Graham Center, 1994), 특히 pp. 113-14를 보라.
2) Lucien Legrand, *Unity and Plurality: Mission in the Bible* (Maryknoll, NY: Orbis, 1990), p. 29.
3) 이런 식으로 본 저자를 예로 들자면, Ferdinand Hahn, *Mission in the New Testament* (London: SCM Press, 1965), p. 20; 참고. Eckhard J. Schnabel, *Early Christian Mission*, vol. 1, *Jesus and the Twelve* (Downers Grove, IL: InterVarsity Press, 2004), p. 90; David Bosch, *Transforming Mission: Paradigm Shifts in Theology of Mission* (Maryknoll, NY: Orbis, 1991), p. 19. 「변화하는 선교」(CLC)
4) 요나서의 선교적 의미에 대해 균형 있게 다룬 책으로 Johannes Verkuyl, *Contemporary Missiology: An Introduction* (Grand Rapids: Eerdmans, 1978), pp. 96-101를 보라.
5) Kaiser, *Mission in the Old Testament*, p. 70.
6) Walter Brueggemann, *Isaiah 40-66* (Louisville: Westminster John Knox, 1998), p. 56.
7) Christopher J. H. Wright, *The Mission of God: Unlocking the Bible's Grand Narrative* (Downers Grove, IL: InterVarsity Press, 2006), p. 92. 「하나님의 선교」(IVP)
8) Christopher J. H. Wright, *The Mission of God's People: A Biblical Theology of the Church's Mission* (Grand Rapids: Zondervan, 2010), p. 185. 「하나님 백성의 선교」(IVP)
9) Brueggemann, *Isaiah 40-66*, p. 107.
10) John N. Oswalt, *The Book of Isaiah: Chapters 40-66* (Grand Rapids:

Eerdmans, 1998), pp. 283-84. 「이사야 II」(부흥과개혁사)

11) Wright, *Mission of God*, p. 488.

12) Ibid., p. 520.

13) Legrand, *Unity and Plurality*, p. 20.

14) John N. Oswalt, *The Book of Isaiah: Chapters 1-39* (Grand Rapids: Eerdmans, 1986), p. 52. 「이사야 I」(부흥과개혁사)

15) Legrand, *Unity and Plurality*, p. 16; 참고. Schnabel, *Early Christian Mission* 1, p. 76.

16) Partrick D. Miller Jr., "'Enthroned on the Praises of Israel': The Praise of God in Old Testament Theology," *Interpretation* 39 (1985): 9 (원저자 강조).

17) Wright, *Mission of God's People*, p. 252.

18) John Dickson, *The Best Kept Secret of Christian Mission: Promoting the Gospel with More Than Our Lips* (Grand Rapids: Zondervan, 2010), pp. 158-59.

19) "선교적 찬양"이라는 용어에 대해서는 Wright, *Mission of God's People*, p. 253를 보라.

20) Wright, *Mission of God*, 예를 들어, pp. 29-31, 277-81, 303-6; *Mission of God's People*, pp. 266-67.

21) Legrand, *Unity and Plurality*, p. 34.

22) Robert Priest, "A New Era of Mission is Upon Us," in *Evangelical and Frontier Mission Perspectives on the Global Progress of the Gospel*, ed. Beth Snodderly and A. Scott Moreau (Oxford: Regnum, 2011), pp. 299-300.

# CHAPTER 03
# 하나님의 통치를 선포하고 구현하심
## 예수님의 온전한 선교

나라가 임하시오며 뜻이 하늘에서 이루어진 것 같이

땅에서도 이루어지이다 (마 6:10)

나사렛 예수님은 하나님의 사랑의 선교가 무엇인지 구체적으로 보여주신다. 예수님의 선교가 없다면 교회의 선교도 없을 것이다. **우리**가 이 세상에서 수행하는 선교에 대해 예수님의 삶 및 메시지가 차지하는 중요성은 굳이 말할 필요가 없다. 그러나 역사적으로 교회는 교회의 선교가 예수님의 사역 및 가르침과 **어떤 식으로** 관련되어야 하는가 하는 문제를 갖고 논쟁을 벌여왔다. 한 편으로, 아시시의 프란시스와 그의 추종자들 같은 일부 기독교 집단은 예수님이 보여주신 모범을 아주 그대로 모방하려고 했다. WWJD("What would Jesus do?" 예수님이라면 어떻게 하실 것인가?) 팔찌를 착용하는 것이 유행하기 훨씬 전에, 프란시스를 따르는 무리는 예수님의 가난한 유랑 생활과 그분이 가난한 자들과 나병환자들을 사랑으로 돌보신 것을 모방하려고 노력했다. 다른 한 편으로, 많은 그리스도인들은 예수님의 죽음과 부활이 지닌 구원의 의미에 너무 많이 집중하고 예수님이 실제로 말씀하시고 행하신 것은 뒷전에 놓았다. 결과적으로 교회는 새로운 공동체를 만들고 삶의 모든 영역을 변화시키는 하나님의 통치의 도래를 선포하기보다 개인들에게 그저 영적 구원을 제공하는 것에 만족했다.

교회의 선교가 예수님의 선교의 확장이라면 (나는 그렇다고 확신한다) 우리는 그 메시아적 선교가 포함하는 것이 무엇인지 물어보아야 한다. 이 장에서, 우리는 신약 복음서가 증언하고 있는 예수님의 지상 선교의 여러 차원에 대해 탐구할 것이다.[1] 특히 예수님의 선교에서 말과 행동과 존재의 관계는 무엇인가? 그 다음에 우리는 예수님의 지상 선교가 예수님이 첫 제자들에게 주신 선교적 사명과 어떻게 비교가 되는지 살펴볼 것이다. 마지막으로, 우리는 예수님의 선교가 어떤 점에서 오늘날 교회의 선교를 위한 모델로 기여해야 하는지 고찰할 것이다.

## 하나님의 통치를 선포하심

### 좋은 소식을 전하심

예수님의 선교에 대한 가장 이른 증언들은 예수님을 무엇보다도 좋은 소식을 전하는 분으로 묘사한다. 마가복음 첫 장면에서, 예수님은 "하나님의 복음을 전파하여 이르시되 때가 찼고 하나님의 나라가 가까이 왔다"고 선언하신다(막 1:14-15). 복음서 저자들이 예수님의 사역을 요약하여 제시할 때, 그들은 예수님이 하나님의 통치에 대한 좋은 소식을 선포하시는 것을 강조한다(마 4:17, 23; 9:35; 막 1:14-15; 눅 4:43-44; 8:1). 예수님께 이 선포 사역은 신적 필연성의 문제이다. 예수님은 "내가 다른 동네들에서도 하나님의 나라 복음을 **전하여야 하리니** 나는 이 일을 위해 보내심을 받았노라"고 선언하신다(눅 4:43). 예언자적 긴급성을 가지고, 예수님은 도처에서 어떤 상황에서라도 그 소식을 알리신다(마 9:35; 막 1:39). 부활하신 후에도, 예수님은 여전히 하나님의 통치에 대해 말씀하신다(행 1:3). 분명히, "선포"(케루소)[2] 활동은 예수님의 선교의 핵심이며,

하나님 나라의 복음은 예수님의 선포의 중심이다.

복음서에서, 선포 활동은 그 메시지와 분리할 수 없다. 예수님이 그 메시지를 "좋은 소식"(유앙겔리온)이라고 부르실 때, 예수님은 그분이 사시던 세상에서 영광스러운 사건을 공적으로 선언하는 것을 언급하는 언어를 사용하신다. 로마 세계에서, "좋은 소식"은 군사적 승리, 새로운 평화의 시대를 가져오는 황제의 탄생 또는 즉위를 즐겁게 선언하는 것을 말한다. 구약에서, 그것은 이스라엘을 구원하러 오시는 하나님에 대한 좋은 소식을 알리는 것이었다(사 40:9; 52:7; 61:1). 우리가 지난 장에서 본 대로, 예수님이 오시기 수세기 전에 이사야는 이런 "획기적인" 소식의 발표를 예언했다.

> **좋은 소식을 전하며**
> 평화를 공표하며
> **복된 좋은 소식을 가져오며**
> 구원을 공표하며
> 시온을 향하여 이르기를
> 네 하나님이 통치하신다 하는 자의 산을 넘는 발이
> 어찌 그리 아름다운가(사 52:7)

이사야는 좋은 소식의 내용을 하나님 자신의 왕적 통치와 동일시했다. 마찬가지로, 예수님의 "복음"은 무엇보다도 도래하는 **하나님 나라**에 대한 선포였다.

예수님은 무슨 의미로 "하나님의 나라"라는 말을 하셨는가? 복음서는 결코 우리에게 사전적인 정의를 제공하지 않는다. 어떤 점에서 그것은 신비로, 볼 눈이 있는 자들과 들을 귀가 있는 자들에 대한 예수님의 비유에서 가장 잘 드러난다(막 4:9-12). 분명한 것은 하나님의 나라는 사람들이 마음으로 동의해야 하는 생각(아이디어)이나 교리가 아니었다는 점이다. 그보다 하나님의 나라에 대한 예수님의 선포는 하나님의 강력한 임재—**하나님의 통치** 또는 **왕권**-가 세상에 이루어졌다는 선언이었다. 유대인들은 종종 하나님의 나라를 역사의 절정에 이루어지는 신적 개입과 연결시켰다. 그런 일이 일어날 때 하나님은 그분의 백성 이스라엘을 회복시키시고 구속하실 것이며, 사악한 억압자들을 심판하시고, 그분의 창조 세계를 갱신하시고, 세상을 정의와 평화로 다스리기 시작하실 것이다. 그러나 예수님은 이런 희망을 놀라운 방식으로 수정하신다. 즉 이런 일들이 **지금** 일어나고 있다는 것이다. 하나님의 종말의 통치는 이미 인간 역사에 침입하고 있다. 하나님의 나라가 "가까이 왔다"(막 1:15). "그러나 내가 만일 하나님의 손을 힘입어 귀신을 쫓아낸다면 하나님의 나라가 **이미 너희에게 임하였느니라**"고 예수님은 선언하신다(눅 11:20; 참고. 마 12:28).

하지만 예수님은 또한 하나님의 통치가 아직 온전히 임하지 않았다는 점을 아주 분명히 하신다. 예를 들어, 성장에 대한 비유들은 하나님의 나라를 서서히 자라는 것으로 묘사한다(막 4:26-32을 보라). 하나님의 나라는 인자가 영광 가운데 오실 미래에 온전히 완성될 것을 기대한다(막 13:26-27; 마 16:27-28을 보라). "그러나 그 날과 그 때는 아무도 모르나니 하늘에 있는 천사들도 아들도 모르고 아버지만 아시느니라"고 예수님은 경고하신다(막 13:32). 하나님의 통치는 현재이고 미래이다. 하나님의 나라는 이미 "너희 안에" 있으며(눅 17:21) 또 장차 올 것이다. 이것이 예수님이 선포하신 하나님의 나라의 역설이다.

복음서에서 예수님의 말씀 사역은 또한 하나님의 나라에 대한 **가르침**을 포함한다.[3] 우리는 예수님의 **선포**와 그분의 **가르침**을 분명히 구분하려는 유혹을 받을지 모른다. 다시 말해 선포는 전도 활동으로 생각하고, 가르침은 이미 하나님의 나라에 속한 자들에게 윤리적 교훈을 가르치는 것으로 생각하는 것이다. 하지만 공관복음은 예수님의 선포와 가르침을 별개의 범주로 구분하기를 거부한다(마 11:1; 눅 20:1을 보라).[4] 예를 들어,

예수님이 나사렛 회당에서 무리를 향해 가난한 자들에게 좋은 소식을 전하게 하려고 성령이 그분에게 기름을 부으셨다고 선언하실 때, 이것은 **가르침**인가 아니면 **선포**인가? 분명히 그것은 둘 다이다. 누가는 예수님이 나사렛에서 하신 것을 "여러 회당에서 가르치신" 것의 한 예로 본다(눅 4:15; 참고. 눅 4:16–17). 그러나 예수님의 메시지는 선포의 특징을 갖고 있다. 아주 오래된 약속이 예수님 자신 가운데 놀랍게 성취되었다(눅 4:21). 게다가, 예수님은 똑같은 장소에서 가르치시고 선포하신다. 회당,[5] 성전,[6] 도시와 마을,[7] 야외에서.[8]

이렇게 예수님의 선포와 가르침이 겹쳐지는 것은 우리가 예수님의 윤리적 가르침을 그분이 하나님의 통치를 선포하신 것과 분리할 수 없음을 시사한다. 하나님의 나라에 대한 선포와 하나님 나라의 시민으로 사는 것이 무엇인지에 대한 설명은 동내한 한 신제의 일부분이나. 예수님은 도덕적 지혜를 나누어주는 윤리 선생이 아니다. 예수님은 세상에 임한 하나님의 통치를 선포하고 그 메시지를 듣는 사람들에게 반응을 요구하는 구약의 선지자에 더 가깝다.[9] 이제 그 반응에 대해 살펴보기로 하자.

### 하나님의 통치의 요구

바르톨로뮤와 고힌이 상기시킨 대로, 어떤 메시지들은 즉각적이고 전적인 반응을 요구한다. 예를 들어 누군가 "건물에 불이 났다"고 말할 경우 그렇다.[10] 하나님의 나라에 대한 예수님의 선포가 그런 메시지에 해당한다. 그것은 예언자적 긴급성을 갖고 그 메시지를 듣는 모든 사람을 직면한다. 하나님이 **지금** 예수님을 통해 그분의 보편적 통치를 시작하기 위해 행동하시기 때문에, 결정의 시간이 도래했다. 하나님의 나라가 가까이 왔다는 소식을 들은 자들은 "회개하고 복음을 믿어야" 한다(막 1:15). 이 반응은 교육의 문제가 아니고 변화의 문제이다. 그것은 하나님께 돌아서고 근본적으로 새로운 생활방식을 요구한다. 그것은 또한 하나님의 은혜로운 통치와, 그 통치를 구현하시는 예수님에 대한 헌신적인 신뢰를 의미한다.

실제로, 하나님의 통치에 대한 예수님의 선포는 엇갈리는 반응을 이끌어냈다. 일부 사람들은 예수님의 메시지를 공개적으로 받아들였다. 다른 사람들은 예수님의 인기에 휩쓸려서 잠시 그분을 따라다녔다. 그러나 예수님의 가르침이 지닌 급진적 의미를 파악하면서 그들은 돌아섰다(요 6:60-66을 보라). 그런데 다른 사람들은, 특히 하나님의 통치에 대한 예수님의 해석에 위협을 느낀 종교 지도자들은 노골적으로 적대감을 드러냈다. 이런 사실에 비추어 우리는 오늘날 우리가 하나님의 통치에 대한 소식을 선포한다고 해서 항상 승리를 거두는 것은 아니라는 점을 알아야 한다. 서유럽에 살면서 사역을 한 경험이 있는 나는 무관심하거나 적대적인 환경 가운데서도 우리가 계속해서 말씀의 씨를 신실하게 뿌려야 한다는 점을 더욱 확신하게 되었다.

하나님 나라의 선포는 또한 제자도에 대한 요구를 포함한다. 마가복음과 마태복음에서, 예수님은 하나님의 통치를 처음으로 선포하신 후에 안드레와 시몬을 부르셔서 사람을 낚는 사명을 부여하신다(마 4:17-20; 막 1:14-18). 따르라는 요구는 긴급하며 전면적이고 값비싸다. 예수님은 "아무든지 나를 따라오려거든 자기를 부인하고 날마다 제 십자가를 지고 나를 따를 것이니라"고 도전하신다(눅 9:23). 하나님의 통치에 들어오라는 초대는 전적인 헌신과 새로운 충성 및 관계를 요구한다. 예수님을 따르는 것은 집과 땅, 형제와 자매를 포함해서 다른 모든 것에 우선한다. 심지어는 자신의 부모를 장사 지내는 거룩하고 법적 구속력이 있는 의무에도 우선한다(막 10:28-30; 마 8:22). 정상적인 가족 관계와 책임을 그렇게 노골적으로 무시하는 것은 농민 문화에서 터무니없는 일처럼 여겨졌을 것이다. 하지만 예수님은 그분의 추종자들이 단호한 개인주의자들이 되도록 초대하지 않으신다. 예수님은 사람들을 새로운 공동체, 새로운 가족으로 부르신다. 그것은 하나님의 뜻에 반응하고 그 뜻을 실행하는 자들로 이루어진 집단이다(막 3:31-35; 10:28-30).[11]

예수님의 하나님 나라 선포에 필요한 반응의 핵심은 하나님과 다른 사람들을 마음을 다해 사랑하는 것이다(막 12:29-30; 참고. 마 22:37-38; 눅 10:27). 이 이중 사랑에 대한 명령은 하나님의 통치의 임재에 대한 우리의 응답이 개인적 회개와 믿음에 국한되지 않음을 의미한다. 그것은 불가피하게 사회적이고 관계적이다. **원수**를 사랑하라는 예수님의 명령은(마 5:43-48) 우리가 사는 세상만큼 그분이 사시던 세상에서도 어느 모로 보나 혁명적이었다. 하나님의 은혜로운 통치의 임재는 원수와 외부인들에 대한 우리의 자선 행위 가운데 가시화된다(눅 10:25-37; 마 25:32-46). 그와 같은 급진적 사랑은 예수님의 하나님 나라 선교로 이 세상에 개입하신 하나님의 무한한 사랑을 반영한다. 하나님의 통치는 사랑의 통치이다.

요약하자면, 하나님의 통치에 들어오라고 사람들을 초대하실 때, 예수님은 그들에게 회개와 믿음의 순산 그 이상을 요구하신다. 예수님께 "전도"는 개인적 행복과 천국의 영원한 행복에 대한 확신을 제공하는 것 이상이었다. 하나님의 나라를 받아들이는 것은 계속적인 "회심"을 포함한다. 그것은 예수님의 사랑하고 순종하는 추종자로서 일생에 걸쳐 진행되는 관계이다. 예수님의 선포와 가르침의 목표는 반응하는 자들을 하나님의 통치를 나타내 보이고 하나님의 선교에 헌신하는 사람으로 변화시키는 것이다.

### 예수님이 청중

예수님의 선포는 하나님의 통치에 대한 좋은 소식에 집중했지만, 예수님은 그 메시지를 광범위한 환경에서 매우 다양한 청중들에게 전달하셨다. 에크하르트 슈나벨은 예수님의 다재다능한 말씀 사역을 다음과 같이 요약한다.

> 예수님은 하나님의 나라의 도래를 회당, 개인집, 야외에서, 경건한 청중 앞에서 그리고 세리 같은 "죄인들"과 그들의 정치적으로 문제가 있고 인

종적으로 신뢰할 수 없는 친구들 앞에서 선포하셨다. 예수님은 율법 전문가인 서기관들과 논쟁을 벌이셨지만 또한 배우지 못한 시골내기들과도 대화를 나누셨다. 예수님은 비록 갈릴리 지역의 수도에 해당하는 세포리스와 티베리우스를 피하긴 하셨지만, 소수의 상류층들과 접촉하신 것도 사실이다. 그러나 예수님은 가난한 사람들, 농민과 어부, 시골 임금 노동자들과 소작농, 날품팔이와 농노, 장인과 상인, 거지와 매춘부에 그분의 노력을 집중하셨다. 예수님은 남자와 여자를 두루 만나셨으며 어린이들도 마다하지 않으셨다. 예수님은 수천 명을 헤아리는 큰 무리 앞에서 말씀하시고, 또 궁금한 질문을 갖고 찾아온 개인이나 그분이 먼저 접촉을 시도하신 사람들과도 사적 대화를 나누셨다.[12]

예수님은 자신이 "이스라엘 집의 잃어버린 양"을 모으도록 하나님의 보내심을 받았다는 사실을 아셨다(마 15:24). 생애동안 예수님은 의도적으로 그분의 선교 범위를 유대인들에 국한시키신 것 같다. 예수님은 이방인들에게 사역하시는 것을 피하지 않으셨지만(마 8:5-13; 막 5:1-20; 7:24-30을 보라), 그렇다고 해서 예수님은 그들을 찾아다니시지도 않았다. 예수님이 전도하시면서 **찾아다니신** 집단들은 다른 사람들이 배척한 자들이었다. 예를 들면, "죄인"(마 9:13), "가난한 자"(마 11:5; 눅 4:18; 14:13, 21), 잃어버린 자(눅 19:10)였다. 특히 예수님은 "무리"에게 복음을 전하셨다.[13] 이들은 문화적 영향력이나 사회적 지위가 없는, 그래서 답례로 내놓을 것이 없는 보통 사람들이었다. 바리새인들은 율법을 알지 못하는 자들이라고 그들을 무시하고 경멸했다(요 7:47-49). 그러나 이 이름 없는 무리들은 하나님의 통치를 선포하는 특별한 "대상"이 되었다.

### 상황화된 메시지

예수님은 지속적으로 그분의 가르침과 선포를 청중에 맞게 조정하셨다. 예수님은 유대인 청중이 이해할 수 있는 방식으로 복음을 전하셨다.

하나님의 나라에 대해 말씀하시거나 율법에 대해 가르치실 때, 예수님은 그분의 유대 문화유산에 속하는 언어와 사고방식에 의지하셨다. 예수님은 실생활과 관련된 비유들을 사용하셨는데, 그것들은 대부분 농업 또는 시골 배경을 갖고 있었다. 이런 유형의 가르침은 팔레스타인 농촌에 있는 청중에게 딱 맞았다. 예수님은 일상생활에서 나온 실례들, 이야기와 격언, 스승과 제자의 대화, 상징적 행동 그리고 사람들 가운데서 그분이 보여주신 모범 같은 익숙한, 구체적 형태를 통해 사람들에게 의사를 전달하셨다. 예수님의 가르침은 포괄적인 명제들을 제시하기보다 농촌 생활의 토속적 이미지들을 아주 많이 사용했다. 농사와 고기잡이, 목동과 양, 흙과 소금이 예수님의 가르침의 "재료"가 되었다. 예수님은 복음에 지역적이고, 문화적으로 적절한 형태로 된 소리를 부여하셨다.[14]

게다가, 예수님의 가르침은 융통성이 있고 상황에 민감했다. 예수님은 복음을 항상 똑같은 음조로 단조롭게 부르지 않으셨다. 예를 들어, 한 백부장이 예수님께 와서 멀리 떨어져 있는 하인을 고쳐 달라고 애원할 때 예수님은 그 기회를 이용해서 하나님의 나라에 "들어갈" 자가 누구이고 "쫓겨날" 자가 누구인지 말씀하신다(마 8:5–13). 다른 경우에, 누군가가 예루살렘 성전의 아름다움에 대해 언급하자 예수님은 다가오는 하나님의 심판의 징조와 긴급히 준비해야 할 것에 대해 말씀하신다(눅 21:5–36). 예수님은 바리새인들에게는 무리에게 말씀하실 때와 다르게 말씀하셨다. 예수님은 예루살렘으로 가는 길에 있는 추종자들(눅 9:57–62)과 엠마오로 가는 길에 있는 낙심한 두 제자들(눅 24:13–35)에게 서로 다른 메시지를 전하셨다. 예수님은 특정한 사람과 때에 적합한 방식으로 그분의 메시지를 전하셨다.[15]

하나님의 통치에 대한 예수님의 메시지가 다양한 사람들에게 전달되는 방식이 가장 현저하게 차이나는 것은 부, 권력 및 자부심과 관련해서이다.[16] 가난하고 힘없고 핍박을 당하는 자들에게, 하나님의 통치의 선포는 은혜가 넘치는 기쁜 소식과 기뻐해야 할 이유로 받아들여진다. 그들은 하나님의 나라의 상속자요 하나님의 축복을 받은 자들이다(마 5:10-11; 눅 6:20-23). 그들은 잔치에 초대를 받으며 아무도 그 초대를 거절하지 않는다(눅 14:21-24). 예수님이 선포하시는 좋은 소식은 회개하는 죄인들을 위한 은혜의 말씀이고(눅 5:32; 7:36-50; 15:10), 겸손한 자들을 칭찬하는 말씀이고(눅 18:14), 억압당하는 자들을 자유롭게 하는 말씀이다(눅 4:18). 그것은 현재와 미래에 다 해당하는 말씀이다.

하지만 예수님이 부유하고 힘이 있고 독선적인 사람들, 즉 기득권을 갖고 현상을 유지하는데 골몰한 자들에게 전도하실 때는 메시지가 달랐다. 영생을 구하는 부자에게, 예수님은 "소유를 팔고 하나님**께** 돌아서라. 가난한 자들에게 주고 나를 따르라"고 명령하셨다(마 19:16-22).[17] 예수님을 시험하고자 하는 유대 율법사에게, 예수님은 사마리아인 같은 원수들에게 자비를 베풀라고 호소하신다(눅 10:25-37). 잔치에서 높은 자리를 차지하려고 다투는 종교 지도자들에게, 예수님은 가장 낮은 자리에 앉으라고 도전하신다(눅 14:7-11). 현재의 상황에서 이득을 보는 자들은 세상적 가치와 보장을 기꺼이 포기해야 한다. 그렇지 않으면, 그들은 하나님의 통치의 메시지를 "좋은 소식"으로 받아들이지 못할 것이다.[18]

따라서 사람들은 그들이 처한 상황과 필요에 따라 예수님의 메시지를 다른 방식으로 듣고 적용하는 것이 필요하다. 예를 들어, 예수님의 잃어버린 아들의 비유를 고려해 보라(눅 15:11-32). 이야기를 듣고 있던 세리와 "죄인들"에게(눅 15:1), 그 이야기는 아무리 형편없는 처지에 있다 하더라도 회개하는 죄인들을 향한 하나님의 풍성한 사랑과 용서에 대한 확신을 제공한다. 그러나 그 비유는 "이 사람이 죄인을 영접하고 음식을 같이 먹는다"(눅 15:2)고 투덜거린 바리새인들과 율법사들에게는 전혀 다른 메시지를 말한다. 그들의 경우에, 그 이야기에 나오는 형은 모진 마음, 즉 다른 사람들이 하나님의 은혜를 받을 자격이 없다고 판단하는 태도에 대한 준엄한 경고를 나타낸다. 그들의 출발점이나 특정한 필요가 무엇이든지 간에, 예수님의 **모든** 추종자는 복음으로 기꺼이 변화되려고 해야 한다. 예수님은 옛 삶과 충성심을 버리고, 십자가를 지고 뒤를 돌아보지 않도록 **모든** 사람을 초대하신다(마 10:34-39; 눅 9:61-62).

예수님이 메시지를 청중에 맞게 조정하실 수 있는 탁월한 능력은 오늘날 교회에 시사하는 바가 크다. 우리도 복음을 "두루 적용되도록 만든" 한 가지 공식으로 축소시키고자 하는 유혹을 거부해야 한다. "좋은 소식"이 되려면, 우리의 메시지는 사람들에게 의미가 통해야 하고 또 그들의 상황에 적합한 방식으로 말해야 한다. 아프리카 신학자 에메피 이켄가-메투가 표현한 대로, 우리는 복음이 "사람들의 혈류에 들어갈" 수 있게 만들어야 한다.[19] 게다가, 하나님의 통치의 복음은 이 세상에서 권력 및 부의 구조로부터 이득을 보는 자들에게 그렇지 못한 자들과 다른 방식으로 전달되어야 한다. 어떤 사람들에게, 그것은 희망과 은혜의 말씀, 하나님이 가족에 포함되는 말씀으로 다가올 것이나. 또 다른 사람들에게, 그것은 전기 충격처럼 더 느껴질 수도 있다. 하나님의 통치는 여전히 돈과 지위에 의지하지 말고 어린아이처럼 하나님을 의지할 것을 요구한다.

## 하나님의 통치를 현시하심

하나님 나라의 좋은 소식에 대한 예수님의 선포는 단순히 **말**의 문제가 아니다. 게르하르트 로핑크는 하나님의 통치는 "육신을 입어야 했다. 그것은 기쁨만 아니라 눈과 혀의 미뢰도 요구한다"고 썼다.[20] 예수님이 나병환자를 고치시고, 죄를 용서해 주시고, 사탄을 지배하는 권능을 나타내시고, "평판이 나쁜" 사람들과 식사를 하시고, 보잘 것 없는 사람들과 어울리시고, 종교적 지도자들의 위선에 도전하실 때, 예수님은 하나님의 통치의 도래를 "선포하신다." 리처드 가일라레츠가 확언한 대로, "예수님은 하나님의 통치를 상황에 맞게 새롭게 제시하심으로써 그 개념을 재조명하실 수 있었다. 그리고 새로운 상황은 예수님 자신의 삶과 사역이었다."[21] 하나님 나라에 대한 예수님의 선포는 예수님의 인격 및 그분이 하시는 일과 분리될 수 없다.

예수님의 하나님 나라 선교에 대해 이렇게 완전히 통합된 모습은 최근에 이루어진 복음서의 문학 장르에 대한 연구와 일치한다. 리처드 버릿지는 복음서는 고대 전기의 한 형태로 인식되었을 것이라고 설득력 있게 주장한다.[22] 그와 같은 전기적 내러티브는 전형적으로 그 사람의 행위**와** 말을 통해, 연설은 물론 이야기들을 통해 그 대상을 묘사한다.[23] 복음서가 이 전기적 장르에 꼭 들어맞는다면, 우리는 예수님의 선교에 대한 진정한 모습을 그분의 말씀과 설교뿐만 아니라 또한 그분의 삶과 행동에서도 찾아볼 필요가 있다.

### 하나님의 나라를 구현하심

복음서는 예수님이 말씀하신 것, 그분이 행하신 일, 그분의 인격의 놀라운 협력을 묘사한다. 루시앙 르그랑은 "예수님의 권능과 그분의 '효과적인' 전도의 비결은 예수님이 선포하신 메시지와 그분이 완전히 일치하신 것에 있었다. 복음은 예수님에 의해 선포되었을 뿐만 아니라 그 복음은 예수님이 하시는 모든 사역 가운데 명백하게 드러났다"고 현명하게 언급한다.[24] 다른 식으로 표현하자면, 예수님 자신이 좋은 소식**이었다**. 예수님은 메시지이면서 메신저이셨으며, 복음이면서 복음을 전하는 분이셨다. 아마 이런 점 때문에 **영화 예수**가 엄청난 영향을 끼치게 되었으리라. 이 영화는 누가복음에 근거해 그리스도의 생애를 두 시간짜리 드라마로 만든 것이다. 영화 배급자들에 따르면, 세계 모든 나라에서 이 영화가 상영되었으며 또 수백 개의 언어로 번역이 이루어졌다고 한다. 이 영화의 단점이 무엇이든지 간에, **영화 예수**는 수많은 사람들이 그리스도를 믿게 만들고 또 전 세계에 교회를 세우는 수단이 되었다.[25] 이 영화가 그렇게 큰 열매를 맺게 된 것은 누가가 예수님의 생애, 말씀, 행위에 대해 이야기하는 식으로 복음을 선포했기 때문이다.

예수님은 그분이 선언하신 하나님의 통치를 구현하셨다. 예수님의 출현으로 하나님의 나라가 "가까이 왔다"(막 1:15). 예수님은 나사렛에서 고향 사람들에게 성경에서 약속한 하나님의 위대한 회복의 행위가 **오늘날** 그분 자신의 인격 가운데 성취되었다고 말씀하셨다(눅 4:21). 이 깜짝 놀랄 진술은 예수님의 삶으로 뒷받침되었다. 미천한 사람들과 측근들에 대한 예수님의 사랑은 하나님의 나라의 좋은 소식이 정말로 가난한 자들에게 임했음을 나타냈다(눅 4:18). 르그랑은 "율법주의적인 금기 사항과 사회적 압력에 구애받지 않는 예수님의 자유로운 정신, 가난한 생활방식, 이 세상의 힘 있는 자들을 두려워하지 않는 당당한 태도, 그분의 말씀과 행위가 뿜어대는 권위는 사회적, 경제적, 정치적 또는 우주적인 모든 권세에 대한 자유와 승리의 메시지를 선포하는 것이었다"고 덧붙여 말한다.[26]

현실적으로 말하면, 예수님이 하나님의 나라를 구현하신 것은 예수님이 오늘날 성령을 통해 존재하시는 곳은 어디든지, 하나님의 통치가 이루어짐을 의미한다. 그 결과, 죄인들이 용서를 받고 불의한 구조가 도전을 받고 사탄의 요새가 무너져 내린다.[27]

메시지와 메신저의 결혼은 특히 요한복음에서 두드러지게 나타난다. 요한은 우리에게 예수님이 하나님의 말씀을 말씀하시기 전에, 그분이 하나님의 말씀**이라고** 말한다(요 1:14).[28] 하나님의 구원은 성자 안에서만 온전히 볼 수 있다. 예수님은 그 점을 인상적으로 진술하신다. "내가 곧 길이요 진리요 생명이니... 나를 본 자는 아버지를 보았거늘"(요 14:6, 9). 사마리아 여인은 동네 사람들에게 "내가 행한 모든 일을 내게 말한 사람을 **와서 보라**"고 권고한다(요 4:29; 참고. 요 1:46). 그 결과, 사마리아 사람들은 육신이 되신 말씀을 직접 만나고 믿음을 갖게 되었다. 예수님의 말씀은 그분의 인격과 분리될 수 없고, 예수님의 선포는 그분의 성품과 분리될 수 없다.

### 하나님의 나라를 실현하심

나사렛 예수님이 정말 오랫동안 기다리던 메시아인지 알아보기 위해 세례 요한이 그의 제자들을 보냈을 때, 예수님의 응답은 매우 놀랄 만하다. 그것은 예수님이 말씀하신 것(그분의 가르침)이나 그분의 인격(기독론)이 아니라 **그분이 행하신 일**에 초점을 맞춘다. "너희가 가서 보고 들은 것을 요한에게 알리되 맹인이 보며 못 걷는 사람이 걸으며 나병환자가 깨끗함을 받으며 귀먹은 사람이 들으며 죽은 자가 살아나며 가난한 자에게 복음이 전파된다 하라"(눅 7:22; 참고. 마 11:4-5).

예수님의 응답은 예수님이 그분의 하나님 나라 선교를 이해하신 방식에 대해 많은 것을 말해준다. 예수님의 정체성은 그분의 행동에 의해 드러난다. 예수님의 대답은 이사야서에 기록된 구절을 반향한다. 그 구절은 다가오는 구원의 때에 하나님이 그분의 백성 이스라엘을 회복시키심을 묘사한다.

> 그 때에 맹인의 눈이 밝을 것이며
> 못 듣는 사람의 귀가 열릴 것이며
> 그 때에 저는 자는 사슴 같이 뛸 것이며
> 말 못하는 자의 혀는 노래하리니
> (사 35:5-6; 참고. 사 29:18; 42:18; 43:8; 61:1)

예수님은 이런 종말론적 구원의 약속에 비추어 그분 자신의 사역을 해석하신다. 맹인이 빛을 보고 나병환자가 깨끗해지고 죽은 자가 일어나는 것은 하나님의 통치가 역사에 도래함을 나타내는 행위들이다. 그것들은 하나님의 미래의 나라의 치유 능력이 지상에 임했으며 예수님은 하나님의 기름부음을 받은 왕이시라는 사실을 선언한다.[29] 예수님이 12년 동안 혈루증으로 고통당한 여인을 고쳐주시고(막 5:25-34), 굶주린 무리를 먹이시고(마 15:32-38; 막 8:1-9), 한 과부의 죽은 외아들을 살리실 때(눅 7:11-17), 사람들은 고통, 질병, 굶주림, 심지어는 죽음 자체를 다스리시는 하나님의 해방의 권능을 접하는 것이다. 인자가 폭풍을 잠잠케 하시거나(막 4:35-41) 바다 위를 걸으실 때(막 6:47-51), 그분은 창조 세계 전체를 갱신하시려는 하나님의 목적을 나타내시는 것이다. 하나님이 세계의 미래를 위해 의도하시는 것이 이제 예수님의 행동 가운데 실제로 이루어진다.

게다가, 요한의 제자들에 대한 예수님의 응답은 말과 행동이 완벽하게 연결되어 있음을 보여준다. 메시아의 선교는 강력한 행동들을 나타내 보일 뿐만 아니라 가난한 자들에게 좋은 소식을 가져다준다(눅 7:22). 여기에서 "좋은 소식을 전파하다"는 말(유앙겔리조마이)은 나머지 활동들과 나란히 있는 또 한 가지 활동이 아니다. 목록의 끝에 위치해 있는 활동으로, 가난한 자들에게 좋은 소식을 전하는 것은 행동과 말로 이루어지는 예수님의 하나님 나라 사역 전체를 요약하는 것이다. 다시 말해서, 예수님의 치유 및 회복 사역은 그분이 선포하신 "좋은 소식"의 일부이다. 그것들은 **행동하는 복음**이요, 전 인간의 문제를 다루는 복음이다.[30]

예수님의 말씀과 행동의 이런 긴밀한 연관성은 복음서 전체에 나타난다. 예를 들어, 복음서 저자들이 궁핍한 사람들에 대한 예수님의 사역을 요약할 때, 그들은 말과 치유(마 4:23; 9:35; 눅 5:15을 보라), 또는 선포와 축사(막 1:39) 또는 이 세 가지 모두(눅 6:17-18)의 측면에서 그렇게 한다. 그리고 예수님의 치유 기적에 대한 이야기들은 종종 예수님의 말씀을 포함한다. 예수님이 하신 말씀은 그분이 하신 행동의 의미를 해석한다.[31] 우리는 귀신 들린 아들의 아버지가 약간 망설이면서 예수님께 도움을 요청할 때("그러나 무엇을 하실 수 있거든…") 이것을 본다. 예수님의 반응은 단호하고 교훈적이다. "할 수 있거든이 무슨 말이냐 믿는 자에게는 능히 하지 못할 일이 없느니라"(막 9:22-23). 이어지는 축사는 그 말씀을 확인해준다. 말씀과 행동은 서로 상대방을 해석한다.

동성 행위

예수님의 지상 사역은 동정과 대결 둘 다를 포함한다. "동정하다"라는 동사(스플랑크니조마이)는 신약 공관복음서에서만 나타난다. 그것은 예수님이 만나는 사람들을 진심어린 태도로 대하셨음을 나타낸다. 여호와가 이집트에서 고난당하는 이스라엘을 구출하신 것과 마찬가지로(출 2:23-24), 예수님은 궁핍한 사람들을 **보시거나**(마 9:36; 14:14; 막 6:34; 눅 7:13) 그들이 도와달라고 호소하는 소리를 **들으시고**(마 20:34; 막 1:41) 동정하는 마음으로 행동하신다. 그러나 그 동정심은 그냥 연민이 아니다. 그것은 예수님의 사랑이 넘치는 행동으로 구체화된다. 예수님의 동정적인 반응은 인간 필요만큼 다양한 여러 형태로 나타난다. 아픈 자를 고치시고(마 14:14), 주린 자를 먹이시고(막 6:34; 또 막 6:35-44을 보라), 방황하는 무리를 가르치시고(마 9:36), 따돌림 당하는 나병환자를 만져서 깨끗하게 하시고(막 1:41), 우는 어머니의 죽은 아들을 살리시는(눅 7:13) 등 다양하다. 우리는 이런 반응 중 어느 하나가 예수님이 **우선적으로 행하신 일**이라고 말할 수 없다. 필요를 갖고 있는 **사람들**이 예수님의 우선적인 관심사였다고 말하는 것이 더 정확하리라. 예수님의 사랑과 회복시키는 권능이 그들의 생활환경에 처해 있는 사람들을 만난다. 게다가, 예수님은 그저 더 큰 목적을 위한 수단으로, 예를 들자면 전도를 위한 수단으로 동정심을 행사하지 않으신다. 어려움에 처한 자들에 대한 예수님의 동정어린 반응은 그분의 말씀 선포와 마찬가지로 그분의 하나님 나라 사역의 일부이다.

특히 예수님의 사랑의 선교는 "하찮은 사람들"에게 이루어진다. 그들은 사회의 변두리에 놓여 있던 사람들이다. 복음서는 그들을 여러 가지 이름으로 부른다. 가난한 자, 병든 자, 눈먼 자, 나병환자, 귀신 들린 자, 사마리아인, 죄인, 세리, 창기, 무리, 유리하는 자, 수고하고 무거운 짐 진 자, 지극히 작은 자, 잃어버린 자.[32] 예수님이 부유하고 종교적인 사람들을 무시하신 것은 아니다. 예를 들어, 마가는 예수님이 제자도보다 재물을 선택한 부자를 사랑하신 것을 강조한다(막 10:21). 그러나 예수님은 그분 자신을 건강한 자가 아니라 병든 자를 고치러 온 의사에 비교하신다(막 2:17). 예수님의 태도와 행동은 하나님의 통치의 **포괄성**을 선포한다.

특히 예수님의 두 가지 행동은 그분의 동정어린 선교가 그 당시 사람들이 세워놓은 경계를 넘어섬을 보여준다. 첫째, 예수님은 **평판이 나쁜** 사람들과 식사를 하신다. 고대 지중해 세계에서 식사는 많은 사회적 의미를 지니고 있었다. 사람들과 식사를 같이 하는 것은 친밀함과 받아들임을 표시했다. 사실상 그것은 그 사람들을 확대 가족처럼 대하는 것이었다. 예수님이 세리 및 죄인들과 거리낌 없이 포도주를 마시고 음식을 드신 것은 그 당시 사회에 충격적인 일이었다. 세리는 로마와 협력하고 부정직한 것으로 악명이 높았으며, 바리새인들은 "죄인들"을 의식적으로 부정하고 유대 율법을 어긴 범칙자로 간주했다. 스캇 바치가 말한 대로, "예수님은 역사에 임한 하나님의 통치를 선포하시고 시 성의를 내리시면서 급진적으로 포괄적인 식탁 교제를 중심 전략의 하나로 삼아 행동하셨다."[33]

예수님의 가르침과 행동 둘 다에서, 예수님은 식탁에 죄인, 세리, 가난한 자와 장애인들을 불러 모으신다(마 9:10-12; 눅 14:12-14, 21-24). 그런 사람들과 허물없이 어울리시면서 예수님은 "세리와 죄인의 친구"라는 평판을 얻으신다(마 11:19; 눅 7:34). 그리고 그것은 찬사가 아니었다! 그 과정에서, 예수님은 누가 하나님의 새로운 백성에 속하는지 그리고 누가 미래에 메시아의 잔치에서 자리를 차지할 것인지 강력한 발언을 하신다(마 8:11). 예수님의 식사 습관은 하나님의 따뜻한 사랑과 은혜에 대한 좋은 소식을 구현하는 것이다.

둘째, **예수님은 접촉할 수 없는 자들을 만지신다.**[34] 1세기 유대 사회에서, 질병에 걸린 사람들은 의식적으로 부정한 것으로 간주되었다. 그 결과 그들은 공동체의 정상적인 종교적 사회적 생활에서 배제되었다. 부정으로 말미암아 병자는 사람들과 접촉할 수 없었다. 그들이 만진 사람도 더러워지기 때문이었다. 그러나 예수님은 거듭해서 정결 의식 규칙을 무시하신다. 예수님은 병든 자, 불결한 자와 죽은 자를 만져서 그들의 삶을 회복시키시고 온전하게 만드신다.[35]

예수님이 나병환자들과 가까이 만나신 것은 특히 충격적인 일이었으리라. 나병에 걸린 사람들은 몸을 아프게 하고 외모를 흉하게 만드는 질병으로 고통을 겪었을 뿐만 아니라 또한 그들의 가족, 공동체, 하나님의 백성의 예배와 고립된 채로 살아야만 했다. 레위기에 따르면, 그들은 옷을 찢고 머리를 풀며 가는 곳마다 "부정하다 부정하다"라고 외치는 수치를 겪어야 했다(레 13:45-46). 마가의 이야기 앞부분에서, 한 나병환자가 예수님께 다가와서 무릎을 꿇고 깨끗하게 만들어달라고 간청한다(막 1:40). 그 사람은 아마도 간청을 할 때 관례대로 어느 정도 떨어져 있었을 것이다. 그러나 "불쌍히 여기사"(막 1:41) 예수님은 전혀 **예기치 않은 방식으로** 행동하신다. 예수님은 다가가서 나병에 걸린 사람의 피부를 만지신다. 그 행위로, 예수님은 아픈 그 사람의 고통, 버림받음, 불결함에 들어가시는 것이라고 말할 수 있으리라. 그 결과는 놀랄 만하다. 예수님이 **부정해지는** 대신에, 나병에 걸린 사람이 **깨끗해진다**. 관례적인 종교적 사회적 공간적 장벽을 깨트려버리심으로써, 예수님은 변두리에 밀려나 있는 누군가를 온전하게 만드시고 새로운 정체성을 부여하신다.

예수님은 사역 중 많은 시간과 에너지를 형편이 어렵고 사회에서 배척당한 사람들에게 사용하셨다. 누가복음에서 예수님은 평판이 좋지 않은 여인이 그분의 발에 기름을 붓고 입을 맞추고 눈물로 발을 적시고 머리털로 말리도록 허락하신다. 그것도 **바리새인**의 집에서 말이다(눅 7:36-50). 바리새인들은 하나님을 기쁘시게 하는 거룩한 상태를 보호하기 위해 불결한 것과 엄격하게 떨어져 있는데 온 힘을 다했다. 분명히 예수님은 그와 같은 장면이 그를 초청한 주인의 기분을 몹시 상하게 하리라는 것을 알고 계셨다![36] 그런데 예수님은 더 나아가 믿음이 좋다고 이 "죄인"(눅 7:37)을 칭찬하시고 또 그가 지은 많은 죄가 용서받았다고 확언하신다. 하나님의 통치에서, 외부인이 내부자가 되고, 하나님의 가족의 정회원이 된다. 이것이 예수님이 전하시는 하나님 나라의 좋은 소식의 핵심이다.

고통을 겪고 소외당한 사람들에 대한 예수님의 사랑과 동정은 형편이 어려운 자들에 대해 선교하는 교회를 위한 모델이 된다. 듀이 휴즈는 인도 뭄바이에서 훈련을 받는 한 신학생에 대해 이야기한다. 그 학생은 거기에서 거리에 누워 있는 몸이 마비된 노인을 만났다. 그 사람은 몸이 더럽고, 음식이나 옷이 없었으며, 아물지 않은 상처에 득실거리는 구더기로 괴로워하고 있었다. 처음에 젊은 신학생은 그가 본 장면에 매우 놀라서 어찌할 줄 몰랐다. 그 학생은 "그 사람의 상태가 매우 나빴으며 목욕시키기 위해 그를 만지는 것이 매우 어려웠다"고 그 당시를 기억한다. 한 동료가 그 학생의 손을 붙잡아 고통을 겪고 있는 노인에게 갖다 대자 비로소 그 학생은 곤경에 처한 그 사람의 몸을 씻어주고 그의 상처를 치료할 수 있었다.[37] "하이테크" 세상에 살지라도, 예수님의 추종자들은 "하이터치" 사역을 하도록 요청받는다.

### 대결 행위

예수님은 또한 대결 행위를 통해 하나님 나라의 변화시키는 능력을 현시하신다. 귀신을 내쫓는 활동이 특히 중대한 역할을 한다. 사탄의 힘을 빌려 귀신 들린 남자를 고쳤다고 비난받으실 때, 예수님은 기본 입장을 밝히는 유명한 말씀으로 반응하신다. "내가 하나님의 성령을 힘입어 귀신을 쫓아내는 것이면 하나님의 나라가 이미 너희에게 임하였느니라"(마 12:28; 참고. 눅 11:20). 예수님의 축사는 하나님의 통치가 **이미** 세상에 있는 어두움의 권세를 물리치고 있음을 시사한다. 그런 행동들은 예수님 안에서 하나님의 통치가 죄, 질병, 귀신적 활동, 죽음을 포함해서 여러 형태로 나타나는 악에 대해 총공격을 개시하셨다는 좋은 소식을 명백히 보여준다. 우리는 예수님의 기적을 그분의 메시지에서 떼어낼 수 없다.

그러나 예수님은 죄를 용서하시고 나병환자를 깨끗하게 하시거나 귀신을 내쫓으심으로써 개인적 수준에서 악과 대결하실 뿐만 아니라, 또한 집단적 사회적 악에 도전하시고 지배적인 문화적 가치를 뒤엎으신다. 히브리 선지자처럼, 예수님은 의미가 가득한 상징적 행동을 통해 가난한 자들에게 좋은 소식을 "전파하신다." 나귀를 타고 예루살렘에 겸손히 들어가시거나 제자들의 더러운 발을 씻으심으로써, 예수님은 누가 권력을 가진 자인지 그리고 그 권력을 어떻게 사용해야 하는지에 대한 문화적 규칙을 다시 쓰신다. 예루살렘에서 성전을 정화하실 때, 예수님은 단지 환전상의 탁자만을 뒤집으시는 것이 아니다. 예수님의 상징적 행위는 하나님의 통치가 전적으로 새로운 질서를 도입시키고 있음을 선언하는 것이다. 밝아오는 하나님 나라는 성전 상인들이 경제적 착취를 일삼는 제도 전체를 거부한다. 그 나라는 부패한 종교적 기득권층에 심판을 내린다(막 11:15-19). 예수님 자신으로 완성된 새로운 성전은 유대 예배를 특징지었던 분리와 배척으로 더 이상 훼손되지 않을 것이다. 새 성전은 "**만민**이 기도하는 집"이 될 것이다(막 11:17).

이와 같이 개인적이든 집단적이든 악의 권세에 도전하는 것이 예수님이 구현하신 하나님의 통치의 핵심이다. 그러나 예수님은 힘으로 대결하지 않으신다. 예수님의 자세는 전적인 겸손과 취약함의 자세이다. 여기에서 우리는 예수님의 행동과 말씀의 완전한 결혼을 본다. 군사 정복으로 이스라엘의 원수들을 파멸시킬 왕을 기다리는 유대인들과 대조적으로, 예수님은 로마에 자발적으로 처형당하는 희생자가 되신다. 이방인의 통치자들은 그 백성 "위에 군림하지만" 하나님의 통치는 다르다. "너희 중에 누구든지 으뜸이 되고자 하는 자는 모든 사람의 종이 되어야 하리라"(막 10:43-44). 위아래가 뒤바뀐 하나님의 나라에서 메시아는 나귀를 타시고 주인이 발을 씻긴다.

그러므로 예수님이 행하신 모든 지상 활동은 겟세마네와 골고다로 가는 길을 표시한다. 예수님은 "인자가 온 것은 섬김을 받으려 함이 아니라

도리어 섬기려 하고 자기 목숨을 많은 사람의 대속물로 주려 함이니라"고 선언하신다(막 10:45). "십자가 자체가 예수님의 선교의 역설을 표현하는 최고의 비유였다. 전적인 패배로 보였던 것에서 하나님의 승리가 이루어졌다. 하나님의 약하심이 악을 정복한다."[38]

오늘날 교회는 예수님의 하나님 나라 선교를 본받아야만 한다. 우리가 세상에서 하나님의 통치를 구현하면서, 동정을 하고 대결을 펼쳐야 할 곳이 있다. 그러나 악과 대결하는 것은 결코 심판을 하거나 교회의 의제를 힘으로 밀어붙이는 지배를 의미하지 않는다. 교회는 여전히 예언자적으로 악한 구조에 도전하고, 또 언제나 사랑, 겸손, 동정의 태도로 배제의 장벽을 극복해야 한다. 라틴 아메리카 신학자 르네 빠딜라가 표현한 대로, "정의와 평화의 하나님 나라는 권력의 사랑이 아니라 사랑의 권력으로 오네된니."[39] 데릴 구디는 교회가 하나님의 통치의 표시가 되는 여러 방법에 대해 다음과 같이 고찰한다.

> 우리의 반응들은 작고 개인적인 것일 수 있다. 냉수 한 잔, 따뜻한 담요, 또는 과자와 케이크를 들고 방문하는 것 등. 그 반응들은 담대한 것일 수도 있다. "일어나 걸으라" 또는 예수님의 이름으로 악령을 추방하는 것 등. 또 그것들은 집단적인 현대적 삶의 복잡한 일에 관여하는 것일 수도 있다. 사회적으로 혜택을 받지 못한 자들이나 파괴된 지구를 위해 정부와 기업에 압력을 가하는 것, 공정한 법을 위해 로비 활동을 하는 것, 억압당하는 사람들과 연대하는 것, 국가 간 적대 행위를 중단하는 계획을 세우는 것, 소외된 사람들과 창조 세계를 돌보는 것, 약자들을 배려하는 방향으로 사회경제적 구조를 개조하는 것 등. 우리의 반응이 무엇이든지 간에, 그것들은 세상에 온전함과 존엄성을 가져오며, 그렇게 함으로써 그리스도의 주권의 지배와 권위 아래 있는 하나님의 통치를 미리 조금 맛볼 수 있게 한다.[40]

## 예수님의 제자들의 선교

이제까지 우리는 예수님의 선교가 하나님의 통치의 좋은 소식을 선포하고 실천하고 구현하는 것이라는 점을 보았다. 그것들은 별개로 이루어지는 것이 아니라 완벽하게 연결되어 있다. 공관복음에서 이 총체적인 사역은 예수님의 제자들의 선교로 그대로 나타난다. 예수님은 결코 하나님 나라의 좋은 소식을 혼자서 노래하지 않으신다. 공적 사역을 시작하시면서, 예수님은 추종자들을 불러 모으신다(마 4:17-22; 막 1:14-20). 마리아, 마르다, 나사로 같은 사람들은 자신들이 살던 동네와 마을에 그대로 머물러 있으면서 예수님을 따른다. 그들은 자신들이 몸담고 있는 지역 공동체에서 하나님 나라의 대안적 삶을 실행함으로써 하나님의 선교에 참여한다.[41] 한 경우에, 예수님은 귀신의 속박에서 벗어난 사람이 그분과 함께 머물겠다는 것을 거절하신다. 대신에, 예수님은 그 사람을 집으로 돌려보내서 다른 사람들에게 하나님이 그를 위해 하신 큰 일을 말하게 하신다(막 5:18-19; 눅 8:38-39). 이것은 중요한 의미가 있다. 특히 그 사람의 집이 있는 데가볼리가 이방인 지역이었기 때문에 그렇다. 예수님의 명령에 순종하여 그 남자는 "온 성내에" 예수님의 권능에 대한 이야기를 전파한다(눅 8:39). 그의 말이 변화된 삶의 증거로 활기를 띠게 된 것은 의심할 여지가 없다. 처음부터 예수님의 추종자들은 그들이 살고 있는 공동체에서 말과 삶으로 증언하는 일을 한다.

예수님은 다른 사람들에게 모든 것을 버리고 자신을 따르라고 요청하신다. 예수님과 함께 돌아다닌 사람들 중에는 열두 명과 더불어 남자와 여자 제자들로 이루어진 큰 그룹이 있었다(막 15:40-41; 눅 8:1-3을 보라). 또 예수님을 따르라는 요구는 **선교에 대한 요구**인 것이 분명하다. 더 구체적으로 말해서, 그것은 예수님 자신의 선교에 동참하고 또 그렇게 함으로써 하나님의 선교에 동참하라는 요구이다. 레위의 경우에, 이 일은 즉시 일어난다. 예수님이 제자도를 요구하자 레위는 그 즉시 집에서 잔치를 벌이고 예수님께 "죄인에게 회개"를 요구하실 수 있는 기회를 만들어 드린다(눅 5:27-32).

학생들이 선생을 선택한 유대 랍비와 달리, 예수님은 친히 그분의 제자들을 선택하신다. 그러나 그 목적은 무엇인가? 마가는 예수님이 열두 명을 부르신 사건을 이렇게 요약한다.

> 또 산에 오르사 자기가 원하는 자들을 부르시니 나아온지라 이에 열둘을 세우셨으니 이는 **자기와 함께 있게 하시고 또 보내사 전도도 하며 귀신을 내쫓는 권능도 가지게 하려 하심이러라**(막 3:13-15)

**열둘**이라는 숫자는 이스라엘의 지파를 상징한다. 그러므로 예수님은 메시야 때에 하나님의 백성 이스라엘을 회복시키시려는 하나님의 선교적 목적에 참여시키기 위해 열둘을 부르신다.[42] 따라서 예수님이 제자들을 불러 모아서 공동체를 형성하시는 것은 하나님의 통치가 이르렀다는 확실한 표적이다.[43] 그밖에, 그들의 소명은 예수님과 함께 **있고**, 하나님의 통치의 메시지를 **말하고** 그분의 일을 **하는** 특징을 나타낸다. 한마디로 말해서, **그들의** 선교는 **예수님의** 선교를 반영한다. 나중에, 예수님은 그분이 부르신 자들을 갈릴리로 단기 선교 여행을 보내신다(막 6:1-13; 마 10:1-15; 눅 9:1-6). 누가는 그 사건을 이렇게 말한다. "예수께서 열두 제자를 불러 모으사 모든 귀신을 제어하며 병을 고치는 능력과 권위를 주시고 하나님의 나라를 전파하며 앓는 자를 고치게 하려고 내보내시며"(눅 9:1-2).

여기에서 열두 명 역시 예수님과 똑같은 선교 활동에 참여한다. 70명(또는 72명)의 제자들을 파송해 예수님에 앞서 선교 사역을 하도록 할 때에도 비슷한 언어가 사용된다(눅 10:1, 9, 17). 각 경우에, 예수님은 그들의 선교를 시작하게 하시고 그들에게 예수님의 이름으로 말하고 행동할 수 있는 권위를 부여하심으로써 그 선교를 수행할 수 있게 하신다. 게다가,

제자들은 선교를 준비하면서 "추수하는 주인에게 청하여 추수할 일꾼들을 보내 주소서"라고 기도해야 한다(마 9:38; 눅 10:2). 제자들을 파송하시기 전에, 예수님은 그들의 선교를 위해 중보 기도를 하신다. 이제 제자들의 선교의 핵심적인 차원들에 대해 살펴보자.

### 예수님과 함께 있음

마가에 따르면, 예수님은 먼저 "자기와 함께 있도록" 제자들을 부르시고 보내신다(막 3:14). 이것이 제자의 주된 특징인 것 같다.[44] 그들의 소명은 일련의 교훈이나 토라를 따르는 것이 아니다. 그것은 깜짝 놀랄 만큼 인격적이다. "**나**를 따라오라"(막 1:17; 2:14). 예수님이 갈릴리 어부들을 불러서 제자로 삼으실 때, **그분**을 따라오라는 요구가 사람을 낚는 어부가 되라는 명령 **앞**에 온다(막 1:17). "나를 따라오라"는 요구는 예수님과 함께 걷고 이야기하고 먹자는 초대이다. 그것은 예수님의 권위를 경험하고, 그분이 사시는 것처럼 살고, 함께 십자가를 지자는 초대이다. 제자들의 선교는 예수님과 친밀하고 우정이 넘치는 관계에 근거한다.

### 예수님이 말씀하신 것을 말함

예수님의 제자들은 무엇을 **말해야** 하는가? 한결같이 예수님은 하나님의 통치를 선포하는 그분의 사역에 직접 동참하도록 그들을 초대하신다(마 10:7; 막 3:14; 6:12; 눅 9:2, 60; 10:9을 보라). 공관복음에서 "전(파)하다"(케루소)는 **공적** 선언을 언급한다. 일반적으로 그것은 사적인 개인들보다 전체 공동체 또는 그룹들을 대상으로 이루어진다.[45] 그래서 예수님은 제자들에게 그분의 메시지를 은밀하게 속삭이는 대신에 "집 위에서" 전파하라고 명령하신다(마 10:27; 눅 12:3). 마가는 나병에서 고침을 받은 사람이 널리 말을 퍼트려서 예수님께서 동네에 공공연히 들어가실 수 없게 된 사건을 기록한다. 심지어는 동네 바깥에 있으실 때에도 "사방에서 사람들이 그에게로 나아오더라"(막 1:45; 참고. 막 5:20; 눅 8:39). 게다가, 하나님의 통치의 좋은 소식을 선포하는 것은 가르침을 포함하는데(막 6:30; 참고. 마 28:20), 그것은 예수님의 가르치는 사역과 연속성이 있다.

예수님은 두 가지 익숙한 이미지를 사용해서 그들이 좋은 소식을 말하는 목표를 표현하신다. 첫째, 예수님은 그분을 따르려 하는 자들에게 "사람을 낚는 어부"가 되라고 초대하신다(막 1:17; 마 4:19; 참고. 막 5:10). 예수님은 갈릴리 바다에서 고기를 잡아먹고 살던 사람들이 이해하기 쉬운 말을 사용하신다. 예수님을 따르는 것은 밝아오는 하나님의 통치에 대한 예수님의 메시지를 받아들이도록 사람들을 불러 모으는 선교를 포함한다.

둘째, 제자들은 농부들과 같다(마 9:37; 눅 10:2). 제자들은 예수님이 추수하시는 것을 돕는다. 부활절 전에, 제자들의 선교적 증언은 "이스라엘 집의 잃어버린 양"을 목표로 이루어진다(마 10:5-6). 그러나 이런 집중적인 선교는 앞으로 교회가 열방에 대해 전 세계적으로 선포할 것을 분명히 예상한다(마 10:18; 24:14; 28:19; 막 13:10; 14:9; 눅 24:47을 보라).

### 예수님이 행하신 것을 행함

예수님을 따르라는 요구는 또한 예수님의 치유 및 축사 사역에 동참하는 것을 포함한다. 예수님은 제자들에게 그분의 권위를 부여해서, 그들로 하여금 고통당하는 사람들을 고치고 자유를 누릴 수 있게 하신다(마 10:1). 제자들은 전인에 대한 예수님의 메시아적 사역을 계속한다. 특별히 예수님은 제자들을 보내서 "병든 자를 고치며 죽은 자를 살리며 나병환자를 깨끗하게 하며 귀신을 쫓아내게" 하신다(마 10:8). 예수님처럼, 제자들은 사탄, 질병, 죽음을 다스리시는 하나님의 통치의 변화시키는 능력을 현시한다. 게다가, 제자들은 예수님의 사랑과 동정의 사역에 참여한다. 그래서 모든 분야에서 어려운 형편에 처한 사람들을 회복시킨다. 세상들로 무정한 사람들을 만지고 세상의 고통 속으로 들어간다.

부활 후에, 예수님은 여러 번 위임령을 말씀하시는 가운데 제자들의 선교를 그분의 추종자들에게 확대하신다. 병자를 고치고 귀신을 내쫓는 활동들은 이런 말씀에서 두드러지게 나타나지 않는다.[46] 동시에 예수님이 추종자들에게 하라고 명령하신 것은 그분 자신의 선교를 세상으로 확대한다. 예수님처럼, 그들은 제자를 삼고(마 28:19), 예수님의 명령에 순종하도록 사람들을 가르치고(마 28:20), 회개를 선포하고(눅 24:47), 죄를 용서하거나 그대로 두어야 한다(요 20:23). 예수님은 계속 그분의 권위를 부여해서 그들을 파송하시지만(마 28:18), 이제 그들은 성령의 능력으로(눅 24:49; 참고. 요 20:22) 예수님의 죽음과 부활의 증인이 되라는 요구를 받는다(눅 24:48). 또 선교의 영역은 더 이상 이스라엘 백성으로 한정되지 않는다. 그것은 세상의 모든 민족으로 확대된다(마 28:19; 눅 24:47).

## 예수님의 선교... 그리고 우리의 선교?

이 장을 시작하면서 던진 질문을 다시 살펴볼 차례이다. 좋은 소식을 말하고 삶으로 나타내는 예수님의 지상 사역은 오늘날 교회의 선교를 규정하는가? 솔직히 말해서 일부 사람들은 회의적이다. 예를 들어, 선교학자 데이비드 헤셀그레이브는 교회의 선교를 예수님 자신의 사역의 연속으로 보지 말라고 경고한다.[47] 그는 예수님을 교회의 선교를 위한 모델로 이야기하는 것은 예수님의 죽음과 부활은 말할 것도 없고 그분의 인격과 지상 선교의 독특성을 약화시키는 위험이 있다고 생각한다. 게다가, 예수님의 선교가 우리를 위한 모델이라면, 우리는 예수님의 사역 중 반복할 수 없는 측면들에 대해서는 어떻게 해야 하는가? 예를 들면 성전을 정화하신 것이나 죽은 나사로를 다시 살리신 일 말이다. 헤셀그레이브는 우리가 예수님을 세상**에 대표하는** 것이지, 세상**에서** 예수님의 선교를 **계속하는** 것이 아니라고 주장한다.

헤셀그레이브는 중요한 문제들을 강조한다. 분명히 우리가 사는 환경은 1세기 팔레스타인과 상당히 다르다. 우리는 예수님의 지상 사역을 1

대 1로 상응하는 방식으로 모방할 수 없다. 우리는 하나님의 구원하시는 목적에서 예수님이 차지하는 독특한 역할과 우리의 선교를 혼동할 수도 없다. 그럼에도 불구하고, 우리가 예수님의 선교는 역사 가운데 이루어지는 하나님의 선교의 최고의 구체적 표현이라고 믿는다면, 우리가 어떻게 그것을 온전히 본받지 **않을** 수 있단 말인가? 예수님의 초기 추종자들이 이런 측면에서 생각한 것은 아주 자연스러운 일이었으리라. 버릿지는 유대 배경에서 제자들은 스승의 모범을 모방함으로써 스승을 따르는 법을 배우고, 그렇게 하면서 율법을 이해하게 되었을 것이라는 점에 주목한다. 게다가, 고대 전기의 중심 기능 중 하나는 그 대상을 독자들이 모방해야 할 모범으로 제시하는 것이었다.[48] 복음서가 이런 장르에 속하는 것처럼 보이기 때문에, 우리는 복음서가 예수님의 삶과 사역을 그리스도인들이 따라야 할 모범으로 이야기했을 것이라고 생각해야 한다.

가장 중요한 것으로, 복음서는 예수님 자신이 우리의 선교와 그분 자신의 선교의 연속성을 마음속에 그리고 계심을 보여준다. 예수님의 제자도 요구는 그분의 사역에 동참하라는 요구인 점을 상기하라. "나를 따라오라. 내가 너희로 사람을 낚는 어부가 되게 하리라"(막 1:17). 요한복음은 예수님의 선교와 우리가 연결되어 있음을 특별히 분명하게 한다. 하나님 아버지가 예수님을 세상에 보내신 것처럼, 예수님도 우리를 세상에 보내신다(요 17:18; 20:21; 참고. 요 13:15). 예수님의 선교가 하나님 아버지의 선교의 연장인 것처럼, 교회의 선교는 예수님의 선교의 연장이다. 따라서 "교회는 예수님의 선교를 구현하고 예수님을 쫓아 행동할 때 그 존재와 행위 면에서 사도적이다."[49]

예수님의 방식으로 하는 선교는 우리에게 무엇을 의미하는가? 분명히 그것은 예수님의 사역이나 열두 제자의 사역과 똑같지는 않을 것이다. 부활절 이후 시대를 사는 우리의 선교는 예수님의 지상 사역뿐만 아니라 예수님의 이야기 **전체**에 의해 규정된다. 즉 예수님의 삶, 가르침, 선포, 죽음과 부활을 다 고려해야 한다.[50] 그렇다면 우리의 도전은 예수님의 선교의 특징이 우리가 처한 각각 다르고 다양한 환경 가운데서 이루어지는 우리의 선교를 형성하도록 하는 것이다. 적어도, 그와 같은 선교는 다음과 같은 특징을 지닐 것이다.

### * 그리스도 중심

성령의 권능으로 예수님은 하나님의 사랑이 넘치는 선교를 세상에 구현하셨다. 이것이 사실이라면, 우리의 선교는 주로 특정한 장소로 가고, 이미 만들어놓은 전략을 따르거나 특정한 종류의 일을 하는 것이 아니다. 무엇보다도 우리는 예수님의 성품과 선교를 따름으로써 선교를 한다.

### * 총체적

예수님의 사역에서 그렇듯이, 존재, 행위, 말은 완벽한 조화를 이루면서 협연을 하는 고전음악 3중주단의 악기들 같다. 우리에게, 선교는 "예수님 자신의 사역의 모든 차원과 범위를 지닌다."[51] 우리는 선포하고 가르칠 뿐만 아니라, 또한 치유하고 해방시키며, 좋은 소식을 나타내 보이고 구현한다.

### * 하나님 나라 지향

우리는 하나님의 통치를 선포하고 현시하는 예수님의 선교를 우리가 처한 다양한 상황에서 수행한다. 하나님의 통치가 미래에 완전히 이루어질 것을 기대하지만, 하나님의 백성은 삶의 모든 측면에서 하나님의 통치의 임재를 증언한다. 우리의 입술과 삶은 예수님의 기도를 나타낸다. "나라이 임하시오며 뜻이 하늘에서 이루어진 것 같이 땅에서도 이루어지이다." 하나님 나라를 지향하는 선교가 지닌 한 가지 의미는 우리가 말하는 좋은 소식은 신약서신에서 설명하고 있는 대로 예수님의 죽음과 부활의 구원 효과에 대한 것만이 아니다. 그것은 또한 (그리고 특별히!) 예수님이 복음서에서 가르치시고 구현하시는 하나님의 나라에 대한 것이다.

### * 사랑과 동정의 동기

예수님처럼, 우리가 인간의 필요에 대해 동정하는 마음으로 반응하다

보면 우리는 겸손한 자세로 잃어버린 자들에게 좋은 소식을, 망가진 자들에게 온전함을, 접촉할 수 없는 자들에게 회복시키는 손길을, 억눌린 자들에게 정의를 제공하는 일을 하게 될 것이다. 선교는 우리를 대적하는 자들에게 하나님이 자비로우신 것처럼 자비와 사랑을 보여주는 일을 포함한다(눅 6:32-36).

### * 포괄성과 경계 허물기

화해시키는 공동체로서, 우리는 가난한 자, 배제된 자, 괄시당하는 자들을 찾아 받아들임으로써 하나님의 통치의 포괄성을 선포한다. 예수님이 사회 중심부가 아니라 주변부에 있는 자들에게 힘을 쏟으셨다면, 선교하는 교회는 어디에 있어야 하는가?

### * 대결적

예수님 방식의 선교는 우리 사회에 있는 익민 자의 권세 및 악한 권력 시스템과 대결한다. 교회는 대조적인 공동체이다. 말, 행동, 삶으로 교회는 하나님의 통치와 충돌하는 가치 및 억압적인 구조에 대해 예언자적 도전을 가한다.

### * 상황 특수성과 융통성

우리는 새로운 음조로 복음을 노래하는 법을 배워야 한다. 예수님의 인도를 따라서 우리가 좋은 소식을 말하고 삶으로 나타내는 방식은 특정한 사람과 때에 맞게 상황화해야만 한다.

### * 성령의 능력과 기도

성령이 예수님의 하나님 나라 선교에 중심 역할을 하신 것처럼(마 3:13-4:1; 눅 4:1, 14, 18을 보라), 말과 삶을 통해 이루어지는 우리의 복음 증거도 성령의 인도와 능력을 받을 때만 풍성한 열매를 맺을 수 있다(요 15:26-27; 16:12-15을 보라). 게다가, 예수님이 추종자들에게 하나님의 선교를 진진시키기 위해 "추수할 일꾼들을 정하라"고 호소하신 것은(마 9:38) 가장 훌륭한 선교 전략조차도 우리가 기도에 힘쓰시 않으면 별 효과가 없을 것이라는 점을 상기시킨다.

* **변혁적**

예수님 방식의 선교는 인간의 마음과 삶의 전 영역에서 변화를 추구한다. 따라서 우리의 복음 선포는 회개와 믿음의 반응을 요청한다. 그것은 순전한 회심과 제자들의 공동체에 포함되는 결과를 낳는다. 동시에, 우리가 하나님 나라를 구현하는 것은 사회의 모든 영역에서 하나님의 통치의 정의를 촉진할 것이다. 그것은 하나님의 통치의 임재를 통해 경제, 예술, 미디어, 교육, 정치, 기술 및 세계관을 형성시키는 일을 한다.

예수님의 선교와 연속성이 있는 사역은 실제로 어떤 모습일까? 여러 가지 구체적인 형태를 취할 수 있다. 여기 한 가지 예가 있다. 빌립은 내가 가르친 학생 중 하나였다. 신학 공부를 마치기 전에, 하나님은 그에게 독일 마인츠에서 새로운 사역을 하려는 마음을 주셨다. 졸업 후, 그는 마인츠의 도시 빈민가에서 하나님의 통치를 나타내면서 사는 일에 헌신한 젊은이들을 모았다. 그들은 그 사역을 **행동하는 교회**(Kirche in Aktion; KiA)라고 불렀다.

빌립은 지역사회에 사는 많은 사람들이 교회에 대해 부정적인 인상을 갖고 있음을 알았다. 그들은 반드시 예수님에 대해 흥미를 잃은 것은 아니었지만 **교회**에 대해서는 흥미를 잃어버렸다. 적어도 그들은 교회에 대해 그렇게 생각했다. 그래서 빌립과 그의 팀은 성령의 역사를 통해 그 도시에 그리스도의 살아 있는 임재를 나타내기로 결심했다. 그들은 가정 그룹을 만들었다. 사람들은 그 모임에 와서 함께 음식을 먹고 친구들과 이야기를 나누고 어려운 질문을 하고 하나님과 동행하는 신앙 여정을 심화시켜 나갔다. **키아**는 마인츠시에 복을 나누어주기 위해 여러 활동 그룹을 만들었다. 예를 들어, 한 그룹은 공원에서 쓰레기를 주웠다. 또 다른 그룹은 소방서, 병원 그리고 쓰레기 하치장에서 일하는 일꾼들에게 구운 음식을 갖다 주었다. 노숙자 사역은 거리에서 식사를 제공하고, 건축 팀은 사람들의 집을 수리해 주고, 어린이 그룹은 80% 이상 이민자 자녀들로 구성된 여러 학교에 가서 숙제하는 일을 도와주었다.

모여 예배를 드릴 때, 그들은 노래를 부르며 복음 메시지를 전하기에 앞서 식사를 제공하면서 친교를 나누었다. 그들은 정기적으로 세계의 다른 부분에서 진행되고 있는 선교 프로젝트들을 후원했다. 빌립은 이렇게 생각을 정리한다. "우리가 만나고 나서 후에 '정식 회원'으로 받아들인 사람들은 어떤 한 부류에 속한 사람들이 아니다. 노숙자, 대학생, 고학력 전문인 등 온갖 종류의 사람이 다 온다… 우리는 전혀 새로운 형태의 교회가 되는 축복을 받았다. 우리는 그 축복을 아무 것과도 바꾸지 않을 것이다!" 빌립이 그를 인터뷰한 언론학 전공 학생에게 **키아**의 사역을 설명한 후에, 그 여학생은 이렇게 말했다. "내가 이해한 게 맞다면, 당신이 하려고 하는 것은 예수님처럼 보이는 교회가 되는 거네요." 어떤 선교적 공동체도 그보다 더 훌륭한 칭찬을 받을 수는 없으리라.

**생각해 볼 질문**

1. 당신은 어떤 식으로 예수님의 지상 선교가 오늘날 교회의 선교를 위한 모범이 된다고 생각하는가? 어떤 식으로 그것은 모범이 되지 않는가?
2. 예수님은 하나님의 나라를 선포하셨을 뿐만 아니라 또한 그것을 그분의 삶과 행동으로 현시하셨다. 당신은 당신의 교회가 하나님 나라의 메시지를 **선포하는** 과제를 잘 수행하고 있다고 생각하는가? 하나님 나라를 **현시하는** 과제는 어떤가?
3. 당신이 속한 사회에서 "형편없는 자들"과 소외당한 자들은 누구인가? 당신은 당신의 교회가 오늘날 예수님의 하나님 나라 선교의 **포괄성**을 실천할 수 있는 구체적인 방법들이 무엇이라고 생각하는가?
4. 교회는 오늘날 악과 대결하는 선교를 수행할 사명이 있는가? 그렇다면, 그 선교는 어떤 형태로 이루어지는가?

## 주

1) 이런 이해는 주로 공관복음서, 즉 마태, 마가, 누가복음에서, 그리고 부차적으로 요한복음에서 생겨난다. 요한복음은 5장에서 별도로 다룰 것이다.
2) 이 동사는 마태복음에서 9번(예수님의 선포와 관련해서 4번), 마가복음에서 14번(예수님과 관련해서 5번), 누가복음에서 9번(예수님과 관련해서 3번) 나타난다. 누가는 또 비슷한 동사 **유앙겔리조마이**("좋은 소식을 전하다/말하다")를 사용해 예수님의 사역의 특징을 묘사한다(눅 4:18, 43; 7:22; 8:1; 16:16; 20:1). 이 동사에서 영어 **전도하다**(evangelize)가 유래한다.
3) 보통 가르치다는 뜻을 의미하는 동사(디다스코)는 복음서에서 "선포하다"(케루소)와 "좋은 소식을 전하다"(유앙겔리조마이)보다 더 자주 나타난다. 이 동사는 마태복음에서 14번(예수님의 가르침과 관련해서 9번), 마가복음에서 17번(예수님과 관련해서 16번), 그리고 누가복음에서 17번(예수님과 관련해서 13번) 나타난다. 게다가, 요한은 예수님의 가르침을 6번 언급하지만, 전(파)하다는 뜻을 의미하는 동사들은 요한복음에서 찾아볼 수 없다.
4) 우리가 4장에서 볼 것처럼, 마태복음은 예수님의 "전(파)하심"과 "가르치심"을 매우 분명하게 구분한다. 그러나 마태복음에서도 내용은 별 차이가 없는 것 같다.
5) 마 4:23; 13:54; 막 1:21; 6:2; 눅 4:15; 6:6; 요 6:59을 보라. 또 참고. 믹 1:39, 눅 4:44.
6) 마 21:23; 26:55; 막 11:17; 12:35; 눅 19:47; 21:37; 요 7:14; 8:20을 보라. 또 참고. 눅 20:1.
7) 마 9:35; 11:1; 막 6:6; 눅 13:22을 보라. 또 참고. 마 11:1; 막 1:38; 눅 8:1; 9:6.
8) 마 5:1; 막 2:13; 4:1; 10:1; 눅 5:3을 보라. 또 참고. 마 3:1; 막 1:4, 14.
9) Richard A. Burridge, *Imitating Jesus: An Inclusive Approach to New Testament Ethics* (Grand Rapids: Eerdmans, 2007), pp. 47, 155.
10) Craig G. Bartholomew and Michael W. Goheen, *The Drama of Scripture: Finding Our Place in the Biblical Story* (Grand Rapids: Baker, 2004), p. 136. 「성경은 드라마다」(IVP)

11) Burridge, *Imitating Jesus*, pp. 49-50.
12) Eckhard J. Schnabel, *Early Christian Mission*, vol.1, *Jesus and the Twelve* (Downers Grove, IL: InterVarsity Press, 2004), p. 383.
13) 이 그룹의 중요성은 그것이 언급되는 수가 많은 사실로 알 수 있다. 무리(오클로스) 또는 무리들(오클로이)이라는 단어는 마태복음에 50번, 마가복음에 38번, 누가복음에 41번 그리고 요한복음에 20번 나타난다.
14) Dean Flemming, *Contextualization in the New Testament: Patterns for Theology and Mission* (Downers Grove, IL: InterVarsity Press, 2005), p. 21.
15) Ibid.
16) Bryan Stone, *Evangelism After Christendom: The Theology and Practice of Christian Witness* (Grand Rapids: Brazos, 2007), p. 84.
17) Mortimer Arias, *Announcing the Reign of God: Evangelization and the Subversive Memory of Jesus* (Philadelphia: Fortress, 1984), p. 49.
18) Stone, *Evangelism After Christendom*, p. 84.
19) Emefie Ikenga-Metuh, "Contextualization: A Missiological Imperative for the Church in Africa in the Third Millennium," *Mission Studies* 12 (1989): 6.
20) Gerhard Lohfink, *Does God Need the Church? Toward a Theology of the People of God* (Collegeville, MN: Liturgical, 1999), p. 131.
21) Richard R. Gaillardetz, *Ecclesiology for a Global Church: A People Called and Sent* (Maryknoll, NY: Orbis, 2008), p. 16.
22) Richard A. Burridge, *What Are the Gospels? A Comparison with Grace-Roman Biography*, 2nd ed. (Grand Rapids: Eerdmans, 2004)를 보라.
23) Burridge, *Imitating Jesus*, p. 28.
24) Lucien Legrand, *Unity and Plurality: Mission in the Bible* (London: SCM Press, 1965), p. 65.
25) JESUS Film 프로젝트의 웹사이트 www.jesusfilm.org를 보라. 또 D. Zac Niringiye, "To Proclaim the Good News of the Kingdom (ii)," in *Mission*

*in the 21st Century*, ed. Andrew Walls and Cathy Ross (Maryknoll, NY: Orbis, 2008), p. 15를 보라.

26) Legrand, *Unity and Plurality*, p. 66.

27) Ken Gnanakan, "To Proclaim the Good News of the Kingdom (i)," in *Mission in the 21st Century*, ed. Andrew Walls and Cathy Ross (Maryknoll, NY: Orbis, 2008), p. 4.

28) Legrand, *Unity and Plurality*, p. 66.

29) Bartholomew and Goheen, *Drama of Scripture*, p. 137.

30) 크레이그 에반스는 치유와 "좋은 소식"의 관련성은 사해사본 문서 4Q521과 이 방 세계에서도 찾아볼 수 있다는 점을 증명한다. Craig Evans, "The Ministry of Jesus in the Gospels," in *Community Formation in the Early Church and in the Church Today*, ed. Richard N. Longenecker (Peabody, MA: Hendrickson, 2002), pp. 63-64.

31) 예를 들어, 마 8:5-13; 9:27-31; 15:21-28; 막 2:1-12; 5:1-20; 9:14-29; 눅 18:35-43; 요 9:1-41; 11:1-44을 보라.

32) David Bosch, *Transforming Mission: Paradigm Shifts in Theology of Mission* (Maryknoll, NY: Orbis, 1991), p. 27. 「변화하는 선교」(CLC)

33) Scott Bartchy, "Table Fellowship," in *Dictionary of Jesus and the Gospels*, ed. Joel B. Green, Scot McKnight and I. Howard Marshall (Downers Grove, IL: InterVarsity Press, 1992), p. 797. 「예수 복음서 사전」(요단출판사)

34) Dewi Hughes, *Power and Poverty: Divine and Human Rule in a World of Need* (Downers Grove, IL: InterVarsity Press, 2008), pp. 112-14.

35) 복음서(병행 기사 포함)는 최소한 열아홉 번 예수님이 아프거나 나병에 걸리거나 이미 죽은 사람을 만지시거나 아니면 접촉을 당하신 경우를 집중 조명한다.

36) Paul D. Hanson, *The People Called: The Growth of Community in the Bible* (Louisville: Westminster John Knox, 2001), p. 418.

37) Hughes, *Power and Poverty*, p. 112.

38) Howard Peskett and Vinoth Ramachandra, *The Message of Mission: The Glory of Christ in All Time and Space* (Downers Grove, IL: InterVarsity

Press, 2003), p. 196. 「BST 선교」(IVP)

39) C. Rene Padilla, "The Politics of the Kingdom of God and the Political Mission of the Church," in *Mission as Transformation: A Theology of the Whole Gospel*, ed. Vinay Samuel and Chris Sugden (Oxford: Regnum, 1999), p. 446.

40) Darrell L. Guder, ed., *Missional Church: A Vision for the Sending of the Church in North America* (Grand Rapids: Eerdmans, 1998), p. 106.

41) N. T. Wright, *Jesus and the Victory of God* (Minneapolis: Fortress, 1996), p. 276. 「예수와 하나님의 승리」(크리스챤다이제스트)

42) Schnabel, *Early Christian Mission* 1, pp. 270-71.

43) Michael Goheen, "Continuing Steps Towards a Missional Hermeneutic," *Fideles* 3 (2008): 85.

44) Ben Withering III, *The Gospel of Mark: A Social and Rhetorical Commentary* (Grand Rapids: Eerdmans, 2001), p. 421.

45) Stanley H. Skreslet, *Picturing Christian Witness: New Testament Images of Disciples in Mission* (Grand Rapids: Eerdmans, 2006), p. 45.

46) 물론 예외는 마가복음의 더 긴 본문이다(막 16:17-18). 하지만 그 본문은 가장 신뢰할 수 있는 복음서 사본들에는 나오지 않는다.

47) David J. Hesselgrave, *Paradigms in Conflict: 10 Key Questions in Christian Missions Today* (Grand Rapids: Kregel, 2005), pp. 141-65.

48) Burridge, *Imitating Jesus*, pp. 73-74, 77-78.

49) Guder, ed., *Missional Church*, p. 133.

50) Darrell L. Guder, *The Continuing Conversion of the Church* (Grand Rapids: Eerdmans, 2000), p. 46.

51) Legrand, *Unity and Plurality*, p. 74.

# CHAPTER 04

# 행동가, 교사, 구세주
## 공관복음에 나타난 선교

너희는 세상의 소금이니...

너희는 세상의 빛이라 (마 5:13-14)

신약 복음서는 우리가 종종 인식하는 것보다 더 "선교적"이다. 그렇다고 해서 내가 복음서의 주된 목적이 전도 즉 비그리스도인들이 예수님을 믿도록 이끄는 것이라고 말하는 것은 아니다. 그런 일이 분명히 일어날 수 있지만, 우선 복음서는 불신자가 아니라 교회에 주어진 것이다. 대개 복음서는 그들이 살고 있던 곳에서 하나님의 선교에 참여하는 사람들에게 전달되어 읽혔다. 복음서는 하나님의 선교의 핵심에 해당하는 예수님의 이야기를 말함으로써 그 선교에 대해 **증언한다**. 그밖에, 복음서는 세상에서 이루어지는 하나님의 선교의 **도구** 역할을 한다. 복음서는 신자들의 공동체가 하나님의 선교에 참여할 수 있도록 격려하고 준비시킴으로써 그 일을 한다.

그러나 복음서는 이런 목표를 각각 다른 방식으로 수행한다. 어쨌든 단 하나의 복음서가 아니라 **네** 개의 복음서가 있다. 각 복음서는 그것의 특성한 청중, 환경 및 목표에 비추어 예수님의 이야기를 창조적으로 해석한다. 각 복음서는 예수님과 제자들의 공동체에 나타난 하나님의 선교의 특징에 대해 그 자신의 독특한 관점을 갖고 있다.

그러므로 우리는 두 가지 수준에서 생각하는 것이 필요하다. 한 편으로, 우리는 예수님의 선교 전체를 갈릴리와 유다에서 이루어진 예수님 자신의 삶 및 사역에 비추어 살펴보아야 한다. 우리는 앞 장에서 그것에 대해 살펴보았다. 다른 한 편으로, 우리는 각 복음서 저자들이 예수님의 선교를 그들의 각각 다른 "목표 청중"에 맞게 어떻게 상황화했는지 물어보아야 한다.[1] 예를 들어, 마태는 그의 복음을 위한 그 자신의 목적에 비추어 좋은 소식을 말하는 것과 삶으로 나타내는 것의 관계를 어떻게 묘사하는가? 그리고 이것은 누가나 요한이 각각 다른 독자들에게 예수님 및 교회의 선교를 표현하는 방식과 어떻게 다른가? 게다가, 이렇게 다양하게 묘사된 선교는 오늘날 **하나님의 선교(미시오 데이)**에서 교회가 담당하는 역할을 이해하는데 어떤 식으로 영향을 끼쳐야 하는가? 이 장은 세 공관복음, 즉 마태, 마가, 누가복음에서 그런 문제들에 대해 다룬다. 다음 장은 좋은 소식과 관련해서 존재, 행동, 말에 대한 요한의 독특한 관점을 살펴본다.

## 마가복음

### 마가의 청중과 목적

나는 제일 먼저 기록된 복음서로 널리 알려진 마가복음으로 시작한다. 시작하는 말은 이 책이 어떤 책인지 선언한다. "하나님의 아들 예수 그리스도의 복음의 시작이라"(막 1:1). 이런 식으로 마가는 예수님의 이야기를 "복음"과 연결시킨다. 그것은 메시아이신 하나님의 아들의 인격, 사역, 죽음 및 부활 가운데 나타난 하나님의 구원을 교회가 선포하는 것이다. 그래서 이 이야기를 말하는 마가의 목적은 교회의 삶과 선교로 시작한다. 특히 교회가 복음을 선포하고 회심자들을 가르칠 때 소개하는 예수님으로 시작한다. 래리 허타도는 "마가는 처음에 예수님의 사역 위에 그 삶을 건축한 교회가 있었기 때문에 그의 복음서를 썼다"고 말한다.[2] 마가의 이야기는 교회의 "좋은 소식"**이다**.

그러나 마가는 왜 **이런** 복음서를 썼는가? 무엇이 마가로 하여금 예수님의 이야기를 그가 하는 방식으로 말하게 했는가? 이것은 쉽게 대답할 수 있는 문제가 아니다. 마가는 우리에게 그의 청중의 특징이나 그의 저술의 목적에 대해 분명한 단서를 거의 제공하지 않는다. 그럼에도 불구하고, 반복되는 주제들, 마태 및 누가와의 차이점들, 그리고 마가의 인물 묘사 방식 같은 내러티브의 특색을 검토함으로써, 우리는 어떤 특징들이 나타나는 것을 발견한다.

첫째, 마가복음은 유대 유산에 단단히 기반을 두고 있지만, 마가는 그의 메시지를 주로 로마 세계의 이방인들을 대상으로 삼아 쓴 것 같다.[3] 둘째, 마가가 고난, 박해, 제자도의 대가를 현저하게 강조한 것은 이 복음서가 예수 그리스도에 대한 충성 때문에 극심한 시험에 직면했던 그리스도인들에게 보내졌음을 시사한다(막 9:49; 10:20; 13:5-23을 보라). 마가가 예수님의 이야기를 말하는 방식은 곤란에 처한 신자들이 십자가를 지고 예수님을 신실하게 따르도록 격려해 주었을 것이다. 그들은 비우호적인 세상 가운데서 복음을 계속 증언해야 한다.

**행동가 예수님**

그러면 마가는 기독교 선교의 특징을 어떻게 묘사하는가? 마가복음이 "하나님의 아들 예수 그리스도"에 대한 이야기이기 때문에(막 1:1), 우리는 예수님의 선교로 시작해야 한다. 다른 복음서처럼, 예수님은 하나님의 사랑이 넘치고 구원하시는 선교를 구현하신 분이다. 예수님은 성부 하나님이 보내신 사랑하는 아들이시다(막 9:37; 12:6). 예수님은 전도하고(막 1:38), 죄인을 부르고(막 2:13), 섬기고 그분의 목숨을 많은 사람의 대속물로 주기 위해(막 10:45) 오셨다. 공관복음서의 다른 곳처럼, 마가복음에 나타난 예수님은 전도, 가르침, 치유 등의 다차원적 사역을 하신다(막

1:14, 38, 39). 그러나 마가복음에서 예수님의 **행동**이 주목을 받는다. 주로 예수님의 **행위**가 말씀을 한다.

따라서 예수님이 종종 가르치시는 것으로 묘사되고(막 1:21-22; 2:13; 4:1-2; 6:2, 6을 보라) 또 자주 "선생님"으로 불리시지만(막 4:38; 5:35; 9:17을 보라), 마가는 놀랍게도 예수님의 실제 가르침에 대해서는 거의 기록하지 않는다. 대신에 마가는 예수님의 기적을 자그마치 17개나 포함시킨다. 비율상 복음서 중 가장 많다. 세상 무대에 등장하실 때, 예수님은 하나님의 나라의 도래를 선언하신다(막 1:14-15). 그러나 예수님이 전파하신 말씀의 내용을 풀어 설명하기보다(참고. 눅 4:16-21), 마가는 예수님의 치유, 동정, 축사 및 자연 제어 행위가 어떻게 하나님 나라의 강력한 임재를 **현시하는지** 보여준다. 이것은 행동을 통한 선포이다. 그것은 마치 마가가 독자에게 "하나님의 나라가 가까이 왔다"는 것이 무엇을 의미하는지 알고 싶다면, 예수님을 보라, 즉 예수님이 어떤 분이고 그분이 무슨 일을 하시는지 보라고 말하는 것과 같다.

마가복음에서 예수님은 거의 숨을 쉴 수 없을 정도로 긴급하게 선교를 하시는 분이다. 예수님은 비디오 화면에 비치는 일련의 영상처럼 여기저기를 급히 돌아다니신다. 마가는 예수님을 강력한 하나님의 아들로 드러낸다. 예수님은 "하나님의 통치를 도입하시고, 사탄과 우주적 세력을 격파하시고, 자연을 다스리는 권위를 가지시고, 병을 고치시고, 죄를 용서하시고, 죽은 자를 일으키시는 분이다."[4] 하지만 이것은 예수님의 행동의 전부가 아니다. 마가는 또 예수님을 섬기시고 고난을 당하시고 죽으시는 하나님의 아들과 메시아로 보여주는 데 관심을 기울인다. 모든 것이 수난을 가리킨다. 예수님의 행동은 십자가에서 절정에 이른다. 예루살렘으로 가는 길에, 예수님은 장차 이루어질 일을 은밀하게 예시하신다. 세 번 수난을 예언하시면서, 예수님은 그분의 선교의 고난당하는 본질을 상세히 설명하신다(막 8:31; 9:31; 10:32-34). 하지만 예수님이 십자가에 매달려 죽으실 때 비로소 최종적으로 그분의 참된 정체성과 세상에 대한 선교가 무엇인지 드러난다. 예수님을 "하나님의 아들"이라고 공개적으로 선포한 최초의 사람은 (많은 사람 중!) 십자가 밑에 있던 로마 백부장이었다(막 15:39). 마가는 예수님을 무엇보다도 그분의 행동에 의해 그분의 선교가 규정되는 분으로 묘사한다. 그것은 한 편으로 예수님이 행하신 능력과 동정의 행위이고, 다른 한 편으로 예수님이 인류를 위해 희생적으로 당하신 고난과 죽음이다(막 10:45; 14:22-24).

### 십자가를 지는 제자들

마가복음에서, 예수님의 선교는 그분의 추종자들의 선교를 형성한다. 예수님이 다가오는 하나님의 통치를 선포하신 후에 첫 번째로 하신 일은 제자들을 선택하신 것이다(막 1:16-20). 예수님은 그들에게 그분을 따를 것을 요청하시고(참고. 막 2:14) 그들을 사람 낚는 어부로 만들 것이라고 약속하신다. 그 다음에 예수님은 12명을 임명하시고 그들을 파송해 회개를 선포하고(막 3:14; 6:12), 가르치고(막 6:30), 귀신을 내쫓고(막 3:15; 6:7, 13) 병자를 고치도록 하신다(막 6:13). 사실상, 그들은 예수님 자신의 사역의 연장이다. 그들은 예수님이 하러 오신 바로 그 일들을 한다(참고. 막 1:14, 34; 2:13). 공관복음 가운데, 오직 마가만이 그들이 위임받은 일이 "함께 있는" 것이었음을 명백하게 진술한다(막 3:14). 짐작컨대 제자의 이 기본적인 역할은 예수님으로부터 말과 모범을 통해 하나님 나라의 좋은 소식이 무엇을 의미하는지 배우는 것을 포함했으리라.[5] 후에, 마가의 수난 내러티브는 갈릴리에서 예수님을 실제적인 방식으로 "섬겼던" 여자 제자들에 대한 회상을 포함한다(막 15:41; 참고. 막 10:45). 마가복음 전체에 걸쳐, 예수님의 추종자들은 말, 행동, 존재로 이루어진 예수님의 사역을 모방한다.

특히, 마가는 예수님의 고난과 희생 방식이 그분의 추종자들이 본받아야 할 모범임을 강조한다. 예수님의 수난을 예견하는 말씀들에 이어 나오는 자료에서, 예수님은 그들도 십자가로 나아가야한다고 설명하신다

(막 8:34-35; 9:35; 10:42-45). 그들은 자신을 부인하고 십자가를 지고 목숨을 버리고 모든 사람의 종이 되어야 한다. 간단히 말해서, 그들은 예수님처럼 되어야 한다. 마가는 복음이 전 세계에 전파되는 선교를 예견한다(막 13:10; 14:9; 참고. 막 11:17). 그러나 그 선교를 수행하다보면 박해, 배신, 죽음을 당할 수 있다(막 13:9-13; 참고. 막 10:39). 십자가에 이르기까지 예수님을 따르라는 요청은 심각한 시험에 직면하고 있는 교회들에게 강력하고 시기적절한 말씀으로 들렸을 것이다. 그 요청은 오늘날에도 마찬가지다.

마가복음에서, 예수님의 제자들은 하나같이 예수님의 가르침, 기적 그리고 특별히 수난 예언의 요점을 이해하지 못한다. 그들은 예수님이 어떤 분인지 파악하지 못하고 믿음이 흔들리며 예수님께서 십자가에 직면하실 때 그분을 저버린다. 그러나 예수님은 종종 그들의 실패를 선교 및 제자도의 참된 본질에 대해 가르치는 기회로 삼으신다. 예를 들어, 제자들이 선포 및 치유의 선교를 하고 돌아올 때, 그들은 (얄궂게도) 무리에 대한 동정심이 없고 오히려 그들에게서 벗어나려고 한다(막 6:35-36). 하지만 예수님은 그분의 추종자들이 그분과 같은 동정심을 갖고(막 6:34; 참고. 막 1:41) 그들이 사람들에게 먹을 것을 주기 원하신다(막 6:35-41). 후에, 세베대 형제들이 예수님이 영광에 들어가실 때 그분의 좌우에 앉는 문제를 갖고 다툰다(막 10:35-37). 그러나 예수님은 사역은 섬기는 것이고 위대한 것은 종이 되는 것이라고 대답하신다(막 10:43-45). 마가는 예수님의 제자들의 단점을 이용해서 교회의 선교의 참된 특징을 강조한다.

요약하면, 마가복음은 다음을 강조한다.

* 예수님의 제자들에게, 따라서 교회에게, 선교는 예수님의 선교의 확장이다.
* 교회가 말하는 "좋은 소식"은 예수님의 삶, 사역, 죽음과 부활에 대한 이야기 전체를 포괄한다(막 1:1).

* 예수님은 단지 말이 아니라 특별히 강력하고 구속적인 **행동**으로 하나님의 나라를 선포하신다. 그 행동들은 모든 인간 필요를 다룬다. 예수님의 추종자들도 마찬가지다. 하나님 나라의 선포와 하나님 나라의 행위는 분리할 수 없다.
* 제자의 기본 특징은 예수님과 함께 있는 것이다. 바로 그 관계 속에서 선교가 흘러나온다.
* 예수님과 그분의 추종자들에게 선교는 십자가로 형성된다. 예수님 방식의 선교는 단순히 승리에 대한 것이 아니다. 그것은 고난, 희생 그리고 자기를 주는 섬김을 포함한다.

예수님은 그분의 처음 추종자들에게 요청하신 것처럼, 오늘날 교회에 십자가 형태로 된 존재를 요청하신다. 이 소명은 1세기 세상에 인기가 없었던 것처럼 우리에게도 인기가 없다. 벤 위더링톤이 심사숙고한 대로,

> 일부 사람들은 선뜻 십자가 장식을 하려고 하지만 십자가를 지려고 하지는 않는다. 우리는 종종 고난과 섬김의 복음보다 건강과 부의 복음을 더 선호한다. 우리는 교회가 우리에게 복음을 위해 섬기고 희생할 수 있는 많은 기회를 주기 때문이 아니라, 우리의 필요를 채워주기 때문에 교회에 출석한다. 아직도 십자가는 와서 그 밑에 서라고 우리에게 손짓을 한다. 우리가 그렇게 할 것인지 말 것인지 그것이 우리의 제자도를 시험하는 최종적인 테스트이다.[6)]

## 마태복음

### 마태의 청중과 목석

마태는 교회의 선교의 특징에 대해 마가보다 더 직접적인 가르침을 제공한다. 이것은 놀라운 일이 아니다. 마태의 저술 목적은 분명히 그 공

동체의 정체성 및 선교와 관련되어 있기 때문이다.[7] 우리가 확실히 알 수는 없지만, 우선 마태는 유대 그리스도인 청중에게 책을 쓰는 것 같다. 그들은 로마 유대 전쟁(A.D. 66-70)이 끝난 지 얼마 되지 않은 고통스러운 과도기에 처해 있었다. 여전히 종교적 문화적으로 유대교에 뿌리를 둔 그들이 메시아 예수님께 충성을 바치면서 그들은 동료 유대인들과 다른 방향으로 나아가게 되었다. 이로 말미암아 그들은 다른 유대인 그룹들, 특히 그들의 지도자들로부터 배척과 핍박을 당하게 되었다(마 10:17-25; 참고. 마 24:9). 동시에 마태의 청중은 두 가지 새로운 현실에 직면했다. 첫째, 그들의 동료 유대인들의 다수는 예수님을 믿지 **않았다**. 그리고 둘째, 이제 이방인들이 교회의 대부분을 차지하게 되었다. 그렇다면 이런 유대 그리스도인들은 어떻게 한 편으로 그들의 유대 정체성을 지키고, 다른 한 편으로 비유대인들 가운데서 이루어진 하나님의 새로운 일을 받아들여야 하는가?

마태는 그와 같은 "정체성 문제"를 다루는 방식으로 예수님의 이야기를 말한다. 한 편으로, 마태는 예수님을 따르면서 "그들이 그들의 유대 유산에 완전히 충실했으며 또 예수님의 가르침과 모범에서 하나님께서 이스라엘에 약속하신 모든 것이 구현된 사실을 발견하게 될 것"이라고 그들을 안심시킨다.[8] 동시에, 마태의 내러티브는 하나님이 메시아 예수님 안에서 새로운 일을 하고 계신다고 선언한다. 유대인의 거부와 교회의 이방인 선교는 하나님이 그들을 유대인과 이방인으로 이루어진 하나님의 새로운 백성의 일부가 되도록 부르고 계심을 의미한다. 그러므로 마태의 예수님 이야기는 그의 청중에게 그들의 유대인 비난자들에 대응할 수 있는 자료와 유대인 및 이방인 선교에 관여할 수 있는 격려를 제공한다. 대체적으로, 마태복음은 예수님의 가르침을 따라 살면서 전 세계를 위한 하나님의 선교에 참여하는 하나님의 백성을 형성하는데 기여한다.

**선생 예수님**

마가가 예수님의 행동을 강조하는 반면에, 마태는 예수님의 **말씀** 특히 그분의 **가르침**을 강조한다. 무엇보다도, 예수님은 이스라엘의 선생이시다.[9] 마태의 구조는 이 역할을 강조한다. 마태복음은 예수님이 가르치신 다섯 개의 큰 담론을 중심으로 작성되어 있는데(마 5-7; 10; 13; 18; 23-25장), 그것은 구약의 모세오경을 상기시킨다. 놀라운 권위를 갖고 가르치시면서(마 7:28-29), 예수님은 율법을 성취하시고 재해석하신다(마 5:17, 21-48; 22:40). 게다가 예수님은 그분의 원래의 제자들만 가르치지 않으신다. 예수님은 팔레스타인 청중을 넘어 마태 당시의 교회에 직접 말씀하신다. 18장에 기록된 예수님의 담론은 가르침이 필요한 공동생활을 하는 "교회"(마 18:16; 참고. 마 16:18)를 전제한다. 예수님은 기독교 공동체에 임재해 계신다(마 18:20; 참고. 마 1:23; 28:20). 예수님은 살아 계신, 부활하신 주님으로 계속해서 교회를 가르치신다. 가르침의 형태로 **말하는 것**은 마태가 묘사하는 예수님의 선교에서 대단히 중요하다.

그러나 예수님은 **단지** 선생에 불과한 분이 아니시다. 마태는 예수님의 선교 활동을 "그들의 회당에서 가르치시며 천국 복음을 전파하시며 백성 중의 모든 병과 모든 약한 것을 고치시니"라고 요약한다(마 4:23; 참고. 마 9:35). 마태는 마가나 누가보다 "선포"와 "가르침"을 더 구별하는 것 같다. 하지만 선포와 가르침이 상당히 겹쳐서 사용되는 것도 사실이다.[10] 아마도 "선포"는 처음의 선언을 강조하고, "가르침"은 설명이나 교육을 강조하는 것 같다.[11] 하지만 여기에서 주된 구별이 이루어지는 것은 예수님의 하나님 나라 선포와 그분의 치유 사역이다(참고. 마 14:35-36; 15:29-31; 19:1-2). 도날드 시니어는 "하나님 나라의 좋은 소식은 예수님의 메시지의 모든 범위를 잘 파악한다. 그 메시지는 말과 행동을 통해 하나님의 통치의 실재를 선포하고 구현한다"고 언급한다.[12]

마태는 5-9장에서 뒤이어 나오는 자료를 체계적으로 정리하는 방식으로 예수님의 이런 "보여주고 말하는" 사역에 관심을 끈다. 5-7장에 기록된 산상수훈은 예수님의 하나님 나라에 대한 가르침을 예시하는 반면, 8-9장에 기록된 10개의 기적은 예수님의 치유 사역을 묘사한다. 그리고 이 부분의 처음과 끝에서, 마태는 예수님의 말과 행동 선교를 거의 똑같은 방식으로 요약해서 제시한다(마 4:23; 9:35). 그 요약들은 그 사이에 있는 모든 것을 묶는 책받침대의 역할을 한다.

그러니까 마태는 예수님의 선교와 관련해 이스라엘 및 교회의 선생으로서 예수님의 역할을 특별히 강조한다. 하지만 마태는 "하나님 나라의 좋은 소식"은 인간 필요의 모든 범위를 다룬다는 점을 분명히 한다(마 11:1-6을 보라).

### 선생처럼, 제자처럼

마가복음처럼, 마태복음에서도 예수님은 제자들을 내보내 선교를 하게 하신다. 하지만 마태는 마가가 6절로 설명한 짧은 이야기를 42절로 된 완전한 선교 담화로 확대한다(마 10:1-42). 이 부분에서 눈에 띄는 것은 그 길이뿐 아니라 또한 그것이 메신저들을 보내는 자와 긴밀하게 동일시하는 방식이다. 마태는 이런 선교의 연속성을 여러 가지 방식으로 강조한다.

* 마태는 그의 친숙한 "책받침대" 기술을 사용해 예수님의 선교와 12 제자들의 선교를 연결시킨다. 이 담화는 가르침, 선포, 치유로 이루어진 예수님의 사역에 대한 두 개의 요약으로 둘러싸인다(마 9:35; 11:1). 게다가, 예수님 자신의 동정 및 추수할 일꾼들을 보내달라고 기도하라는 예수님의 간청을 묘사한(마 9:36-38) 다음에 제자들의 선교가 소개된다.
* 예수님은 제자들을 내보내 그분 자신이 앞 장들에서 수행하셨던 것과 똑같은 하나님 나라 메시지(마 10:7; 참고. 마 4:17) 및 선포, 치유, 축사로 이루어진 똑같은 사역 활동(마 10:1, 7-8)을 수행하게 하신다.

* 예수님은 말씀과 행동으로 사역을 하시는 그분 자신의 권위를 제자들에게 넘겨 주신다(마 10:1).
* 그 담화 자체에서 예수님은 제자들의 선교와 그분 자신의 선교를 강하게 연결시키신다. "제자가 그 선생 같으면 족하도다"(마 10:24-25; 참고. 마 10:40).

하지만 마태는 12 제자들을 파송하는 것을 넘어 부활절 이후 교회의 선교를 바라본다. 마태복음에만 나오는 한 구절에서, 마태는 선교하는 제자들이 그리스도 때문에 유대인 및 이방인 당국 앞에 끌려가 고난당할 것을 상상한다(마 10:17-25). 그와 같은 적대적인 대우를 받는 와중에, 그들이 말과 삶으로 예수님에 대해 용감하게 신앙 고백을 하면 그들을 박해하는 자들에게 "증거"가 될 것이다(마 10:18). 이 구절들에서 강조하는 것은 **말**이다.[13] 교회는 성령의 인도하심을 따라 담대하게 말하고(마 10:19-20), 공개적으로 "집 위에서" 선포할 것이다(마 10:27). 그러니까 마태의 선교 담화에서, 12 제자들은 장차 올 교회를 대표한다. 교회는 예수님의 사역, 특히 하나님 나라의 복음에 대한 희생이 큰, 언어적 증언을 계속할 것이다.

### 뒤에서부터 읽기

마태와 선교, 또는 **신약**과 선교를 언급하면 우리 중 상당히 많은 사람들은 즉시 마태복음 28장의 "대위임령"을 생각할 것이다. 그것은 복음서의 전형적인 "선교 본문"이다.

> 예수께서 나아와 말씀하여 이르시되 하늘과 땅의 모든 권세를 내게 주셨으니 그러므로 너희는 가서 모든 민족을 제자로 삼아 아버지와 아들과 성령의 이름으로 세례를 베풀고 내가 너희에게 분부한 모든 것을 가르쳐 지키게 하라 볼지어다 내가 세상 끝날까지 너희와 항상 함께 있으리라

하시니라(마 28:18-20)

하지만 우리는 이 구절이 마태복음의 나머지와 어느 정도 연결되어 있는가 하는 점을 때때로 파악하지 못한다. 어떤 점에서, 우리는 마태복음 전체를 "뒤에서부터" 읽을 수 있다. 다시 말해, 예수님이 그분의 제자들과 교회에 주시는 고별사에 비추어 읽을 수 있다. 이것은 마지막 절들뿐 아니라 **마태복음 전체**가 선교 본문이라는 말이다.[14]

세상 속에서 이루어지는 교회의 선교를 우리가 이해할 때 가장 중요한 용어는 마태복음 28:19에 나오는 "제자 삼으라"는 명령이다.[15] 이것은 이 구절에서 주동사이다. 그것을 둘러싸고 있는 다른 동사들──**가서, 세례를 베풀고, 가르쳐**──은 모두 제자 삼는 **방법**을 묘사한다. "제자 삼기"는 예수님이 마태복음 전체에 걸쳐 나타내신 과제이다. 우리는 예수님이 추종자들을 부르시고(마 4:18-22; 9:9), 가르치시고, 은혜와 동정이 무엇인지 모범을 보여주시고, 그들을 그분의 사역에 관여하게 만드시는 것을(마 10:1-42; 13:16-21을 보라) 본다. 이제 예수님은 그분의 원래의 추종자들에게 다른 사람들을 그들 같은 제자로 삼으라고 명령하신다.[16]

"제자 삼기"는 무엇을 수반하는가? 그것은 처음의 전도와 선포를 분명히 추정하지만(마 24:14을 보라) 그 이상을 포함한다. 여기에서 제자 삼기는 회심자들에게 세례를 주는 것을 포함한다. 세례는 회심자들을 신자들의 공동체에 통합시키는 것을 의미한다. 그리고 세례를 받은 자들은 교육을 받아야 한다. 마태가 선교의 본질적 측면으로 "가르침"을 강조하는 것은 놀라운 일이 아니다. 마태복음에서 가르치는 것은 율법의 참된 권위가 있는 선생이신 예수님을 모방하는 것이다. 여기에서 가르침은 예수님을 진정으로 따르는 것이 무엇을 의미하는지 설명하는 것을 포함한다. 그것은 예수님이 명령하신 모든 것에 순종하게 하는 것이다(마 28:20).

그러니까 예수님의 위임령은 바른 교리보다 바른 삶을 더 강조한다.

마태복음 전체에 걸쳐, 예수님은 추종자들에게 **말씀을 실천하라**고 가르치셨다. 특히 산상수훈에서 예수님은 제자들에게 하늘에 계신 하나님 아버지를 영화롭게 하는 선행을 권고하신다(마 5:16). 그저 예수님의 명령을 **듣거나**(마 7:24-27) **가르치는**(마 5:19) 것으로는 충분하지 않다. 제자들은 그 명령을 **실행한다**. 마태는 말과 행동이 완벽하게 연결될 필요를 강조한다(마 6:1-18; 7:21; 23:1-12을 보라). 오늘날 우리는 예수님의 제자들이 단지 "말만 하는" 것이 아니라 "실천을 해야" 한다고 말할 수 있다. 예수님은 서기관들과 바리새인들이 하는 처사에 대해 경고하신다. "그들은 가르치는 것을 실행하지 않기 때문이다"(마 23:3; 참고. 마 16:27). 긍정적으로, 예수님의 제자들은 "하나님 나라의 열매"를 맺고(마 21:43; 참고. 마 7:15-20), 하나님의 뜻을 행하고(마 7:21), 의를 실행한다(마 5:20; 6:33).

무엇보다도, 예수님이 가르치신 모든 것에 순종하는 것은 마음을 다해 하나님을 사랑하고 우리의 이웃을 우리 자신처럼 사랑하는 것이다(마 19:19; 20:34-40). 예수님께 사랑의 명령은 율법과 선지자 전체를 해석하는 열쇠이다(마 22:40; 참고. 마 7:12). 따라서 그 명령은 예수님의 추종자들이 전 세계에 가르쳐야만 하는 것에 중심을 차지한다. 마태는 사랑의 명령을 "친구와 가족"뿐만 아니라 원수들에게도 적용한다(마 5:43-48). 그리고 복음서 저자들 중 마태만이 그의 청중에게 예수님의 양과 염소의 비유를 통해 사랑의 명령이 실제로 무엇을 의미하는지 제시한다(마 25:31-46).[17] 사랑은 어려운 형편에 처한 자들에 대한 구체적인 동정으로 나타난다. 마태에게, **정행**(orthopraxis; 바른 실행)은 **정심**(orthopathy) 즉 사랑으로 형성되고 동기가 부여된 마음에 근거한다. 그리고 다른 사람들을 제자 삼는 과제는 자신들이 가르치는 것을 실행하는 제자들을 전제하기 때문에, 선교 자체는 사랑, 진정성, 의라는 특징을 지녀야만 한다. "대계명"이 없는 "대위임령"은 상상도 할 수 없다.

그 다음에 마태의 관점에서 제자 삼기는 "모든 민족"에 대해 선교를 수행하는 교회의 근본적인 활동이다(마 28:19). 제자 삼기는 포괄적인 과제이다. 제자 삼기는 무엇보다도 의롭게 살고, 하나님과 다른 사람들을 위해 사랑을 실천하고, 예수님의 가르침에 순종하고, 약한 자들에게 동정을 표하고, 다른 사람들을 제자 삼는 선교에 관여하는 제자들의 공동체를 형성하는 것을 포함한다. 간단히 말해서, 교회의 선교는 예수님처럼 보이고 예수님처럼 행동하는 제자들을 복제하는 것이다. 마태와 오늘날의 교회에, 그리스도를 닮은 제자들을 만드는 것은 "선교적 신실함을 평가하는 필수적 기준이다."[18]

마태는 예수님의 선교와 교회의 선교의 유대를 두 가지 추가 방식으로 강화한다. 첫째, 교회의 선교 이면에 예수님 자신의 권위가 있다(마 28:18). 그리고 둘째, 그 선교는 교회 공동체가 부활하고 살아계신 주님을 경험한 것에 의해 동기가 부여된다. 마태복음의 처음에서, 마태는 예수님이 "임마누엘... 우리와 함께 계신 하나님"이라고 선언한다(마 1:23). 이제 주님 자신이 "내가 세상 끝날까지 너희와 항상 함께 있으리라"고 약속하신다(마 28:20). 예수님의 약속은 선교의 지평선을 갈릴리 산에서 마태의 교회와 그 너머로 확대한다. 11명을 부르시고 가르치시고 함께 사셨던 그 예수님은 이제 교회가 민족들을 제자 삼는 소명을 이루어갈 때 그 교회와 함께 하겠다고 약속하신다. 교회를 통한 하나님의 선교는 그 범위가 놀랄 정도로 넓다. 성부 하나님은 예수님께 "하늘과 땅의 모든 권세"를 주셨다. 제자들은 "모든 민족"에게 "모든 것"을 가르치면서 하나님의 선교를 수행해야 한다. 그리고 그리스도 안에서 하나님은 "항상" 그들과 함께 계실 것이다.[19]

### 교회가 "됨"

"대위임령"이 "가서 가르치고 실천하는" 것을 강조하는 반면에, 산상수훈에서 소금과 빛에 대한 예수님의 말씀은 세상 속에서 그분의 추종자들이 "존재하는" 것을 강조한다(마 5:13-16). 예수님이 소금과 빛이 **되라**는 식으로 명령을 하지 않으신다는 점에 주목하라. 오히려 예수님은 사실을 진술하신다. "너희는 세상의 소금**이니**... 너희는 세상의 빛**이라**." "세상의"라는 한정구는 예수님의 말씀이 주로 교회의 선교와 관련되어 있음을 확인해 준다. 여기에서 예수님은 교회가 주변 세계와 관계를 맺는 방식에 대해 말씀하시는 것이다.

그렇다면 소금과 빛**이라**는 것은 무슨 뜻인가? 이런 은유는 매우 풍부한 의미를 지니고 있어서 어떤 한 가지로만 적용시킬 수 없다. 특히 소금은 고대 세계에서 여러 가지 용도로 사용되었다. 긍정적으로 소금은 사람들의 삶에 필수적이었다. 소금은 음식을 양념하는데 사용되었으며, 또 소량으로 땅의 질을 개선하는 비료 역할을 하기도 했다. 이런 용도들은 교회가 하나님의 나라를 구현할 때 세상을 풍요롭게 하고 활기차게 만드는 영향을 끼치게 됨을 제안한다. 부정적으로 소금은 음식이 부패하지 않게 보존했다. 그것은 예수님의 제자들이 사회에서 일어나는 윤리적 영적 부패를 누그러뜨림을 의미한다. 마찬가지로, 빛인 제자들은 세상의 어둠을 드러내는 부정적인 기능과 세상을 밝히는 긍정적인 역할을 한다.

소금과 빛은 다르게 됨으로써 그것들이 해야 하는 일을 한다. 소금의 유용성은 소금이 접촉하는 것과 뚜렷이 다름에 있다. 빛은 어둠과 섞이거나 감출 수가 없다. 그리스도인 공동체(마 5:13-14에서 "**너희**"는 복수다)가 이 구절 앞에 나오는 산상수훈(마 5:3-12)에 강력하게 묘사된 하나님 나라의 대항문화적 특징과 가치를 나타낼 때, 그 공동체는 주변 세상을 변화시키는 영향을 **끼칠** 것이다.

이 구절에서 **존재**는 **행동**과 단단히 묶여 있다. 예수님은 "이같이 너희 빛이 사람 앞에 비치게 하여 그들로 너희 착한 행실을 보고 하늘에 계신 너희 아버지께 영광을 돌리게 하라"고 말씀하신다(마 5:16). 여기에서 "착한 행실"은 하나님의 백성이 일상생활 가운데, 말과 행위로, 대인관계에서 그리고 성의와 농성의 행동을 통해 하나님 나라를 증언하는 모든 방식을 포괄한다. 그와 같은 착한 행실은 공적이고 선교적이다. 착한 행실의 궁극적인 목적은 그 행실을 "보는" 자들이 하나님께 영광을 돌리게 하는 것이다. 이 구절에서 사용된 언어는 "이방의 빛"이 되는 이스라엘의 소명을 떠올린다(사 42:6; 49:6). 그들의 성격과 사랑이 넘치는 행동의 특성을 통해, 하나님의 백성은 다른 사람들이 살아계신 참된 하나님을 경배하도록 해야 한다. 이것은 분명히 "모든 민족을 제자 삼는" 것이 의미하는 한 가지 필수적인 차원이다(마 28:19).

실제로 우리가 오늘날 사회에서 하나님의 선교가 "되려고" 하면, 우리는 레베카 피펏이 인상적으로 표현한 대로 "소금통에서 나와 세상으로 들어가야" 한다.[20] 소금처럼 우리는 세상으로 깊이 침투해 들어가야 한다. 우리는 우리 사회 안에 있는 아주 많은 영역으로 부드럽게 "침투"해 들어갈 필요가 있다. 최근에 우리 형은 기독교 대학에서 20년 이상 맡았던 육상 감독 자리를 사임했다. 비기독교적인 상황에 살면서 증언 활동을 하려는 열정에 사로잡힌 형은 가족과 함께 그 나라의 다른 지역으로 이사를 가 신생 프로 농구팀에서 불안정한 일자리를 얻었다. 그로 인해 돈과 인기가 지배하는 환경에서 선수들과 동료들에게 긍정적으로 영향을 끼칠 수 있는 기회, 즉 우리 형이 속한 세계에서 소금과 빛이 되는 기회가 생겨났다.

### 결론

마태가 이해한 기독교 선교는 마가와 공통점이 많다. 예를 들어, 두 복음서에서 제자들은 그들의 주님을 본받아서 말과 행동으로 이루어진 다면적 사역에 관여한다. 그러나 하나님의 선교에서 그 정체성 및 위치에 대해 확신하지 못하는 교회에 말을 하면서 마태는 세상 속에서 이루어지는 교회의 소명에 대한 그 자신의 관점을 드러낸다. 그 관점이 지닌 몇 가지 주요한 특징은 다음과 같다.

* 마태의 선교는 **제자 삼기**에 초점을 맞춘다(마 28:19). 이것은 처음의 선포와 전도를 추정하지만 그것을 넘어 진행되는 포괄적인 과제이다.

* 이 과제에서 주요한 요소는 **가르치는 것**이다. 예수님의 말씀과 모범으로 훈련받은 제자들은 이제 "모든 민족"에 속한 다른 사람들을 가르칠 수 있는 준비가 된다. 선교에 사로잡힌 자들은 학습자이면서 교사이다.
* 이런 가르침의 목표는 예수님의 가르침을 **실천하는** 세례 받은 제자들의 공동체를 형성하는 것이다. 그런 실천은 그리스도를 닮은 의로운 성격을 나타내며, 또 하나님과 다른 사람들을 위한 진심어린 사랑으로 가장 잘 표현된다.
* 개개인과 제자 공동체가 그들의 성격과 행동으로 이런 하나님 나라의 **삶을 공개적으로 구현할** 때, 선교적인 결과를 낳을 것이다. 그들의 삶이 빛을 비추어서 교회 바깥에 있는 사람들이 하나님께 영광을 돌리러 올 것이나.
* 마태는 부활하신 주님이 교회 안에 임재하셔서, 계속 제자를 삼으시고 또 교회로 하여금 세상의 모든 민족을 제자로 삼을 수 있게 하신다.

그러므로 마태복음에서 우리는 교회의 선교 가운데 **말** (특히 "가르침"), **실천**, **존재**가 현저히 상호 작용하고 있음을 발견한다. 세 가지 모두가 오늘날 우리 선교에 여전히 매우 중요한 "제자 삼는" 과제에서 만난다. 마태는 우리에게 제자들은 선포와 가르침만으로 만들어지는 것이 아니라, 또한 모범을 통해 그리고 하나님의 통치를 구현하는 일에 관여함으로써 만들어진다는 것을 보여준다.

## 누가복음

### 누가의 청중과 목적

마태가 동료 유대인들에게 책을 쓴 유대인이라면, 누가는 대체로 이방인 그리스도인 청중에게 예수님의 이야기를 말하는 이방인인 것 같다.

누가의 수신자인 데오빌로(눅 1:3)는 이런 범주에 들어맞으며, 누가가 특별히 말하는 종류의 사람을 대표한다. 누가의 사려 깊은 이방인 독자들은 유대교에 근거했지만 이제 이방인들이 유대인들보다 수가 훨씬 더 많은 교회를 형성한 운동에서 그들이 차지하는 위치에 대해 불안해했을 수도 있다. 누가는 세상을 구원하시는 하나님의 선교에 대한 광범위한 이야기를 들려줌으로써 그런 염려를 가라앉힌다. 하나님의 이런 중대한 목적은 이스라엘의 성경에 기반을 두고, 예수님께 초점을 맞추고, 교회의 삶과 선교에서 계속된다. 누가의 청중은 훨씬 더 큰 이야기의 일부이다.

누가는 단일 문학 작품인 누가복음-사도행전의 첫 번째 책으로 복음서 가운데 독보적인 위치를 갖고 있다. 누가가 교회의 이야기를 예수님의 이야기에 연결시킨다는 사실은 그의 목표 중 하나가 교회의 보편적 선교가 어떻게 예수님의 선교에 단단히 묶여 있는지 보여주는 것이었음을 제시한다. 그렇지만 누가는 하나님의 구원하시는 선교에 대한 거대한 이야기를 단지 알리기 위해 말하지 않는다. 누가는 그의 청중이 하나님의 만년지계를 받아들이고 그들의 선교적 소명을 수행함으로써 그 계획을 섬길 것을 요청한다. 그때나 지금이나 누가복음의 중요한 목적은 선교적 공동체를 형성하는 것이다.[21]

### 동정심이 많으신 구세주, 예수님

누가복음에서, "하나님은 모든 사람을 온전히 구원하기를 꾀하신다."[22] 그리고 예수님은 그 목적의 최고 행위자이시다. 처음에 나오는 탄생 이야기부터 마지막 장면까지, 누가는 예수님의 사역과 수난은 성경에서 이야기한 중대한 하나님의 선교에 비추어 볼 때만 이해가 된다는 점을 강조한다(눅 1:55, 68-75; 4:21; 24:25-27, 44-47을 보라). 예수님은 자신이 "하나님의 나라 복음"을 전하도록 성부 하나님의 보내심을 받았다는 점을 통절히 인식하고 계신다(눅 4:43). 예수님은 이 과제를 위해 성령님의 기름부음을 받으신다(눅 4:18). 예수님은 하나님의 모든 것을 포괄하는 선교의 도구이시다.

예수님의 선교는 성령의 권능을 통한 성부 하나님과의 관계에서 흘러나온다. 누가는 예수님의 기도 생활에 특별히 주목함으로써 이 점을 강조한다. 사실상 예수님의 사역에서 일어난 모든 중요한 사건은 기도와 연결되어 있다. 예수님은 세례를 받고 기도하실 때에 그분의 신적 사명과 성령의 권능을 받으신다(눅 3:21). 예수님은 제자들을 선택하시기 전에 밤새 기도하신다(눅 6:12). 예수님이 십자가에서 구원을 이루기 위해 죽으시면서 하나님의 뜻을 받아들이신 것 역시 기도하실 때였다(눅 22:39-46). 선포와 치유 사역을 하시는 와중에도 예수님은 정기적으로 한적한 장소에 가서 기도하셨다(눅 5:15-16). 예수님의 "기도가 충만한" 선교는 그분의 제자들과 교회를 위한 모범이 된다(눅 11:1-13; 행 1:14; 4:23-31을 보라).

가난한 자에게 좋은 소식을

마가가 예수님을 **행동가**로 묘사하고 마태가 그분을 **선생**으로 제시한다면, 누가는 예수님을 무엇보다도 **가난하고 잃어버린 자들의 구세주**로 드러낸다. 누가는 공관복음서 가운데 가장 포괄적이고 통합된 예수님의 선교상을 제시한다. 예수님은 모든 차원에서 구원의 담지자로 오신다. 누가복음 4:16-21에 기록된 바 예수님이 나사렛 회당에서 행하신 "첫 연설"보다 더 이 역할을 집중 조명한 구절은 누가복음에 없다. 신실로 복음서 전체에서도 마찬가지다. 이 설교는 누가가 좋은 소식을 말하는 것과 삶으로 나타내는 것의 관계를 보는 방식에 대해 무엇을 밝혀 주는가?

누가의 이야기에서 전략적으로 예수님의 공중 사역 초에 위치한(참고. 막 6:1-6; 마 13:54-58) 이 설교는 누가복음에서 기본 입장을 밝히는 역할을 한다. 누가에게 이것은 예수님이 공중 사역 내내 회당에서 선포하실 것을 사상 잘 보여주는 대표적인 설교이다.[23]

동시에 이 메시지는 "예수님의 개인적 사명 선언문이라고 보아도 무방하다."[24] 그것은 예수님이 어떤 분이신지 그리고 그분이 무엇을 하러 오셨는지 선언한다. 예수님은 성령의 기름부음을 받은 메시아이시고 하나님의 종말 구원의 담지자이시며(눅 4:18, 21), 좋은 소식을 가장 필요로 하는 사람들에게 그 소식을 전하기 위해 오신 분이다(눅 4:18-19). 예수님의 설교가 전해진 배경은 예수님이 나사렛 고향에 있는 회당을 관례적으로 방문하신 것이다. 예수님의 청중은 그들이 곧 들을 말씀이 엄청난 충격을 가져오리라는 점을 거의 느끼지 못한다. 예수님은 일어나서 이사야서 61장을 읽으신다.

주의 성령이 내게 임하셨으니
 내게 기름을 부으시고
이는 가난한 자에게 복음을 전하게 하시려고 나를 보내사
 포로된 자에게 자유를 눈먼 자에게 다시 보게 함을 전파하며
 눌린 자를 자유롭게 하고
 주의 은혜의 해를 전파하게 하려 하심이라
(눅 4:18-19; 또 사 61:1-2을 보라)[25]

대담한 해석학적 행위로, 예수님은 이사야의 글에서 그분 자신의 사역을 읽어내신다. "이 글이 오늘 너희 귀에 응하였느니라"(눅 4:21). 그러나 우리는 예수님의 역할을 어떻게 이해해야 하는가? 많은 해석자들, 특히 서양의 해석자들은 이 구절이 지닌 여러 모습들(가난한 자, 포로된 자에게 자유를, 눈먼 자에게 다시 보게 함을, 눌린 자를 자유롭게)을 예수님이 선포하시는 **영적** 구원에 대한 은유로 이해한다.[26] 그에 반해서, 다른 사람들은 이 본문을 아주 문자적으로 그리고 구체적으로 읽는다. 즉 예수님은 사회의 가난하고 억눌린 자들에게 정치적 사회경제적 해방을 가져다 주신다는 것이다. 여기에서 예수님의 **해방시키는 행동들**이 주목을 받는다. 그러나 이런 해석 중 어느 것도 그것만으로는 본문을 충분히 설명하지

못한다.

함께 고려할 경우, 이 구절에 담긴 여러 이미지들은 우리에게 예수님의 사역의 포괄적인 모습을 보여준다. 한 편으로, 예수님은 그분의 선교를 좋은 소식을 선포하는 것으로 이해하신다. 여기에서 사용된 동사 중 세 개는 복음을 말하는 것과 관계가 있다. 예수님은 가난한 자에게 **복음**(유앙겔리조마이)**을 전하신다**; 예수님은 포로된 자와 눈 먼 자에게 회복을 **전파하신다**(케루소): 예수님은 하나님의 은혜의 해, 즉 희년을 **전파하신다**(케루소). 다른 공관복음처럼, 누가복음에서도 하나님의 통치의 좋은 소식을 선포하는 것은 예수님의 소명에 필수적이다(참고. 눅 4:43-44; 7:22; 8:1).

다른 한 편으로, 예수님이 선포하시는 **내용**은 그분의 사역이 언어적 증언만으로 이루어지는 것이 아니라는 점을 보여준다. 시작하는 구절이 실마리 하나를 제공한다. "가난한 자에게 복음을 전하게 하시려고." 그 구절에서 이것이 예수님이 하시도록 보냄 받은 근본적인 선교다(참고. 눅 7:22). 누가복음 7:18-19에 따라 나오는 활동들은 가난한 자에게 좋은 소식을 선포하는 것이 무엇을 의미하는지 풀어서 설명해 준다.

그러면 **가난한 자**는 누구인가? 나는 예수님의 언급을 영적으로 가난한 자 아니면 경제적으로 궁핍한 자 **둘 중 하나**로 제한하려는 시도는 미흡하다는 조엘 그린의 의견에 동의한다.[27] 구약에서, 가난한 자는 "어떤 의미에서 불의한 사회 구조의 희생자였다. 그들은 힘없고 취약하고 하찮고 착취당하고 경제적으로 빼앗기고 억눌렸다. 또 다른 의미에서 그들은 겸손히 그리고 전적으로 하나님만 의지하는 영적으로 경건한 자들이었다."[28]

마찬가지로, 누가복음에서 "가난한" 것은 단지 경제적인 상태만을 말하는 것이 아니다. 그것은 지중해 세계에서 통용되는 지위 및 수용성의 정상적 표준에 따라 배제된 모든 자를 망라한다. 결과적으로 "가난한 자에게 좋은 소식"은 포함과 은혜에 대한 말이다. 그것은 육체적, 사회적,

문화적 또는 종교적 이유 등 그 어떤 이유든지 하나님의 백성의 경계 바깥에 놓여 있는 자들을 말한다.[29] 동시에, 가난한 자는 종종 그들의 커다란 필요를 절실하게 의식하며, 그래서 하나님의 자비와 구원을 받아들일 준비가 되어 있는 사람들이다(눅 6:20; 14:13, 21; 16:20-22; 21:3을 보라). 그러니까 누가복음에서 "가난하다"는 말은 사회적이고 영적인 겸손 **둘 다**를 언급한다. 예수님의 구원하시는 선교는 총체적인 의미에서 어려움에 처한 자들을 위한 좋은 소식을 의미한다.

### 희년 선교

나사렛 회당 설교의 나머지는 예수님의 선교에 대한 이런 포괄적인 이해를 나타낸다. 예를 들어, 누가복음에서 "눈 먼 자에게 다시 보게 함"은 실제적인 육체적 치유를 말하는 것일 수 있다(눅 7:21-22; 18:35-43). 그러나 그것은 또한 예수님이 전하시는 계시와 구원의 빛을 받는 것에 대한 은유로 쓰일 수도 있다(눅 1:77-79; 2:29-32; 10:23-24을 보라).

이 구절에서 두 번 나오는 "자유"(아페시스)라는 말은 (문자 그대로, "포로 된 자에게 **자유**를... 눌린 자를 **자유롭게** 하고," 눅 4:18) 특히 풍성한 의미를 지니고 있다. 그것은 종종 예수님이 사람들을 죄에서 자유롭게 하시는 용서 사역을 묘사한다(눅 3:3; 5:20-24; 7:47-49; 24:47을 보라). 그와 같이 자유롭게 하시는 것은 영적일 뿐만 아니라 또한 사회적인 함축을 갖는다. 하나님의 자유롭게 하시는 은혜를 받는 것은 공동체에 차단된 자들이 회복되어 그 공동체로 들어갈 수 있는 길을 열어준다(눅 5:27-32; 7:36-50을 보라).

게다가, 예수님의 "자유롭게 하심"은 사탄의 권세에서 구출되는 것을 의미할 수 있다(눅 4:33-37을 보라). 예를 들어, 종교 당국이 안식일에 질병으로 고통을 겪고 있는 여인을 치유했다고 예수님을 비난할 때, 예수님은 예리한 질문으로 반박하신다. "그러면 열여덟 해 동안 사탄에게 매인 바 된 이 아브라함의 딸을 안식일에 이 매임에서 푸는 것이 합당하지 아니하냐?"(눅 13:16). 참으로 감명 깊은 한 행동에서, 예수님은 한 여인을 육체적 질병에서 구조해 내시고(눅 13:12), 사탄의 포로에서 구출해 내시며 그래서 그가 하나님의 백성에 다시 들어갈 수 있게 하신다. "자유롭게 함"은 은혜를 나타내는 말이다. 그것은 용서, 해방, 온전함을 시사한다.[30]

그러나 예수님의 자유롭게 하시는 사역에는 또 다른 차원이 있다. "포로된 자에게 자유를," "눌린 자를 자유롭게 하고," 그리고 특히 "주의 은혜의 해"라는 구절은 레위기 25장의 희년법의 언어를 반향한다. 본래, 희년은 가난으로 노예가 된 자들이 자유롭게 풀려나고, 빚이 면제되고, 경제적 곤란으로 팔린 땅이 원주인에게 돌아가는 것을 의미했다. 이사야서 61장은 이런 아름다운 희년 언어에 의지해서 고국에 돌아온 유대인들에게 이스라엘의 종말론적 자유와 회복의 모습을 제시한다. 여기에서 예수님은 이사야 선지자의 선례를 따르신다. 예수님은 희년의 요구를 문자 그대로 실행할 것을 요구하지 않으신다. 오히려, 예수님은 그분 자신의 구원하시는 선교 가운데 "가난한 자"에게 회복과 자유를 가져다주시려는 하나님의 종말 목적이 인류 역사의 무대에 불쑥 나타났다는 사실을 선포하신다.[31] 예수님은 그분이 선포하시는 희년을 구현하신다.

예수님의 희년 선교는 영적 함축뿐만 아니라 또한 사회적 정치적 함축을 지니고 있다. "눌린 자를 자유롭게 하고"라는 구절은 실제로 이사야서 58:6의 말씀을 이사야서 61장의 인용문에 삽입시킨 것이다. 아마도 그것은 예수님의 선교의 윤리적 사회적 차원을 강조하기 위해 포함된 것이리라.[32] 이사야서 58장은 하나님이 가난한 자를 위한 정의와 동정을 요구하시는 것를 강력하게 선포한다.

> 내가 기뻐하는 금식은
> 　흉악의 결박을 풀어 주며
> 　멍에의 줄을 끌러 주며

> 압제 당하는 자를 자유하게 하며
> 　모든 멍에를 꺾는 것이 아니겠느냐
> 또 주린 자에게 네 양식을 나누어 주며
> 　유리하는 빈민을 집에 들이며
> 　헐벗은 자를 보면 입히며
> 또 네 골육을 피하여 스스로 숨지 아니하는 것이 아니겠느냐(사 58:6-7)

예수님의 사명 선언에서, 희년의 이미지는 "**미래 희망의 상징**이면서 또한 **현재의 윤리적 요구**"로 사용된다.[33] 예수님이 팔레스타인에 가셔서 말 그대로 죄인들을 풀어주거나 로마의 억압에 대항하는 민중 봉기를 선동하지 않으신 것은 사실이다. 그러나 그렇다고 해서 예수님의 말씀을 그저 영적으로 이해하거나 또는 예수님의 선교가 그 당시의 사회적 정치적 불의에 대해 제기한 실제적인 도전을 무시하는 것은 옳지 않다. 하나님이 참으로 정의를 사랑하신다면(사 61:8), **하나님의 선교(미시오 데이)**를 구현하시는 예수님이 엄격히 **영적인** 의미에서만 억눌린 자들을 해방시키는 일에 관심을 가지신다고 생각할 수 있는가? 그것은 억눌린 자에게 정의를, 학대당하는 자에게 구출을, 전체 창조 질서에 온전함을 가져다주는 하나님의 통치에 대한 선지자의 환상과 예수님의 하나님 나라 선포를 잇는 동맥을 끊어버리는 일이 될 것이다. 게다가, 누가복음은 예수님의 대안적인 하나님 나라가 실제로 그 당시 세계의 권위 및 지위를 규정하는 일반적 표준에 위협을 제기했음을 보여준다(눅 22:24-27). 그 당시 표준은 가난하고 고통당하는 사람들을 억압하는데 기여했다(눅 20:47을 보라).[34]

### 돈과 식사

예수님의 나사렛 설교는 누가복음에서 그분의 전체 사역이 다룰 의제를 정한다. 특히 돈과 식사에 대한 예수님의 태도는 그분의 선교가 가난한 자에게 좋은 소식을 전하는 것임을 나타낸다. 예를 들어, 마태가 "심령이 가난한 자"와 "의에 주리고 목마른 자"라고 더 "영적으로 해석해서" 언급하는(마 5:3, 6) 것과 대조적으로, 누가의 팔복은 가난한 자와 주린 자에 대한 하나님의 축복을 선언한다(눅 6:20-21). 누가만이 다른 사람들의 어려움을 배려하지 못한 부자에 대한 날카로운 두 비유를 포함하고 있다. 하나는 어리석은 부자의 비유이고(눅 12:16-21), 다른 하나는 부자와 나사로의 비유이다(눅 16:19-31). 후자의 비유에서, 부자는 자기 발아래서 고통을 당하는 가난한 나사로를 전혀 돕지 않는다(눅 16:19-31). 누가가 호화로운 옷을 입고 자주 사치한 연회를 여는 부자의 습관에 주목하는 것은(눅 16:19) 그 부자가 가난한 자를 모질게 대하는 것뿐만 아니라 또한 사치스럽고 낭비적인 생활을 하는 것 때문에 심판을 받는다는 점을 시사한다.[35] 죽은 후에 그 부자는 하데스에 가서 고통을 겪는 반면에, 미천한 나사로는 천사의 손에 이끌려 아브라함에게 간다. 이것은 누가복음을 관통하고 있는 주제로 종말에 운명이 역전된다는 점을 보여주는 한 예에 불과하다(눅 6:24-25; 13:22-30; 18:9-14을 보라). 누가복음의 앞부분에 나오는 마리아의 노래가 크고 분명하게 알리는 것처럼, 이 역전은 예수님의 선교에서 **이미** 시작되었다.

> 권세 있는 자를 그 위에서 내리치셨으며
>   비천한 자를 높이셨고
> 주리는 자를 좋은 것으로 배불리셨으며
>   부자는 빈 손으로 보내셨도다(눅 1:52-53)

우리는 이미 예수님의 사역에서 식탁교제가 차지하는 중요성에 대해 살펴보았다. 그러나 특히 누가복음에서, 식탁교제는 예수님이 가난한 자에게 좋은 소식을 제공하는 것에 대한 주요한 상징이 된다. 여기에서 예수님의 많은 사역이 식사를 중심으로 이루어진다.[36] 예수님은 저명한 바리새인에게 부자나 호의를 되갚을 수 있는 사람을 초대하지 말고, 오히려 낮은 지위를 갖고 있는 사람, "가난한 자, 몸이 불편한 자, 저는 자, 맹인들"을 초대하라고 권고하신다(눅 14:12-14; 참고. 눅 14:15-24). 이들은 특히 좋은 소식이 전해지는 바로 그 사람들이다(눅 7:22).[37] 예수님 자신은 레위와 삭개오 같은 세리들 및 죄인들과 함께 식사를 하심으로써 외부인들을 위한 하나님의 은혜를 "선포하신다"(눅 5:29-32; 19:1-10).

누가에 따르면, 돈과 소유물에 대한 우리의 태도와 외부인들과 함께 식사를 하는 것은 예수님이 가져오시는 하나님 나라의 좋은 소식과 분리할 수 없다. 광범위한 의미에서 "가난한 자"에 대한 예수님의 사역은 교회로 하여금 사랑 가운데 신분과 지위를 가르는 경계선을 넘어서 은혜와 나눔의 공동체로 살 것을 요구한다. 아시아에서 선교사로 섬기면서, 나는 예수님의 선교에 대한 누가의 묘사가 일상적으로 가난을 겪고 배제를 당하면서 사는 그리스도인들에게 얼마나 큰 의미를 가질 수 있는지 발견했다.

### 잃어버린 자들을 구원함

누가는 예수님의 사역을 "잃어버린 자를 찾아 구원하러" 오신 것으로 요약한다(눅 19:10). 이것은 단순히 "영혼을 구원해" 천국에 간다는 것보다 훨씬 더 풍부한 생각을 담고 있다. 예수님은 모든 사람에게 포괄적인 구원을 제공하신다.

예수님이 부유한 "세리장" 삭개오와 만나신 사건은 좋은 예다(눅 19:1-10). 삭개오는 아주 흥미롭고 애매모호한 인물이다. 한 편으로, 삭개오는 부유한 억압자이다. 그는 보통 유대인들을 희생시키거나 착취해서 큰 재산을 모은 사람이다(눅 19:8). 분명히, 예수님은 가난한 자는 물론이요 물질적으로 부유한 자도 구원하신다. 다른 한 편으로, 멸시를 받는 세리이기 때문에 삭개오는 사회적 국외자로, 예수님이 찾아 구원하러 오신 "잃어버린 자" 중 하나다(눅 19:7, 10). 삭개오의 집에 임한 "구원"은 광범위하다. 삭개오는 그가 지은 죄에 대해 용서를 받을 뿐만 아니라, "아브라함의 아들"로 신앙 공동체에 통합된다(눅 19:9). 삭개오가 하나님 앞에 회개하고 마음이 변화된 것은 가난한 자에 대한 관대함으로 나타난다.

치유 역시 누가복음에서 구원의 일부를 차지한다. 누가복음은 예수님의 치유 사역 및 그 치유가 그분에 대한 믿음과 연결되어 있음을 특별히 강조한다. 예수님은 고통을 겪는 사람들에게 "네 믿음이 **너를 온전하게 만들었으니**"(저자 번역; 문자적으로는 "너를 **구원하였으니**," 눅 8:48; 17:19; 18:42)라고 반복해서 말씀하신다. 이것은 육체적이고 영적인 회복 **둘 다**를 시사한다. 10명의 나병환자를 고치실 때(눅 17:11-19) 예수님은 육체적으로 깨끗하게 된 것에 대해 적절한 반응은 예수님을 믿고 하나님께 영광을 돌리는 것이라고 분명히 말씀하신다(눅 17:18-19).

함께 여행을 함

예수님이 엠마오 도상에서 두 명의 추종자를 만난 사건에 대한 누가의 흥미진진한 이야기(눅 24:13-35)는 예수님이 사역을 하시는 방법에 대해 추가 통찰을 제공한다. 이 경우에, 예수님은 길을 가고 있던 두 명의 낙심한 제자들에 합류하신다. 예수님은 그들이 있는 곳에서 시작하시며, 끈기 있게 그들의 이야기를 귀담아 들으신다. 그들에게, 십자가 처형에 대한 이야기는 박살난 희망과 성취되지 못한 약속의 이야기였다. 그들은 "우리는 이 사람이 이스라엘을 속량할 자라고 바랐노라"고 한탄한다(눅 24:21). 그에 대응하여, 예수님은 그들의 경험을 재구성하시고 그들에게 성경을 다시 읽는 법을 가르쳐 주신다. "이에 모세와 모든 선지자의 글로 시작하여"(눅 24:27), 예수님은 그분의 죽음과 부활로 절정에 이르는 거대한 성경적 이야기를 말씀하신다.

그때까지도 그들은 예수님을 알아보지 못한다. 식탁에 앉아 식사를 할 때까지도 예수님을 몰라본다. 예수님은 떡을 가지고 그것을 떼어 그들에게 주신다. 그때서야 그들의 눈이 열린다(눅 24:30-31). 누가에게 떡을 떼는 이 상징적 행위는 예수님이 5천명을 먹이신 사건(눅 9:16)과 마지막 만찬(눅 22:19)을 상기시킨다. 마찬가지로, 그것은 사도행전에서 교회가 모여 함께 떡을 뗄 때 부활하신 주님이 임재하실 것을 고대한다(행 2:42, 46). 예수님이 그들 가운데 임재하셨음을 인식한 제자들은 그들이 함께 경험한 사건에 대해 곰곰이 생각한다. "길에서 우리에게 말씀하시고 우리에게 성경을 풀어 주실 때에 우리 속에서 마음이 뜨겁지 아니하더냐"(눅 24:32). 그들은 이런 변화와 각성을 가져오는 만남을 하고 나서 증언을 시작한다. "곧 그 때로" 그들은 예루살렘에 돌아가서 거기에 모여 있던 자들에게 "길에서 된 일과 예수께서 떡을 떼심으로 자기들에게 알려지신 것을 말하더라"(눅 24:35). 그러나 그들은 또한 다른 사람들로부터 증언을 듣는다. "주께서 과연 살아나시고 시몬에게 보이셨다"(눅 24:34). 공동체는 좋은 소식을 증언하는 일에 함께 참여한다.

다시 한 번, 우리는 복음을 말하는 것과 삶으로 나타내는 것의 결혼을 발견한다. 예수님은 엠마오 여행에서 말과 상징으로, 성경적 이야기를 가르치시고 떡을 떼심으로 그분 자신을 계시하신다. 예수님의 임재, 말씀, 행동은 모두 좋은 소식을 전달한다.

N. T. 라이트는 이 이야기를 포스트모던 상황에서 이루어지는 선교에 특별히 적용시키는 문제에 대해 곰곰이 생각한다.[38] 전도 공식과 과다한 교리로 종종 사람들을 쫓아 버리는 세상에서, 예수님처럼 우리는 길을 걷는 사람들과 함께 걸으면서 그들의 이야기를 귀담아 듣는 것이 필요하다. 동시에 우리는 그들에게 세상 속에서 이루어지는 하나님의 사랑이 넘치고 자기를 주시는 선교에 대한 **참된** 이야기를 겸손히 가르치려고 해야 한다. 이런 의미에서, 복음전도는 사람들에게 그들이 살고 있는 이야기보다 더 나은 이야기를 보여주는 것을 의미한다. 포스트모던 배경에서, 그 이야기를 말뿐만이 아니라 또한 상징과 실천을 통해 말하는 것이 특히 중요하다. 또 누가복음에서 묘사된 제자들의 선교는 부활하신 주님을 공동으로 경험한 것에서 흘러나오는 **함께 공유하는** 선교라는 점이 중

요하다. "포스트모던 세계에 타당하다고 생각되는 복음은 하나님의 백성이 함께 누리는 삶에 의해 전파되는 복음일 것이다."³⁹⁾

### 선교를 수행하는 제자들

처음 두 복음서처럼, 누가복음에서 예수님은 제자들을 보내서 그분 자신의 모범을 따라 선교하도록 하신다. 제자들은 하나님의 나라를 선포하고, 병자를 고치고, 귀신을 내쫓아야 한다(눅 9:1-2, 6; 10:9). 하지만 누가는 **한 개**의 파송 이야기가 아니라 **세 개**의 이야기를 기록한다(눅 9:1-6, 10; 9:52-56; 10:1-12, 17-20). 이 중 마지막 이야기, 즉 70인을 파송한 것은 증인들의 수를 확대하며, 또 맨 앞에 추수의 주님께 추수할 일꾼들을 보내 달라고 요청하라는 예수님의 호소가 나와 있다(눅 10:2). 분명히 누가와 청중은 이것을 받아들여서 부활 이후 그들 자신이 세상에서 수행할 선교에 적용했을 것이다.⁴⁰⁾

누가는 선교를 수행하는 제자들이 **하고 있는** 일에 관심을 가질 뿐만 아니라, 또한 제자들이 예수님과 "함께" 있는 것으로 거듭 묘사함으로써 그들의 "존재"에도 주의를 환기시킨다(눅 7:11; 8:1; 9:10; 22:11, 14을 보라). 이것은 마가복음에 나온 것처럼(막 3:14) "직무 내용"의 진술이 아니다. 오히려, 그것은 예수님의 삶에 의해 형성되고 또 예수님의 선교에 동참하는 계속적인 관계에 대해 말한다. 예를 들어, 예수님이 하나님 나라의 좋은 소식을 선포하러 가실 때, 12명이 그분과 함께 한다(눅 8:1). 또 "잘 드러나지 않는" 제자들, 즉 예수님과 함께 여행을 하면서 자신들의 재산으로 예수님의 사역을 후원하는 "많은" 여성들로 이루어진 한 집단도 예수님과 함께 한다(눅 8:1-3). 진실로, 누가복음 전체에 걸쳐 여성은 예수님의 사역에서 중요한 참가자이다. 그런 역할은 그 당시 정상적인 문화적 기대에 반하는 것이나. 여성들은 예수님이 오신 의미를 정확히 해석하고(눅 1:42-45; 2:38), 믿음의 모델을 제공하며(눅 1:26-38; 2:36-38; 7:36-50; 10:38-42), 사도들에게 예수님의 부활을 증언한다(눅 24:1-10).

부활 후에, 예수님은 제자들에게 그리고 사도행전에서 그분의 선교를 수행할 신자 공동체에 말씀하신다(눅 24:44-49). 누가복음 4:16-30처럼, 이것은 누가복음에서 앞으로 이루어질 선교를 제시하는 핵심 본문이다. 누가의 "대위임령"은 명령이라기보다는 선교하는 교회가 어떤 존재이고 또 무엇을 할 것인지 설명하는 진술서같이 보인다. 마태의 위임령이 제자를 삼는 것에 집중하는 반면, 누가는 모든 족속에게 **선포**하는 활동 및 예수님의 죽음과 부활 가운데 일어난 하나님의 구원 역사에 대한 **증인**으로서 제자들의 역할에 주목한다(눅 24:47-48). 제자들은 "회개와 죄사함"을 선포할 것이다. 이 둘은 사도행전에서 교회의 선포의 특징이다(행 2:37-38; 3:19; 5:31을 보라). 선포와 용서 또는 "자유롭게 함"(아페시스)의 요소들은 이 마지막 위임령을 나사렛에서 예수님이 그분 자신의 사역을 처음 묘사한 것(눅 4:18-19)과 연결시킨다. 그리고 이제 부활하신 주님은 교회가 "그의 이름으로"(눅 24:47) 또 성령의 능력으로(눅 24:49; 참고. 눅 4:18; 행 1:8) 그분의 변화시키는 선교를 수행할 것이라고 약속하신다. 그러니까 누가복음 24:44-49은 뒤로 누가복음에 기록된 예수님 자신의 사역을 돌아보고 동시에 앞으로 사도행전에서 교회가 어떻게 선교를 계속해 나갈 것인지 내다본다.

마지막으로, 누가복음에서 교회의 선교는 모두를 아우르시는 하나님의 사랑으로 형성된다. 15장에 언급된 세 비유에서, 누가는 사랑하는 마음으로 잃어버린 자들을 찾으시고 그들을 발견할 때 엄청나게 기뻐하시는 선교사 하나님을 묘사한다. 게다가, 누가는 하나님과 이웃을 사랑하라는 명령에 선한 사마리아인의 비유를 덧붙인다(눅 10:25-37). 그 비유는 이웃을 사랑하는 것은 원수에게까지 자비와 실제적인 도움을 베푸는 것을 의미한다는 예수님의 메시지를 구체적으로 보여주는 예다. 그리고 예수님의 발에 기름을 부은 여인의 이야기에서, 예수님은 용서를 받은 것은 사랑이 넘치는 행동으로 입증된다는 점을 보여주신다(눅 7:47). 무엇보다도, 예수님 자신이 자기를 주시는 사랑의 선교에 대한 모범을 보여주신다. 예수님은 계속적으로 동정심을 품고 잃어버린 자를 찾으시며, 심지어는 십자가에 달리셨을 때도 그런 일을 하신다(눅 23:42-43).

**결론**

세 명의 공관복음 저자 중 누가는 예수님과 교회의 선교를 가장 포괄적인 형태로 묘사한다. 우리는 누가복음 4장에 언급된 예수님의 "총체적" 선교와 누가복음 24장에 언급된 모든 족속에게 복음을 전파하라는 교회의 "영적" 선교 중 하나를 선택할 필요가 없다. 이 둘은 하나님의 백성이 선택할 수 있는 별개의 것이 아니기 때문이다. 우리가 누가복음을 **전체로** 읽는다면, 우리는 선교가 다면적으로 이루어져 있음을 발견한다. 그것은 인간 필요의 전 영역을 다룬다. 누가복음에서 선교는 다음과 같은 것을 포함한다.

* 복음을 선포하고 병자를 고치는 것
* 죄인에게 용서를 그리고 억눌린 자에게 정의를 베푸는 것
* 사탄의 권세에서 구출하고 열방에 증언하는 것
* 내부자들과 대결하고 국외자들을 받아들이는 것
* 가난한 자를 동정하는 마음으로 대하고 돈에 중독된 부자를 자유롭게 하는 것
* 잃어버린 자를 회복시키고 원수를 사랑하는 것
* 성경을 설명하고 상징을 통해 재현하는 것
* 예수님과 함께 성령의 권능으로 사역을 하는 것
* 좋은 소식을 선포하고 구현하는 것

요컨대, 누가복음은 예수님 방식의 선교는 모든 사람에게 보는 합법석 수난으로 보는 자원에서 변화를 가져온다고 선언한다.

## 복음서에 나타난 복음

우리는 이제 이 장의 주된 관심사에 대해 곰곰이 생각할 시점에 이르렀다. 즉 우리가 고찰한 복음서 각각은 교회가 하나님의 선교에 참여하는 것에 대해 어떻게 묘사하는가? 더 특별히, 그것들은 좋은 소식을 말하고 실행하고 구현하는 것의 관계를 어떻게 보는가?

먼저 처음 세 복음서가 지니고 있는 공통점은 그 차이점들보다 더 크다. 각 경우에, 교회의 선교는 예수님의 말씀과 행동, 선포와 현시로 이루어진 통합적 선교의 연장이다. 동시에, 각 복음서 저자들은 우리의 선교 이해에 독특한 특징을 더한다. 예를 들어, 마가는 특히 희생적 섬김이라는 면에서 "행동"을 강조한다. 마태는 예수님의 명령을 따를 제자들의 공동체를 **가르치는** 형태로 "말"을 강조한다. 그리고 누가에게 선교는 특히 가난한 자에게 모든 인간 필요를 다 다루는 방식으로 좋은 소식을 전하는 것이다. 그와 같은 광범위한 선교 이해는 그것을 가장 필요로 하는 자들을 위해 용서와 자유를 **선포하는 것**과 동정과 정의를 **실천하는 것**의 협력을 요구한다.

이런 각기 다른 관점들은 오늘날 다양한 세계적 환경 가운데 처한 교회의 선교에 어떤 의미가 있는가? 첫째, 복음서 저자들이 그들의 상황 가운데 선교적 공동체를 형성하기 위해 선교의 다른 측면들에 집중했을지라도, 성령은 우리를 이끌어 오늘날 교회의 선교의 특정한 차원들에 주목하게 하실 수 있다. 예를 들어, 그리스도 때문에 고난이 심한 지역에 있는 교회들은 십자가로 형성된 선교를 요구하는 마가에게서 특별한 희망과 인도를 받을 수 있다. 예수님의 명령을 실천하기 위해 제자들을 가르치는 것(우리는 그것을 "기독교 교육"이라고 부를 수 있다)을 강조하는 마태는 좁게 복음전도와 교회 개척에 집중하는 교회에 필요한 교정을 제공할 수 있다. 또는 포스트모던 환경에 처한 교회들은 사랑이 넘치는 행위를 통해 다른 사람들을 그리스도께 끌어들이면서 그들의 공동체에서 소금과 빛으로 "존재하는" 것을 강조할 수 있다. 다시, 누가가 가난한 자와 하찮은 자들을 받아들임으로써 복음에 대한 우리의 헌신을 현시하는 것을 강조하는 것은 풍요롭고 개인주의적인 교회에 필요한 예언자적 말씀이 될 수 있다.

그러나 둘째, 오늘날 선교를 수행하는 교회에 대한 더 포괄적인 모습을 파악하려면 우리는 이런 세 개의 복음 관점 모두가 필요하다. 각 복음서가 예수님에 대해 더 온전히 이해하는데 기여하는 것처럼, 예수님에 대한 각 이야기는 우리가 하나님의 선교에서 담당하는 역할을 이해하는 데 도움이 된다. 복음서들은 우리에게 말할 것을 요구한다. 좋은 소식을 선포하고, 교회를 가르치고, 열방에 증언할 것을 요구한다. 복음서들은 우리에게 행동할 것을 요청한다. 원수를 사랑하고, 불의에 도전하고, 국외자를 받아들이고, 사단의 권세와 내걸할 것을 요청한다. 그리고 복음서들은 우리가 소금기 없는 것에 소금이 **되고**, 어둠을 비추는 빛이 **되고**, 예수님과 함께 있고, 또 하나님의 백성으로서 우리의 선교가 그런 사랑의 관계에서 흘러나오게 할 것을 요청한다. 궁극적으로, 선교 스펙트럼에 있는 여러 색깔들은 오늘날 선교적 공동체들 내에서 합쳐져야 한다. 이것이 참으로 "복음주의적인" 선교이다. 그러나 우리가 귀담아 들어야 할 또 한 가지 복음 목소리가 남아 있다. 다음 장에서 우리는 그 목소리를 듣는 기회를 갖게 된다.

**생각해 볼 질문**

1. 이 장은 각각 다른 복음서 저자들이 예수님의 선교 및 교회의 선교의 다른 측면들을 강조하고 있음을 보여준다. 이것은 당신의 교회에 어떻게 적용될 수 있는가? 성령은 당신의 기독교 공동체가 처한 상황에 맞도록 특별히 기독교 선교의 어떤 차원들을 강조하게 하실 수 있는가?

2. "제자 삼으라"는 예수님의 위임령(마 28:19-20)은 가서 메시지를 선포함으로써 사람들에게 전도하는 일 그 이상을 포함한다. "제자 삼는 일"에 대한 예수님의 관심은 어떤 식으로 당신이 속한 기독교 공동체의 선교 우선순위 및 관례를 형성해야 하는가?

3. 현실적으로, 현재 당신이 처한 생활환경 가운데서 "소금과 빛이 될" 수 있는 방법은 무엇인가?

4. 누가복음 4장에 기록된 예수님의 나사렛 설교는 포로된 자와 눌린 자를 "자유롭게 하는" 것을 강조한다. 선교를 수행하는 교회는 어떻게 오늘날 여러모로 속박되어 있는 사람들을 **자유롭게 하는** 수단이 될 수 있는가?

## 주

1) 우리가 복음서 "청중"을 얼마나 광범위하게 이해해야 하는가 하는 문제에 대해서는, Richard Bauckham, ed., *The Gospel for All Christians: Rethinking the Gospel Audiences* (Grand Rapids: Eerdmans, 1998)를 보라.
2) Larry W. Hurtado, *Mark* (Peabody, MA: Hendrickson, 1983), p. 5.
3) 예를 들어 마가는 아람어 단어와 구절을 번역하고(막 5:41; 7:11; 15:22을 보라) 그의 독자들에게 어떤 유대 믿음과 풍습을 설명해야 했다(막 7:3-5; 14:12을 보라).
4) Dean Flemming, *Contextualization in the New Testament: Patterns for Theology and Mission* (Downers Grove, IL: InterVarsity Press, 2005), p. 242
5) Morna D. Hooker, "Mark's Vision for the Church," in *A Vision for the Church: Studies in Early Christian Ecclesiology*, ed. Markus Bockmuehl and Michael B. Thompson (Edinburgh: T & T Clark, 1997), p. 38를 보라.
6) Ben Witherington III, *The Gospel of Mark: A Socio-Rhetorical Commentary* (Grand Rapids: Eerdmans, 2001), p. 409.
7) 나음에 나오는 요약은 Flemming, *Contextualization in the New Testament*, pp. 244-45에서 가져온 것이다.
8) Donald Senior, *The Gospel of Matthew* (Nashville: Abingdon, 1997), p. 84.
9) Richard A. Burridge, *Four Gospels, One Jesus?* (Grand Rapids: Eerdmans, 1994), pp. 65-97를 보라
10) 예를 들어, 예수님의 가르침은 그분의 제자들에 국한되지 않고 "무리"에게 확장된다(마 5:1-2; 13:1-3; 참고. 마 11:1).
11) Senior, *Matthew*, p. 65.
12) Ibid.
13) "말하다"(릴레오)라는 동사는 마태복음 10:19-20에서 4번 나오다.
14) Edgar Krentz, "'Make Disciples' -- Matthew on Evangelism," *Currents in Theology and Mission* 33 (2006): 25.
15) 제자도라는 표현은 마태복음의 특징을 이룬다. 신약에 4번 나오는 제자 삼

다(마데튜오)라는 동사는 마태복음에서 3번 찾아볼 수 있다(마 13:52; 27:57; 28:19). 반면에 제자(마데테스)라는 명사는 73번 나온다.

16) David Bosch, *Transforming Mission: Paradigm Shifts in Theology of Mission* (Maryknoll, NY: Orbis, 1991), p. 74. 「변화하는 선교」(CLC)

17) Victor Paul Furnish, *The Love Command in the New Testament* (Nashville: Abingdon, 1972), pp. 79-84를 보라.

18) Orlando E. Costas, *The Integrity of Mission: The Inner Life and Outreach of the Church* (New York: Harper and Row, 1979), p. 24.

19) Burridge, *Four Gospels*, p. 97.

20) Rebecca Manley Pippert, *Out of the Saltshaker and into the World*, rev. ed. (Downers Grove, IL: InterVarsity Press, 1999), p. 12. 「빛으로 소금으로」(IVP)

21) Michael Goheen, "A Critical Examination of David Bosch's Missional Reading of Luke," in *Reading Luke: Interpretation, Reflections, Formations*, ed. Craig G. Bartholomew, Joel B. Green and Anthony C. Thiselton (Grand Rapids: Zondervan, 2005), p. 258.

22) Joel B. Green, *The Theology of the Gospel of Luke* (Cambridge: Cambridge University Press, 1995), p. 24.

23) Joel B. Green, *The Gospel of Luke* (Grand Rapids: Eerdmans, 1997), p. 207.

24) Christopher J. H. Wright, *The Mission of God: Unlocking the Bible's Grand Narrative* (Downers Grove, IL: InterVarsity Press, 2006), p. 301. 「하나님의 선교」(IVP)

25) 이 번역은 "가난한 자에게 복음을 전하게 하시려고"라는 구절이 "내게 기름을 부으시고"보다는 "나를 보내사"라는 진술(참고. 눅 4:43)과 연결되어야 한다는 가장 최근의 주석가들의 견해를 반영한다. 따라서 이어서 나오는 세 부정사 구절("포로된 자에게 자유를 전파하며" 등)은 바로 앞에서 예수님의 사역을 묘사한 구절에 종속되며 그것을 확대한다.

26) Graham H. Twelftree, *People of the Spirit: Exploring Luke's View of the Church*

(London: SPCK, 2009), pp. 184-87.

27) Green, *Gospel of Luke*, p. 211.

28) Paul Hertig, "The Jubilee Mission of Jesus in the Gospel of Luke: Reversal of Fortunes," *Missiology* 26 (1998): 173.

29) Green, *Gospel of Luke*, p. 211. 이것은 예수님이 이사야서 61:1-2을 인용하시면서 "우리 하나님의 보복의 날"이라는 구절을 빼트린 것에서 지지를 얻는다. 여기에서 예수님은 분명히 그분의 선교를 미래의 심판이 아니라 현재의 치유와 구출이라는 면에서 묘사하고자 하신다.

30) Ibid., p. 212.

31) Howard Peskett and Vinoth Ramachandra, *The Message of Mission: The Glory of Christ in All Time and Space* (Downers Grove, IL: InterVarsity Press, 2003), p. 162. 「BST 선교」(IVP)

32) Bosch, *Transforming Mission*, pp. 100-101.

33) Wright, *Mission of God*, p. 302 (원저자 강조).

34) 예수님의 하나님 나라 선교가 지닌 정치적 사회적 의미에 대해서는 Paul Hertig, "The Subversive Kingship of Jesus and Christian Social Witness," *Missiology* 32 (2004): 475-90; Wesley S. Chiang, "To What Extent Does Jesus' Teaching About the Kingdom of God Provide a Helpful Basis for Christian Socio-political Thinking Today?" *Evangelical Quarterly* 83 (2011): 308-20를 보라.

35) Hertig, "Jubilee Mission," p. 175.

36) 누가는 19번 식사를 언급하는데, 그 중 13번은 누가복음에만 나온다. Goheen, "Critical Examination," p. 259n142.

37) Mortimer Arias and Alan Johnson, *The Great Commission: Biblical Models for Evangelism* (Nashville: Abingdon, 1992), p. 70.

38) N. T. Wright, *The Challenge of Jesus* (Downers Grove, IL: InterVarsity Press, 1999), pp. 150-73. 「예수의 도전」(성서유니온선교회)

39) Flemming, *Contextualization in the New Testament*, p. 316.

40) Twelftree, *People of the Spirit*, pp. 180-81.

# CHAPTER 05
# 보내시는 사랑의 선교
### 요한복음에 나타난 존재, 행동, 말

아버지께서 나를 보내신 것 같이 나도 너희를 보내노라

(요 20:21)

"하나님이 세상을 이처럼 사랑하사 독생자를 주셨으니 이는 그를 믿는 자마다 멸망하지 않고 영생을 얻게 하려 하심이라"(요 3:16). 많은 사람들이 어린 시절 이 구절을 암송했을 만큼 널리 알려진 말씀이다. 하지만 이 구절은 신약에서 선교에 대한 가장 심오한 진술 가운데 하나이다. 어떤 의미에서 요한복음 전체는 하나님의 보내시는 사랑의 이야기를 말한다. 그 사랑은 하나님의 아들 예수님 안에서 최고로 표현되고, 그분의 추종자들을 통해, 성령의 권능으로, 세상에 확대된다(요 20:21).

요한의 목표 청중은 아마도 유대인 그리스도인들과 이방인 그리스도인들의 2세대(또는 그 다음 세대)였을 것이다. 그들은 예수님의 "표적"을 직접 보지 못한 사람들이었다(요 20:26-31).[1] 요한은 이 새로운 세대의 신자들의 신앙을 격려하고 강화하기 위해 글을 쓴다. 거기에는 그들이 하나님의 선교에 참여하는 것도 포함된다. 요한은 무엇보다도 그 당시 교회를 위해 예수님의 이야기를 다시 말하고 해석함으로써 그 일을 한다. 요한복음은 또한 간접적인 전도 목적을 갖고 있었을 수 있다. 예수님의 신원에 대한 요한의 확신과 예수님을 진심으로 믿게 된 여러 종류의 사람들에 대한 요한의 이야기는 분명히 교회가 불신자들 가운데서 선교하는 일을 도와주었을 것이다(참고. 요 20:30-31).[2] 이 모든 것은 세상에 대한 하나님의 구속적 선교에서 교회가 담당하는 역할이 요한복음의 중대한 관심사라는 점을 시사한다. 하지만 그동안 종종 그 점이 등한시되었다.[3]

이 장에서 우리는 요한복음에 나타난 선교의 특징을 살펴볼 것이다. 특히 요한은 좋은 소식을 말하고, 행동으로 나타내고, 존재로 보이는 것의 관계를 어떻게 독특하게 묘사하는가? 먼저 우리는 예수님의 선교에 대해 고려하고 그 다음에 신앙 공동체의 증언에 대해 고려할 것이다.[4]

## 아버지께서 나를 보내신 것 같이: 예수님의 선교

### 하나님의 선교를 구현하심

요한복음에 나타난 선교는 하나님의 사랑이 넘치는 성품에 근거한다. 하나님은 선교사 하나님이시다. 하나님은 세상에 생명을 가져다주시기 위해 사랑 가운데 그분의 아들을 보내신다. 놀랍게도, 요한복음은 예수님이 "보냄 받으신" 것을 40번 이상 말한다(요 3:16-17; 5:23, 30, 36; 12:44, 49을 보라). 예수님의 사역은 사랑이 넘치시고, 보내시는 성부 하나님께 전적으로 의지한다. 예수님은 하나님 아버지의 뜻에 순종하시고, 아버지의 말씀을 말씀하시고, 아버지의 일을 하시고, 아버지의 영광을 구하신다. 예수님은 하나님 아버지를 친밀하게 아시고 그분을 완전히 나타내신다.[5] 하나님 아버지로부터 세상에 오신 예수님은 사명을 완수하신 후 아버지께로 돌아가실 것이다(요 16:8). 그러니까 예수님의 선교는 먼저 "행동"이나 "말"보다는 **존재**의 문제이다. 그것은 하나님 아버지와의 사랑, 연합, 책임의 관계에서 흘러나온다. 이것은 하나님 아버지와 그 아들의 상호 관계에 근거하고 있는 교회의 선교에 심오한 함축을 갖는다(요

17:18; 20:21).

게다가, 예수님의 선교는 성육신적이다. 예수님은 몸소 하나님의 선교를 구현하신다. 요한의 놀라운 도입부는 하나님과 함께 계셨던 영원한 말씀이(요 1:1) "육신이 되어 우리 가운데 거하셨다"(요 1:14)고 선언한다. "각 사람에게 비추는 참 빛"이 우리 세상에 침투해 들어왔다(요 1:9). 하나님의 선교가 **되기** 위해, 성자는 인간의 몸을 입으셔야 했다. 예수님은 독특성 때문에 심한 논란을 불러일으키셨지만 언제나 인간의 육신을 취하셨다. 예수님은 지역 유대 문화에 속하고, 갈릴리 억양이 있는 아람어를 말하고, 피지배 민족의 일부이고, 독특한 육체적 모습과 성격적 특성을 지닌 팔레스타인 유대인 남자셨다. 리처드 헤이스가 지적한 대로, "요한은 우리에게 목이 말라 사마리아 여인에게 마실 물을 구하시는 예수님(요 4:7; 참고 요 19:28), 나사로의 무덤에서 우시는 예수님(요 11:35), 옷을 벗고 수건을 가져다 추종자들의 더러운 발을 씻기시는 예수님을 제시한다(요 13:3-5)… 예수님은 육신을 가진 인생의 고통과 기쁨과 슬픔을 아시는 사람이다."[6] 예수님이 하나님의 마음을 설명하시면서, 우리에게 하나님 아버지를 "해석"하실 수 있었던 것은 바로 인간의 상황에 완전히 들어오셨기 때문이었다(요 1:18).

이것은 오늘날 선교를 수행하는 교회에 무엇을 말해 주는가? 우리도 성령의 권능을 받아 세상 가운데서 **구체적인** 선교적 존재가 되어야 한다(요 20:21-22). 예수님이 우리 인간의 취약성, 희망, 고통에 읽히셨던 것처럼, 그분의 교회 역시 인간 삶의 모든 혼란 속에 존재해야 한다.[7]

### 진리를 말씀하심

요한이 이해한 대로 보냄 받으신 분으로서 하나님의 선교를 구현하시는 것이 예수님의 기본적인 사역이라면, "말하고" "행동하는" 것은 그저 작은 역할을 한다는 뜻인가? 전혀 그렇지 않다. 정말로, 모든 복음서 가운데 요한복음은 말, 일, 존재를 가장 아름답게 조화시킨다. 요한복음의 구조는 이것이 사실임을 증명한다. 요한복음의 전반부인 1-12장에서, 요한은 예수님이 행하신 7개의 기적적인 행위 또는 "표적"과 7개의 교육적 담화를 솜씨 있게 엮는다. 몇 경우에, 그 담화들은 예수님의 표적을 해석한다. 예를 들어, 5천 명을 먹이신 사건은 예수님이 생명의 떡이라는 가르침 앞에 나온다(요 6:1-15, 22-59). 또는 요한복음 11장에서, 마르다에게 "나는 부활이요 생명이니 나를 믿는 자는 영원히 죽지 아니하리니"라고 선언하심으로써 그의 오빠 나사로가 극적으로 살아난 사건을 맞이할 준비를 시키신다(요 11:25-26).

예수님의 선교의 중요한 측면은 하나님 아버지의 말씀을 **말씀하시는 것**이다. 예수님은 "내가 내 자의로 말한 것이 아니요 나를 보내신 아버지께서 내가 말할 것과 이를 것을 친히 명령하여 주셨으니… 내가 이르는 것은 내 아버지께서 내게 말씀하신 그대로니라"고 증언하신다(요 12:49-50; 참고. 요 3:34; 8:28; 14:10). 마태복음처럼, 예수님은 종종 선생님으로 묘사되고 또 우리는 예수님이 가르치시는 것을 자주 본다. 예수님은 개인적 대화 및 긴 담화를 통해 가르치신다. 이런 가르침의 주요 초점은 공관복음처럼 하나님의 나라가 아니라, 예수님 자신과 그분이 가져오신 생명이다. 따라서 예수님의 **말씀**(로고스)은 제대로 전달되기만 하면 예수님에 대한 믿음을 불러일으킨다(요 2:22; 4:41, 50; 5:24; 8:31, 51; 15:3을 보라). 게다가 요한복음만이 선포된 말씀의 기반을 살아 계신 말씀(로고스)인 예수님 자신에 명백하게 둔다(요 1:1, 14).

요한복음에서 예수님의 말씀 사역은 두 개의 추가 개념, 즉 **증언**과 **진리**에 연결되어 있다. 이런 용어들은 마태, 마가, 또는 누가복음보다 요한복음에서 훨씬 더 자주 나타난다. 법적 배경과 더불어, "증언"이라는 생각은 예수님에 대한 진리를 확립하고자 한다. 요한복음 전체에 걸쳐 우리는 예수님에 대해 증언하는 다른 사람들이나 존재를 발견한다. 세례 요한(요 1:6-8, 19, 32-34; 3:26; 5:33), 성부 하나님(요 5:31-37; 8:18), 성령(요 15:26), 모세와 성경(요 5:39, 46), 제자들(요 15:27), 심지어는 요한(요

19:35; 21:24). 그러나 예수님도 그분 자신과 그분의 선교에 대해 증언하신다. 십자가를 목전에 두고, 예수님은 의심 많은 본디오 빌라도에게 "내가 이를 위하여 태어났으며 이를 위하여 세상에 왔으니 곧 **진리에 대하여 증언하려** 함이로라"고 선언하신다(요 18:37; 참고. 요 3:11, 32; 8:14, 18). 이것은 말씀을 통한 증언만 언급하는 것이 아니다. 예수님이 하신 일 또한 그분이 하나님의 보내심을 받은 메시아라는 사실을 증언한다(요 5:36; 10:25).

또한 예수님은 하나님으로부터 온 **진리**를 가르치신다(요 8:32, 40, 45, 46; 16:7; 18:37). 어떤 사람들에게, 그것은 자유를 가져오고 생명을 주는 말씀이고(요 8:32), 다른 사람들에게 그것은 대결의 메시지이다. 예수님은 세상에 그 본질에 대한 그리고 세상이 하나님의 목적에 반대하는 것에 대한 추악한 진리를 말씀하신다(요 8:39-47, 15:22를 보라). 예수님은 로마 총독에게 "내 나라는 이 세상에 속한 것이 아니니라"고 선언하심으로써 로마제국이 예수님을 다스리는 권한을 갖고 있다는 주장을 뒤집어엎으신다(요 18:36). 하지만, 다시, 진리에 대해 증언하는 것은 입으로 메시지를 선하는 것 그 이상을 포함한다. 예수님은 다음과 같은 놀라운 주장을 하실 수 있다. "내가… 진리**요**"(요 14:6). 게다가 예수님을 믿는 자들은 진리를 **말할** 뿐만 아니라 또한 진리를 "행한다"(요 3:21; 참고. 요일 1:6). "진리"는 말하고 행동하고 구현할 대단한 것이다.

### 표적과 일을 하심

요한은 주로 "표적"(signs)과 "일"(works)이라는 면에서 예수님이 지상 사역 시에 **하신 것**을 묘사한다. 예수님의 기적적인 행위를 나타내는 요한의 특별 용어인 "표적"은 요한복음의 전반부에 예수님의 공중 사역 동인만 나타난다(요 1-12장). 공관복음과 달리, 요한복음에서 기적의 역할은 예수님의 동정을 나타내는 것이 아니며, 또 그 기적들을 감추려고 하지도 않는다.[8)] 표적은 그 너머에 있는 무언가를 가리킨다. 표적은 예수님 가운데 드러난 하나님의 영광을 계시하고(요 2:11), 또 사람들이 예수님을 믿도록 의도된 것이다(요 2:11; 4:53). 따라서 요한복음에서 예수님 외에는 아무도 표적을 행하지 않는다.

그에 반해서, 예수님의 "일"은 그분의 표적보다 더 광범위한 활동을 망라한다. 일은 예수님의 행위는 물론 말씀도 포함하며(요 14:10-12; 15:22-24), 예수님이 떠나신 후에도 제자들에 의해 계속될 것이다(요 14:12). 게다가, 예수님은 그분의 선교 전체를 그분이 행하시는 "일"이라는 면에서 요약하실 수 있다. 예수님은 "나의 양식은 나를 보내신 이의 뜻을 행하며 그의 일을 온전히 이루는 이것이니라"고 말씀하신다(요 4:34; 참고. 요 17:4). 예수님은 어떻게 하나님 아버지의 일을 "온전히 이루시는가"? 예수님이 십자가에 달려 죽으심으로써. 오직 요한복음에서만 우리는 죽어 가시는 예수님이 승리를 외치시는 소리를 듣는다. "다 이루었다"(요 19:30). 하나님 아버지가 예수님을 보내서 하게 하신 일을 죽음과 부활을 통해 완수하심으로써, 예수님은 그분의 선교의 궁극적인 목표, 즉 하나님께 영광을 돌리는 일을 성취하신다(요 17:4).

**끝까지 사랑하심**

행동, 말, 존재로 이루어진 이 선교를 결합하는 것은 무엇인가? 요한에게 그것은 무엇보다도 전 세계로 뻗어나가는 하나님의 찾으시는 사랑이다(요 3:16-17). 하나님의 무한한 사랑이 예수님의 선교 전체를 특징짓는다. 그 사랑은 요한복음 전반부에서 예수님이 사람들을 대하시는 방식에서 계속 드러난다. 예수님의 선교는 광범위한 사람들을 접촉한다. 거기에는 가장 어렵고 소외된 사람들, 즉 맹인, 절름발이, 굶주린 무리, 괄시를 받는 사마리아인들과 죄인들을 포함한다. 또한, 요한복음 13-21장에서 예수님이 제자들을 대하시는 방식은 우리에게 신적 사랑의 모습을 보여준다. 요한은 "자기 사람들을 끝까지 사랑하시는" 예수님의 사랑에 주목함으로써 요한복음의 후반부를 시작한다(요 13:1). 즉시, 요한은 예수님이 제자들과 마지막으로 하신 식사를 사랑이 넘치는 섬김의 행위로 해석한다. 천한 노예의 역할을 하시면서, 예수님은 허리를 굽히고 제자들의 지저분한 발을 씻기신다(요 13:1-11). 그러나 그들을 "끝까지" 사랑하시는 것은 궁극적으로 예수님이 십자가에서 자기를 희생하며 죽으시는 것을 의미한다. 예수님은 "사람이 친구를 위하여 자기 목숨을 버리면 이보다 더 큰 사랑이 없나니"라고 설명하신다(요 15:13). 선한 목자이신 예수님은 양들을 위해 자발적으로 목숨을 버리심으로써 그분의 사명을 수행하신다(요 10:10-11, 17-18). 요한에게 십자가는 하나님의 자기를 주시는 사랑의 궁극적인 상징이며, 또 신자들이 서로 어떤 관계를 맺어야 하는지 보여주는 모범이다. 요한일서의 한 구절은 그 점을 잘 말해준다.

> 사랑은 여기 있으니 우리가 하나님을 사랑한 것이 아니요 하나님이 우리를 사랑하사 우리 죄를 속하기 위하여 화목 제물로 그 아들을 보내셨음이라 사랑하는 자들아 하나님이 이같이 우리를 사랑하셨은즉 우리도 서로 사랑하는 것이 마땅하도다(요일 4:10-11; 참고. 요일 3:16)

지상 사역과 희생적 죽음으로 사랑을 베푸신 것처럼, 부활하신 그리스도는 계속해서 그분의 사랑을 어려운 형편에 있는 자들에게 확장하신다. 예수님은 우는 마리아에게 위로의 말씀을 건네시고(요 20:11-17), 두려워서 문을 잠근 채 있는 제자들에게 평강과 기쁨을 주시고(요 20:19-21), 예수님을 세 번 부인한 베드로에게 세 번에 걸쳐 회복의 말씀을 전하신다(요 21:15-19).[9]

예수님의 선교 전체는 하나님의 풍성한 사랑의 특성이 구체적으로 표현된 것이다. 요한에게 예수님의 말씀과 일, 증언과 섬김의 행위, 우리 가운데 서하심과 우리를 위해 죽으심은 모두 함께 완벽하게 엮여 신적 사랑을 표현한다.

**온갖 종류의 사람들과 관계를 맺으심**

요한의 특별한 특징 중 하나는 요한복음의 전반부에서 예수님과 여러 개인들이 구속적으로 만난 사건들이다. 그 만남들은 우리에게 예수님의 선교가 **실제로** 어떠했는지 엿볼 수 있는 기회를 제공한다. 예수님은 다른 사람들에게 다른 접근법들을 사용하신다. 예수님은 사람들과 때에 맞추어 하나님의 구원을 표현하는 특정한 언어와 이미지들을 사용하신다. 유대 종교 지도자 니고데모에게 예수님은 위로부터 성령으로 거듭나는 것에 대해 말씀하신다(요 3:1-10). 또 우물에서 물을 긷는 여인에게 예수님은 생수를 제공하신다(요 4:10-15). 태어날 때부터 눈이 멀어 고통을 겪는 사람 앞에서 예수님은 "내가 세상의 빛이로라"고 선언하신다(요 9:5; 참고. 요 8:12). 벤 위더링톤이 다른 종류의 사람들의 온갖 관심사를 다루실 수 있는 예수님의 능력은 모범적인 기능을 갖고 있다고 지적한 것은 옳다. 그것은 여러 종류의 사람들에게 선교를 수행하는 요한의 청중이 따라야 할 모범적 사례가 된다.[10]

예수님이 우물가에서 사마리아 여인과 나누신 대화는 개인적 증언의 대표적 사례이다(요 4:7-30). 이 이야기에는 여러 가지 특색이 두드러지게 나타난다.[11]

* 요한은 예수님이 그 여인을 의도적으로 만나셨다고 본다. 예수님은 지리적으로 필요하기 때문이 아니라 사마리아에 가는 것이 그분의 신적 선교의 일부이기 때문에 사마리아를 통과해 **가셔야** 한다(요 4:4).
* 대화를 시작하기 위해, 예수님은 다양한 사회적 문화적 장벽을 뛰어넘으셔야 한다. 첫째, 유대인 남성이 여인과 공개적인 대화를 하는 것은 충격적인 일이었다. 그것도 낯선 사람과 말이다(요 4:27). 둘째, 이 특정한 여인은 괄시를 받는 사마리아인, "반 유대인"이었다. 유대인이 사마리아인과 접촉해 먹고 마시는 것은 의식적으로 부정한 행위로 간주될 수 있었다(요 4:9). 셋째, 유대 랍비가 짐작컨대 무식한 누군가

와 이야기를 하고 있는 것이다. 넷째, 그 여자가 가장 뜨거운 낮 시간에 홀로 우물가에 나온 사실에 비추어 보건대, 예수님은 좋지 않은 평판을 갖고 있는 여인에게 말을 거시는 것이다. 분명히 그 여자는 공동체에서 소외되어 있었다.

* 예수님은 **그 여자**가 있는 곳(물을 긷는 곳)에서 시작하신다. 그런 다음 예수님은 우물과 조상의 전통(요 4:11-12), 예배 장소에 대한 논란(요 4:19-20), 그리고 메시아의 오심(요 4:25) 같은 새로운 주제들을 끌어들이셔서 그 여자가 대화의 방향을 정하게 하신다.

* 예수님은 그 여자의 생활환경에서 익숙한 이미지들을 활용해 말씀하신다(예를 들어, "생수," 요 4:10; 참된 예배 장소, 요 4:20-21).

* 예수님은 골똘히 그리고 정중하게 그 여자의 질문 및 다른 의견에 귀를 기울이신다. 그 여자는 단순히 예수님의 전도 대상자 역할을 하시지 않고 대화에 적극적으로 참여한다.

* 예수님은 좋은 생각을 떠올리게 하는 이미지와 표현으로(생수, 하나님의 선물, 결코 목마르지 않음; 요 4:10, 14) 그 여자의 호기심을 불러일으키신다.

* 예수님은 그 여자를 발견을 위한 귀납적 여행으로 이끄신다. 그 여자에게 처음부터 대답을 다 해주시는 대신에, 예수님은 점진적으로 그 여자의 심층적인 필요를 드러내신다. 생수, 영생 그리고 진정한 영적 예배 등이다. 대화를 진행해 가면서, 예수님은 그 여자의 신뢰를 얻으신다. 그 결과, 그 여자는 예수님이 어떤 분이신지 점차 알아간다. 유대인(요 4:9)에서 야곱보다 더 큰 자(요 4:12)와 선지자(요 4:19), 그리고 메시아(요 4:25-26)와 세상의 구주(요 4:42)로 인식이 발전한다.

* 예수님은 그 여자의 개인적 실패를 간과하지 않으시지만(요 4:16-18), 그렇다고 해서 그 여자를 정죄하시도 않으신다. 예수님은 그 여자의 고통을 그것을 치유하는 전제 조건으로 인정하신다.

* 예수님은 그 여자가 생수(요 4:11-12, 15)와 예배(요 4:20)에 대해 갖고

있는 오해를 영적 진리를 계시하는 기회로 삼으신다.
* 예수님의 주된 전략은 독단적인 주장보다 공손한 대화이다. 그럼에도 불구하고, 예수님은 하나님의 은혜가 넘치는 생명의 선물에 대한 좋은 소식을 분명히 설명하는 일을 피하지 않으신다(요 4:14). 점차로 대화가 무르익어 가면서 예수님은 그리스도로 자신의 신원을 밝히신다(요 4:26).
* 그 여자는 발견의 여행 끝에 메시아를 개인적으로 믿게 되고 다른 사람들에게 증언하는 사역을 한다(요 4:29, 39, 41-42).

요한복음 4장에 기록된 바, 인내심을 발휘하고 청중에 민감한 예수님의 복음 전달 방식은 선교를 수행하는 현대 교회에 적절한 교훈을 준다. 오늘날의 다원주의적이고 포스트모던적인 환경에서도 언어적 증언은 필수적이다. 그러나 그 증언은 사람들의 질문과 생활 관심사에 귀를 기울이는 대화를 통해 가장 잘 이루어진다. 예를 들어, 내가 유럽에서 가르친 학생 중 몇몇은 카페를 열어서 아직 그리스도를 알지 못하는 사람들을 만나는 자연스러운 장소로 삼았다. 그렇게 편한 환경에서, 사람들은 자유롭게 질문을 하고, 그리스도인들과 관계를 돈독히 하고, 격식에 얽매이지 않으면서 예수 그리스도의 주장을 탐구하는 대화를 나눈다. 예수님처럼, 우리는 다른 사람들을 그들이 있는 곳에서 시작하는 발견의 여행에 끌어들일 수 있다. 그래서 그들에게 그리스도의 경이를 다시 제시할 수 있도록 말이다.

## 나도 너희를 보내노라: 예수님의 제자들의 선교

### 신적 선교에 동참함

어떤 다른 복음서 저자보다 더 요한은 교회의 선교를 예수님의 선교에 결합시킨다. 요한복음 17:17-19에서, 예수님은 제자들이 거룩해지도록, 즉 하나님을 **위해** 죄악에 물든 세상**에서** 구별되도록 기도하신다. 그러나 그들은 선교 목적을 위해 거룩해져야 한다. 예수님은 그분과 하나님 아버지와의 관계를 특징짓는 똑같은 활동이 제자들에게도 일어나기를 요청하신다. "아버지께서 나를 세상에 보내신 것 같이 나도 그들을 세상에 보내었고"(요 17:18). 부활 후에 예수님의 기도는 위임령으로 바뀐다. 문을 잠근 채 겁에 질려 움츠러 있는 제자들에게 예수님은 갑자기 나타나서서 이렇게 말씀하신다.

> 예수께서 또 이르시되 너희에게 평강이 있을지어다 아버지께서 나를 보내신 것 같이 나도 너희를 보내노라 이 말씀을 하시고 그들을 향하사 숨을 내쉬며 이르시되 성령을 받으라 너희가 누구의 죄든지 사하면 사하여질 것이요 누구의 죄든지 그대로 두면 그대로 있으리라 하시니라(요 20:21-23)

제자들의 파송은 하나님 아버지와 그 아들의 선교의 연장일 뿐만 아니라, 또한 성령의 은사로 가능해진다. 예수님의 위임령과 죄를 사하는 교회의 역할에 대한 그분의 약속 사이에, 예수님이 추종자들에게 성령의 숨을 내쉬시는 것은 주목할 만하다. 하나님의 영의 숨은 교회를 내몰아 하나님의 선교를 수행하게 한다.

요한복음 20:21-23은 요한복음에 기록된 제자들의 선교의 두 측면을 강조한다. 첫째, 그들의 선교는 삼위일체 하나님의 성품에 기반을 둔다. 삼위의 모든 위격이 교회의 선교 가운데 활동하신다. 또한 제자들에게 주신 마지막 담화에서, 예수님은 신자들이 그분을 대신해 증언할 수 있도록 **예수님**이 하나님 **아버지**로부터 **보혜사 성령**을 보낼 것이라고 약속하신다(요 15:26-27; 참고. 요 14:26). 요한복음에서 하나님의 사랑은 세상의 구원을 위해 성자와 성령을 보내는 조치를 취하며, 예수님의 추종자들은 그와 똑같은 사랑의 흐름에 사로잡힌다. 교회는 삼위일체 하나님의 선교에 참여한다.

둘째, 제자들의 선교는 그들이 행하거나 말하는 것보다 먼저 예수님과 그들의 **관계**에 의해 규정된다. 요한은 제자들을 내보내 복음을 선포하고 병자를 고치게 하시는 예수님의 이야기를 하지 않는다(참고. 마 10:1-42; 막 6:1-6; 눅 9:1-6; 10:1-20). 제자들의 선교는 그들이 예수님과 관계를 맺고 있고 또 **그분**의 파송의 일부이기 때문에 비로소 의미를 갖는다. 안드레아스 코스텐버거가 말한 대로, "제자들은 단순히 예수님을 **대표하는**(represent) 것이 아니다… 그들은 예수님을 **다시 제시해야**(re-present) 한다. 즉 예수님은 제자들이 세상에서 그들의 선교를 수행할 때 그분의 영으로 그들 가운데 그들을 통해 임재하실 것이다."[12] 요한복음 17장에서 예수님은 성부와 성자가 서로 내주하시는 것처럼, 그리스도인들도 "우리 안에" 살게 되기를 기도하신다. 이렇게 삼위일체 하나님의 생명을 공유하는 결과로 "세상이 아버지께서 나를 보내신 것을 믿게" 된다(요 17:21). 관계가 선교를 낳는다.

### 사랑과 연합을 실천함

요한에게 선교는 공동체적 과제이다. 요한은 "선교사"라는 별개의 계급을 인정하지 않는다. **모든 사람**이 보냄을 받는다(요 20:21).[13] 12 제자들은 나중에 등장하는 모든 신자를 대표하는 역할을 한다. 예수님은 특별히 "제자들의 말로 말미암아 나를 믿는 사람들"을 위해 기도하신다(요 17:20). 세상에서 예수님의 선교를 계속하는 것은 성령의 권능을 받고 하나가 된 이 신앙 공동체이다.

다른 복음서보다 요한복음에서 더 하나님의 백성의 공동생활은 세상 속에서 이루어지는 하나님의 선교에 필수적인 역할을 한다. 그 친교의 두 측면이 가장 중요하다. 즉 **사랑**과 **연합**이다. 다락방 담화에서, 예수님은 제자들에게 대단히 중대한 계명을 말씀하신다. 그것은 "내가 너희를 사랑한 것 같이 너희도 서로 사랑하라"는 계명이다(요 13:34; 15:12, 17).

이 상호 사랑은 추종자들에 대한 예수님 자신의 사랑 가운데서 자란다. 게다가, 그 사랑은 "예수님과 하나님 아버지의 사랑의 관계에 의해 형성되고 또 그 관계에 참여한다."[14] 예수님이 사랑의 계명을 이야기하신 배경은 그분이 제자들의 더러운 발을 씻기신 사건이다(요 13:3-17). 이 겸손한 행위는 우리에게 신적 사랑이 무엇인지 보여준다. 주의를 기울여 보면, 우리는 발을 씻기시는 예수님의 "행동으로 나타낸 비유"가 그분이 십자가에 죽으러 가심을 예시한다는 점을 알게 될 것이다(요 13:1-2, 21-30을 보라). 그것은 예수님이 그분의 목숨을 버리신 것을 사랑과 섬김의 행위로 해석한다.[15] 같은 방식으로, 예수님은 기독교 공동체의 구성원들에게 서로 목숨을 버림으로써 그들의 사랑을 나타내라고 요청하신다(요 15:12-13; 참고. 요일 3:16).

그와 같이 자기를 부인하는 사랑은 그 자체가 목적이 아니고, 세상에 대한 증언의 한 형태이다. 예수님은 "너희가 서로 사랑하면 이로써 모든 사람이 너희가 내 제자인 줄 알리라"고 선언하신다(요 13:35). 자기를 주는 사랑은 기독교적 "브랜드"가 되고, 하나님의 백성의 두드러진 특징이 된다. 예수님은 "지켜보고 있는 세상을 끌어당기는 힘을 지닌 사랑의 공동체"를 뒤에 남겨 놓기 원하신다.[16] 십자가로 형성된 겸손한 사랑을 실천하는 신앙 공동체는 세상 문화를 거스른다. 우리는 그런 신앙 공동체가 자기만 생각하는 세상에 영향력 있는 메시지를 "말할" 수 있다는 점을 과소평가하지 않아야 한다. 국외자들이 그냥 무시할 수 없는 것이 기독교 공동체의 바로 그 특징이다. 박해를 당하는 상황에서, 교부 테르툴리아누스는 믿지 않는 세상의 반응을 이렇게 묘사한다. "그들이 서로 사랑하는 것을 보라"(『변증서』 39.7). 리처드 버리지는 "타인에 대한 사랑이 돌보며 보살피는 기독교에 감탄해서 칭찬하는 말인지, 아니면 교회의 내부 논쟁에 실망해서 빈정거리는 말인지 결정하는 진정한 척도가 되었다"고 주장한다.[17]

게다가, 상호 사랑은 **연합** 가운데 표현되는데, 그것 역시 선교적 추진력을 갖고 있다. 예수님은 장차 생길 교회를 위해 이렇게 기도하신다.

> 내게 주신 영광을 내가 그들에게 주었사오니 이는 우리가 하나가 된 것 같이 그들도 하나가 되게 하려 함이니이다 곧 내가 그들 안에 있고 아버지께서 내 안에 계시어 그들로 온전함을 이루어 하나가 되게 하려함은 **아버지께서 나를 보내신 것**과 또 나를 사랑하심같이 그들도 사랑하신 것을 **세상으로 알게 하려 함이로소이다**(요 17:22-23)

예수님의 기도는 교회에 다음과 같이 장담한다. 교회가 성부와 성자의 연합된 삶에 참여할 때, 그리고 그 하나됨을 가시적으로 실천할 때, 교회는 하나님의 보내시는 사랑에 대한 진리를 다른 사람들에게 전한다. 요한이 볼 때 교회의 연합은 분열된 "세상"과 선명한 대조를 이룬다(요 7:43; 9:16; 10:19; 12:42-43). 요한의 청중은 전체 사회를 특징짓고 있는 분열을 통절히 인식하고 있었을 것이다. 특히 여러 인종 그룹 사이에 분열이 심했다.[18] 지금처럼 그때도 그리스도인들의 하나됨은 "말을 한다." 앤드류 링컨이 요약한 대로, "세상은 예수님의 죽음이 하나님께서 세상에 주시는 사랑의 선물이라는 증언을 들음으로써 뿐만 아니라, 또한 하나님이 신자들을 사랑으로 받아들이시고 또 그들이 서로 사랑으로 받아들이는 연합된 모습을 보고 경험함으로써 사랑의 하나님을 알게 된다."[19]
그러니까 요한은 공동생활과 사랑이 넘치는 행동을 하는 교회가 "된" 교회의 선교적 영향력을 강조한다. 공동으로 참여하는 친교를 제외하고, 공동으로 참여하는 선교는 있을 수 없다.

### 예수님의 일을 행함

이제까지 우리는 요한복음에서 제자 공동체의 선교는 삼위일체 하나님과의 관계 및 서로와의 관계에 근거하고 있음을 보았다. 그러나 예수님은 무슨 일을 **하도록** 신자들을 세상에 보내시는가? 첫째, 예수님의 제자들은 추수하도록, "너희로 노력하지 아니한 것을 거두러" 파송된다(요 4:38). 많은 사마리아인들이 예수님을 믿게 되는 상황 가운데 이 진술이 나타나기 때문에(요 4:39), 그것은 다른 무엇보다도 전도의 추수를 언급한다.

둘째, 예수님은 추종자들을 지명해 "가서 열매를 맺게" 하신다(요 15:16; 참고. 요 15:5, 8). "열매를 맺는다"는 것은 주로 윤리적 열매, 특히 사랑을 언급하는가(요 15:9-10, 17; 참고. 갈 5:22)? 아니면 그것은 선교의 열매, 즉 다른 사람들이 예수님을 믿게 되는 것을 의미하는가(요 12:24을 보라)? 예수님은 우리에게 "열매 맺음"의 정확한 의미가 무엇인지 가르쳐 주시지 않으며, 그 은유는 이런 생각 둘 다를 포함할 만큼 광범위하다. 예수님은 이미 서로 사랑은 세상에 대해 강력한 증언을 한다는 점을 말씀하셨니(요 13:34-35). 그리고 요한복음 15:16에서 "가서" 열매를 맺으라는 임무는 적어도 **선교**가 예수님이 생각하신 것의 일부라는 점을 시사한다. 게다가, 열매를 맺는 기본 조건은 예수님과 그분의 사랑 안에 거하는 것이다(요 15:4, 5, 7, 9). 그리스도와의 이런 친밀한 연합을 제외하고, 효과적인 기독교 선교는 정말 불가능하다(요 15:5). "존재"와 "행동"은 긴밀히 협조한다.

셋째 선교 과제는 요한복음을 마무리 짓는 21장에 기록된 베드로와 예수님의 개인적 대화 가운데 나타난다. 세 번에 걸쳐 베드로의 사랑에 대한 확인을 들으신 예수님은 베드로에게 세 번에 걸쳐 그분의 양을 치라는 위임령을 주신다(요 21:15-17). 몇몇 해석자들은 이 소명을 기독교 공동체를 돌보는 목회라는 면에서만 이해한다. 하지만 요한복음 10장에서 선한 목자이신 예수님은 "다른 양들"을 우리에 모아 들이신다(요 10:16). 이것은 분명히 양을 치는 사역은 흩어진 양을 찾아서 그들을 예수님의 떼가 보여 있는 우리로 데려오는 선교적 과제를 포함한다는 점을 뜻한다.[20] 이 역할은 베드로에 국한되지 않는다. 요한이 볼 때, 양을 치는 목자로서 베드로의 사역은 장차 생길 신자들이 따라야 할 모범의 역

할을 할 것으로 예상된다.[21]

넷째, 골고다로 가는 길목에서 예수님은 그분을 믿는 자는 그분이 하시는 일을 할뿐만 아니라, 또한 "그보다 큰 일도 하리니"라고 약속하신다 (요 14:12). 요한복음에서 예수님은 여러 차례 그분 자신의 선교를 하나님 아버지의 "일들" 또는 "일"을 하는 면에서 묘사하신다(요 4:34; 5:36; 9:3-4; 10:25-38; 14:10-12; 17:4을 보라). 하지만 요한복음 14:12에서 유일하게 예수님은 그 사역을 추종자들에게 확대하신다. 그들은 예수님의 일을 행함으로써 그분의 선교를 계속할 것이다. 그러나 그 다음에 나오는 진술은 정말 굉장히 놀랍다. 신자들이 예수님보다 더 "큰 일"을 하리라는 말은 무슨 뜻인가? 분명히 이것은 예수님보다 더 **대단한** 일을 언급할 수 없다. 또 예수님은 추종자들이 수적으로 **더 많은** 일을 할 것이라고 말씀하시거나, 아니면 단지 그런 일들이 더 넓은 지역으로 확대될 것이라고 말씀하시는 것도 아니다.

정답은 요한복음 14:12의 마지막 구절에 있는 것 같다. "이는 내가 아버지께로 감이라." 교회의 일은 죽으시고 부활하신 그리스도의 온전한 **일**에 근거하기 때문에, 그리고 능력을 주시는 성령에 의해 가능해지기 때문에 "더 크다." 교회의 일은 추종자들을 통해 역사하시는 부활하시고 승천하신 그리스도의 일로, 기도를 통해 가능해진다(요 14:13). 요한은 제자들의 선교를 본질적으로 부활절 **후에** 일어날 일로 본다. 비슬리 머레이가 표현한 대로, 예수님은 "성육신의 한계가 더 이상 적용되지 않고, 세상에 대한 구속이 성취되고, 하나님의 나라가 인류에게 열리며, 제자들이 열방에 대해 능력으로 사역할 수 있도록 준비될 때를 고대하신다."[22] 그와 같은 일에는 능력의 행위가 포함되지만 그것에 국한되지 않는다. 아마도 그 일에는 또한 사랑과 섬김의 행동(요 13:15, 35)과 교회가 성령의 권능으로 세상에 증언하는 활동(요 15:26-27)이 포함될 것이다.

우리가 방금 언급한 선교 활동 중 어떤 것도 그 자체로는 별 의미가 없다는 점을 주목하라. 그것들은 모두 기독교 공동체를 통해 사역을 계속하시는 승천하신 그리스도의 차원들이다. "아버지께서 나를 보내신 것 같이 나도 너희를 보내노라"(요 20:21).

### 예수님에 대해 증언함

요한복음에서 신자들의 선교는 또한 언어적 차원을 갖고 있다. 예수님이 부활 후 추종자들에게 주신 위임령은 우리가 마태복음과 누가복음에서 발견하는 것처럼(마 28:19-20; 눅 24:47-48을 보라), 모든 민족에 대해 증언하고 가르치거나 선포하는 과제를 강조하지 않는다. 아리아스와 존슨은 요한이 말보다 성육신을 더 강조한다고 언급한다(요 20:21; 참고. 요 17:18).23) 그러나 그렇다고 해서 요한복음에서 메시지를 말하는 것이 차지하는 중요한 역할이 줄어드는 것은 아니다.

또 다시, 교회의 말씀 사역은 삼위일체 하나님과의 관계에서 흘러나온다. 제자들이 **예수님의** 말씀을 받아들이고 그분을 믿은 것처럼(요 17:8), 다른 사람들도 **그들의** 말을 통해 예수님을 믿게 될 것이다(요 17:20). 그리고 예수님이 그분의 신적 사명에 대한 진리를 증언하러 오신 것처럼(요 18:37), 믿는 공동체 역시 예수님에 대해 증언할 것이다(요 15:27). 예수님은 이런 일이 일어날 수 있도록 보혜사, 신적 옹호자를 보내시겠다고 약속하신다. "진리의 성령"(요 15:26; 16:13)으로서, 보혜사는 신자들에게 예수님이 말씀하신 것을 상기시키시고(요 14:25-26), 그들에게 예수님에 대한 진리를 계시하실 것이다(요 16:12-15). 그러나 성령은 세상에 대한 사역도 하신다. 제자들이 예수님에 대해 증언할지라도, 성령 역시 예수님에 대해 증언하실 것이다(요 15:26-27). 우리가 이 증언들을 두 가지 별개의 사역이라고 생각한다면 잘못이다. 성령의 증언은 주로 신자들을 통해 이루어지며, 제자들은 성령의 인도하심과 능력주심을 통해서만 증언할 수 있다.24)

### 대결의 말씀

대체로 제자들이 예수님에 대한 진리를 증언하는 것은 우호적인 환경에서 일어나지 않는다. 요한복음 15:26-27의 앞에 나오는 구절들과 뒤에 나오는 구절들은 세상이 예수님과 그분의 제자들을 미워하고 있는 점을 경고한다(요 15:18-25; 16:1-4; 참고. 요일 3:13). 아마도 이것은 요한의 독자들에게 한낱 이론적인 말씀으로 들리지 않았을 것이다. 그들은 십중팔구 유대 회당으로부터(요 16:2; 참고. 요 9:22; 12:42) 그리고 더 넓은 "세상"으로부터 배제와 핍박을 당했을 것이다.[25]

요한복음에서 "세상"(코스모스)은 애매모호한 용어이다. 한 편으로, 그것은 하나님이 만드신 세상, 특히 하나님의 사랑의 선교의 대상인 사람들을 묘사할 수 있다(요 3:16-17; 10:36; 12:47; 17:18). 다른 한 편으로, 세상은 어두운 측면을 갖고 있다. 그것은 특히 요한복음 후반부에 나타난다. 요한이 보기에 세상은 영적 무분별과 불신의 장소요, 하나님의 백성에게 적대적인 영역이다(요 7:7; 12:31; 15:18-19; 요일 2:15-17을 보라). 세상은 교회에 대해 "선교지"면서 "지뢰밭"이다.[26] 요한은 예수님의 제자들이 이런 긴장 가운데서 그들의 소명을 실행하는 것으로 본다. 그들은 믿지 않는 세상에 **속하지** 않는다(요 17:16). 그들은 세상**으로부터** 구별되어 있다(요 17:17, 19). 하지만 예수님은 그들을 바로 그 세상**으로** 보내셨다(요 17:18). 요한이 보기에 세상으로부터 분리하는 것과 그 세상에 선교적으로 관여하는 것은 상호배타적인 것이 아니다.

하나님의 선교에 대한 세상의 반응이 대체로 부정적이기 때문에, 제자들의 증언의 일부는 예언자적 대결의 모습으로 나타날 것이다. 신적 검찰관으로서 성령은 예수님이 지적하신 것처럼 그리고 교회가 지적해야 하는 것처럼, 세상에 대해 죄를 지적하실 것이다(요 16:7-11).[27] 이것은 오늘날의 다원주의적이고 관용적인 사회에서 인기 있는 선교의 측면이 아니다. 서구의 많은 그리스도인들도 적대적인 세상에 대한 요한의 통찰을 이해하거나 받아들이는 것이 쉽지 않다. 그러나 요한복음은 우리에게 정신이 번쩍 들게 하는 사실을 상기시킨다. 대개 "세상"은 하나님의 찾으시는 사랑을 거절하며 죄와 대면할 때 고개를 가로젓는다. 하지만 하나님의 백성은 바로 세상의 그 적대감을 극복하기 위해 진리를 증언해야만 한다. 소외된 세상을 위한 하나님의 목적은 원래 창조자와 의도된 관계로 그 세상을 회복시키는 것이다(요 3:16-17).

### 용서의 말씀

사람들은 교회의 예언자적 증언을 받아들이거나 거부할 수 있기 때문에, 그 증언은 강력한 결과를 낳는다. 예수님은 요한복음 20:23에서 이렇게 선언하신다. "너희가 누구의 죄든지 사하면 사하여질 것이요 누구의 죄든지 그대로 두면 그대로 있으리라." 이 말씀은 예수님이 그분의 선교를 수행하도록 공동체를 파송하시면서 그들에게 성령을 선해 수시는 대목에 바로 뒤이어 나온다(요 20:21-22). 요한복음 20:23은 신자들에게 권위를 수여하는 것이 아니라 사실을 진술하는 것이다.[28] 하나님의 백성이 세상 죄를 제거하는 예수님의 선교에 대해 증언할 때(요 1:29), "그들은 그들의 증언을 받아들이는 자들에게는 용서를 선언하는 것이 될 것이고, 그 증언을 거부하는 자들에게는 그 죄를 존속시키는 것이 될 것이다."[29] 하나님은 성령의 권능을 받은 교회의 증언을 통해 은혜나 심판을 전해 주신다.

### 소개의 말씀

요한복음에 기록된 말로 하는 증언의 마지막 유형은 장차 이루어질 교회의 선교와 관련되는 것이 아니라, 사람들이 이 땅에 오신 예수님을 따르게 된 방법과 관련된다. 요한복음 전반부에서 우리는 다른 사람들에게 적극적으로 예수님을 소개하는 여러 유형의 인물들을 만난다.[30] 가장 유명한 인물은 세례 요한이나. 요한복음에서 그의 주된 역할은 예수님에 대해 증언하는 것이다(요 1:7-8, 19, 32, 34을 보라). 요한이 그의 두 제자에게 예수님은 진실로 "하나님의 어린 양"이라고 외칠 때, 그들은 즉시 새로운 충성을 맹세하고 예수님을 따른다(요 1:35-36). 우리는 그 두 사람 중 하나인 안드레가 형 시몬에게 "우리가 메시야를 만났다"고 알리고 그를 예수님께 데려갈 때 그 패턴이 반복되는 것을 본다(요 1:41). 후에 빌립은 같은 동포인 나다나엘을 찾아 가서, "모세가 율법에 기록하였고 여러 선지자가 기록한 그이를 우리가 만났으니"라고 말한다. 나다나엘이 나사렛에서 태어나신 예수님에 대해 회의적인 태도를 보일 때, 빌립은 그저 그에게 "와서 보라"고 권고한다(요 1:45-46). 그 만남이 의심 많은 그 사람을 변화시킨다. 나다나엘은 "랍비여 당신은 하나님의 아들이시요 당신은 이스라엘의 임금이로소이다"라고 말한다(요 1:49).

요한복음 4장에서 사마리아 여인은 예수님이 어떤 분이신지 알게 되면서 물동이를 먼지 속에 놓아둔 채 마을 사람들에게 가서 자신에게 일어난 일을 말한다. 그 여자의 증언은 좋게 보아도 자신이 없는 것처럼 들린다. "내가 행한 모든 일을 내게 말한 사람을 와서 보라 이는 그리스도가 아니냐"(요 4:28-29). 그 여자의 증언이 완전하지는 않지만, 그 결과는 놀라울 정도이다! 요한은 우리에게 "여자의 말이 내가 행한 모든 것을 그가 내게 말하였다 증언하므로 그 동네 중에 많은 사마리아인이 예수를 믿는지라"고 말한다(요 4:39). 그 여자가 처음에 증언한 "말"(로고스, 요 4:39)이 예수님의 결정적인 말씀(로고스, 요 4:41)을 위한 길을 준비시킨다. 사마리아인들은 예수님의 말씀을 듣고 그분을 "세상의 구주"로 인정한다 (요 4:42).[31]

각 경우에 증언을 하는 사람이 중요한 역할을 한다. 그들이 아는 다른 사람들을 예수님께 소개하거나 예수님의 신원을 분명히 말할 때나 다 마찬가지다. 하지만 예수님을 믿는 사람들에게 지극히 중요한 것은 한결같이 예수님이나 그분의 말씀과 직접 대면한 것이다.[32] 우리는 앞에서 요한복음에서 믿음을 갖게 된 사람들의 이야기는 요한의 청중에게 교훈을 준다는 점에 주목했다. 따라서 그와 같은 개인적 증언의 예들은 구속적 선교를 수행하는 요한 당시의 교회에 참고 자료 역할을 했을 것이다. 오늘날 교회에도 똑같은 말을 할 수 있지 않을까?

## 결론

요한은 우리에게 기독교 선교의 본질에 대해 복음서 중에서 독특한 관점을 제공한다. 그 관점이 좋은 소식을 말하고 실천하고 존재로 나타내는 교회의 과제에 대해 지닌 함축을 몇 가지로 요약해 보자.

첫째, 요한에게 **선교는 "행동"보다 "존재"와 더 관련되어 있다**. 교회의 선교는 삼위일체 하나님의 사랑이 넘치는 성품에 고정되어 있다. 선교는 먼저 우리가 **하는** 무엇이 아니다. 그것은 교회에 부여된 많은 과제 중 하나일 뿐이니. 선교는 우리의 **존재**와 관련되어 있다. 하나님이 사랑이 풍성하시고 보내시고 찾으시는 하나님이시라면, 교회는 당연히 선교하는 백성이다. 스위스 신학자 에밀 브룬너가 말한 대로, "불이 타고 있을 때만 불이듯이, 교회도 선교할 때만 교회다. 선교하지 않는 교회는 교회가 아니다."33)

결과적으로 요한의 선교 이해는 활동과 업적에 얽매이지 않아도 되도록 우리를 자유롭게 만든다. 선교사로서 그리고 "성취를 중시하는" 성격으로, 나는 내가 하나님과 그분의 선교를 위해 **하는** 일을 통해 내 사역을 정당화해야 하는 압박감이 무엇인지 잘 안다. 단지 세상만 그런 게 아니라 너무 자주 교회도 활동, 노력, 업적으로 성공을 측정하는 경향이 있다. 신실한 많은 그리스도인들이 "행동"에 초점을 맞춘다. 이것이 바로 우리가 요한이 "존재"를 강조하는 것에 귀 기울이는 것이 필요한 이유이다. 요한은 우리가 지속적인 열매를 맺을 수 있는 유일한 방법은 포도나무인 예수 그리스도께 단단히 연결되어 있는 것이라는 사실을 상기시킨다(요 15:1-16). 이것은 활동을 하지 말라는 말이 결코 아니다. 하지만 선교는 우리가 하나님을 **위해** 하는 일이 아니라, 하나님**과** 우리의 관계로

부터 흘러나온다.

따라서 둘째, **선교는 우리의 일이 아니라 하나님의 일이다**. 요한복음에 나오는 대위임령(요 20:21-22)에는 제자 삼고 세례 주고 가르치거나 선포하는 것 같은 구체적인 활동이 현저하게 부족하다. 요한의 주된 관심은 우리가 예수님과 긴밀하게 연결되는 것이다. 그리스도는 우리의 선교를 위한 근원이자 패턴이다. 그것보다 훨씬 더, 교회는 성령의 임재를 통해 세상 속에서 예수님의 삶과 선교를 **구현한다**. 우리가 어떤 구조를 만들어내든지, 우리가 어떤 전략을 고안해내든지, 우리가 어떤 방법을 사용하든지, 양보할 수 없는 것은 우리가 예수님과 긴밀하게 연결되어 있어서 세상 가운데 그분의 사랑이 넘치는 임재와 목적을 가능하게 하는 것이다. 예수님이 보냄 받으신 세상에 철저히 얽히신 것처럼, 우리도 세상에 철저히 얽혀야 한다.

뉴질랜드 출신의 비브 그릭은 하나님의 세상으로 뛰어 들어가라는 하나님의 소명을 받고 필리핀 마닐라에서 하던 중산층 사역을 그만두고 그 도시에서 가장 지저분한 빈민가 중 하나였던 타탈론으로 이사를 갔다.[34] 가난한 자들 가운데 사랑을 실천하고 살면서, 비브 그릭은 하나님에 대한 더 깊은 지식과 세상 속에서 이루어지는 하나님의 선교에 대한 더 넓은 깨달음을 얻었다. 비브 그릭은 그런 첫 경험을 시발점으로 해서 세계 대도시의 극빈자들 가운데 들어가 살려고 하는 그리스도인 일꾼들을 훈련시키는 세계적 사역을 발전시켰다. 그들은 교회를 세우고 양육하기 위해, 사회경제적 변화를 촉진하기 위해 그리고 그리스도의 임재가 **되기** 위해 거기에 있다. 이것은 우리의 삶이 하나님의 보내시는 사랑을 나타내는 수많은 방법 중 하나에 지나지 않다.

셋째, 요한복음은 **기독교 공동체의 공동생활의 선교적 영향**을 강조한다. 교회가 예수님이 사랑하시는 것처럼 진실로 사랑할 때, 교회가 성부와 성자가 하나이신 것처럼 연합할 때, 그것을 지켜보고 있는 세상이 하나님께서 그곳에 강력하게 임재해 계심을 인정할 것이라고 예수님은 말씀하신다. 하지만 유감스럽게도 너무 자주 현실은 그와 정반대이다. 국내에서든 국외에서든 기독교 공동체의 분열은 사랑과 화해의 선교를 수행하는 교회에 장애가 된다. "세상은 지켜보고, 그리스도인들은 다투고, 증언의 불길은 연기만 피운 채 타지는 않는다."35) 우리는 선교를 전통적인 전도 활동보다 더 광범위한 것으로 이해해야 한다. 사랑하며 연합을 이룬 공동체로 사는 것이 우리의 선교에 대단히 중요하다.

넷째, 요한복음은 **사랑이 선교의 동기와 특징**이라는 점을 크고 분명하게 외친다. 요한복음에서 예수님은 하나님의 찾으시는 사랑이 성육신한 분이시다. 신적 사랑은 온갖 종류의 사람들에 대한 예수님의 총체적 사역으로, 그분의 겸손한 섬김으로, 궁극적으로 세상 죄를 위해 그분의 목숨을 희생하시는 것으로(요 1:29) 나타난다. 우리의 선교 역시 사랑으로 동기가 부여되고 또 구체적인 사랑의 섬김으로 실행된다. 요한복음에서 다른 사람들을 사랑하라는 예수님의 명령은 주로 공동체 내의 관계에 집중한다. 이런 일치단결에 대한 호소는 교회가 그들을 미워하는 세상으로부터 핍박을 당하고 적대시될 때 필요한 것이다. 그러나 예수님이 온 세상을 위해 그분의 목숨을 버리셨다면(요 1:29; 3:16을 보라), 예수님이 우리에게 다른 사람들을 위해 목숨을 버리라고 명령하신 것은 교회 바깥까지 해당된다.

다섯째, 교회는 **진리를 증언하는** 일에 대한 요한의 관심을 되살리는 것이 필요하다. 우리는 말뿐 아니라 또한 그리스도의 진리를 구현하는 개인적 삶과 공동체로 증언한다. 동시에 증언은 **정말** 말을 포함한다, 때때로 그것은 인내심을 발휘하면서 그 상황에 민감하게 다른 사람들과 대화를 나누는 것을 의미할 것이다. 또 다른 때에 그것은 죄와 불신으로 가득한 몰인정한 세상에 대해 개인적 수준과 제도적 수준에서 예언자적으로 대결하는 것을 포함할 것이다. 그와 같은 증언의 대가는 적지 않다. 죄는 인기가 있는 주제가 아니며, 포스트모던 감성을 지닌 현대인들은 궁극적 진리를 주장하면 화가 난 호저(몸에 길고 뻣뻣한 가시털이 덮여 있는 동물-역주)처럼 발끈한다. 그러나 예수님은 우리가 증언할 때 혼자가 아니라는 점을 우리에게 확언하신다. 신적 옹호자인 성령이 우리와 함께 우리를 통해 증언하실 것이다. **우리는** 아무에게 유죄 판결을 내릴 수도 없고 누구를 회심시킬 수도 없다. 성령은 사람들의 생각과 마음에 진리를 효과적으로 전달하는 하나님의 특별한 행위자이시다. 요한은 우리에게 희망을 준다. 요한은 예수님의 공동체가 말과 삶으로 하나님의 진리를 증언할 때, 몰인정한 세상조차도 예수님을 알고 믿게 될 수 있다고 단언한다(요 17:20-23; 20:23).

마지막으로, 요한은 우리에게 **좋은 소식을 존재, 행동, 말로 증언하는 것의 참으로 아름다운 협력**을 보여준다. 세 가지 모두 하나님의 찾으시는 사랑의 당연한 표현이다(요 3:16). 예수님이 그분의 선교를 수행하도록 우리를 보내실 때, 예수님은 개별적이 아니라 통합적으로 그분의 임재를 구현하고 그분의 말씀을 말하고 그분의 이름으로 행동하도록 우리를 보내신다. 우리는 소외당한 여인들에게 말씀하시고, 더러운 발을 씻기시고, 진리로 권력에 도전하시고, 세상을 위해 자신의 목숨을 버리시는 분의 선교를 다시 제시한다고 요한은 우리에게 말한다.

**생각해 볼 질문**

1. 예수님은 "아버지께서 나를 보내신 것 같이 나도 너희를 보내노라"고 말씀하셨다(요 20:21). 현실적으로 당신이 세상에 하나님의 "보내심"을 받는다는 것은 무엇을 의미하는가?
2. 당신은 오늘날 교회가 **존재**보다 **행동**을 더 강조하는 경향이 있다고 생각하는가? 그렇다면 그 이유는 무엇이고, 또 그렇지 않다면 그 이유는 무엇인가?
3. 당신은 기독교 공동체의 서로 사랑과 세상에 대한 선교의 관계를 어떻게 묘사하겠는가? 당신은 당신이 속한 교회의 사랑과 연합이 교회 바깥에 있는 사람들에게 영향을 끼치고 있다고 생각하는가?
4. 요한복음은 사랑과 진리가 하나님의 선교의 핵심적인 차원들이라는 점을 분명히 한다. 이 둘 중 어느 것이 당신의 기독교 공동체의 삶과 선교에서 더 많은 관심을 받는 경향이 있는가? 우리가 다른 것을 소홀히 하고 하나를 강조할 때 무슨 일이 일어나는가?

## 주

1) Marianne M. Thompson, "John, Gospel of," in *Dictionary of Jesus and the Gospels*, ed. Joel B. Green, Scot McKnight and I. Howard Marshall (Downers Grove, IL: InterVarsity Press, 1992), pp. 372-73.「예수 복음서 사전」(요단출판사)
2) Ben Witherington III, *John's Wisdom: A Commentary on the Fourth Gospel* (Louisville: Westminster John Knox, 1995), pp. 29-32를 보라.
3) 요한복음의 신학을 가장 최근에 다룬 책들은 선교 주제에 거의 주목하지 않는다. 예를 들어, D. Moody Smith, *The Theology of the Gospel of John* (Cambridge: Cambridge University Press, 1995).「요한복음 신학」(한들출판사); Richard Bauckham and Carl Mosser, eds., *The Gospel of John and Christian Theology* (Grand Rapids: Eerdmans, 2008). 하지만 Andreas J. Kostenberger, *A Theology of John's Gospel and Letters* (Grand Rapids: Zondervan, 2009)는 예외적으로 선교를 다룬다. 특히 pp. 539-46를 보라.
4) 나는 이 연구에 요한서신을 포함시키지 않는다. 요한서신은 세상에 대한 교회의 실제 선교보다는 공동체 문제를 주로 다루기 때문이다. 그러나 요한복음과 요한서신 사이에 존재하는 많은 신학적 언어학적 관련성을 고려해서, 나는 요한서신이 요한복음에 나타난 선교의 개념을 지지할 때 그 서신을 언급할 것이다.
5) Andreas J. Kostenberger, *The Missions of Jesus and the Disciples According to the Fourth Gospel* (Grand Rapids: Eerdmans, 1998), pp.107-11.
6) Richard B. Hays, *The Moral Vision of the New Testament* (San Francisco: HarperCollins, 1996), p. 141.「신약의 윤리적 비전」(IVP)
7) 물론 예수님의 성육신을 교회 사역을 위한 모범으로 보는 데에는 분명한 한계가 있다. 예를 들어, 예수님이 세상 죄를 없애기 위해 오신 것은(요 1:14, 29) 그분의 선교에 독특한 것이었다. 게다가 토드 빌링스는 특정한 문화에서 "예수님 같이 되는" 것이 성령의 역사를 제외하고 마치 **우리**에게 달린 것처럼 "성육신 사역"을 이해하는 것에 대해 올바르게 경고한다. J. Todd Billings, "The Problem with 'Incarnational Ministry,'" *Christianity Today* 56 (July/August

2012), pp. 56-58를 보라.

8) Richard A. Burridge, *Imitating Jesus: An Inclusive Approach to New Testament Ethics* (Grand Rapids: Eerdmans, 2007), p. 296.

9) Ibid., p. 304.

10) Witherington, *John's Wisdom*, pp. 31, 36. 참고. R. Geoffrey Harris, *Mission in the Gospels* (London: Epworth Press, 2004), p. 171.

11) 다음에 나오는 논의에 대해 나는 여러 중요한 책들의 도움을 받았다. Eckhard J. Schnabel, *Early Christian Mission*, vol. 1, *Jesus and the Twelve* (Downers Grov, IL: InterVarsity Ptress, 2004), pp. 242-47; Mortimer Arias and Alan Johnson, *The Great Commission: Biblical Models for Evangelism* (Nashville: Abingdon, 1992), pp. 86-94. 또 Teresa Okure, *The Johannine Approach to Mission: A Contextual Study of John 4:1-42* (Tubingen: Mohr Siebeck, 1988), pp. 79-131를 보라.

12) Kostenberger, *Missions of Jesus and the Disciples*, p. 191.

13) Ibid., p. 198.

14) Andrew T. Lincoln, *The Gospel According to Saint John* (Peabody, MA: Hendrickson, 2005), p. 388.

15) Hays, *Moral Vision*, p. 144.

16) Kostenberger, *Theology*, p. 541.

17) Burridge, *Imitating Jesus*, p. 328.

18) 참고 문헌을 알려면 S. Keener, *The Gospel of John: A Commentary* (Peabody, MA: Hendrickson, 2003), 2:1061-62를 보라.

19) Lincoln, *John*, p. 439.

20) Stanley H. Skreslet, *Picturing Christian Witness: New Testament Images of Disciples in Mission* (Grand Rapids: Eerdmans, 2006), pp. 155-90를 보라.

21) Kostenberger, *Missions of Jesus and the Disciples*, p. 160

22) George R. Beasley-Murray, *John* (Waco, TX: Word Books, 1987), p. 255.

23) Arias and Johnson, *Great Commission*, p. 79.

24) Lincoln, *John*, p. 412.

25) 핍박과 적의의 배경은 인간 문화에 긍정적인 요소들이 있음을 단언하는 누가보다 (예를 들어, 행 17:22-31) 요한이 더 예리하게 교회와 믿지 않는 세상을 구분하는 이유를 설명해준다. 그럼에도 불구하고, 예수님이 인간의 육신을 입고 세상에 들어오셨다는 요한의 믿음은 그로 하여금 세상을 경멸하는 이원론에 빠지지 않게 해준다.

26) Harris, *Mission in the Gospels*, p. 175.

27) Donald Senior and Carroll Stuhlmueller, *The Biblical Foundations for Mission* (Maryknoll, NY: Orbis, 1983), p. 287.

28) Arias and Johnson, *Great Commission*, p. 86.

29) Lincoln, *John*, p. 499.

30) Skreslet, *Picturing Christian Witness*, pp. 91-93를 보라.

31) Ibid., p. 97.

32) Ibid.

33) Emil Brunner, *The Word and the World* (London: SCM Press, 1931), p. 108.

34) Viv Grigg, *Companion to the Poor: Christ in the Urban Slums*, rev. ed. (Waynesboro, GA: Authentic Media, 2004)를 보라. 「가난한 자들의 친구」 (IVP)

35) Dean Flemming, *Philippians: A Commentary in the Wesleyan Tradition* (Kansas City, MO: Beacon Hill Press, 2009), p. 140.

# CHAPTER 06
# 너희가 내 증인이 되리라
### 사도행전에 나타난 말과 삶의 선교

주께서 구원받는 사람을 날마다 더하게 하시니라

(행 2:47)

## 서론

"선교서"로 불릴 수 있는 신약 책이 있다면, 그것은 사도행전이다. 교회의 시작에 대한 이야기는 사실은 하나님의 선교에 대한 이야기이다. 누가의 내러티브는 "사도행전"이라기보다는 삼위일체 하나님의 행전이다. 하나님은 예루살렘부터 로마까지 이어지는 선교 여행에 그분의 백성을 보내시고 능력을 부여하시고 인도하신다. 사도행전에서 교회의 정체성은 교회가 선교에 관여할 때만 형성된다. 선교가 없다면, 교회도 없다. 그렇다면 기독교 선교의 **특징**을 더 잘 이해하기 위해 선교하는 교회에 대한 누가의 이야기를 살펴보는 것은 아주 자연스러운 일이다.

사도행선은 그 내용뿐만 아니라 그 목표에 있어서도 선교서이다. 누가가 이야기를 하는 주된 목표 중 하나는 독자들이 온 세상을 구원하시려는 하나님의 광범위한 계획에 헌신하도록 요청하는 것이다. 유대인들과 이방인들에 대한 사도들의 설교와 성령의 인도를 받는 교회의 증언에 대한 이야기들을 통해, 누가는 자신들이 처한 상황에서 하나님의 구원하시는 선교를 실행하는 방법을 탐구하는 독자들에게 유익한 모델들을 제공한다.[1] 그러니까 사도행전은 교회를 위해 기록된 선교의 연대기이면서 선교의 도구다. 이 장은 선교하는 교회에 대한 누가의 이야기가 선교적 백성으로서 우리가 **말하는 것**, 우리가 **행동하는 방식** 그리고 우리의 **존재**에 대해 어떤 새로운 통찰을 제공해 주는지 살펴볼 것이다.

## 말로 하는 증언

### 예수님의 선교를 계속함

사도행전의 첫 부분은 교회의 선교에 대한 누가의 견해를 이해하는 데 아주 중대하다. 먼저 첫 부분은 기독교 공동체의 선교를 예수님의 선교에 결속시킨다. 누가는 그가 쓴 두 권의 책 중 첫 번째 책을 되돌아봄으로써 사도행전을 시작한다. 누가복음은 "무릇 예수께서 행하시며 가르치시기를 시작하신 일"을 기록한 책이었다(행 1:1). 이것은 누가가 말하려 하는 교회의 이야기가 예수님이 **계속해서** 행하시고 가르치신 것이라는 점을 분명히 암시한다. 이제 예수님은 성령의 권능을 받은 증인들을 통해 부활하신 주님으로서 그 일을 하신다. 그렇다면 우리는 사도행전에 기록된 교회의 선교가, 예수님의 선교처럼, 말과 행동으로 이루어진 "보여주고 말하는" 사역인 것을 예상해야 한다.

누가는 예수님의 지상 선교와 교회의 선교가 지닌 일련의 유사점을 제시하면서 그 둘을 견고하게 연결시킨다. 예를 들어, 성령이 팔레스타인에서 예수님의 사역을 시작하시고 권능을 부여하셨던 것처럼(눅 3:21-22; 4:1, 14, 18), 성령은 예루살렘에서 땅 끝까지 교회의 선교를 시작하시고 지속시키신다(행 1:4-5, 8; 2:1-4, 17; 4:31 등). 또한 부활절 전에 예수님은 12명을 "사도"로 지명하시고 그들을 보내셔서 선포와 능력을 행하는 그분의 사역을 하게 하셨다(눅 6:13; 9:1-2). 이제 부활 후에 이 사도들은 (행 1:2) 처음으로 선두에 서서 "주님의 말씀"을 선포하고 예수님의 이름으로 "표적과 기사"를 행한다(행 2:42-43; 3:1-10; 5:12-16; 6:2-4을 보라).[2]

### 기본 입장을 밝히는 약속: 사도행전 1:8

사도행전의 처음은 또 하나님의 선교에 교회가 참여하는 것의 **본질**이 무엇인지 밝힌다. 우리는 사도행전의 기본적인 "사명 선언"에서 그 실마리를 발견한다. "오직 성령이 너희에게 임하시면 너희가 권능을 받고 예루살렘과 온 유대와 사마리아와 땅 끝까지 이르러 내 증인이 되리라"(행 1:8). 이 말씀은 제자들이 "주께서 이스라엘 나라를 회복하실" 때에 대해 질문을 하자 예수님이 대답하신 것이다(행 1:6). 제자들에게 직접적인 답을 해주시는 대신에, 예수님은 약속을 하신다. "너희가 내 증인이 되리라"(행 1:8). 예수님은 역사에 개입한 하나님의 통치에 비추어 종말의 시기에서(행 1:7) 종말**까지** 수행할 교회의 과제로 그들의 초점을 돌려놓으신다. 사도행전 1:8이 명령도 아니고, 또 엄밀히 말해서 교회에 주신 "위임명"도 아니라는 점을 주목하는 것이 중요하다. 예수님은 "가서 증언하라!"고 말씀하시지 않는다. 오히려 예수님은 추종자들에게 **정체성**을 분명히 말씀해 주신다. 그들은 "그분의 증인"이다. 그리고 예수님은 성령이 그들을 통해 하실 일을 약속하신다. 그들은 예루살렘에서 시작해서 땅 끝까지 퍼져나가는, 예수님에 대해 증언하는 선교에 참여할 것이다. 이것이 사도행전의 나머지에서 실현되는 약속이다.

### 사도행전에 나타난 증언

**증언**은 사도행전에서 주된 선교 활동이다.[3] "증인"(마르투스)이라는 명사는 누가가 사용하는 특별한 단어 중 하나이다. 증언하는 활동을 언급하는 동사들과 함께, 그것은 누가가 쓴 두 번째 책에 자주 나온다.[4] 이것은 그렇게 놀랄 일이 아니다. 우리는 이 주제를 이미 누가복음 24장에서 부활 후에 예수님이 추종자들에게 주신 위임령에서 본 바 있다("너희는 이 모든 일의 증인이라," 눅 24:48). 그러나 우리는 하나님이 그리스도 안에서 하신 일의 증인으로서 그들의 역할이 기독교 선교의 특징에 대해 무어라 말하는지 더 살펴볼 필요가 있다.

첫째, 증인은 **누구인가**? 우리는 즉시 사도행전 1:8에서 예수님이 그분의 증인이 되리라는 약속을 모든 신자에게 하시는 것이라고 추정하려고 할 수 있다. 그러나 그것은 그렇게 간단하지 않다. 누가복음 24:48과 사도행전 1:8에서 "증인"이라는 개념은 먼저 사도들과 관계가 있다. 사도들은 예수님과 관련된 사건들, 특히 그분의 부활을 직접 목격한 자들이다(행 1:22). 따라서 예수님의 지상 사역이나(행 10:38) 그분의 부활에 대한 이야기를 말할 때, 베드로는 "우리는 이 일에 증인"이라고 선언한다(행 2:32; 3:15; 5:32; 10:39, 41). 후에 바울 역시 부활하신 주님에 대한 증인의 대열에 합류한다(행 22:15; 23:11; 26:16).

몇몇 해석자들은 누가가 **증인**의 역할을 본래의 사도들과 바울에 국한시킨다고 생각한다. 이런 주장은 사도행전 1:8에 기록된 열방에 그리스도를 증거하는 "증인"이 되라는 사도들의 위임령이 독특하고 반복될 수 없다는 점을 내세운다. 그렇다면 후세대의 그리스도인들은 그 사도적 위임령**에서** 생긴 **메시지**만을 공유할 것이다.[5] 하지만 누가가 증인이라는 말을 스데반(행 22:20), 바울 및 "모든 선지자"(행 10:43) 같은 사람들에 대해서도 사용한다는 사실은 이 역할이 본래의 목격자들보다 더 광범위함을 증명한다. 증인의 역할을 하는 사도들은 선교하는 전 교회를 대표한다. 마이클 고힌이 "너희가 내 증인이 **되리라**"(행 1:8)고 말씀하신 예수님의 약속은 "이 작은 사도적 그룹에서 시작하지만 전체 교회의 소명으로 확대된다"고 말한 것은 분명히 옳다.[6]

둘째, 예수님의 증인이 된다는 것은 **무슨 의미인가**? "증인"이라는 용어는 법정에서 유래했으며, 사도행전 전체에 걸쳐 이런 법적 의미로 사용된다. 먼저 사도들은 하나님이 그리스도 안에서 하신 일, 특히 "주 예수의 부활"(행 4:33)에 대해 신뢰할 수 있는 증언을 한다. 하지만 사도들의 증언은 단지 일어난 사실을 입증하는 것을 넘어선다. 그들은 또한 예수님의 삶, 죽음 및 부활이 지닌 구원의 **의미**에 대해 증언한다. 다시 말해서, 사도들은 복음의 진리를 증언한다. 그리고 그 증언은 성령의 권능으로 믿음을 통해서만 파악할 수 있다(행 1:8). [7]

그러니까 증언한다는 것은 선교의 언어적 차원을 집중 조명한다. 사도행전에서 다른 무엇보다도 증언은 하나님이 예수님 안에서 행하신 일에 대한 진리를 **말하는 것**을 포함한다. 하나님의 증인들은 구원하는 이야기를 말한다. 누가는 사도적 증언의 내용을 밝히는 일련의 연설 또는 설교로 자신의 내러티브를 구성함으로써 구원하는 이야기를 말한다. 누가의 주역, 특히 베드로와 바울은 상당히 많은 말을 한다.

하지만 그렇다고 해서 복음에 대해 증언하는 것이 **오직** 말로**만** 이루어진다고 생각하지 말아야 한다. 사도행전에서 증언은 포괄적인 개념이다. 앞에서 언급한 대로, 예수님의 약속은 교회의 정체성을 규정한다. "너희가 내 증인이 **되리라**"(행 1:8). 증언은 또한 하나님의 권능을 입증하는 "표적과 기사" 가운데(행 5:12; 9:32-35, 36-42; 19:11-20을 보라), 그리고 믿는 공동체의 상호 돌봄과 책임 가운데(행 2:42-47; 4:32-37) 이루어진다.[8] 다시 말해서, 하나님의 백성의 증언은 **말**, **행동**, **존재**를 다 포함한다. 우리는 그 증언 중 뒤에 나오는 두 차원을 곧 살펴볼 것이다. 그러나 먼저 **말**로 하는 교회의 증언에 대해 고려해 보자. 이것이 사도행전이 강조하는 것이기 때문이다.

### 말씀에 대한 조명

사도행전에는 말하는 것과 관련된 동사가 아주 많다. "증인"이라는 말과 더불어, 사도행전은 종종 "전파하고"(케루소), "좋은 소식을 전하고"(유앙겔리조마이) 또는 하나님의 말씀을 "말하는" 사도들과 선교사들을 묘사한다.[9] 누가는 이 복음 선포가 다양한 장소에서 일어남을 묘사한다. 예루살렘 성전과 지역 회당에서, 개인 집과 공공 시장에서, 강당과 감옥에서, 큰 무리 앞에서(행 2:5-41) 그리고 외로운 관리의 마차 안에서(행 8:26-40). 다시 말해서 여기저기 곳곳에서 일어난다. 게다가 사도행전에서 언어적 증언은 단순히 일방적인 과제가 아니다. 그것은 대화, 추론, 토론, 설득을 포함한다. 예를 들어, 바울은 데살로니가에 있는 회당을 찾아가서 유대인들과 성경을 갖고 논쟁한다. "뜻을 풀어 그리스도가 해를 받고 죽은 자 가운데서 다시 살아나야 할 것을 증언하고"(행 17:2-3; 참고. 행 18:4). 후에 아덴에서 바울은 매일 시장에서 이방인들과 대화와 토론을 하면서, 그들에게 "예수와 부활"에 대해 말한다(행 17:17-18).

사도행전은 또한 **회심자 교육**을 강조한다. 처음부터 교회의 사역은 사람들을 믿음으로 이끄는 것뿐 아니라 또한 그들에게 하나님의 도를 가르치는 것을 포함한다. 누가는 오순절 후에 최초의 예루살렘 제자들의 마음을 사로잡았던 활동을 묘사하면서 강한 동사("힘쓰니라")를 사용한다(행 2:42).[10] 그들이 사도의 가르침을 받는 것이 그 목록의 위에 있다. 복음이 이방인들에게 퍼져나가면서, 회심자들을 교육하는 것이 교회의 삶의 핵심이 되었다. 사도행전은 다섯 명의 교사들의 이름을 밝히지만, 또 주의 말씀을 가르치고 전파한 "수다한 다른 사람들"을 언급한다(행 13:1; 15:35). 아볼로는 브리스길라와 아굴라로부터 하나님의 도에 대한 가르침을 받은 다음에 다른 신자들을 가르쳐서 "많은 유익"을 준다(행 18:24-28). 바울의 선교 사역에는 고린도(행 18:11)와 에베소(행 19:9-10)에서 장기 체류하는 것이 포함된다. 거기에서 바울은 지속적으로 하나님의 말씀을 가르친다(참고. 행 11:25-26; 20:20). 누가는 사도행전을 마무리하는 순간에도 로마의 감옥에 갇힌 바울이 "주 예수에 관한 것을 거침없이 가르치는" 것으로 묘사한다(행 28:30-31).

사도행전에 나타난 언어적 증언에 대한 또 다른 중요한 차원은 **말씀의 진전**이라는 생각이다. 하나님은 그분의 **말씀**을 통해 행동하시는데, 그 말씀은 항상 인격화될 수 있다. 일련의 요약 진술을 통해서 누가는 하나님의 말씀의 진보를 그의 이야기에서 중심 주제로 삼는다. 여러 경우에 단순히 **교회**가 성장했다고 말하는 대신에, 누가는 "**주의 말씀**이 힘이 있어 흥왕하여 세력을 얻으니라"고 보고한다(행 19:20; 참고. 행 6:7; 12:24). 그와 같은 진술은 하나님 자신이 교회의 증언 가운데 강력하게 임재하시면서, 말씀의 확산을 주도하심을 뜻한다. 동시에, 누가는 예수님의 추종자들의 전파 활동이 이 놀라운 진보를 이루는 수단이라는 점을 분명히 한다.[11]

누가는 선포가 사도들의 선교에 중심이 되는 것으로 본다. 예를 들어, 갓 생긴 교회가 헬라어를 말하는 과부들에게 음식을 나누어주는 문제로 곤란을 겪을 때, 열두 사도는 "전 교회 회의"를 소집한다. 일곱 남자들을 지명해서 과부들을 돌보는 일을 하게 하고 그 결과 사도들은 기도와 말씀을 전하는 일에 집중할 수 있게 된다(행 6:2, 4). 그 때까지도 누가는 일곱 사람이 실제로 음식을 나누어 주는 것을 묘사하지 않는다. 대신에 누가는 일곱 사람 중 스데반과 빌립이 특별히 전파와 선교 사역을 하는 모습을 제시한다(행 6:8–8:40을 보라).[12]

게다가, 사도행전에 기록된 여러 재판 장면에서, 당국을 거듭 괴롭히는 문제는 사도들이 예수님의 이름으로 구원에 대해 공개적으로 말을 한다는 것이다. 예를 들어, 사도들이 사람들 가운데서 많은 표적과 기사를 행한 후에(행 5:12–16), 유대 종교 지도자들이 "마음에 시기가 가득하여" 사도들을 체포한다(행 5:17). 그러나 사도들이 공회 앞에 나타났을 때, 우리는 그들이 치유와 축사의 기적을 통해 큰 무리를 끌어들였다는 말을 듣지 못한다. 오히려, 대제사장은 특히 "이 이름으로 사람을 가르치지 말라"는 그의 명령에 불순종했다고 사도들을 꾸짖는다(행 5:28; 참고. 행 5:40).[13]

### 내용과 상황화

무엇보다도 누가가 교회의 이야기에서 복음 선포의 중대한 역할을 강조하는 것은 바로 사도행전에 기록된 연설을 통해서다. 연설은 모두 합해서 사도행전의 약 3분의 1을 차지한다. 누가는 그가 포함시킨 연설의 수와 길이에서 다른 고대 역사가들을 훨씬 능가한다.[14] 이것은 누가가 기독교 운동은 대체로 입으로 하는 말의 증언에 의 해 진행된다고 보았음을 알려주는 한 가지 지표이다.[15] 게다가, 연설은 복음의 진전에 대한 누가의 이야기에서 중대한 전환점을 나타낸다. 선교적 목표를 지닌 연설들은 특히 중대한 역할을 담당한다. 예를 들어, 사도행전 2장과 3장에 기록된 베드로의 설교는 유대인들에 대한 교회의 선교를 시작한다. 이방인들에게 복음을 전파하는 문을 활짝 연 것은 사도행전 10장에서 베드로가 고넬료의 식구에게 한 연설이다(행 10:34-43). 후에 바울이 비시디아 안디옥에서 회당에 모인 사람들에게 설교했을 때 결국 유대인들은 그것을 거부하고 따라서 바울은 방향을 돌려 이방인들에게 선교하기로 한다(행 13:16-47).[16]

사도행전에 기록된 연설은 좋은 소식을 선포하는 것의 중요성에 대해 증언할 뿐만 아니라 또한 그 선포의 **내용**과 그것이 전달되는 **융통성**을 보여준다. 다양한 배경, 청중, 목표에도 불구하고, 사도행전에 기록된 모든 연설은 하나님이 예수 그리스도 안에서 하신 일에 대한 본질적 이야기에 기반을 둔다. 하나님은 모든 사람을 구원하시기 위해 예수님을 죽음에서 일으키셨다. 그러나 그 이야기를 말하는 방법, 즉 어떤 요소를 포함시키거나 강조할 것인지 선택하는 방식은 상황에 따라 각기 다르다.

유대인들에 대한 전파

특히 유대인과 이방인 청중에게 복음을 선포하는 데에는 차이가 있다. 오순절 날 베드로가 한 설교(행 2:14-36)는 유대인들이나 아니면 회당과 연결되어 있는 이방인들에게 증언하는 복음의 내용을 확립한다.[17] 그것은 하나님의 메시아, 나사렛 예수님에 대한 이야기이다. 예수님은 능력의 행동을 하시고, 당국에 넘겨져 십자가에서 처형당하시고, 하나님에 의해 죽은 자 가운데서 살아나셨다. 이런 사건들은 이스라엘의 성경에서 예언되었으며 사도들에 의해 증언되었다. 좋은 소식의 선포는 또한 반응을 요구한다. 복음을 들은 자들은 회개하고 하나님의 구원의 복, 특히 죄 사함과 성령의 선물을 받아야 한다. 그와 같은 주제들이 반복해서 나타나는 것은 누가가 그것들을 예수님의 추종자들이 유대인들에게 선포하는 규범적 메시지의 일부로 여겼음을 보여준다.

동시에, 그 메시지는 누가의 이야기에서 각 경우마다 특정한 청중과 배경에 맞추어져 있다. 예를 들어, 사도행전 4장에서 유대 당국은 베드로와 요한이 무슨 권세와 **누구의 이름으로** 절름발이 거지를 기적적으로 치유했는지 말하라고 요구한다(행 4:7). 이어 나오는 연설에서, 베드로는 당면한 문제에 비추어 복음을 표현한다. "너희가 십자가에 못 박고 하나님이 죽은 자 가운데서 살리신 나사렛 예수 그리스도의 이름으로 이 사람이 건강하게 되어 너희 앞에 섰느니라"(행 4:10). 이 연설은 베드로가 구원은 오직 예수님 안에서만 발견된다고 선언할 때 절정에 달한다. "다른 이로써는 구원을 받을 수 없나니 천하 사람 중에 구원을 받을 만한 **다른 이름을 우리에게 주신 일이 없음이라**"(행 4:12). 베드로는 절름발이 남자가 치유받은 이름으로부터 모든 사람이 구원을 받는 이름으로 그 메시지의 초점을 능숙하게 다시 맞춘다.

### 이방인들에 대한 전파

사도행전에서 이교를 믿는 이방인들을 대상으로 한 선교적 연설을 읽는 것은 새로운 나라에 들어가는 것과도 같다. 누가는 그런 설교를 오직 두 개만 기록한다. 그것들은 둘 다 바울이 한 설교이다. 첫째, 사도행전 14:15-17에서 바울이 루스드라 사람들에게 한 연설은 적절한 결론에 도달하기 전에 돌발적 상황으로 갑자기 끝낸 사실상 "짧은 설교"이다. 그에 반해 사도행전 17:16-34에서 바울이 아덴 사람들에게 복음을 설명한 것은 누가의 내러티브에서 더 길고 더 중요하다. 나는 다른 곳에서 바울이 특정한 청중을 위해 이런 메시지들 각각을 어떻게 상황화했는지 자세하게 논했기 때문에,[18] 그 논의를 여기에서 반복하지 않겠다. 그 대신에 나는 사도행전에서 복음이 새로운 그룹의 사람들을 만날 때 그 복음을 새롭게 표현해야 할 필요성을 이 두 연설이 어떻게 예시하는지 간단히 요약할 것이다.

바울이 루스드라에서 만난 소박한 청중은 헬라의 대중 종교에 빠져 있었다. 그것은 그들이 바울과 바나바를 헬라의 신으로 경배하려고 한 사실에서 알 수 있다(행 14:11-13). 바울은 간단하지만 강력한 메시지를 이방인 청중의 기본 필요를 지적하는 것으로 시작한다. 즉 그들은 유일하신 창조주 하나님을 인정해야 한다. 바울은 모여든 보통 사람들과 농부들이 이해할 수 있는 문제들을 이야기한다. 만물을 지으신 하나님은 모든 민족에게 은혜를 베푸셔서 증거를 남겨 놓으셨다. 즉 생명을 유지하는데 필요한 비, 농작물, 음식을 제공하셨다(행 14:15, 17). 동시에 구약 선지자처럼, 바울은 그들의 우상숭배와 정면으로 맞선다. 그들은 "이런 헛된 일을 버리고 살아 계신 하나님께로 돌아와야" 한다(행 14:15). 그와 같은 주장은 복음과 헬라 로마 종교 사이에 엄청난 충돌을 일으킨다. 이교 신들과 그들을 숭배하는 관례들이 "헛되다"면, 이교 신앙의 틀 전체는 붕괴한다.[19]

아덴에서 바울은 더 세련된 이방인 청중을 만난다. 그들 중에는 스토아와 에피쿠로스 철학자들도 있다(행 17:18). 그 설교의 직접적인 배경은 아덴에서 발생한 종교적 문제들을 해결하는 책임이 있는 주요 시민들의 의회인 아레오바고다. 수사학적 기술과 감수성을 지닌 바울은 그의 청중에 정교하게 맞춘 메시지를 전한다. 헬라 연설가들이 관례적으로 하는 것처럼, 바울은 먼저 그의 청중과 관계를 확립한다. 바울은 아덴 사람들의 종교적 생활에서, 특히 그들이 알지 못하는 신에게 바친 제단에서 처음 접촉점을 발견한다(행 17:22-23). 아덴 사람들이 **알지 못하는** 신을 숭배하는 것은 바울이 **아는** 하나님에 대해 증언하는 발판이 된다. 이 하나님은 그분 자신을 인류에게 계시하셨기 때문이다.

하나님을 알리는 것이 그 설교의 주된 요지이다. 이런 **하나님 중심적** 초점은 이스라엘의 성경을 잘 알지 못하는 사람들에게 아주 적절하다. 바울의 전략은 그의 청중의 믿음 및 세계관에 대해 관련을 짓거나 맞서는 두 가지 방식으로 관여하는 것이다. 그 연설은 구약과 유대의 가르침에 확고하게 근거하고 있지만, 바울은 그 성경적 계시를 그의 청중의 심금을 울리는 언어와 범주로 표현한다. 바울은 스토아 철학자들의 신념에서 그의 주된 접촉점을 발견한다. 예를 들어, 스토아학파는 하나님이 가까이 계시며(행 17:27) 사람들은 하나님과 친족 관계(행 17:28)라는 점에 동의할 것이다. 바울은 심지어 이 마지막 주장을 성경 구절이 아니라 스토아 시인이 쓴 시에서 나온 구절로 뒷받침한다. 원래 그 시는 **제우스**를 찬양하면서 쓴 것이다("우리가 그의 소생이라," 행 17:28)!

하지만, 공통되는 기반이라는 구상은 분명한 한계를 갖고 있다. 아덴 사람들의 종교적 열망과 믿음에 대한 바울의 감수성에도 불구하고, 바울은 그들의 근본적인 세계관을 변화시키려고 노력한다. 바울은 주로 이교 교리를 직접적으로 반박하는 것이 아니라 성경의 하나님을 긍정적으로 고백함으로써 그 일을 한다. 예를 들어, 바울의 하나님 이야기는 신적 존재를 비인격적이고 널리 퍼져 있는 이성의 원리로 보는 스토아학파의 생각을 전복시킨다. 그와 반대로, 바울은 인격적인 하나님을 선포한다. 하나님은 "천지의 주재"이시고(행 17:24), 세상 안에서 온전히 표현되기보다는 세상을 다스리시는 창조자이시다. 무엇보다도 바울은 아덴 사람들의 우상숭배 및 종교적 다원주의와 맞선다(행 17:24-25, 29). 사도행전에 기록된 바울의 설교의 진정한 천재성은 바울이 그의 청중과 단순히 동일시하기 위함이 아니라, 특별히 그들의 세계관에 도전하고 그것을 변화시키기 위해 그들의 철학적 언어를 사용한다는 것이다. 철학자들이 사용하는 그 언어가 복음을 섬기는데 집중된다.[20]

그 연설은 사도행전 17:30-31에서 절정에 달한다. 마침내 바울은 전체 메시지가 근거해 있는 복음을 증언한다. 그것은 하나님이 죽은 자 가운데서 살리시고, 세상의 심판자가 되시는 예수님이다. 게다가, 아덴 사람들은 "회개하거나 아니면 벌을 받아야 한다."[21] 우리가 앞에 기록된 선교적 설교들에서 나타나는 친숙한 복음 주제들, 즉 그리스도 안에서 역사하는 하나님의 구원하시는 행동 및 회개할 필요(행 2:38; 3:19-20; 10:42을 보라)에 대해 듣는 것은 오직 지금뿐이다. 하지만 "좋은 소식"은 헬라 사상과 충돌한다. 특히 육체적 부활이라는 개념은 헬라인들에게 완전히 어리석은 것은 아닐지라도 아주 이질적으로 들렸을 것이다(행 17:18, 32을 보라). 그럼에도 불구하고, 바울은 헬라 세계관에 더 용인될 수 있도록 복음을 희석시키기를 거부한다. 부활하시고 다시 돌아오실 예수님은 협상이 불가능하다.

누가의 청중에게, 바울의 아레오바고 연설은 교양 있는 이교도 이방인들에 대한 선교적 설교의 모범 역할을 한다.[22] 그러나 1세기 독자들만 바울의 접근법에서 배울 것이 있는 게 아니다. 바울의 아덴 설교는 또한 다원주의 세계에서 성경적 전통을 잘 모르는 21세기 사람들에게 좋은 소식을 말하는 것에 대해 교훈하는 바가 많다. 다음의 요점들을 고려해 보라.

* 바울은 그의 청중이 성경적 이야기를 안다고 추정하지 않는다. 따라서 바울은 조심스럽게 토양을 준비시킨다. 마찬가지로 우리가 비기독교인들에게 말하는 출발점은 하나님의 존재 및 하나님의 형상을 따라 지음 받은 인간의 공통 경험 같은 기본적인 문제가 되어야 한다.
* 우리는 바울이 그의 청중과 그들의 생활 처지에 맞추어 복음을 전한 태도를 모방할 수 있다. 바울은 그들의 세계관에 관여하며, 그들이 이해할 수 있는 방식으로 복음을 전하기 위해 그들 자신의 언어, 문학, 이미지들에 의지한다. 모든 세대에서 교회는 사역하고 있는 문화와 교류해야만 한다. 그것에는 의미 있는 방식으로 증언하기 위해 그 문

화의 자원들을 끌어내 활용하는 것이 포함된다. 예를 들어, 많은 대중 가요와 영화 줄거리는 진실한 교제, 구속 및 희망에 대한 열망을 표현한다. 그런 주제들은 믿지 않는 우리 친구들에게 그리스도가 가장 깊은 인간의 갈망을 충족시키신다는 점을 보여주는 접속점의 역할을 할 수 있다.

* 바울을 본받아서 우리는 다원주의 세상에 비판적으로 관여해야만 한다. 근본적인 방식으로 복음은 모든 문화와 세계관에 도전한다. 기독교적 증언의 목표는 단순히 동일화하는 것이 아니라 변화를 이루는 것이다.

* 사도행전 17장은 인내심을 발휘하고 상대방을 존중하는 전도법을 제시한다. 바울은 시간을 투자해서 시장에서 아덴 사람들과 개인적으로 대화를 나눈다(행 17:17-18). 바울은 그들의 믿음과 문화를 이해하는 모습을 나타내며 그 결과 그들은 바울이 전하는 말에 귀를 기울이게 된다. 마찬가지로, 우리와 동시대를 사는 많은 사람들이 복음을 받아들이도록 우리는 새로운 개념적 언어를 배우고 새로운 공동체를 조직하고 새로운 사회적 정체성을 형성하는 것이 필요하다.[23] 우리는 그 과정을 통해 사람들을 끈기 있게 그리고 세심하게 이끌어 나가야 한다.

* 그러니까 사도행전 17장에서 우리는 언어적 증언의 모범을 본다. 그것은 한 편으로 복음을 새로운 아덴 조로 노래 부르며, 다른 한 편으로 그리스도 안에 나타난 하나님의 결정적 이야기에 비추어 문화의 우상들에 도전을 가한다. 누가가 보기에 좋은 소식을 말하는 것은 사도적 복음에 대한 창조적 융통성과 용감한 충실함 **둘 다**를 필요로 한다.

### 성령이 주시는 담대함

사도행전에서 기독교적 증언에 대한 반응은 여러 가지다. 유대인들은 오순절에 베드로가 행한 설교를 환영한다(행 2:41). 그러나 사도행전 4장에서 유대 종교 지도자들은 베드로와 요한을 체포해서 예수님의 이름으로 말하는 것을 금지시킨다. 하지만 말씀은 계속 퍼져나가며, 심지어는 유대 제사장들까지 그 말씀에 복종한다(행 6:7). 그러나 스데반의 연설로 치명적인 반대가 일어나고, 핍박받는 교회는 흩어진다(행 7:57-8:4). 후에 바울의 유대인 선교와 이방인 선교는 똑같은 상이한 반응을 맞이하게 된다. 예를 들어, 바울과 바나바가 이고니온의 회당에서 설교했을 때 처음에는 유대인들과 이방인들 가운데 많은 회심자들이 생긴다(행 14:1). 하지만 곧 유대인 반대자들이 선교사들을 핍박하기 시작한다. 이고니온이 그 문제로 양극화되고, 몇몇 유대인들과 이방인들은 바울과 바나바를 돌로 치려고 한다(행 14:4-5). 후에 바울이 아덴에 있는 아레오바고 의회에서 예수님의 부활을 전할 때, 그들의 반응은 조롱과 믿음으로 갈린다(행 17:32-34). 누가는 신실한 증언과 격렬한 저항이 연결되어 있음을 보여주려고 애쓴다.

그러나 예수님의 추종자들은 스스로 증언하도록 방치되지 않는다. 기독교적 증언은 성령의 권능을 통해서만 이루어질 수 있다(행 1:8). 역경 가운데서도, 성령은 공동체가 신적 담대함으로 증언할 수 있도록 권능을 불어 넣으신다. 교회의 용감한 증언은 필요한 때에 성령께서 제자들이 할 말을 할 수 있도록 도와주실 것이라는(눅 12:11-12) 예수님의 약속을 성취한다. 사도행전 4장에서 사도들이 적대적인 유대 관리들의 위협을 받을 때, 교회는 모여서 기도를 한다. 사도들은 하나님께 그들이 하나님의 말씀을 "담대히"(파레시아), 즉 자유롭고 힘 있게 전할 수 있도록 해달라고 요청한다(행 4:29-30). 그 응답은 즉시 이루어진다. 그들이 그대로 모여 있을 때, "무리가 다 성령이 충만하여" 담대히 복음을 전할 수 있게 되었다(행 4:31). 여기에서 사도들뿐 아니라 또한 더 광범위한 신자들의 공동체도 성령의 권능을 받아서 담대하게 증언을 한다.

사도행전에서 바울은 핍박 가운데서도 용감히 증언하는 최고 모범이 된다(행 9:27; 19:8을 보라). 한 번은 비시디아 안디옥에서 유대인들에게 괴

롭힘을 당한 바울과 바나바가 담대하게 이제 방향을 바꾸어 이방인들에게 복음을 전하겠다고 선언한 적이 있다(행 13:45-46). 선교사들은 핍박을 당하고 그 도시에서 쫓겨나지만, 우리는 그들의 제자들이 "기쁨과 성령이 충만한" 것을 발견한다(행 13:52). 짐작컨대 이 갓 태어난 회중은 "말씀을 전파하고 반대를 맞이할 준비가 되어 있었을(참고. 행 14:22)" 것이다.[24] 사도행전이 끝나는 바로 그 순간에도, 로마의 죄수인 바울은 하나님의 나라를 전파하고 그를 찾아오는 사람들에게 그리스도를 "담대하게 거침없이" 가르친다(행 28:30-31). 그러니까 사도행전에 기록된 예수님에 대한 교회의 증언과 관련해서 두 가지가 확실하다. 첫째, 그것은 불가피하게 반대를 불러일으킨다. 그리고 둘째, 성령은 교회에 필요한 용기를 주셔서 그 대가가 무엇이든지 상관없이 인내하면서 증언을 할 수 있게 하신다.

**모든** 회심자는 담대하게 말씀을 전파함에 있어 베드로와 바울의 선례를 따라야 했는가? 놀랍게도 누가는 이 점에서 분명하지 않다. 누가의 이야기에서 전도 선포는 주로 사도들과 은사를 받은 다른 전도자들과 선교사들의 과제이다. 여기에는 빌립, 바울, 바나바, 실라, 아볼로, 디모데, 그리고 핍박을 받아 흩어졌을 때 하나님의 말씀을 전파한 다른 익명의 그리스도인들이 포함된다(행 8:4; 11:20). 신자들의 큰 무리가 담대하게 하나님의 말씀을 말할 때조차도(행 4:29, 31), 누가는 여전히 그 공동체의 지도자들의 사역을 강조한다(행 4:29-30, 33; 5:12).[25] 우리는 회심자들이 새로 발견한 예수님에 대한 신앙을 친구들 및 친척들에게 전했을 것이라고 추정할 수 있다.[26] 그러나 누가는 이 점을 강조하지 않는다. 대신에 누가는 식탁 교제, 예배, 기도 및 그들 가운데 있는 궁핍한 자들을 섬기는 공동체의 관례에 초점을 맞춘다(행 2:42-46; 4:32-37). 이것은 누가에게 증언은 말로만 증거하는 것보다 훨씬 광범위하다는 점을 분명히 나타낸다.

## 행위로 하는 증언

### 하나님의 능력의 표적

언어적 형태의 증언이 사도행전에서 중요한 자리를 차지하기는 하지만, 그것이 전부는 아니다. 기적적인 행위 또한 누가의 이야기에서 주요한 역할을 한다. 그것들은 교회가 행하는 것과 예수님께서 "행하시며 가르치신" 것이 연속성이 있음을 보여준다(행 1:1; 참고. 행 10:36-38). 사도행전에서 선교는 단순히 예수님 안에 있는 구원에 대해 말하는 것 그 이상을 포함한다. 좋은 소식은 또한 "표적과 기사"를 통해 하나님의 회복시키는 능력을 현시함으로써 전달된다(행 2:43; 4:30; 5:12; 6:8; 14:3; 15:12). 누가복음처럼, 치유와 축사는 하나님의 구출의 총체적인 특징을 현시한다(행 4:9-12; 5:12-16; 9:32-42; 19:11-17을 보라). 때때로 기적적인 일들은 목격자들로 하여금 사람들의 믿음과 회심에 나타난 하나님의 엄청난 권능과 모습을 볼 수 있게 한다(행 9:41-42; 13:12; 19:17을 보라). 예를 들어, 몸이 마비돼 오랜 세월동안 침대에 누워 있던 사람이 베드로의 명령으로 일어날 때, 누가는 즉시 이런 말을 덧붙인다. "룻다와 사론에 사는 사람들이 다 그를 보고 주께로 돌아오니라"(행 9:35). 강력하고 기적적인 일들은 사도행전에서 증언하는 선교에 필수적이다.

그렇다면 말과 행위로 하는 증언의 관계는 무엇인가? 누가는 치유와 능력의 행위가 지닌 선교적 역할을 단언하지만, 그는 자주 "이런 활동을 말씀에 의해 지배되는 더 포괄적인 틀 안에 놓는다."[27] 때때로 기적은 복음 선포에 관심을 끌거나 그것을 입증한다. 누가는 이고니온에서 바울과 바나바가 수행한 선교를 이런 면에서 묘사한다. "두 사도가 오래 있어 주를 힘입어 담대히 말하니 주께서 그들의 손으로 **표적과 기사를 행하게 하여 주사 자기 은혜의 말씀을 증언하시니**"(행 14:3). 사마리아에서 사역할 때 빌립이 표적을 행하자 사람들은 그가 말하는 것을 "열심히 듣게" 된다(행 8:4-8, 12). 또 예루살렘 공의회에서 바울과 바나바가 이방인들 가운데 일어난 표적과 기사에 대해 보고하면서(행 15:12) 하나님이 이방인들을 받아들이시고 또 이방인들이 자신의 복음 전파를 통해 믿음에 이르게 되었다고 주장한 베드로의 증언이 입증된다(행 15:7-11).

다른 경우에, 말은 행위를 **해석한다**. 오순절날에, 여러 나라에서 온 유대인 무리는 제자들이 기적적으로 그들이 태어난 고향 말을 하는 것을 듣고 정신을 잃는다. 그 결과 누가는 "다 놀라며 당황하여 서로 이르되 '이 어찌 된 일이냐' 하고"라고 말한다(행 2:12). 그 후 베드로가 좋은 소식을 선포해 무리의 경험이 무슨 의미인지 분명히 설명하자 그들은 자신들이 보고 들은 것에 적절하게 반응하게 된다.[28]

베드로와 요한이 성전에서 태어날 때부터 절름발이인 남자를 치유한 것(행 3:1-10)역시 비슷한 반응을 불러일으킨다. 그 장면을 본 구경꾼들은 놀라고 혼란스러워 한다(행 3:10). 그들은 "크게 놀란다"(행 3:11). 하지만 그들은 그 기적의 의미는 파악하지 못한다. 베드로는 그들의 부적절한 반응에 이렇게 맞선다. "이스라엘 사람들아 이 일을 왜 놀랍게 여기느냐 우리 개인의 권능과 경건으로 이 사람을 걷게 한 것처럼 왜 우리를 주목하느냐"(행 3:12). 베드로는 계속해서 그 표적을 해석하면서, 절름발이 남자가 건강을 회복한 것은 오로지 부활하신 예수님의 이름을 믿음으로 이루어진 것이라고 선언한다(행 3:16). 누가의 요약 진술은 믿음을 가져온 것은 절름발이 남자가 치유된 것보다 베드로의 설교였다는 점을 분명히 한다. "말씀을 들은 사람 중에 믿는 자가 많으니"(행 4:4).[29]

능력의 행위가 믿음을 촉진할 수 있지만, 사도행전에서 그런 행위는 믿음이나 효과적 증언에 **필수적**인 것은 아니다. 사람들은 놀라운 치유와 **함께** 예수님의 추종자가 되기도 하고(행 5:14-15; 8:6-8; 9:35, 42; 14:3을 보라), 그런 치유 **없이** 예수님의 추종자가 되기도 한다(행 11:21; 13:48-49; 17:34을 보라). 때때로 기적들은 전적으로 부적절한 반응을 낳을 수 있다. 루스드라 사람들이 바울과 바나바를 헬라 신으로 오해한 것이 그런 경우이다(행 14:8-18). 사도적 가르침과 달리, 기적을 행하는 능력은 전해 줄 수 있는 것이 분명 아니다. 누가의 이야기에서 사도들 외에 바울, 스데반, 빌립만이 기적적인 행위들을 행하는 것과 관련되어 있다. 그런 행위들은 사도들과 전도자들의 사역에 성령이 임재하심을 확증함으로써 그들의 메시지가 진짜임을 증명하는데 기여한다.[30] 사도행전에서 하나님의 말씀이 선두에 서며 하나님의 기적은 중요한 보조 역할을 한다.

### 권세에 맞서 싸움

복음서와 마찬가지로, 사도행전에서 선교는 하나님의 목적에 반대하는 세력과 맞서는 것을 포함한다. 사도들과 선교사들의 축사 사역은 하나님의 권능이 사탄의 권능보다 우월하다는 점을 나타낸다(행 5:16; 8:7; 16:16-18; 19:11). 특히 하나님의 대행자들은 마술의 권세 및 마술을 행하는 자들과 싸운다(행 8:9-24; 13:6-12; 19:13-20). 마술이 1세기 헬라 로마 세계에서 대중종교의 중요 부분이었기 때문에 이것은 그리 놀라운 일이 아니다.[31]

우리는 사도행전 13:6-12에서 선교사들과 마술사들 간에 이런 대결이 벌어진 현저한 사례를 발견한다. 그 이야기의 배경은 구브로 총독, 서기오 바울의 법정이다. 로마 지방 총독은 "하나님의 말씀을 듣고자" 바울과 바나바를 부른다(행 13:7). 하지만 유대 마술사 바예수(또는 엘루마)가 이것을 그의 영역을 침해하고 총독과 우호적인 관계를 위협하는 것으로 해석한다.[32] 엘루마는 반격을 가하기 시작한다. 그는 선교사들을 반대하고 총독이 믿음을 갖지 못하도록 방해한다(행 13:8). 그러나 "성령이 충만한" 바울은 마귀의 하수인이라고 바예수를 비난하고 종국에 가서는 그의 눈을 일시적으로 멀도록 저주한다(행 13:9-11). 그 마술사는 참패의 쓴맛을 보는 반면에 총독은 믿음을 갖게 된다(행 13:12).

누가는 엘루마를 유대인과 마술사로 묘사한다(행 13:6, 8). 따라서 우리는 이 이야기를 복음과 혼합주의의 초기 충돌로 읽을 수 있다. 그 싸움은 능력 대결의 형태로 나타나는데, 그것은 모세가 이집트 마술사들과 대결한 것(출 7–8장)과 빌립 및 베드로가 사마리아에서 마술사 시몬과 충돌한 것(행 8:4–24)을 연상시킨다.[33] 바예수와 대결한 바울의 행동은 상당히 "마술 같이" 보인다. 바울이 "마술적" 저주 문구를 사용해 경쟁 상대를 눈 멀게 한 것은 때때로 기적과 마술 간에 큰 차이가 없음을 보여준다. 하지만 누가는 활용한 능력의 원천이 성령이냐 아니면 사탄이냐에 근거해서 그 둘을 분명히 구별한다. 엘루마는 "거짓 선지자"(행 13:6)와 "마귀의 자식"(행 13:10)으로 낙인이 찍힌다. 따라서 누가는 복음이 마술에 관여하지 않도록 조심한다. 누가는 마술은 마귀에게서 기인한 거짓 가르침이라고 폭로한다.[34]

클락 왈즈는 바울이 마술과 관련된 것을 포함해 대중종교에서 나온 언어와 개념을 사용하는 것은 누가의 헬라 로마 청중에 맞게 복음을 상황화하는 것이라고 말한다.[35] 바울은 마술에 대한 복음의 우월성을 나타내기 위해, 또 예수님에 대한 참된 믿음과 대중적인 믿음 및 관례들을 구분 짓기 위해 익숙한 종교적 형태를 사용한다. 바예수와의 만남은 "모든 생각을 사로잡아 그리스도에게 복종하게 하는"(고후 10:5) 바울 자신의 원리를 분명히 보여주는 것 같다. 오늘날 정령을 숭배하는 상황에서 그리스도를 전파하는 자들은 종종 비슷한 문제들에 직면한다. 한 편으로, 그들은 그리스도가 모든 다른 권세를 물리치셨다는 사실을 현시해야 한다. 다른 한 편으로, 그들은 기독교를 새로운 형태의 마술로 만들지 않아야 한다. 그것은 신자들이 그들 자신의 복적을 위해 하나님을 조정하려고 하는 것이다.

바울과 유대인 마술사의 이야기는 로마 총독이 "믿었다"는 보고로 끝을 맺는다. 하지만 그 믿음은 능력 대결 때문이 아니라 "총독이 **주의 가르치심**을 놀랍게 여겼기" 때문에 생긴 것이다(행 13:12). 또 다시 누가는 선교적 증언에서 행동과 가르침을 단단히 묶는다(참고. 행 4:29–31).

## 공동체의 삶으로 하는 증언

사도행전의 많은 부분은 사도들의 증언에 대해 이야기한다. 그러나 사도행전의 처음 장들은 교회의 공동생활이 선포하는 말씀을 입증한다는 점을 보여준다. 그밖에, 예수님의 부활과 성령의 은사로 세워진 새로운 공동체는 그 자체로 좋은 소식에 대한 구체적 증언이 된다. 누가는 먼저 사도행전 2:42-47에서 예루살렘 공동체의 삶을 요약한다. 오순절 후 바로 나온 이 구절은 성령의 부으심으로 변화된 사람들에 대한 묘사다.

> 그들이 사도의 가르침을 받아 서로 교제하고 떡을 떼며 오로지 기도하기를 힘쓰니라 사람마다 두려워하는데 사도들로 말미암아 기사와 표적이 많이 나타나니 믿는 사람이 다 함께 있어 모든 물건을 서로 통용하고 또 재산과 소유를 팔아 각 사람의 필요를 따라 나눠주며 날마다 마음을 같이하여 성전에 모이기를 힘쓰고 집에서 떡을 떼며 기쁨과 순전한 마음으로 음식을 먹고 하나님을 찬미하며 또 온 백성에게 칭송을 받으니 주께서 구원받는 사람을 날마다 더하게 하시니라

이 이야기는 공동체의 내적 생활과 그 공동체의 외부인들에 대한 선교가 긴밀하게 관련되어 있음을 보여준다. 우리는 이미 교회가 가르침에 헌신하는 것(행 2:42)과 하나님의 권능 및 임재를 확신시키는 표적의 역할(행 2:43)에 대해 다룬 바 있다. 여기에서 나는 교회의 공동생활이 지닌 선교적 특징에 집중하고자 한다.

사도행전 2:42은 그 공동체의 공동생활이 지닌 네 가지 특징을 제시한다. 이 특징 가운데 "교제"(코이노니아)가 있는데, 그것은 사도행전에서 오직 여기에만 나오는 단어이다. 누가의 세계에서, **코이노니아**는 어떤 일에 함께 **참여하는** 사람들과 그 참여의 결과로 그들이 공유하는 **관계** 둘 다를 언급할 수 있다. 이 상황에서, 그 용어는 이런 두 차원을 다 포

괄하는 것 같다. 이런 그리스도인들은 "함께" 영적 일체감을 공유한다(행 2:44, 46; 참고. 행 4:32, "한 마음과 한 뜻으로"). 그러나 그들이 공유하는 것은 엄격히 말해서 본질상 "영적"이지 않다. 그들의 **코이노니아**는 공동체의 사회적 경제적 관례 가운데 구체적으로 표현된다. 누가는 새로운 신자들이 "모든 물건을 서로 통용하고" 있는 모습을 그린다(행 2:44; 또 행 4:32을 보라). 그들은 정기적으로 재산을 팔아 그들 가운데 있는 궁핍한 사람들에게 계속 나누어 주었다. 사도행전 4장에서 이런 급진적인 관대함은 가난한 자들을 돌보기 위해 소유물을 파는 것으로부터 땅과 집을 파는 것으로 진행된다(행 4:34). 로버트 월은 이런 경제적 **코이노니아**는 구약의 희년 원리에 따라 자원을 공평하게 재분배하는 것(레 25장을 보라)과 재산 나눔에 대한 예수님 자신의 가르침(눅 6:30, 34-35; 12:33-34; 19:1-10을 보라)을 반영하는 것이라고 언급한다.[30] 이것은 소외낭한 사람늘을 배려하는 정의와 자비를 특징으로 하고 있는 공동체이다(행 6:1-6을 보라). 그들 가운데 궁핍한 사람이 없어진 것은 "무리가 큰 은혜를 받은" 확실한 표시이다(행 4:33).

사도행전에서 가난하고 소외당한 사람들을 배려하는 관례는 기독교 공동체에 집중한다. 이것은 전체 인류 중 가난하고 억눌린 자들을 위한 정의를 강조하는 누가복음의 가르침에서 일탈하는 것처럼 보인다(눅 4:18-19을 보라). 하지만 우리는 세 가지를 유념하는 것이 필요하다. 첫째, 누가는 사도행전에서 이루어신 교회의 선교를 누가복음에서 예수님이 행하시며 가르치시기를 시작하신 것의 연속으로 본다(행 1:1). 다시 말해서, 사도행전은 예수님의 총체적인 하나님 나라의 선교를 전제한다. 둘째, 사도행전에서 누가의 특별한 관심은 사도들의 전파를 통해 **말씀**이 예루살렘에서 로마로 퍼져나가는 것이다. 그렇다면 사도행전이 인간의 사회적 필요를 채우는 일에 관심을 덜 기울인다 해도 놀랄 필요가 없다. 셋째, 기독교 공동체에서 이루어진 희생적 섬김과 관대함은 예수님이 누가복음 전체에 걸쳐 가르치신 가난하고 소외당한 사람들에 대한 동정이 구체적으로 실현된 증거이다. 리처드 헤이스가 적절하게 표현한 대로, "경제적 나눔이 이루어지는 교회의 공동생활에서, 우리는 예수님이 누가복음 4:16-21에서 선포하신 선교의 결실 또는 최소한 첫 열매를 본다. 그 선교는 좋은 소식이 가난하고 억눌린 사람들에게 선포되고 구현되는 회복된 이스라엘을 출현시키는 것이었다."[37]

사도행전 2:42에서 "떡을 떼는 것"은 제자들이 식사를 함께 하는 관례를 말한다.[38] 후에 우리는 신자들이 날마다 "집에서" 떡을 떼며, 이런 식사가 즐거운 축하행사라는 이야기를 듣는다(행 2:46). 교회의 경제적 나눔과 마찬가지로, 이 식탁 교제는 그들의 공동체에 있는 가난한 자들의 육체적 필요 때문에 이루어진 것이리라. 적어도 어느 정도는 그렇다. 게다가, 식사를 함께 함으로써 그 공동체는 온갖 종류의 사람들과 식사를 하신 예수님의 모범을 따르는 것이었다(눅 5:29-32; 14:12-24; 19:1-10을 보라). 자선을 베푸는 교회의 관례는 그 공동체의 하나됨, 받아들임 및 상호책임을 선포한다.

예루살렘 공동체는 또한 예배 분위기가 특별하다. 먼저 예배에는 기도가 포함되는데, 그것은 신자들의 주된 특징 중 하나로 열거된다(행 2:42). 기도는 아마도 예루살렘 성전에서 규정된 시간에 기도에 참여하는 것(행 2:46; 3:1)과 예루살렘 공동체가 자체로 모여 공동으로 기도하는 관례(행 1:14, 24; 4:24-31; 참고. 행 12:12) 둘 다를 포괄하는 용어일 것이다. 누가는 그의 내러티브 내내 교회가 하나님의 선교에 참여하는 비결로 기도를 강조한다(행 1:14, 24-25; 6:4; 8:15; 9:11; 13:3을 보라). 사도행전에 기록된 가장 긴 기도는 예루살렘 공동체가 선교 사역을 감당할 수 있는 용기와 힘을 달라고 간구하는 것으로 끝난다(행 4:24-31).

사도행전 2:46에 따르면, 예루살렘 공동체의 예배는 가시적이고 공개적인 면모를 지닌다. 신자들은 매일 성전 구역 안에 모여, "함께 많은 시간"을 보낸다. 그와 같은 성전 모임에는 예배와 기도는 물론 증언 활동도 포함되었을 것이다(행 2:47; 4:1-2; 5:20, 25, 42을 보라). 게다가, "하나님을 찬미하는" 관례(행 2:47)가 그들의 예배와 전체 공동생활의 특징을 이루었을 것이다.

특히 성령의 권능을 받은 이 공동체의 특징 가운데 하나는 기쁨과 즐거움을 누리는 것이다(행 2:46). 사도행전 전체에 걸쳐 기쁨이 교회의 공동생활과 세상 속에서 이루어지는 선교에 스며든다(행 5:41; 8:39; 11:23; 13:48, 52; 15:3, 31). 기쁨은 사람들을 믿음으로 이끄시는 하나님의 자비로운 사역에 대한 교회의 반응일 뿐만 아니라 또한 그리스도의 이름을 증언하면서 겪는 고난에 대한 교회의 반응이다(행 5:41; 13:52).[39]

사도행전 2:42-47에서 누가가 묘사하는 공동생활은 전염성이 강하다. 그것은 신자들의 친교를 활성화시킬 뿐만 아니라 또한 선교를 추진하는 동력을 갖고 있다. 누가는 예루살렘 공동체가 "온 백성에게 칭송을 받는" 것으로 묘사한다(행 2:47; 참고. 행 5:13). 그 결과, 날마다 수님은 교회에 구원받는 자들을 더하신다(행 2:47; 참고. 행 5:14). 외부인들이 자석에 끌려오듯이 교회의 매력적인 생활방식에 끌려온다. 하나님의 백성의 연합과 포괄성, 그들의 자비와 관대함, 그들의 예배와 기쁨 모두가 성령의 변화시키는 권능을 "선포한다." 그리스도인들이 함께 사는 방식은 세상에 하나님의 종말론적 통치가 나타난 것과, 하나님이 그들 가운데 분명히 임재하심을 증언한다. 그렇다고 언어적 증언이 불필요하게 된 것은 아니다. 예루살렘 공동체의 좋은 평판으로 외부인들에게 그들의 삶이 변화된 이유를 말할 수 있는 기회가 분명히 생겼을 것이다.[40] 그렇지만 교회의 존재와 실천은 좋은 소식의 진리를 확인해 준다.[41] 이스라엘이 열방을 끌어들이는 빛이 되도록 부름받은 것처럼, 예루살렘 공동체의 공적 생활은 어둠 속에서 타오르는 불길처럼 빛을 내서 사람들을 왕의 모임으로 끌어들이다.

예루살렘 공동체의 사회적 존재가 자석 같은 역할을 하게 된 것은 그것이 나머지 사회와 분명히 다르기 때문이다. 예를 들어, 엄격한 유대인들은 공동 식사를 할 때마다 함께 식사하기에 적합한 자와 적합하지 않은 자를 구별했다. 예루살렘 교회가 식탁에 오는 모든 사람을 받아들인 급진적 태도는 그와 같이 왜곡된 자세와 선명하게 대조된다.[42] 또한 누가의 이방인 독자들은 초대 교회의 사회적 생활이 지닌 대항문화적 본질을 알아차렸을 것이다. 한 편으로, 누가가 묘사한 예루살렘 공동체는 "친구들"이 모든 것을 공유하는 헬라의 유토피아적 이상을 성취한다(행 4:32을 보라).[43] 다른 한 편으로, 누가의 묘사는 중요한 사회적 관습을 근본적으로 뒤엎는다. 이것은 헬라 로마 세계에 존재하는 "우정" 규칙에 대해서도 마찬가지다. 그 규칙은 선물을 받은 사람은 누구나 그 선물을 준 사람에게 똑같은 것이나 그 이상으로 갚아야 할 의무가 있다. 그러나 기독교 공동체는 되갚거나 받을 생각을 전혀 하지 않고 관대하게 음식과 재산을 나눈다. 그때나 지금이나 교회는 대세를 거스르는 대안 경제로 운영된다.

분명히 사도행전 2:42-47에 기록된 누가의 요약은 이상적인 모임을 묘사한 것이다. 누가는 곧 예루살렘 공동체의 증언에 문제가 생길 것을 알만큼 현실적인 사람이다. 위선(행 5:1-11), 궁핍한 자들을 배려하는 문제와 관련된 알력(행 6:1-6), 이방인들을 교회에 받아들이는 조건에 대한 논쟁(행 15:1-35) 등이 발생할 것이다. 사도행전은 되어가는 과정 중에 있는 교회를 묘사한다. 레슬리 뉴비긴이 한때 말한 대로, "선교는 세상을 변화시킬 뿐만 아니라 교회도 변화시킨다."[44] 하나님이 고넬료 같은 이방인들을 받아들이신 사건을 선언한 베드로의 이야기는 사실상 **두 가지** 회심에 대한 이야기이다. 하나는 고넬료가 회심해 그리스도를 믿게 된 것이고, 다른 하나는 베드로가 (그리고 궁극적으로 교회가) 회심해 하나님의 무한한 선교에 대해 근본적으로 새로운 견해를 갖게 된 것이다(행 10-11장). 성령의 인도하심을 따라 "부정한" 이방인들과 식사를 할 때(행 10:23, 27-28, 48; 11:3), 베드로는 그의 말뿐 아니라(행 10:34-43) 또한 그의 행동으로 복음을 선포하는 것이다. 인간이 만들어낸 경계 없이 공동생활을 하는 교회는 "사람의 외모를 보지 아니하시는"(행 10:34) 은혜의 하나님을 강력하게 증언한다. 누가가 보기에, 흔치 않은 연합, 실제적인 관대함,

즐거운 예배로 이루어진 기독교 공동체의 삶은 정말로 선교적 실재이다. 그것은 하나님의 새로운 창조가 성령의 권능으로 그리스도 안에서 도래했다는 사실을 공개적으로 증언한다. 그것은 어떤 세대이든 사실이지 않은가?

## "성품"으로 하는 증언

사도행전에서 선교는 공동체 생활과 얽혀 있을 뿐만 아니라 또한 개인적 성품과 결속되어 있다. 누가는 하나님의 선교에 참여하는 자들의 개인적 신뢰성과 진실성을 상당히 소중히 여긴다. 누가는 그의 독자들에게 긍정적이고 부정적인 사례들을 제공해서 그 점을 부각시킨다. 초기에, 누가는 두 이야기를 연이어 말함으로써 바나바의 성품을 아나니아 및 삽비라의 성품과 대조시킨다(행 4:36-5:11). 바나바는 자신의 밭을 팔아 궁핍한 사람들을 섬기는 자로 남다른 관대함을 보여준다(행 4:36). 후에 누가는 바나바를 "착한 사람이요 성령과 믿음이 충만한 사람"으로 묘사한다(행 11:24). 바나바가 이타적인 섬김과 진실함의 모범 사례라면, 아나니아와 삽비라는 정반대이다. 재산을 팔아서 얻은 이득의 일부를 뒤로 빼돌리고 그것을 감추기 위해 거짓말을 함으로써, 그들은 탐욕과 위선의 영이 무엇인지 보여준다. 바나바는 곧 열매를 많이 맺는 선교사가 되는 반면에, 사람들을 속인 부부는 하나님의 갑작스러운 심판을 받는다.

스데반은 사도행전의 독자들이 본받을 만한 또 다른 모범이다. 누가는 스데반을 선지자적 설교자(행 7장), 기적을 행하는 자(행 6:8), 가난한 자들을 섬기는 종(행 6:1-6)으로 묘사한다. 하지만 추가로 누가는 스데반의 모범적 성품에 주목한다. 스데반은 평판이 좋기(행 6:3), 지혜를 나타내고(행 6:3, 10), 성령(행 6:3, 5, 10; 7:55)과 하나님의 은혜(행 6:8)가 충만한 사람이다. 갑자기 순교로 생을 마감하면서, 스데반은 예수님과 비슷하게 행동하고 말한다. 스데반은 그를 처형하는 자들을 용서하고 "주 예수께 그의 영을 맡긴다(행 7:59-60). 스데반이 공회 앞에서 예수님에 대해 강력하게 증언한 것은 그리스도를 닮은 성품으로 입증된다.

사도행전에서 궁극적으로 "모범이 되는" 구절은 사도행전 20장에서 바울이 에베소 교회 장로들에게 한 고별 연설이다. 전형적인 고대 고별 연설처럼, 바울은 자신을 장로들(과 사도행전의 독자들)이 기억하고 모방해야 할 모범으로 제시한다.[45] 에베소의 후계자들에게 배턴을 넘기면서, 바울은 그들에게 "단지 그의 메시지가 아니라 그의 생활방식"을 상기시킨다.[46] 특히 연설의 처음과 끝에서, 바울은 자신이 그들 가운데서 보인 모범적 행위를 가리킨다(행 20:18-21, 31-35). 여기에는 바울이 하나님의 은혜의 복음을 신실하게 전하고 가르친 것이 분명히 포함된다(행 20:20-21, 24-27, 31). 그러나 바울의 목회 및 선교 사역은 그의 성품과 분리할 수 없다. 에베소 장로들도 바울이 "아시아에 들어온 첫날부터" 그들 앞에서 일관된 삶을 살았다는 사실을 잘 알고 있다(행 20:18). 게다가, 바울은 시험을 당하는 가운데서도 겸손과 눈물로 하나님을 섬겼다(행 20:19). 바울의 겸손은 그가 약한 자들을 돕기 위해 기꺼이 자신의 손으로 일하려고 하는 태도에서 분명히 드러난다. 바울은 자신이 그리스도의 모범을 쫓아서 "범사에 여러분에게 모본을 보여 주었다"고 말한다(행 20:34-35). 이제 장로들이 개인적 진실함과 신실한 사역의 횃불을 들 차례이다. "여러분은 **자기를 위하여** 또는 온 양 떼를 위하여 삼가라"(행 20:28). 장로들도 다른 사람들이 따를 만한 모범을 보여야 한다. 우리가 이 연설에서 명백히 보는 것은 사도행전에 나타난 바울의 선교 전체에서도 사실이다. 그것은 개인적 진실성이 기독교 사역에 신뢰성을 부여한다는 것이다.

## 결론

그러면 사도행전은 말, 행동, 존재로 이루어진 교회의 선교를 이해하는데 어떤 도움을 주는가? 이 장에서 사도행전에 대해 공부하면서 발견한 몇 가지 교훈을 정리해 보자.

첫째, 복음서보다 훨씬 더, 사도행전은 **좋은 소식을 말하는 선교**를 강조한다. 사도행전 1:8에 기록된 예수님의 약속은 그분의 제자들과 더 나아가 교회의 근본적인 선교적 소명을 밝힌다. "너희가 내 증인이 되리라." 누가가 그 이야기를 말하는 대로, 성령 하나님은 교회가 온갖 종류의 사람들에게 선포하는 일을 할 때 적극적으로 임재하신다. 말씀은 거침없이 앞으로 나아간다. 사도행전 28:31에 기록된 끝맺는 말조차도 그 책의 결론이라기보다 사도들과 처음 선교사들의 사명을 계승하라는 초대에 가깝다. 그것은 마치 누가가 "다음에 계속… 독자들 여러분의 삶 속에서"라고 말하는 것 같다.

누가의 메시지는 분명하다. **말이 중요하다.** 누가는 분명 "나는 내 삶으로 말을 하겠다"라고 말하는 그리스도인들을 받아들이기가 어려울 것이다. 그들의 복음 증언이 서로 사랑하는 관계와 세상 속에서 정의와 동정을 실천하는 행동을 통해 이루어진다고 생각하는 기독교 공동체조차도 사도행전에서 지지를 얻기가 아주 곤란할 것이다. 이런 일들이 중요하긴 하지만, 누가는 우리가 적절한 시점에 그 이름을 밝히고 그 이야기를 말하지 않으면 그것들은 불충분하다는 점을 상기시킨다.

둘째, 사도행전은 **교회의 증언은 단지 말로만 이루어지지 않는다**는 점을 똑같이 분명히 한다. 사도들은 좋은 소식을 선포했을 뿐만 아니라 또한 치유 및 어둠의 권세와 대결하는 기적을 행했다. 그리고 성령으로 형성된 새로운 공동체의 삶은 부활하신 주님에 대한 메시지에 신뢰성을 부여한다. 소유물을 나누고 인간의 필요를 채울 때, 배제의 장벽이 연합의 유대로 대체될 때, 기쁨과 찬양이 충만할 때, 예수님의 부활의 능력이 나타난다. 게다가, 좋은 소식을 **말하는** 자들은 그들 자신의 성품과 행위로 그것을 **보여주어야** 한다. 그렇지 않으면 그 증언은 진정성이 부족하다. 우리의 언어적 증언은 광범위하고 다면적인 하나님의 선교의 맥락에서만 확신 있게 전달된다.

셋째, 누가의 이야기를 세심하게 읽어보면 **그리스도인들은 하나님의 선교에서 각각 다른 역할을 담당한다**는 점을 알 수 있다. 사도행전에서 사도들 및 바울과 빌립 같은 은사를 가진 다른 선교사들이 선두에 서서 담대하게 예수님에 대해 증언한다. 모든 사람이 선교사나 전도자는 아니다. 또 모든 사람이 기적을 행하는 것도 아니다. 교회가 과부들을 돕는 구제 사역을 책임지는 일곱 사람을 선택한 것은 교회의 선교에서도 분업이 있음을 보여준다(행 6:1-6). 가르침, 기도, 경제적 나눔 및 음식 제공 사역들도 교회의 다차원적 증언의 중요한 측면들이다(행 2:43-47; 4:24, 31, 32-37을 보라). 이것은 오늘날의 교회에 교훈하는 바가 크다. 너무 많은 그리스도인들이 전도나 대중 선포의 은사를 지니고 있지 않기 때문에 죄의식을 갖거나 무능함을 느낀다. 교회 전체가 하나님의 선교에 참여하도록 부름받지만, 성령은 모든 사람을 똑같이 언어적 증언에 관여하도록 하시지 않는다.

넷째, 누가는 세상 속에서 이루어지는 교회의 증언에 **융통성**과 **혁신**이 있음을 말한다. 좋은 소식은 본질상 경계선을 넘는다. 그것은 단 하나로 표준화된 문화적 표현을 반대한다. 여행 중에 있는 교회가 새로운 환경에 접할 때, 성령은 그 교회를 새롭게 신앙을 표현하는 길로 이끄신다. 특히 사도행전에 기록된 여러 연설들은 누가가 복음은 사람들이 처한 생활환경에서 의미가 통하는 언어로 표현되어야 한다고 생각했음을 보여준다. 동시에 복음의 핵심인 예수님의 이야기는 타협할 수 없다. 좋은 소식은 사람들이 품고 있는 소중한 믿음 및 대립되는 이야기들에 관여하며 또 종종 그것들과 맞선다.

오늘날 교회는 사도행전이 말하는 상황화된 이야기들에서 배울 것이 많다. 베번스와 슈로더는 선교하는 교회는 "새로운 환경, 새로운 사람, 새로운 문화, 새로운 문제들과 씨름하고 해결책을 모색해 나가면서 계속해서 '다른 모습을 보여주어야' 한다"고 쓴다.[47] 우리의 증언은 각 청중에 대해 감수성과 존경심을 갖고 접근해야 하며, 그 메시지를 타협하지 않으면서 이해의 가교를 놓아야 한다. 간단히 말해서, 우리는 비판적으로 그리고 융통성 있게 상황에 관여해야 한다. 크로아티아 신학자 미로슬라브 볼프는 그와 같은 관여를 보여주는 현대적 사례를 제시한다. 발칸반도에서 발생한 격렬한 인종갈등에 대한 경험을 성찰하면서, 볼프는 **배제**와 **포용**이라는 강력한 이미지에 의지한다.[48] 이 언어는 하나님의 말씀과 몹시 깨진 세상의 새로운 만남을 요청한다. 그것은 십자가에서 처형당하신 예수님의 화해를 이루는 다정한 포용을 가리킨다. 또 그것은 우리가 다른 사람들, 심지어는 원수들까지도 포옹하는 것을 상상할 수 있게 도와준다.

다섯째, 말, 행동, 존재로 이루어진 교회의 선교는 **성령의 일**이다. 성령의 적극적인 임재가 사도행전에 나타난 선교의 여러 차원들을 모두 함께 꿰매는 실이다. 하나님의 성령은 교회의 선교를 시작하시고, 담대히 선포하도록 용기를 주시고, 치유의 행위를 할 수 있는 능력을 부여하시고, 공정하고 즐거운 공동체를 만들어내시고, 인종적 사회적 장벽들을 넘어뜨리시고, 고난 가운데서도 쓰러지지 않게 하나님의 사자들을 붙잡아주시고, 공동체가 말과 행위로 증언할 수 있도록 활기를 불어넣어 주신다. 그때나 지금이나 아무리 발상이 좋다 하더라도, 성령의 인도 및 권능과 상관이 없는 인간적 전략과 자원은 별 효과가 없을 것이다. 능력을 부여하시는 성령을 무시하고 우리 힘으로 선교를 하려고 하는 것은 물 없이 사막에서 생명을 유지하려고 하는 것과 같다.

여섯째, 사도행전은 **교회의 정체성은 하나님의 선교 가운데서 찾아볼 수 있다**는 점을 상기시킨다. 우리는 계속적으로 선교를 구분하려는 유혹을 받는다. 예를 들어, 선교를 1년 예산에 있는 한 항목, 일련의 사역이나 프로그램, 또는 다른 어딘가에 있는 사람들이 선교 사역을 할 수 있도록 기금을 마련하는 것으로 취급하려고 한다. 그에 반해서, 사도행전에 나오는 하나님의 선교는 교회의 삶의 핵심을 차지한다. 그것은 교회가 존재하고 말하고 행동하는 모든 것과 관련된다. 선교는 교회를 교회답게 만드는 것이다. 사도행전은 우리에게 그리스도 안에서 이루어진 하나님의 새로운 창조에 대한 살아 있는 증거가 **될** 것을 요구한다. 우리의 공동체 안에 그 좋은 소식을 구현하고, 우리의 삶 가운데 그것을 실현하고, 우리의 말로 그것을 설명할 것을 요구한다.[49]

### 생각해 볼 질문

1. 오늘날 교회는 일반적으로 "증언"을 어떻게 이해하는가? 그것은 사도행전에 나오는 증언의 개념 및 활동과 어떻게 비교되는가?
2. 사도행전 17장에서 바울은 그가 복음을 전달하는 방법을 아덴의 비그리스도인 청중에 맞게 조정한다. 바울의 모범은 당신이 속한 사회와 상황에서 교회가 성경적 이야기를 거의 알지 못하는 불신자들에게 전도할 때 어떤 교훈을 주는가?
3. 사도행전 2:42-47에 기록된 초대 예루살렘 공동체의 증언의 주요한 특징들은 무엇인가? 당신은 예루살렘 공동체와 오늘날 교회의 증언 사이에 어떤 유사점이 있다고 보는가?
4. 사도행전은 **존재, 행동, 말**이 완벽하게 통합된 선교를 수행하는 교회에 대한 이야기를 말한다. 당신은 당신이 속한 기독교 공동체가 이런 종류의 통합을 얼마나 잘 나타낸다고 생각하는가?

## 주

1) Dean Flemming, *Contextualization in the New Testament: Patterns for Theology and Mission* (Downers Grove, IL: InterVarsity Press, 2005), pp. 29–30.
2) 예수님의 사역과 사도행전에 기록된 부활절 이후의 추종자들의 사역이 지닌 유사점들에 대해서는 Graham H. Twelftree, *People of the Spirit: Exploring Luke's View of the Church* (London: SPCK, 2009), pp. 22–23, 30–36를 보라.
3) Beverly Roberts Gaventa, "'You Will Be My Witness': Aspects of Mission in the Acts of the Apostles," *Missiology* 10 (1982): 417.
4) "증인"(마르투스)은 사도행전에 13번 나오고, "증언하다"(마르투레오)가 11번, "증거하다"(디아마르투레스타이)가 9번 나온다.
5) Peter G. Bolt, "Mission and Witness," in *Witness to the Gospel: The Theology of Acts*, ed. I. Howard Marshall and David Peterson (Grand Rapids: Eerdmans, 1998), p. 211. 「사도행전신학」(크리스챤출판사)
6) Michael Goheen, *A Light to the Nations: The Missional Church and the Biblical Story* (Grand Rapids: Baker, 2011), p. 127. 「열방에 빛을」(복있는 사람)
7) 그러므로 "증언"에 대한 누가의 생각은 요한의 생각과 같지 않다. 요한복음에서 증언은 예수님 자신, 즉 그분의 인격과 신적 사명(요 5:31–39을 보라)에 집중하는 반면, 누가는 부활 같은 어떤 사건들과 그 사건들이 지닌 구원의 의미에 대한 사도들의 증언을 강조한다.
8) Beverly Roberts Gaventa, *The Acts of the Apostles* (Nashville: Abingdon, 2003), p. 41.
9) 사도행전은 좋은 소식을 "말하는"(랄레오) 기독교 선교사들에 대해 37번 묘사한다(예를 들어, 행 4:29; 8:25; 11:19; 13:46). 이것은 "복음을 전하는"(유앙겔리조마이) 그리스도인들을 14번 언급한 것(예를 들어, 행 5:42; 8:4, 12; 11:20; 13:32)과 "전파하는"(케루소) 선교사들을 6번 언급한 것(예를 들어, 행 8:5; 9:20; 10:42)과 비교된다.
10) David Peterson, "The Worship of the New Community," in *Witness to the Gospel: The Theology of Acts*, ed. I. H. Marshall and D. Peterson (Grand

Rapids: Eerdmans, 1998), p. 390.

11) Stanley Skreslet, *Picturing Christian Witness: New Testament Images of Disciples in Mission* (Grand Rapids: Eerdmans, 2006), p. 54.

12) 이 사건(행 6:1-7)에 대한 다른 관점으로, Joel B. Green, *Practicing Theological Interpretation: Engaging Biblical Texts for Faith and Formation* (Grand Rapids: Baker, 2001), pp. 56-69를 보라.

13) Skreslet, *Picturing Christian Witness*, p. 53n20를 보라.

14) 예를 들어, 호슬리는 누가와 투키디데스, 폴리비우스, 요세푸스, 타키투스 같은 역사가들을 비교한다. G. H. R. Horsley, "Speeches and Dialogue in Acts," *NTS* 32 (1986): 609-14.

15) Ben Witherington III, *The Acts of the Apostles: A Socio-Rhetorical Commentary* (Grand Rapids: Eerdmans, 1998), p. 118.

16) Marion L. Soards, *The Speeches in Acts: Their Content, Context, and Concerns* (Louisville, KY: Westminster John Knox, 1994), p. 137를 보라.

17) 유대인 위주의 청중에 대한 전도 설교에는 베드로의 다섯 개의 연설(행 2; 3; 4; 5; 10장)과 바울의 한 개의 연설(행 13장)이 포함된다. 사도행전 7장에 기록된 스데반의 연설은 방어적이면서 선교적이다.

18) Flemming, *Contextualization in the New Testament*, pp. 66-86. 또 Dean Flemming, "Contextualizing the Gospel in Athens: Paul's Areopagus Address as a Paradigm for Missionary Communication," *Missiology* 30 (2002): 199-214를 보라.

19) C. Kevin Rowe, *World Upside Down: Reading Acts in the Graeco-Roman Age* (Oxford: Oxford University Press, 2009), p. 140.

20) Ibid., p. 40.

21) Richard I. Pervo, *Acts* (Minneapolis, MN: Fortress, 2009), p. 430.

22) 다른 해석으로는 Eckhard J. Echnabel, *Paul the Missionary: Realities, Strategies and Methods* (Downers Grove, IL: InterVarsity Press, 2008), pp. 100-103를 보라. 「선교사 바울」(부흥과개혁사). 슈나벨은 아레오바고 앞에서 바울이 한 연설은 따라야 할 모범이 아니라고 생각한다. 그것은 특별한 역사적

상황에 대한 반응이기 때문이라는 것이다. 슈나벨은 그 연설은 원래 바울이 아덴 사람들에게 새로운 신을 소개하는 것이 아니라는 점을 아레오바고 의회의 의원들에게 설득하려는 시도라고 본다(p. 103). 이것이 그 연설을 한 특별한 이유 중 일부이긴 하지만, 그것이 그 설교의 내용 전체를 지배하지는 않는다. 게다가, 슈나벨의 해석은 사도행진에 기록된 누가의 내러티브 전체에서 그 언실이 갖고 있는 모범적 기능을 제대로 이해하지 못하고 있다.

23) Brad J. Kallenberg, *Live to Tell: Evangelism for a Postmodern Age* (Grand Rapids: Brazos, 2002), pp. 47-64를 보라.

24) Brian Rapske, "Opposition to the Plan of God and Persecution," in *Witness to the Gospel: The Theology of Acts*, ed. I. H. Marshall and D. Peterson (Grand Rapids: Eerdmans, 1998), p. 249.

25) C. K. Barrett, *A Critical and Exegetical Commentary on the Acts of the Apostles*, vol. 1 (Edinburgh: T & T Clark, 1994), p. 243.

26) Eckhard J. Echnabel, *Early Christian Mission*, vol. 1, *Jesus and the Twelve* (Downers Grove, IL: InterVarsity Press, 2004), p. 424.

27) Skreslet, *Picturing Christian Witness*, p. 52.

28) Ibid.

29) Ibid.

30) David Seccombe, "Luke's Vision for the Church," in *A Vision for the Church: Studies in Early Christian Ecclesiology*, ed. Markus Bockmuehl and Michael B. Thompson (Edinburgh: T & T Clark, 1997), p. 51.

31) Hans-Josef Klauck, *Magic and Paganism in Early Christianity: The World of the Acts of the Apostles*, trans. Brain McNeil (Edinburgh: T & T Clark, 2000); Clark A. Walz, "The Cursing Paul: Magical Contests in Acts 13 and the New Testament Apocrypha. Acts 13:6-12," in *Mission in Acts: Ancient Narratives in Contemporary Context*, ed. R. L. Callagher and P. Hertig (Maryknoll, NY: Orbis, 2004), pp. 168-72를 보라.

32) F. Scott Spencer, *Journeying Through Acts: A Literary-Cultural Reading* (Peabody, MA: Hendrikson, 2004), p. 149.

33) 클락 왈즈는 마술과 관련된 최근의 파워 컨테스트는 널리 읽히는 해리 포터의 책들을 통해 대중문화에서 활기를 찾았다고 언급한다. Clark A. Walz, "The Cursing Paul," p. 174.

34) Ibid., p. 175.

35) Ibid., p. 168.

36) Robert W. Wall, "The Acts of the Apostles," in *The New Interpreter's Bible*, vol. 10, ed. L. E. Keck (Nashville: Abingdon, 2002), pp. 23, 72.

37) Richard B. Hays, *The Moral Vision of the New Testament* (San Francisco: HarperCollins, 1996), p. 124. 「신약의 윤리적 비전」(IVP)

38) 주석가들은 사도행전 2:42에 나오는 "떡을 떼며"라는 구절이 일상적인 친교 식사를 언급하는 것인지 아니면 성찬식을 언급하는 것인지 의견이 엇갈린다. 그러나 에크하르트 슈나벨의 논평이 정확한 것 같다. "누가가 일상적인 식사와 성찬식 중 어느 것을 생각하고 있는지 묻는 것은 잘못이다. 이 둘은 분명히 교회 초기에 긴밀하게 연결되어 있었다." Eckhard Schnabel, *Early Christian Mission* 1, p. 414.

39) Bryan P. Stone, *Evangelism After Christendom: The Theology and Practice of Christian Witness* (Grand Rapids: Brazos, 2007), p. 103.

40) Ajith Fernando, *Acts* (Grand Rapids: Zondervan, 1998), p. 124. 「사도행전」(솔로몬)

41) 특히 사도행전 4:32-37을 보라. 교회의 물질적 나눔을 묘사하는 가운데, 누가는 예수님의 부활에 대한 사도의 강력한 증언을 강조한다(행 4:33).

42) Seccombe, "Luke's Vision," p. 53.

43) Pervo, *Acts*, pp. 90-91를 보라.

44) Lesslie Newbigin, *The Open Secret: An Introduction to the Theology of Mission*, rev. ed. (Grand Rapids: Eerdmans, 1995), p. 59. 「오픈 시크릿」(복있는 사람)

45) Luke Timothy Johnson, *The Acts of the Apostles* (Collegeville, MN: Michael Glazier/Liturgical Press, 1992), p. 367.

46) Witherington, *Acts*, p. 616.

47) Stephen B. Bevans and Roger P. Schroeder, *Constants in Context: A*

*Theology of Mission for Today* (Maryknoll, NY: Orbis, 2004), p. 31.

48) Miroslav Volf, *Exclusion and Embrace: A Theological Exploration of Identity, Otherness, and Reconciliation* (Nashville: Abingdon, 1996). 「배제와 포용」 (IVP)

49) Craig G. Bartholomew and Michael W. Goheen, *The Drama of Scripture: Finding Our Place in the Biblical Story* (Grand Rapids: Baker, 2004), p. 177. 「성경은 드라마다」 (IVP)

# CHAPTER 07
# 강권하시는 그리스도의 사랑
## 바울의 총체적 선교

> 그리스도께서 이방인들을 순종하게 하기 위하여 나를 통하여 역사하신 것 외에는 내가 감히 말하지 아니하노라 그 일은 말과 행위로 (롬 5:18)

신약 선교를 이해하면서 사도 바울의 중요성은 아무리 강조해도 지나치지 않다. 모범과 편지를 통해 바울은 예수 그리스도의 어떤 다른 추종자들보다 더 기독교 선교의 형태에 영향을 끼쳤다. 선교사들과 선교 전략가들은 오늘날 교회의 선교를 수행하면서 지혜를 얻기 위해 거듭해서 바울의 선교적 관례를 살펴본다.[1] 여기에서 바울의 선교 신학과 관례를 완전히 묘사하는 것은 나의 목표가 아니다. 오히려 이 장과 다음 장에서 나는 두 가지 관심사에 집중할 것이다. 먼저 이 장에서 우리는 바울의 사도적 선교에서 복음을 말하는 것과 삶으로 나타내는 것의 관계를 검토할 것이다. 그 다음에 8장에서 우리는 바울이 그가 돌보는 회중에게 어떤 종류의 선교를 기대했는지, 그리고 그들의 과제는 바울의 과제와 어떻게 비교가 되는지 살펴볼 것이다. 우리는 이미 사도행전에서 누가가 설명한 바울의 선교 사역에 대해 고찰했기 때문에, 이 두 장에서는 바울의 편지에 나타난 기독교 선교에 대해 탐구할 것이다. 바울의 편지는 대체로 바

울의 선교 사역으로 세워진 교회들에 쓴 것이다.²⁾

## 복음을 선포함

이 장에서 우리는 먼저 바울의 선포 사역을 살펴보고, 그 다음에 바울이 그의 메시지를 어떻게 구현하고 실행했는지 살펴볼 것이다. 사도행전과 바울서신은 둘 다 사도로서 바울의 사역이 다메섹으로 가는 길에 부활하신 주님을 극적으로 만나면서 시작되었다고 증언한다(갈 1:11-16; 고전 9:1; 15:8-9; 참고. 행 9:15; 22:15; 26:16-18). 그리고 그 선교사적 소명의 핵심은 하나님이 예수 그리스도를 통해 구원을 이루기 위해 하신 일에 대한 좋은 소식을 전하는 것이다. 바울이 자신의 사역에 대해 밝힌 여러 주장들은 이 점을 아주 분명하게 한다. 예를 들어,

> 그리스도께서 나를 보내심은 세례를 베풀게 하려 하심이 아니요 오직 **복음을 전하게 하려** 하심이로되(고전 1:17)
> 내가 **복음을 전할지라도** 자랑할 것이 없음은 내가 부득불 할 일임이라 만일 **복음을 전하지** 아니하면 내게 화가 있을 것이로다(고전 9:16)
> 하나님이... 그의 아들을 이방에 **전하기 위하여** 그를 내 속에 나타내시기를 기뻐하셨을 때에(갈 1:15-16)

바울은 복음 이야기를 말하도록 보냄 받고 의무감을 느끼고 또 간절히 바란다(롬 1:15). 이 구절들 각각에서 하나님이 부여하신 선포 사역에 바울이 사용한 동사는 헬라어 동사 **유앙겔리조마이**이다. 고대 세계에서 그것은 좋은 소식을 말로 알리는 것을 묘사했다. 선지자 이사야는 "아름다운 발"을 가진 사자(메신저)가 전 세계에 걸쳐 하나님의 구원과 왕적 통치를 선언하면서, "좋은 소식을 가져올" 때를 고대했다(사 52:7; 또 사 40:9; 61:1-3을 보라). 로마서에서 이사야의 말을 인용하면서, 바울은 그 자신

및 다른 사도들을 유대인들과 이방인들 둘 다에게 구원의 소식을 알리는 하나님의 사자로 묘사한다(롬 10:12-15). 바울이 그의 사역에 대해 **유앙겔리조마이**라는 동사를 사용할 때, 그것은 일반적인 설교를 언급하는 것이 결코 아니다. 오히려, 그것은 특별한 메시지, 예수 그리스도 안에서 이루어진 하나님의 구원의 **복음**(유앙겔리온)을 전하는 것과 관계가 있다.[3]

바울은 좋은 소식을 말하는 그의 사역에 대해 다른 동사들을 사용하기도 한다.[4] 특히 "전하다"(케루소; 바울서신에서 19번 사용됨)는 크게 알리다 또는 전파하다는 뜻을 갖고 있다. 바울의 경우, 그리스도의 메시지를 크게 알리고 전파한다(고전 1:23, 24; 고후 4:5; 갈 2:2을 보라). 바울 사도가 누군가 복음을 입으로 말하고 또 누군가 그 복음을 귀로 들어야 할 필요를 로마서 10:14-17보다 더 명백히 밝힌 곳은 없다.

> 그런즉 그들이 믿지 아니하는 이를 어찌 부르리요 듣지도 못한 이를 어찌 믿으리요 전파하는(케루소) 자가 없이 어찌 들으리요 보내심을 받지 아니하였으면 어찌 전파하리요 기록된 바 아름답도다 좋은 소식을 전하는(유앙겔리조마이) 자들의 발이여 함과 같으니라 그러나 그들이 다 복음을 순종하지 아니하였도다 이사야가 이르되 주여 우리가 전한 것을 누가 믿었나이까 하였으니 그러므로 믿음은 들음에서 나며 들음은 그리스도의 말씀으로 말미암았느니라

선교의 사슬을 만들면서, 바울은 주의 이름을 부르는 것(롬 10:13)을 믿음과, 믿음을 들음과, 들음을 전파하는 것과, 전파하는 것을 하나님의 보내심을 받는 것과 연결시킨다. 그리스도의 말씀이 진실로 들려질 때, 그 결과 진정한 믿음이 생긴다(롬 10:17). 다른 곳에서, 바울은 그 자신을 그리스도 안에서 세상을 화해시키시는 하나님에 대한 메시지를 증언하는 과제를 위임받은 그리스도의 대사로 묘사한다(고후 5:18-20).

사도행전에 따르면, 바울의 말씀 사역은 때때로 공적 환경에서 이루

어졌다. 유대 회당, 시장 또는 세를 내고 빌린 강당 등이다. 그러나 바울은 또한 기독교 공동체가 모임을 가졌던 개인 집과 특히 장막지기의 작업장에서도 좋은 소식을 말했다. [5)] 진실로 바울은 데살로니가인들에게 그가 "밤낮으로 일하면서" 그들에게 복음을 "전한" 사실을 상기시킨다(살전 2:9; 살후 3:8; 또 고전 4:12을 보라). 게다가, 빌립보서에서 바울은 그가 그리스도를 위해 감옥에 갇힌 소식이 "모든 시위대 안에" 퍼졌다고 말한다(빌 1:12-13). 이것은 죄수로서 바울이 로마의 정예부대 군인들과 가까이 지낼 수 있는 처지를 말과 삶으로 복음을 증언할 수 있는 기회로 삼았음을 분명히 암시한다. 공적 설교를 통해서든 아니면 사적 대화를 통해서든, 바울의 사도적 사역은 하나님이 그에게 맡기신 좋은 소식을 말하는 것에 집중했다. 바울의 주된 소명은 복음을 전하는 것이었다.

바울의 선포의 목표는 무엇이었는가? 대개 복음을 말하는 그의 사역에 대해 심사숙고할 때, 바울은 불신자들에 대한 선교적 선포를 염두에 둔다. 바울은 이방인들이 "구원을 받도록" 그들에게 말한다(살전 2:16). 거듭해서, 바울은 그가 선교적 배경에서 처음에 복음에 대해 말한 것을 지적한다(고전 2:1-5; 4:15; 갈 4:13; 살전 2:2, 13을 보라). 그리고 바울의 미래의 포부는 다른 사람이 놓은 기초 위에 건축을 하는 것이 아니라, 그리스도가 아직 알려지지 않은 장소들에 가서 좋은 소식을 전하는 것이다(롬 15:20; 또 고후 10:16을 보라). 바울은 복음 선포를 통해 유대인들과 이방인들에게 "구원을 주시는 하나님의 능력"이 널리 나타날 것을 확신한다(롬 1:16; 또 살전 1:5; 골 1:5-6을 보라).

그러나 바울은 좋은 소식을 말하는 것을 처음 전도할 경우로 제한하지 않는다. 로마서 초반부에서 바울은 "로마에 있는 너희에게도 복음(유앙겔리사스다이) 전하기를 원하노라"고 선언한다(롬 1:15). 이 경우에, 바울은 불신자들이 아니라, 믿음에 대한 소문이 이미 온 세상에 알려진 로마 **그리스도인들**에게 말하는 것이다(롬 1:8을 보라). 여기에서 "복음을 전하다"는 "처음에 전도를 한 후에 이어서 가르침과 제자 훈련을 하는 사역"

을 언급한다.[6] 바울은 로마인들을 직접 만나서 가르치는 일을 통해서뿐만 아니라 또한 이 편지를 쓰는 것을 통해서 이 목표를 달성하려고 하는 것 같다. 바울은 이 편지에서 복음과 그것이 교회에 갖는 의의를 풀어 설명한다.[7] 바울에게 좋은 소식을 말하는 것은 단순히 사람들에게 개인적 구원을 경험하도록 요청하는 문제가 결코 아니다. 복음 선포는 삶이 변화되고, 예배를 드리며, 순종하는 신앙 공동체로 이어진다. 그것은 **믿음**에 대한 요청일 뿐만 아니라 또한 **소속**과 **행위**에 대한 요청이다. 하나님의 백성은 "그리스도의 복음에 합당하게" 공동생활을 해야 한다(빌 1:27).

이같이 바울의 복음 사역을 폭넓게 이해하는 것은 다른 곳에서도 나타난다. 자신의 사도적 경력에 대해 심사숙고하면서, 바울은 로마서 15:19에서 예루살렘으로부터 일루리곤까지 그가 "그리스도의 좋은 소식을 편만하게 전했다(문자적으로는 "성취했다")"고 흥미로운 주장을 한다. 나는 이 표현은 바울의 선교 사역의 모든 범위를 언급하는 것이라는 폴 보워스의 의견에 동의한다. 복음을 전하는 것은 회심자들을 얻는 것뿐만 아니라 또한 기독교 공동체를 양육하고 강화하는 일을 포함했다. 바울의 목표는 강력하고 전략적인 회중들을 형성하는 것이었다.[8] 그와 같이 신자들의 공동체를 확고하게 세워놓았기 때문에 바울은, 나는 이런 지역들 전체에서 "복음을 성취했다"고 말할 수 있었다.

바울이 골로새서 1:27-28에서 그의 복음 사역을 묘사하는 방식 또한 흥미로운 사실을 드러낸다. 바울은 그와 그의 사역 팀이 복음의 "비밀"의 중심을 이루는 그리스도를 선포하는 일에 관여하고 있다고 단언한다. 그러나 바울이 골로새서 1:28에서 이 전파 활동에 대해 설명하는 것이 아주 중대하다. "우리가 그를 전파하여 각 사람을 권하고 모든 지혜로 각 사람을 가르침은 각 사람을 그리스도 안에서 완전한 자로 세우려 함이라." 여기에서 바울이 복음을 말하는 목표는 사람을 그리스도께 인도하는 것을 넘어선다. 그 목표에는 교회를 기독교적 성숙으로 이끄는 것도 포함된다. 거기에는 교회들에 그릇된 믿음과 행위의 위험에 대해 경고하는 것뿐만 아니라, 또한 그들에게 긍정적으로 좋은 소식을 구현하는 방법을 가르치는 것도 포함된다. 그러니까 바울에게 "복음을 전하는 것"은 신자들을 튼튼히 세우고 믿음에 깊이 뿌리를 내리도록 좋은 소식에 대해 온전히 설명하는 일을 포괄한다.

이것은 물론 우리의 선교에도 영향을 끼친다. 복음을 말하는 교회 사역은 처음에 좋은 소식을 전하거나 불신자들을 전도하는 것으로 끝나지 않는다. 우리의 과제는 그것보다 훨씬 광범위하다. 복음 선포는 신자들의 공동체를 강력하게 훈련시켜서 그들이 믿음 안에 굳게 서도록 돕는 일을 포함한다. 우리의 복음 사역의 목표는 하나님의 백성을 그리스도 안에서 온전히 성숙해지도록 이끄는 것이다.

### 복음이란 무엇인가?

그렇다면 바울이 전하고 가르친 "좋은 소식"은 무엇이었는가? 이것은 우리가 생각하는 것보다 대답하기가 쉽지 않은 질문이다. "복음"이라는 단어는 바울 서신에서 약 60번 가량 나타나지만, 바울 사도는 복음에 대한 완전한 정의를 내리지 않는다. 처음에 좋은 소식을 말할 때, 바울은 청중에게 상세히 그것에 대해 설명하는 기회를 가졌을 것이다.[9] 하지만 편지에서 바울은 일반적으로 좋은 소식을 자세히 설명하기보다는 그 내용을 추정한다. 바울은 보통 간략한 이야기식 기술이나 고백의 형태로 복음을 요약한다(롬 1:3-4; 고전 15:1-5; 갈 4:4-7; 살전 1:9-10을 보라). 그리고 이것들조차 바울의 특정한 청중의 필요에 맞추어져 있다. 그와 같은 "짤막한 복음 묘사" 중 비슷한 것은 하나도 없다.

게다가 바울의 복음에 대한 생각은 어떤 간단한 정의로 파악할 수 있는 것보다 훨씬 풍부하고 더 역동적이다. 복음은 짧은 몇 마디 말로 다 설명할 수 없다.[10] 바울이 복음에 대해 말하는 여러 가지 방법들을 검토할 때, 우리는 다음과 같은 여러 가지 핵심적인 차원들을 발견한다.

**1. 복음은 그리스도 안에서 이루어진 하나님의 구원하시는 선교에 대한 이야기를 말한다.** 바울은 예수 그리스도가 복음의 핵심이라고 본다. 아주 간단히 말해서, 바울은 "그리스도"(고전 1:24; 15:12; 빌 1:15-18) 또는 "하나님의 아들"(롬 1:9; 고후 1:19; 갈 1:16) 또는 "주 예수 그리스도"(고후 4:5)를 선포한다. 이것들은 모두 바울의 복음을 줄여서 말하는 표현이 될 수 있다. 무엇보다도, 바울은 "그리스도의 복음"을 전한다(롬 15:19; 고후 9:13; 갈 1:7). 이 구절은 한결같이 예수님에 **대한** 좋은 소식을 언급하는 말이다. 그러나 그것은 또한 하나님**으로부터** 온 좋은 소식이다(문자적으로, "하나님의 복음," 롬 1:1; 15:16; 고후 11:7; 살전 2:2, 8). 복음은 "우리를 위해" 예수 그리스도 안에서 이루어진 하나님의 구속하시는 사랑의 선교에 대한 이야기이다(롬 8:31-32).

이 복음 이야기는 구원의 사건으로서 그리스도의 죽음과 부활에 초점을 맞춘다(롬 4:24-25; 고전 1:23; 살전 4:14을 보라). 아마도 이것은 고린도전서 15:1-5에 가장 분명하게 진술되어 있다. 여기에서 바울은 그가 예수님을 믿는 가장 초기의 신앙 공동체로부터 받은 신조 같은 복음 요약을 제시한다. 바울은 고린도인들에게 이것이 "내가 너희에게 전한 복음"의 핵심이며, 또 그들이 그로 말미암아 구원을 받은 것이라는 점을 상기시킨다(고전 15:1-2).

> 내가 받은 것을 먼저 너희에게 전하였노니 이는 성경대로 그리스도께서 우리 죄를 위하여 죽으시고 장사 지낸 바 되었다가 성경대로 사흘 만에 다시 살아나사 게바에게 보이시고 후에 열두 제자에게와(고전 15:3-5)

이 근본적인 고백은 예수님, 하나님의 메시아(그리스도), 그분의 구원하시는 죽음, 장사, 부활, 그리고 증인들에게 나타나심에 대한 이야기를 말한다. "성경대로"라는 구절은 예수님에 대한 이야기는 훨씬 더 큰 이야기, 성경에 약속된 죄악에 빠진 인류를 회복시키시려는 하나님의 선교에 대한 이야기의 일부라는 점을 단언한다. 예수님의 복음은 구약의 이스라엘에 대한 이야기를 완성한다.

우리는 로마서의 처음에서 또 다른 이야기식 복음 요약을 발견한다(롬 1:3-4). 여기에서 바울은 세 가지를 강조한다. (1) 예수님의 지상생활--그분은 다윗의 후손으로 태어나셨다. (2) 예수님이 성령의 능력으로 하나님의 아들로 부활하심. (3) 예수님이 살아 계신 주님으로 높아지심(롬 10:9; 빌 2:11을 보라). 또 다시 바울은 복음의 광범위한 성경적 틀을 제시한다. 복음은 "하나님이 선지자들을 통하여 그의 아들에 관하여 성경에 미리 약속하신 것이라"(롬 1:2; 또 롬 3:21을 보라). 그리고 아마도 바울이 이방인들에게 전한 메시지를 요약한 데살로니가전서 1:9-10에서, 우리는 그 이야기의 끝이 강조되고 있음을 발견한다. 예수님은 죽음에서 다시 살아나셨을 뿐만 아니라 하늘에서 돌아오실 하나님의 아들이다(살전 1:10; 또 살전 4:13-5:11; 빌 3:20-21을 보라). 게다가 바울은 예수님을 하나님의 다가오는 심판에서 우리를 구출하시는 구세주로 선포한다(살전 1:10).

이런 이야기식 복음 요약과 또 우리가 인용할 수 있는 다른 요약들은(갈 4:4-5; 빌 2:5-11을 보라) 바울의 복음의 핵심은 이스라엘의 성경에 약속되었고, 예수 그리스도의 삶, 죽음, 부활, 승귀로 성취된 바, 은혜의 하나님이 인류를 구원하기 위해 하신 일에 대한 이야기라는 점을 나타낸다. 현실적으로 말해서, 이 근본적인 이야기 말고 다른 것에 집중하는 오늘날 많은 사람들이 "복음"이라고 말하는 것("구원을 얻는 방법"이든 "이신칭의"든 그밖에 또 무엇이든)은 바울이 전한 좋은 소식에서 벗어난 것이다.[11]

**2. 복음은 세상에서 역사하는 하나님의 변화시키는 능력이다.** 바울이 선언하는 이 구원 내러티브는 마음으로 받아들여야 하는 진리 그 이상이다. 복음에 대해 말하면서 인간의 삶과 모든 창조 세계를 변화시킬 수 있는 하나님의 능력이 역사하기 시작한다. 마이클 고먼이 요약한 대로,

**하나님의 복음은 일련의 명제가 아니다. 하나님의 복음은 잘못된 세상을 바로 잡기 위해 이스라엘의 역사에, 더 일반적으로 인류 역사에, 그리고 전 우주에 하나님이 자비로 개입하신 이야기이다.** 그것은 계획을 세우고 실행되었다가 곧 완성될 것이다. 그 개입 및 그것을 다시 말하는 것은 그 메시지(그리스도와 성령 안에서 역사하시는 하나님에 대한 좋은 소식)를 그대로 받아들이는 자들을 변화시킨다. 이것이 바울이 복음은 "모든 믿는 자에게 구원을 주시는 하나님의 능력이 됨이라 먼저는 유대인에게요 그리고 헬라인에게로다"(롬 1:16)라고 말할 수 있는 이유이다.[12]

그러므로 바울은 좋은 소식이 생명을 갖고 있다고 말할 수 있다. 그것은 세상 전역에 퍼져 나가며 자라고 열매를 맺는다(골 1:5-6). 선포된 복음은 하나님이 개인적 수준과 우주적 수준에서 변화를 일으키시는 수단이다. 협곡을 양분하는 강처럼, "십자가에 대한 메시지"는 그것을 듣는 자들을 나눈다. 그 메시지는 그것을 어리석다고 거부하는 자들에게는 파멸을 암시하지만, 믿는 자들에게는 구원하시는 "하나님의 능력"이다(고전 1:18-25). 그 메시지는 살아 계신 참된 하나님을 섬기기 위해 사람들에게 회개 및 거짓 신들을 숭배하는 것에서 돌아설 것을 요구한다(살전 1:9). 그 메시지는 하나님의 회복시키시고 구원하시는 의를 계시함으로써 죄악에 빠진 사람들이 하나님과 바른 관계를 맺도록 한다(롬 1:16-17). 그 메시지는 평안을 전하는데(엡 2:17), 거기에는 원수들을 화해시키고, 사회적 인종적 장벽들을 무너뜨리고, 그리스도 안에서 모든 민족의 사람들을 받아들이는 새로운 인류를 형성하는 일이 포함된다(엡 2:11-21). 바울은 삶을 변화시키는 효과적인 복음 선포는 전달자의 방법이나 수사학적 기술로 이루어지는 것이 아니라 성령의 능력으로 이루어진다고 단정한다(고전 2:1-5; 살전 1:5).

동시에 복음은 단지 인간만이 아니라 온 창조 세계에 대한 하나님의 회복을 선언한다. 골로새서 1:15-20의 장엄한 찬송가는 그리스도의 십자가를 통해 **만물**을 회복시키시려는 하나님의 사랑의 선교를 축하한다(골 1:20). 이런 이유로 바울은 이 복음이 "하늘 아래 있는 모든 창조물에게 전파되었다"(골 1:23, 저자 번역)고 정말 깜짝 놀랄 만한 주장을 할 수 있다. 그리스도가 모든 창조물의 주님이시라면(골 1:15-17), 복음을 말하는 것은 전체 창조 질서를 변화시킬 만한 영향을 끼친다. 별에서 불가사리, 갈매기에서 빙하 이 모든 것이 다 포함된다. 크리스토퍼 라이트가 말한 대로, "복음의 능력이 영향을 미치는 범위는 복음이 선포되는 범위가 되어야 한다. 복음은 **모든** 창조 세계를 위한 좋은 소식이다."[13]

그렇다면 우리가 복음을 단순히 죄사함이나 이신칭의의 메시지로 축소할 때 우리는 그 복음을 손상시키는 것이다. 물론 그렇다고 해서 그런 주제들이 중요하지 않다는 말은 아니다. 어쨌든 바울이 선포한 복음은 훨씬 더 광범위하다. 로이 시암파가 표현한 대로,

> 복음은 잘못된 모든 것이 그리스도에 의해 바로 잡힌다는 좋은 소식이며, 거기에는 신자들의 칭의, 성화, 영화와 죄의 통치 아래 억눌려 있는 창조물의 해방이 포함된다. 그리스도는 죄와 죽음의 통치를 끝장내시고 그분의 은혜, 생명, 의의 통치를 확립하신다.[14]

이보다 못한 것은 다 쪼그라든 복음이다.

**3. 복음은 신정(神政)을 선언하는 것이다.** 모든 창조 세계를 위한 좋은 소식이라는 이 메시지는 종교적 차원은 물론이요 정치적 차원도 지니고 있다. (사람들의 공적이고 공유된 삶과 관련해서 그렇다는 말이다.) 바울의 세계에서, "좋은 소식"(유앙겔리온)이라는 용어는 로마 황제의 업적과 특별한 관련이 있었다. 유명한 프리에네 비문은 아우구스투스 황제를 세상에 "기쁜 소식"을 가져온 "구세주"로 묘사한다.

가이사 [아우구스투스] 가 등장하면서... 이전의 모든 좋은 메시지(유앙겔리아)가 지녔던 소망이 그 이상으로 성취되었다. 가이사에 앞서 왔던 후원자들뿐만 아니라 미래에 올 누구도 그를 능가하지 못할 것이다. 신(황제)이 세상에 태어난 날은 그의 좋은 메시지(유앙겔리아)의 시작이었다.[15]

바울의 복음은 황제판 "좋은 소식"과 극명하게 대조된다.[16] 바울의 복음이 어떻게 그러지 **않을** 수 있겠는가? 그것은 저주를 받고 십자가에 달린 범죄자인 예수님이 온 세상의 참된 주님과 구세주라는 사실을 공개적으로 선언한다(롬 10:9; 고전 12:3; 빌 2:11, 20). 그러므로 복음은 단순히 사람들이 구원을 받고 천국에 들어가는 방법에 대한 사적 메시지 그 이상이나. 마이클 고먼이 난언한 대로, 바울이 전하는 복음은 **신정적** (하나님과 관련된 정치) 선언이다. 그것은 사람들에게 다른 모든 종교적 또는 "정치적" 충성을 거부하고 하나님 및 다른 사람들과 새로운 관계를 맺을 것을 요구한다.[17] 하나님에 대한 이 내러티브는 "공적 공동생활, 공동 내러티브, 즉 로마제국, 미제국 또는 다른 어떤 국가의 현상유지에 대한 대안을 만들어낸다."[18]

**4. 복음은 받아들이고 변호해야할 진리이다.** 좋은 소식은 하나님의 변화를 가져오는 신리이기 때문에, 그 진리는 그것을 왜곡하고 다른 "복음들"로 대체하려고 하는 자들에 맞서 변호되어야 한다. 갈라디아서에서, 바울은 이방인 신자들이 온전한 하나님의 백성이 되려면 할례를 받아야 한다고 주장한 유대 그리스도인 교사들에 맞서 "복음의 진리"(갈 2:5, 14)를 변호한다. 바울의 관점에서 볼 때, 그와 같은 메시지는 하나님의 구원은 유대 율법을 지키는 자들만이 아니라 이제 메시아 예수님에 대한 믿음을 통해 **모든** 사람에게 주어진다는 좋은 소식을 파괴하는 것이다. 그런 메시지는 그리스도의 복음을 왜곡하는 "다른 복음"이다(갈 1:6–

7). 그것은 반드시 거부되어야 한다.

다른 곳에서, 바울은 "하나님의 말씀을 혼잡하게 하는" 자들과 현저히 다르게 그의 복음은 "진리를 나타내는" 것이라고 주장한다(고후 4:2-3). 그리고 골로새서 앞부분에서, 바울은 그의 독자들에게 그들이 믿게 된 "복음, 진리의 말씀"을 상기시킨다(골 1:5; 또 엡 1:13을 보라). 결정적으로, 복음 진리에 대한 이 호소는 골로새서 나머지를 위한 기초를 놓는다. 바울은 계속해서 골로새인들에게 그리스도의 메시지를 다른 매력적인 종교적 가르침 및 관례들과 섞으려고 하는 혼합주의적 칵테일에 사로잡히지 말라고 경고한다(골 2:8-23을 보라).

그러니까 복음은 선언할 뿐만 아니라 대결도 한다. 복음은 상충되는 이야기들 및 상반되는 세계관들과 충돌한다. 복음은 하나님이 그리스도 안에서 하신 일에 대한 이야기를 사람의 취향에 맞추기 위해 바꾸는 것을 거부한다. "복음의 진리"에 대한 바울의 헌신은 오늘날 교회에 교훈을 준다. 특히 진리를 소비자의 취향에 맞추어 디자이너가 만든 상품으로 여기는 포스트모던 경향에 비추어 볼 때 그렇다. 동시에 전 세계에 있는 회중들은 현대에 등장하는 거짓된 가르침에 대응할 수 있는 지혜가 필요하다. 또 그들은 기독교의 진리를 희석시키는 짝퉁들을 거부할 수 있는 분별력이 필요하다. 그 짝퉁들은 최저의 희생에 무제한의 축복을 약속한다.

**5. 복음은 기독교적 생활을 위한 규범이다.** 바울에게, 복음은 믿어야 할 것일 뿐만 아니라 구현해야할 것이기도 하다(빌 1:27) 복음의 핵심에 해당하는 십자가에 달리시고 다시 살아나신 그리스도의 구원하시는 이야기는 일상의 관계와 태도 가운데 실행되어야만 한다(갈 2:20; 빌 2:1-11). 따라서 바울은 복음이나 진리를 단지 믿는 것이 아니라, "복음에 순종"하거나 "진리에 순종"하는 것에 대해 말할 수 있다(롬 2:8; 10:16; 갈 5:7; 살후 1:8). 실제로 로마서의 처음과 끝에서 바울은 그의 복음과 사역의 목표는 이방인들 가운데 "믿음의 순종"이 일어나게 하는 것이라고 선언한

다(롬 1:5; 16:26). 매우 감동적인 이 구절은 이방인들의 회심뿐만 아니라 또한 메시아 예수님에 대한 그들의 믿음 가운데 흘러나오는 순종의 **삶**을 의미한다. 바울은 이방인들이 "성령 안에서 거룩하게 되어" 하나님께서 받으실 만한 제물이 되도록 복음 사역을 한다(롬 15:16).

복음으로 형성된 이 순종의 삶은 혼자서 춤을 추는 그런 종류의 것이 아니다. 바울의 복음의 핵심에는 십자가를 통해 유대인과 이방인으로 이루어진 새로운 인류를 창조하시는 하나님의 역사가 있다(엡 2:13-18).[19] 그리고 좋은 소식을 전파하는 목표는 이 새로운 다국적 구속 공동체를 성령에 의해 그리스도의 형상으로 변화시키는 것이다(고후 3:18).

따라서 우리가 때때로 **믿음**의 문제로서 **복음**을, **생활방식**의 문제로서 **윤리**와 분리시키는 방식은 바울을 상당히 어리둥절하게 만들었을 것이다. 윤리적 변화는 처음 구원만큼 복음의 일부이다. 크리스토퍼 라이트가 강조한 대로, "변화가 없는 곳에는 복음도 없다."[20]

### 복음의 상황화

그러니까 바울의 복음의 핵심에는 하나님이 예수 그리스도의 삶, 죽음, 부활 안에서 온 세계를 구속하시고 변화시키시기 위해 하신 일에 대한 강력한 내러티브가 있다. 바울서신은 그 복음 가운데서 흘러나오며, 그것을 설명하고 또 새로 생긴 기독교 교회들에 좋은 소식을 실행하는 것이 무엇인지 가르친다.[21] 앞에서 살펴본 대로, 이것은 "복음을 전하는" 포괄적인 과제의 일부이다. 그러나 바울은 그 이야기를 말하는 사전에 제작된 한 가지 방법만을 갖고 있지 않다. 고린도인들이나 데살로니가인들에게 편지를 쓸 때, 바울은 복음과 그 의미를 그들이 처한 특정한 환경과 필요에 맞추어 설명한다.

따라서 바울은 모든 편지에서 복음을 설명하기 위해 굳이 똑같은 이미지들과 주제들을 재활용하려고 하지 않는다. 오히려 바울은 복음을 그의 선교 공동체가 속한 생활세계에 성육신하는데 필요한 언어가 있다면 주저하지 않고 사용한다. 예를 들어, 로마서와 갈라디아서에서는 이 방인들이 하나님의 백성에 참여하는 것에 대해 유대 율법 및 조건이 지닌 의미가 중대한 문제들이다. 따라서 믿음으로 말미암은 "의"라는 언어가 이 편지들에서 주목을 받는 것은 당연하다. 고린도전서에서 바울은 좋은 소식을 말하는 다른 방법들, 예를 들면 십자가, 지혜, 그리스도의 몸 등에 눈을 돌린다. 마찬가지로, 고린도후서에서는 십자가의 "약함"이 중요한 주제로 등장한다. 이 강조점은 대체로 바울이 사도가 되기에는 너무 "약하다"고 말하는 반대자들에 대응하면서 나온 것이다(고후 10:10; 11:21). 빌립보인들에게 바울은 빌립보 같은 로마 식민지에 대해 말하는 "시민권"이라는 정치적 은유를 활용한다(빌 1:27; 3:20). 골로새에서 그리스도의 역할을 축소해 가르치는 경쟁자들에 대응하여, 바울은 다른 모든 권세에 대한 그리스도의 우월성과 그분이 만물을 화해시키신 십자가를 찬양한다(골 1:15-21; 2:8-15). 각 경우에 바울은 그 상황에 꼭 맞는 신학적 반응을 만들어낸다. 단 하나의 변치 않는 복음이 각각 다른 청중들에게 다양한 형태로 전달될 수 있다.

우리가 사도행전에서 바울이 처음에 복음을 전한 사역에 대해 관찰한 것(6장을 보라)은 바울서신에서 그가 복음을 **설명**한 것에도 해당된다. 현저한 융통성과 창의성을 갖고 바울은 좋은 소식과 그 함축을 사람들이 처한 상황에 관련시킨다. 선교학자들이 그 용어를 사용하기 오래 전에, 바울은 복음을 "상황화"했다.[22] 따라서 우리도 바울의 모범을 따라 가는 것이 온당하다. 좋은 소식의 핵심에 있는 거룩한 이야기는 변하지 않지만, 우리는 항상 변화하는 세계에 융통성을 갖고 관여해야 한다. 이런 일을 하려면 사람들의 이야기와 관심사에 귀를 기울여야 할 뿐만 아니라, 또한 좋은 소식을 그들의 특정한 생활환경에 어떻게 말할 수 있을지 분별하는 것이 필요하다.

클레멘스 세드막은 이런 종류의 상황에 민감한 신학을 창의적인 마을 요리사와 비교한다.[23] 어떤 마을 요리사가 음식을 준비하면서 갖고 있는 현지 재료를 사용한다. 이 이미지는 사람들에게 그냥 슈퍼마켓 체인에서 파는 사전 포장된 음식 같은 신학 제품을 제공하지 말 것을 제안한다. 오히려 우리는 사람들에게 익숙한 이미지, 개념, 매체, 즉 현지 재료를 사용해 사람들의 삶에 복음이 갖고 있는 의미를 드러내야 한다. 루스 줄리안은 콩고의 한 사례를 제공한다.[24] 바콩고 부족에게는 **보호자**라는 생각이 대단히 중요하다. 그들을 해치고자 하는 악령과 마법사들로 가득한 현실 가운데 살면서, 그들은 영적 보호는 물론 신체적 보호를 위해서도 족장들에게 의지한다. 따라서 바콩고 부족을 위해 적절하게 상황화된 메시지는 예수님은 구세주가 되실 뿐만 아니라, 또한 모든 위협적 세력으로부터 지켜주는 **보호자**가 되신다는 점을 강조해야 한다. 하나님의 좋은 소식은 여러 향과 맛으로 전달될 수 있다.

## 복음을 삶으로 나타냄

바울의 선교적 소명의 초점이 복음을 전하는 것이었다면, 이 과제는 결코 말만의 문제가 아니었다. 바울의 **말**은 그의 **존재** 및 **행동**과 동시에 이루어졌다.

### 메신저의 진정성

바울은 그의 개인적 진실성을 그가 전한 메시지에 관련시키기를 주저하지 않았다. 고대 연사들은 보통 **에토스**를 통해 다른 사람들을 설득했다. 그것은 연사들의 성품과 신뢰성을 현시하는 것을 포함했다. 그러나 바울은 그 자신의 진실성을 단지 수사학적으로 설득하는 수단으로 이야기하지 않는다. 바울의 삶은 그가 전하는 복음을 성육신하고 또 진짜임을 입증한다.

복음에 대한 이 개인적 요소는 데살로니가전서 2:1–12에 분명히 나타난다. 이 구절의 일부는 다음과 같다.

우리의 권면은 간사함이나 부정에서 난 것이 아니요 속임수로 하는 것도 아니라 오직 하나님께 옳게 여기심을 입어 복음을 위탁 받았으니 우리가 이와 같이 말함은 사람을 기쁘게 하려 함이 아니요 오직 우리 마음을 감찰하시는 하나님을 기쁘시게 하려 함이라 너희도 알거니와 우리가 아무 때에도 아첨하는 말이나 탐심의 탈을 쓰지 아니한 것을 하나님이 증언하시느니라 또한 우리는 너희에게서든지 다른 이에게서든지 사람에게서는 영광을 구하지 아니하였노라 우리는 그리스도의 사도로서 마땅히 권위를 주장할 수 있으나 도리어 너희 가운데서 유순한 자가 되어 유모가 자기 자녀를 기름과 같이 하였으니 우리가 이같이 너희를 사모하여 하나님의 복음뿐 아니라 우리의 목숨까지도 너희에게 주기를 기뻐함은 너희가 우리의 사랑하는 자 됨이라(살전 2:3-8)

이 호소에는 "배경이 되는 이야기"가 있다. 바울의 청중은 소피스트(궤변론자) 같은 그 당시 유행하던 대중적인 방랑 철학자들의 불순한 동기에 대해 잘 알고 있었을 것이다. 하지만 바울은 그의 행위(와 그의 사역 팀의 행위)는 다르다는 점을 밝히고자 한다. 음으로 양으로, 바울의 삶은 다음과 같은 방식으로 부정적인 문화적 모델들에 대한 대안을 제공한다.

* 속임수와 아첨보다는 순수한 동기로 말함(살전 2:3, 5; 참고. 살전 2:10)
* 사람들을 기쁘게 하지 않고 하나님을 기쁘시게 함(살전 2:4, 6; 참고. 갈 1:10)
* 재정적 이득을 얻기 위해 청중을 이용하지 않고 자신의 손으로 일함(살전 2:5, 9)
* 마음의 겸손 대 대중의 영광을 구함(살전 2:6)
* 강제적인 "강압 전술"에 반대되는 온유함(살전 2:7)
* 자기를 섬겨달라는 요구가 아니라 자기를 주는 사랑(살전 2:7, 8)

데살로니가인들에 대한 깊은 사랑과 배려 때문에, 바울과 그의 사역 팀은 데살로니가인들에게 복음뿐만 아니라 또한 **그들 자신**(문자적으로 "우리 자신의 영혼," 살전 2:8)까지 주려고 했다. 좋은 소식을 말하는 것과 그것을 실행하는 것은 한 동전의 양면이다.

바울이 그의 사역의 신뢰성을 확고히 하려고 결심한 이유 중 일부는 **그**가 신뢰를 잃으면 그가 전하는 **복음**도 신뢰를 잃는다는 점을 알기 때문이다. 다시 말해 바울은 이 둘이 긴밀한 연관성을 갖고 있음을 잘 알고 있다. 바울은 "우리는 하나님의 말씀을 혼잡하게 하지 아니하고 곧 순전함으로 하나님께 받은 것 같이 하나님 앞에서와 그리스도 안에서 말하노라"고 주장한다(고후 2:17). 후에 같은 편지에서 바울은 "이에 숨은 부끄러움의 일을 버리고 속임으로 행하지 아니하며 하나님의 말씀을 혼잡하게 하지 아니하고 오직 진리를 나타냄으로 하나님 앞에서 각 사람의 양심에 대하여 **스스로 추천하노라**"고 쓴다(고후 4:2). 바울 자신의 삶과 그가 전하는 메시지가 이렇게 밀접하게 연결되어 있음은 바울이 좋은 소식을 인간의 피와 뼈로 **구현한다**는 사실을 말해준다. 갈라디아서 끝에서 바울은 그것을 생생한 말로 표현한다. "내가 내 몸에 예수의 흔적을 지니고 있노라"(갈 6:17).

바울이 거듭해서 언급하는 그의 행위 중 한 측면은 그가 육체노동을 해서 자활하기로 한 결정이다(고전 9:1–18; 고후 11:7–11; 살전 2:9; 살후 3:8을 보라). 바울은 회심자들로부터 재정적 후원을 받을 **권리**가 있다고 확신하지만, 대개의 경우 그는 그 권리를 거부하고 대신 그의 손으로 오랜 시간("밤낮으로," 살전 2:9) 일을 하기로 선택한다. 그 이유는 무엇인가? 무엇보다도, 바울은 "그리스도의 복음에 아무 장애가 없게 하려 함"이라고 고린도인들에게 말한다(고전 9:12). 바울이 회심자들을 이용해서 돈을 벌려는 이기적 동기로 전도한다고 비난을 받을 경우 그런 장애물이 생길 수 있다(고후 2:17을 보라). 게다가, 그 당시의 문화적 규정에 따르면, 고린도인들에게 후원을 받을 경우 바울은 그의 부유한 후원자들에 대해 계속

부담을 가질 수 있었다. 바울의 후원자들은 그가 전하는 메시지와 그 장소에 대해 영향력을 행사하려고 할 수 있다.

하지만 더욱 중요한 것으로, 바울이 그의 손으로 일하는 활동은 복음 자체를 보여주는 실례가 된다. 헬라 로마 세계에서 엘리트들은 육체노동을 경멸했다. 그것은 지위가 낮은 사람들과 노예들이 하는 활동이었다. 사회적으로 낮은 자세를 취함으로써 바울은 다른 사람들을 위해 "자기를 비우신," 십자가에서 처형당하신 주님의 모범을 재현한다(빌 2:6-8을 보라). 또 다시 바울의 삶은 좋은 소식을 현시한다.

자기를 주는 태도와 선교의 연관성은 고린도전서 9:19-23에서 아주 분명하게 나타난다. 눈에 띄는 언어로 바울은 그의 선교적 관점을 묘사한다. "내가 모든 사람에게서 자유로우나 스스로 모든 사람에게 종이 된 것은 더 많은 사람을 얻고자 함이라"(고전 9:19). 자발적으로 "종의 형체"를 취하신 예수님처럼(빌 2:7), 바울은 다른 사람들을 위하여 지위의 사다리를 **내려**온다. 자기를 주는 이런 태도는 바울의 유명한 주장을 이해하는 열쇠가 된다. "나는 여러 사람에게 여러 모습이 되었다"(고전 9:22). 바울은 유대인들이든 아니면 이방인들이든 그가 만나는 사람들에 따라 그들이 먹는 것을 먹고 그들이 마시는 것을 마시면서 그의 생활방식을 조정할 수 있었다(고전 9:20-21). 바울이 그와 같이 융통성 있게 개인적으로 행동한 동기는 실용적인 성공보다 훨씬 더 중한 의의를 지녔다. "나는 복음을 위하여 모든 것을 행한다"고 바울은 주장한다(고전 9:23). 바울이 각각 다른 그룹의 사람들에게 맞추어 행동하려고 하는 것은 더 많은 사람들을 얻기 위해 종이 되는 원리를 실행하는 한 가지 방식이다(고전 9:19).

후에 바울은 고린도인들에게 "나와 같이 모든 일에 모든 사람을 기쁘게 하여 자신의 유익을 구하지 아니하고 많은 사람의 유익을 구하여 그들로 구원을 받게 하라"고 말한다(고전 10:33). 한 편으로, 바울의 융통성 있는 행위는 선교적 목표를 갖고 있다. 즉 바울은 의도적으로 "여러 사람에게 여러 모습이 되어 아무쪼록 몇 사람이라도 구원하고자" 한다(고전 9:22). 다른 한 편으로, 바울의 타인지향적 생활방식은 복음 자체를 현시하는 것이다. 바울은 다른 사람들의 구원을 위해 십자가에 달려 죽기까지 모든 것을 포기하신 분에 대한 좋은 소식을 구현한다.

간단히 말해서, 바울이 전도하는 동기, 돈 문제에서 정직함, 다른 사람들에 대한 겸손하고 자기를 주는 행위 그리고 거룩한 성품 등 이 모든 것이 다른 사람들에게 좋은 소식을 전달한다. 우리는 복음을 전하는 자들이 재정, 성적 행위 또는 관계 등 여러 영역에서 진실성이 부족하기 때문에 얼마나 자주 복음이 무시를 당하는지 잠시 생각해 볼 필요가 있다. 게다가 바울 당시의 대중 철학자들처럼 얼마나 많은 현대 "복음" 사역들이 사람들을 기쁘게 하려고 하다가 "오락 행위로 전락하고 설교자는 유명인사가 되고 마는가?"[25] 구현되지 않는 복음은 신뢰할 수가 없다.

### 그리스도를 위한 고난

바울은 그의 행위 및 성품의 진실성을 통해 복음을 실행할 뿐만 아니라, 또한 **고난의 경험**을 통해서도 그렇게 한다. 바울의 고난이라는 주제는 고린도후서에서 주요한 관심사다(고후 1:3–11; 2:14–17; 4:7–12; 6:3–10; 11:22–33; 12:4–10을 보라). 그 본문의 배경에는 바울의 고린도 사역에 대한 신뢰를 떨어뜨리려고 애쓰는 반대자 그룹이 있다. 그들은 바울의 개인적 약함, 낮은 지위, 육체적 고통이 그의 복음과 사도직을 무효화한다고 주장했던 것 같다. 그에 대응해, 바울은 그의 고난은 그의 복음을 무효화하는 것이 아니라 사실상 하나님이 그분의 구원하시는 능력을 세상에 알리시는 수단이라고 주장한다.[26] 바울은 고린도인들에게 복음의 보물은 고통에 시달리는 그의 약한 몸이 "질그릇"에 담겨 있다는 점을 생생하게 상기시킨다. 그 이유는 "심히 큰 능력은 하나님께 있고 우리에게 있지 아니함을 알게 하려 함이라"(고후 4:7).

고난과 신적 강함에 대한 바울 자신의 이야기(고후 4:8–9)는 복음의 핵심인 예수님 자신의 죽음과 부활을 구현한 것이다. "우리가 항상 예수의 죽음을 몸에 짊어짐은 예수의 생명이 또한 우리 몸에 나타나게 하려 함이라"(고후 4:10). 스코트 해프먼은 바울의 고난은 "복음이 선포되는 자들에게 십자가의 의의가 현실화되는 수단"이라고 쓴다.[27] 결과적으로 하나님은 바울 사도의 고난을 이용해 다른 사람들에게 영적 생명을 가져다주신다(고후 4:12; 또 고후 1:6; 엡 3:13; 골 1:24을 보라). 고난은 바울의 선교에 필수적이다.

그러니까 바울의 삶과 메시지는 그리스도의 십자가로 형성된다. 바울은 그의 몸에 예수님의 흔적을 지닌다(갈 6:17). 바울은 그리스도의 고난에 동참한다(고후 1:5; 빌 3:10; 골 1:24). 그러나 역설적으로 바울 사도의 약함은 하나님의 부활의 능력이 그의 사역 가운데 나타날 수 있게 한다(고후 12:9-10). 약함 가운데 있는 바울의 능력은 좋은 소식을 세상 가운데서 눈에 보이는 생생한 현실로 만든다.

실제적으로 말해서, 오늘날 교회는 십자가의 약함을 제외하고 부활의 능력을 얻고자 하는 유혹에 끊임없이 직면한다. 내가 다른 곳에서 쓴 대로, "대중적인 설교와 신학은 너무 자주 약함이 없는 능력, 고난이 없는 성공, 희생이 없는 번영, 제자도가 없는 구원, 의가 없는 종교를 약속한다."[28] 예수님이 부활 후 도마 및 다른 제자들에게 나타나셨을 때, 그들이 예수님을 알아본 것은 바로 그분의 **상처** 때문이었다(요 20:25-28). 우리도 마찬가지다. 우리의 복음이 우리 주변에 있는 자들에게 신뢰를 얻으려면, 우리의 우월한 지혜나 강압 전술이 아니라 우리의 취약성과 약함 가운데 그 복음을 볼 수 있게 해야 한다. 우리가 선포하고 삶으로 나타내는 복음은 십자가로 형성된다. 그렇지 않으면 그것은 전혀 복음이 아니다.

### 능력의 행위

바울의 말하는 사역은 또한 기적적인 능력의 행위를 동반했다(롬

15:18-19; 고후 12:12; 갈 3:5; 참고. 고전 2:4-5). 바울서신은 바울의 사역의 이 측면을 강조하지 않지만, 그것은 사도행전에 연대순으로 기록되어 있으며(예를 들어, 행 13:9-12; 14:8-10; 16:16-18; 20:9-12), 또 예수님 자신의 선교와 연속성을 갖고 있다. 로마서 거의 끝에서 바울은 그리스도가 그를 통해 어떻게 역사하셨는지 이야기한다. "그 일은 말과 행위로 표적과 기사의 능력으로 성령의 능력으로 이루어졌으며"(롬 15:18-19). 여기에서 "말"은 복음 선포를 언급하고, "행위"는 좀 더 구체적으로 기적적인 일이라는 면에서 설명된다. 바울의 사역의 두 측면 즉 말과 행위는 능력을 주시는 성령에 대한 증거이다.[29] 바울이 보기에 그와 같은 놀라운 표적은 "구원하시는 하나님의 능력인 복음을 확증한다."[30]

우리는 고린도후서 12:12에서 비슷한 언어를 발견한다. 사도 자격을 변호해야만 하는 상황에서 바울은 고린도인들에게 "약함" 때문에 그의 사역을 비하하는 다른 사도들보다 자신이 결코 열등하지 않다고 장담한다. 그 증거로 바울은 그의 독자들에게 그들 가운데서 "표적과 기사와 능력"을 포함한 "참된 사도의 표를 행한" 사실을 상기시킨다. 또 다시, 기적적인 행위는 하나님의 능력이 바울의 복음 사역 가운데 역사하신다는 점을 보여주는 증거 역할을 한다. 사도 바울은 어디에서도 이런 "표적과 기사"가 정확히 무엇을 의미하는지 자세히 설명하지 않는다. 그것들은 성령의 역사를 통해 이루어지는 바울의 사역을 특징지었던 능력의 나타남과 치유를 포함하는 것 같다. 바울은 그와 같은 강력한 행위와 그의 사도적 선교의 독특한 특징인 그 자신의 "약함" 간에 무슨 모순이 있다고 보지 않는다. 둘 다 바울의 사역 가운데 역사하시는 하나님의 임재와 능력을 가리킨다(고후 11:30; 12:1-10을 보라). 그럼에도 불구하고, 바울이 그의 주된 선교 과제는 기적을 행하는 것이 아니라 좋은 소식을 선포하는 것이라고 믿은 것은 분명하다. 그 과정에서 기적은 동정의 행위로 나타난다.[31] 동시에 표적과 기사는 바울의 선포가 참으로 하나님의 강력한 말씀이라는 점을 확인해 준다. 예수님처럼, 바울은 "말과 행위"로 이루어진 총체적 선교를 실현한다(롬 15:18).

**동정의 사역**

제대로 주목을 받지 못한 바울의 선교 사역의 한 차원은 예루살렘의 가난한 자들을 위해 모금한 일이다. 바울은 열정적으로 이 헌금을 모았다. 바울은 그것을 네 편지에서 이야기하며(갈 2:10; 고전 16:1-4; 고후 8-9장; 롬 15:25-31), 적어도 세 지역(갈라디아, 마게도냐, 아가야)에서 헌금을 모으는데 많은 시간과 힘을 쏟아 부었다. [32] 예루살렘의 유대 지도자들로부터 제안을 받아 평범하게 시작한 것(갈 2:10)이 "거의 이십 년 동안 바울을 **사로잡는** 일이 된다."[33]

바울이 그 모금에 헌신하게 된 이유로 여러 가지 의견이 제기되었지만, 그 중 세 가지가 눈에 띈다. 첫째, 그것은 빈곤한 기독교 공동체의 필요에 대한 동정어린 반응이었다(롬 15:26; 고후 9:12). 때때로 학자들은 그 모금이 지닌 신학적 의의를 찾아내는데 집중하다가 그것이 지닌 가장 분명한 기능을 무시한다. 그 모금은 예루살렘의 모교회에 있는 "성도들"의 물질적 고통을 경감시키고자 실시된 것이었다(롬 15:25). 바울은 그것을 그가 다른 사람들을 "섬기는 일"(디아코니아, 롬 15:25, 31; 또 고후 9:1, 12, 13을 보라)과 어려움에 처한 사람들과 "나누는 일"(코이노니아, 롬 15:26; 고후 8:4; 9:13)로 언급한다. 따라서 그것은 바울이 가난한 자들을 사랑으로 배려하는 것을 보여주는 명확한 증거였다.

둘째, 그 모금은 기독교적 연합을 표현했다. 스코트 맥나이트는 바울은 "한 주님과 한 복음이 있는 것처럼, 한 교회가 있다는 점을 예루살렘에 보여주고자" 했다고 언급한다.[34] 예루살렘을 위한 모금은 흩어져 있는 이방인 교회들에게 그들이 누리고 있는 영적 유산에 대해 유대인 그리스도인들에게 지고 있는 마음의 빚을 갚을 수 있는 구체적인 방법을 제공했다(롬 15:27). 고대에 그와 같은 상부상조는 쌍방 간에 **코이노니아** 또는 공유하는 관계가 존재함을 보여주었다. 동시에 예루살렘 신자들에게 그와 같은 선물을 받는 것은 그들이 할례 받지 않은 이방인들을 하나님의 백성으로 받아들이는 것을 상징했다. 그러니까 그 모금은 유대인들과 이방인들을 한 연합된 교회 안에 받아들인 바울의 보편적 메시지를 명백히 현시하는 것이 되었다.

셋째, 그 모금은 그리스도 안에 나타난 하나님의 은혜의 복음을 실행하는 구체적인 수단을 나타냈다.[35] 거듭해서 바울은 그 모금을 "은혜"(카리스, 고전 16:3; 고후 8:6, 7, 19)의 행위로 말한다. 그것은 그리스도 자신의 사랑과 은혜가 넘치는 행동을 본받아 한 일이었다. "우리 주 예수 그리스도의 은혜를 너희가 알거니와 부요하신 이로서 너희를 위하여 가난하게 되심은 그의 가난함으로 말미암아 너희를 부요하게 하려 하심이라"(고후 8:9). 그리스도 안에서 하나님의 풍성한 은혜를 받은 자로서(고후 8:1; 9:8, 14), 신자들은 다른 사람들에게 관대하게 그리고 희생적으로 주어야 한다. 신자들이 기꺼이 그렇게 주려고 하는 것은 그들의 사랑의 진실성을 나타낸다(고후 8:8, 24). 바울이 보기에 다른 사람들에게 주는 것은 예수님의 자기를 주시는 사랑을 그대로 따라 하는 것이다.

예루살렘의 가난한 자들을 위한 모금에 열정적이었던 바울은 그의 선교가 전적으로 복음을 선포하고 교회를 개척하는 것에 집중되었다는 의견에 동의하지 않을 것이다. 제이슨 후드는 로마서에 따르면 바울은 예루살렘에 먼저 모금을 전달하기 위해 로마 방문 및 로마제국 서부에 복음을 전파하고자 하는 선교 계획의 착수를 미루었다는 점을 강조했다(롬 15:23-25). 후드는 계속해서 이렇게 말한다. "**바울에게 그 모금을 전달하는 일이 선교지에 나가서 복음을 전하고 교회를 개척하고자 하는 그의 소원보다 그 때에 더 긴급한 문제가 될 만큼 그 모금은 대단히 중요했다.**"[36] 바울이 예루살렘의 가난한 자들에 대해 보여준 동정어린 반응은 그의 복음 사역을 방해하는 이류 사역이 아니었다. 그것은 행동하는 복음이었다.

**기도하는 바울**

나는 말과 행위로 이루어진 바울의 사역에 대한 이 개관을 필수적인 것이지만 쉽게 간과되는 바울의 사역의 한 측면으로 마무리하고자 한다. 그것은 바로 바울 사도의 기도 생활이다. 바울서신에는 바울이 기도의 사람이며, 또 그 기도는 바울의 사도적 선교를 성취하는데 필수적이었다는 점을 보여주는 많은 증거가 있다. 어느 때에, 바울은 그가 동료 유대인들의 구원을 위해 간절히 기도한다고 고백한다. "형제들아 내 마음에 원하는 바와 하나님께 구하는 바는 이스라엘을 위함이니 **곧 그들로 구원을 받게 함이라**"(롬 10:1). 그리고 바울이 그것에 대해 말하지는 않지만, 분명히 사도 바울은 하나님이 그에게 위임하신 이방인들을 위해서도 그와 같은 전도를 지향하는 기도를 했을 것이다.

바울이 **강조하는** 것은 그가 영적 전쟁과 그의 회심자들의 성숙을 위해 "항상"(빌 1:4) 기도했다는 사실이다. 또 바울은 교회를 위해 여러 가지 제목을 갖고 기도한 것을 알 수 있다. 예를 들어 바울은 빌립보인들의 사랑에 통찰력이 넘치고 또 그들이 그리스도의 날에 순수하고 허물이 없게 되기를 간구한다(빌 1:9-11). 로마서 처음에서 바울은 하나님께 그가 아직 만난 적이 없는 신자들의 믿음을 굳세게 하기 위해 그들에게 영적 은사를 나누어 주고자 하는 강렬한 소망을 이루어달라고 요청한다(롬 1:10-12). 바울은 이 요청을 직접 그의 복음 사역과 관련시킨다(롬 1:9). 그리고 골로새인들을 위해 바울은 그들이 하나님의 뜻을 온전히 알게 되고, 주님께 합당한 삶을 살고, 모든 선한 일에 풍성한 열매를 맺게 되도록 기도한다(골 1:9-12; 또 고후 13:7, 9; 살전 3:10; 엡 1:16-19; 3:14-19을 보라).

바울이 그의 회심자들을 위해 "소원 기도"를 할 때에도 비슷한 주제들이 나타난다(예를 들어, "소망의 하나님이 너희에게 충만하게 하사..." 롬 15:13). 바울은 하나님이 이런 어린 그리스도인들에게 풍성한 사랑, 기쁨, 평강, 소망(롬 15:13; 살전 3:12; 살후 3:16), 순전함과 거룩함(살전 3:13; 5:23), 교회의 연합(롬 5:5), 모든 말과 일에 굳건함(살후 2:16-17)을 이루어 주시기를 몹시 바란다. 우리가 앞에서 살펴본 대로, 바울의 선교 사역의 목표가 사랑이 넘치고 거룩하고 열매를 맺는 신앙 공동체들을 세우는 것이라면, 다른 사람들을 성숙한 그리스도인으로 만들고자 하는 바울의 기도는 그의 선교의 필수적인 측면이다.[37] 게다가 돈 하웰 2세가 바울은 "교회에 대한 외부인들의 평판과 일반 사회에 대한 교회의 증언이 교회의 도덕적 순수성과 관계적 연합에 따라 성패가 좌우될 것이라는 점을 충분히 이해하고 있다"고 말한 것은 옳다.[38] 성숙은 선교에 필수적이다.

## 결론적인 성찰: 한 선교사의 동기

사도 바울에 대해 생각할 때 우리는 종종 **설교자**를 마음에 그린다. 세계를 놀아다니면서 가능한 많은 사람들에게 좋은 소식에 대해 말한 그런 사람 말이다. 그리고 그런 묘사는 분명히 타당하다. 말을 통해 복음을 전달하는 것이 바울의 선교사적 소명의 핵심이었다. 적어도, 바울서신은 구속자이시고 거룩하게 하시는 자이신 예수님에 대한 **좋은 소식**을 들을 필요가 있는 자들에게 **말하는 것**의 중요성을 강조한다. 바울에게 말씀 사역은 포괄적인 과제였다. 그것은 처음에 불신자들에게 복음을 받아들이도록 요구할 뿐만 아니라 또한 세상 가운데서 복음을 실행하는 기독교 공동체의 성숙하고 성장하는 제자와 구성원이 되도록 그들을 훈련시키는 일을 포함했다. 이런 의미에서, 바울서신은 선교의 중요한 도구 역할을 한다.[39]

그러나 바울을 **오직** 말을 통해 복음을 전하는 자로 묘사하는 것은 충분하지 못하다. 그리스도의 대사로서(고후 5:20), 바울은 여러 모로 그의 주님의 선교를 반영하는 총체적 선교를 수행했다. 예수님처럼, 바울은 선포하며 가르치고, 기적을 행하고, 어려운 사람들을 돕고, 다른 사람들을 위해 고난을 겪고, 중보 기도를 하고 좋은 소식을 구현했다. 바울은 말, 행위, 존재로 이루어진 사역을 완벽하게 해냈다.

오늘날 교회는 이 모범에서 많은 것을 배울 수 있다. 너무 자주 우리는 선교에 대한 풍부한 성경적 이해를 좁은 것으로 만들어버렸다. 이를테면 주로 **말**을 통해 불신자들에게 **복음을 전하는 것**으로 말이다. 분명히 전도와 좋은 소식을 말하는 것은 중요하다. 그러나 바울은 우리에게 전도는 모든 수단을 통해 모든 사람에게 온전한 구원을 가져다주는 더 광범위하고 더 포괄적인 사업, 다시 말해 하나님의 온전한 선교의 일부라고 제시한다. 교회가 하나님의 선교에 참여하는 목표는 신앙 공동체들의 변화이다. 그래서 그 공동체들이 그리스도의 날에 "흠이 없는" 상태로 발견되게 하는 것이다(빌 1:10; 살전 5:23).

바울이 다른 사람들을 위해 "재물을 사용하고 또 자신까지도 내어 준"(고후 12:15) 이유는 무엇인가? 그것은 이방인들에게 예수님을 전하라는 신적 위임 때문이었는가(갈 1:15-16)? 그것은 그리스도에 대한 믿음이 없이 하나님의 심판을 받게 되는 사람들에 대한 마음의 부담 때문이었는가(롬 2:16; 살전 1:10을 보라)? 그것은 바울의 개인적 의무감 때문이었는가(롬 1:14; 고전 9:16), 아니면 모든 사람이 구원을 받게 하려는 바울의 열정 때문이었는가(고전 9:19-23; 10:33)? 아니면 그것은 하나님께 최고의 영광을 돌리려는 바울의 소망 때문이었는가(빌 4:20)?

바울의 선교 사역에는 분명히 여러 가지 동기가 있었다. 그러나 그 핵심에는 그리스도의 십자가로 표현된 하나님의 변화를 가져오는 사랑이 있었다. 바울은 그것을 이렇게 표현한다. "그리스도의 사랑이 우리를 강권하시는도다 우리가 생각하건대 한 사람이 모든 사람을 대신하여 죽었은즉 모든 사람이 죽은 것이라"(고후 5:14). 레이몬드 브라운이 표현한 대로, 자기를 주시는 그리스도의 사랑이 "바울의 삶을 이끌어가는 요인"이 되었다.[40] 그것은 세상 가운데서 이루어지는 하나님의 화해 사역에 바울을 관여시키는 힘이었다(고후 5:18-20). 바울의 선교 사역은 그가 경험한 십자가에 나타난 하나님의 사랑과 은혜의 "당연한 확대"였다.[41] 우리가 집중적으로 조명한 바울 사역의 여러 측면 모두(복음 선포, 제자 훈련, 치유, 고난 등등)는 그리스도 안에 나타난 하나님의 구속하시는 사랑에 대한 좋은 소식과 바울 자신이 경험한 신적 사랑에 의해 이루어지고 형성된다. 바울의 사도적 사역은 참으로 사랑의 선교였다.

우리가 말, 행위, 삶으로 예수 그리스도의 좋은 소식을 전하고자 하는 바울의 열정에 사로잡히려 한다면, 우리의 선교 역시 무엇보다도 예수님의 죽음과 부활 가운데 나타난 하나님의 사랑의 마음에서 흘러나와야 한다. 교회가 선교를 수행하는 데에는 여러 동기가 있을 수 있다. 몇 가지 예를 들자면, 대위임령에 대한 순종(마 28:19-20), 잃어버린 자들에 대한 관심, 인간의 필요에 대한 인식, 정의에 대한 열정 등이다. 그러나 "그리스도의 사랑이 우리를 강권하시지"(고후 5:14) 않는다면 선교를 하려는 우리의 노력은 복음에서 벗어날 수도 있다. 게다가 방금 언급한 동기들은 상기산에 섫쳐 우리들 시뱅시켜 주시 못할 수노 있나. 특징한 상황이 무엇이든, 모든 세대에서, 최상의 그리스도의 교회의 선교는 총체적인 사랑의 선교이다.

이제까지 우리는 선교에 대한 바울의 이해 및 관례를 탐구해 보았다. 그러나 바울은 지역교회에 속한 평범한 그리스도인들에게도 똑같은 것을 기대했는가? 다음 장에서 이 문제를 살펴보기로 하자.

**생각해 볼 질문**

1. 당신이 속한 기독교 공동체는 보통 "복음"을 어떻게 이해하는가? 그것은 이 장에서 논의한 복음에 대한 바울의 포괄적인 생각과 일치하는가?
2. 당신의 교회는 사역을 하고자 하는 특정한 그룹의 사람들에게 특별히 "복음을 어떻게 상황화할" 수 있겠는가?
3. 이 장은 바울의 성품과 개인적 진실성이 그의 선교의 중요한 부분을 차지했다는 점을 보여준다. 당신은 당신이 사역하는 환경에서 하나님의 선교에 참여하는데 개인적 차원이 얼마나 중요하다고 생각하는가?
4. 당신과 당신이 속한 기독교 공동체가 하나님의 선교에 참여하는 방식에서 기도는 어떤 역할을 하는가? 그것은 바울의 사역에서 기도가 차지하는 위치와 어떻게 비교가 되는가?

## 주

1) 특히 고전적 작품인 Roland Allen, *Missionary Methods: St. Paul's or Ours? A Study of the Church in the Four Provinces* (Grand Rapids: Eerdmans, 1962)를 보라.「바울의 선교 vs. 우리의 선교」(IVP). 또 훨씬 더 포괄적인 연구로 Eckhard J. Schnabel, *Paul the Missionary: Realities, Strategies and Methods* (Downers Grove, IL: InterVarsity Press, 2008)를 보라.「선교사 바울」(부흥과개혁사)
2) 학자들은 바울이 친히 쓴 편지가 몇 개인지에 대해 의견이 다르지만, 이 연구의 목적상 나는 전통적으로 교회가 바울의 저술로 받아들인 13개 편지 모두를 포함시킬 것이다.
3) 이것은 바울이 **유앙겔리조마이** 동사를 어원이 같은 명사 **유앙겔리온**("복음")을 직접 목적어로 결합시킬 때 가장 분명하다(고전 15:1; 고후 11:4; 갈 1:11).
4) 선포와 관련된 동사에는 다음과 같은 것들이 있다. **카탕겔로**, "널리 전하다"(고전 2:1; 9:14; 빌 1:17-18; 골 1:28); **디앙겔로**, "전파하다"(롬 9:17); **마르투레오**, "증언하다"(고전 15:15); **그노리조**, "알리다"(갈 1:11; 엡 6:19); **랄레오**, "말하다"(빌 1:14; 엡 6:20; 골 4:3, 4; 살전 2:2, 4, 16); **메타디도미**, "나누어 주다"(살전 2:8).
5) Schnabel, *Paul the Missionary*, pp. 287-306를 보라.
6) Douglas J. Moo, *The Epistle to the Romans* (Grand Rapids: Eerdmans, 1996), p. 63.
7) 로마서의 무엇보다 중요한 주제로서 "복음"에 대해 ibid., pp. 27-30를 보라.
8) Paul Bowers, "Fulfilling the Gospel: The Scope of the Pauline Mission," *Journal of the Evangelical Theological Society* 30 (1987): 198; 참고. Peter T. O'Brien, *Gospel and Mission in the Writings of Paul: An Exegetical and Theological Analysis* (Grand Rapids: Baker, 1995), pp. 42-43.
9) Michael J. Gorman, *Reading Paul* (Milton Keynes, UK: Paternoster, 2008), p. 46.
10) Christopher J. H. Wright, *The Mission of God's People: A Biblical Theology of*

the Church's Mission (Grand Rapids: Zondervan, 2010), p. 190를 보라. 「하나님 백성의 선교」(IVP)

11) Scot McKnight, *The King Jesus Gospel: The Original Good News Revisited* (Grand Rapids: Zondervan, 2011), pp. 45-62를 보라. 「예수 왕의 복음」(새물결플러스)

12) Gorman, *Reading Paul*, pp. 44-45.

13) Wright, *Mission of God's People*, p. 198.

14) Roy E. Ciampa, "Paul's Theology of the Gospel," in *Paul as Missionary: Identity, Activity, Theology, and Practice*, ed. Trevor J. Burke and Brian S. Rosner (London: T & T Clark, 2011), p. 189.

15) Michael J. Gorman, *Apostle of the Crucified Lord: A Theological Introduction to Paul and His Letters* (Grand Rapids: Eerdmans, 2004), p. 107에서 인용. 「신학적 방법론을 적용한 새로운 바울연구개론」(대한기독교서회)

16) 이것은 바울이 로마 제국의 이데올로기를 **명백히** 공격한다는 말은 아니다. 그럼에도 불구하고 로이 시암파가 올바르게 말한 대로, "바울의 복음 신학은 비록 간접적으로 표현되어 있다 할지라도 로마 제국의 이데올로기와 주장에 비판적인 함축을 분명히 갖고 있다"(Ciampa, "Paul's Theology of the Gospel," p. 182).

17) Gorman, *Apostle of the Crucified Lord*, pp. 107-9.

18) Gorman, *Reading Paul*, p. 45.

19) Wright, *Mission of God's People*, p. 192.

20) Ibid., p. 196.

21) Craig G. Bartholomew and Michael W. Goheen, *The Drama of Scripture: Finding Our Place in the Biblical Story* (Grand Rapids: Baker, 2004), pp. 187-88. 「성경은 드라마다」(IVP)

22) 이에 대해 더 알기 원하면, Dean Flemming, *Contextualization in the New Testament: Patterns for Theology and Mission* (Downers Grove, IL: InterVarsity Press, 2005), pp. 89-213를 보라.

23) Clements Sedmak, *Doing Local Theology: A Guide for Artisans of a New*

*Humanity* (Maryknoll, NY: Orbis, 2002), pp. 17−20.

24) Ruth Julian, "The Impact of Context on the Task of Contextualization?" in *Local Theology for the Global Church: Principles for an Evangelical Approach to Contextualization*, ed. Matthew Cook et al. (Pasadena, CA: William Carey Library, 2010), p. 67.

25) Anthony C. Thiselton, "Paul's Missionary Preaching in 1 Thessalonians 2:1−16, with an Apocalyptic Addition from 2 Thessalonians," in *New Testament Theology in Light of the Church's Mission: Essays in Honor of I. Howard Marshall*, ed. Jon C. Laansma et al. (Eugene, OR: Cascade Books, 2011), p. 267.

26) Scott Hafemann, "'Because of Weakness' (Galatians 4:13): The Role of Suffering in the Mission of Paul," in *The Gospel to the Nations: Perspectives on Paul's Mission*, ed. Peter Bolt and Mark Thompson (Downers Grove, IL: InterVarsity Press, 2000), p. 140.

27) Ibid., pp. 137−38.

28) Dean Flemming, *Philippians: A Commentary in the Wesleyan Tradition* (Kansas City, MO: Beacon Hill, 2009), p. 180.

29) Gordon D. Fee, *God's Empowering Presence: The Holy Spirit in the Letters of Paul* (Peabody, MA: Hendrickson, 1994), p. 629. 「성령, 하나님의 능력 주시는 임재」(새물결플러스)

30) Leander E. Keck, *Romans* (Nashville: Abingdon, 2005), p. 361.

31) Ben Witherington III, *Conflict and Community in Corinth: A Socio-Rhetorical Commentary on 1 and 2 Corinthians* (Grand Rapids: Eerdmans, 1995), p. 466.

32) Gorman, *Apostle of the Crucified Lord*, p. 312

33) Scot McKnight, "Collection for the Saints," in *Dictionary of Paul and His Letters*, ed. Gerald F. Hawthorne and Ralph P. Martin (Downers Grove, IL: InterVarsity Press, 1993), p. 143.

34) Ibid., p. 145.

35) Gorman, *Apostle of the Crucified Lord*, p. 313.
36) Jason Hood, "Theology in Action: Paul and Christian Social Care," in *Transforming the World? The Gospel and Social Responsibility*, ed. Jamie A. Grant and Dewi A. Hughes (Nottingham, UK: Apollos, 2009), p. 134.
37) David G. Peterson, "Maturity: The Goal of Mission," in *The Gospel to the Nations: Perspectives on Paul's Mission*, ed. Peter Bolt and Mark Thompson (Downers Grove, IL: InterVarsity Press, 2000), p. 190를 보라.
38) Don Howell Jr., "Mission in Paul's Epistles: Genesis, Pattern, and Dynamics," in *Mission in the New Testament: An Evangelical Approach*, ed. William J. Larkin Jr. and Joel F. Williams (Maryknoll, NY: Orbis, 1998), p. 89. 「성경의 선교신학」(이레서원)
39) 바울이 자신의 선교를 포괄적으로 이해한 것에 대해서, 특히 Michael D. Barram, *Mission and Moral Reflection in Paul* (New York: Peter Lang, 2006)을 보라.
40) Raymond E. Brown, *An Introduction to the New Testament* (New York: Doubleday, 1997), p. 449. 「신약개론」(CLC)
41) Michael J. Gorman, *Cruciformity: Paul's Narrative Spirituality of the Cross* (Grand Rapids: Eerdmans, 2001), p. 179. 「삶으로 담아내는 십자가」(새물결플러스)

**CHAPTER 08**

# 복음의 동역자들
## 바울이 세운 교회들의 선교적 삶

외인에게 대해서는 지혜로 행하여 세월을 아끼라 너희 말을 항상
은혜 가운데서 소금으로 맛을 냄과 같이 하라 그리하면
각 사람에게 마땅히 대답할 것을 알리라 (골 4:5-6)

친구의 말을 듣고 나는 깜짝 놀랐다. 그리고 생각을 하기 시작했다. 우리는 동네 커피숍에서 베이글을 뜯어 먹으면서 오늘날 복음을 전하는 것이 무엇을 의미하는지 이야기하기 시작했다. 그는 사실상 이렇게 말했다. "나는 이웃 사람들에게 그리스도를 나타내려고 해. 노인들이라면 나는 정원에 떨어져 있는 낙엽을 갈퀴로 긁어내고, 진입로에 쌓인 눈을 치우고, 잡다한 집안일을 해 드릴거야. 그들의 아이들이 문제가 있다면, 그들과 함께 시간을 보내면서 무슨 걱정을 하는지 귀담아 들어 줄 거야. 나는 사랑과 동정으로 성심성의껏 그들을 대할 거야. 그러나 나는 내 신앙에 대해서는 이야기하지 않아. 사람들은 그리스도인들로부터 **말**을 충분히 들었거든. 그들은 말을 신뢰하지 않아. 나는 내 **삶을 통해** 그들에게 복음을 말하기 원해."

내 친구는 옳았는가? 어떤 공동체 내에 **단순히** 그리스도인이 **존재하**

는 것으로, 또는 교회 바깥에 있는 자들 가운데서 그리스도처럼 **행동하는 것**으로 정말 충분한가? 적극적인 언어적 증언이 **모든** 그리스도인에게 필요한가? 놀랍게도 우리가 기대하는 만큼 바울 자신은 그와 같은 문제들에 대해 분명하지 않다. 우리는 바울이 일반 그리스도인들에게 불신자 전도를 권고하는 모습이나, 그들이 그렇게 전도하도록 기도하는 모습을 많이 찾아볼 수 없다. 그렇다면 바울은 지역 회중들이 하나님의 선교에서 어떤 역할을 담당하기를 기대했는가?

그것이 이 장에서 내가 탐구하고자 하는 주제이다. 첫째, 우리는 그리스도인들이 복음을 **실행해** 주변의 믿지 않는 세상에 영향을 끼치는 것에 대해 바울이 어떻게 상상했는지 살펴볼 것이다. 그 다음에 우리는 바울이 모든 신자가 믿지 않는 사람들에게 복음 이야기를 적극적으로 **말할 것**을 기대했는지 고찰할 것이다. 마지막으로 우리는 한 가지 사례로 빌립보서를 연구하면서 기독교 회중이 하나님의 선교에 어떻게 참여했는지 살펴볼 것이다.

## 로마 세계에서 복음을 삶으로 나타냄

우리는 지난 장에서 바울이 그 자신의 삶은 그가 전하는 메시지를 반영하는 것이라는 점에 대해 깊은 관심을 기울였다는 사실을 보았다. 그리고 이것이 바로 바울이 그가 세우고 양육하는 회중들에게 바랐던 것이다. 바울의 관점에서 볼 때, 그리스도인들이 복음을 받아들이는 것은 단지 그들 자신을 위함이 아니다. 바르톨로뮤와 고힌은 다음과 같이 정곡을 찌르는 말을 했다. "하나님 나라의 새로운 삶을 신실하게 구현하는 공동체를 세우려고 애쓸 때, 바울은 항상 교회 바깥에 있는 자들에게 관심을 가지고 조심한다."[1] "다른 사람들에 대한 이런 관심"은 바울서신에 어떻게 나타나는가?

**끌어들이는 삶**

바울은 하나님의 백성이 세상에서 사는 방식이 다른 사람들을 그리스도에 대한 믿음으로 이끌거나 아니면 돌아서게 할 수 있다고 확신했다. 긍정적인 측면에서, 바울은 기독교 공동체들에게 교회 바깥에 있는 자들이 보기에 매력적인 공적 삶을 살라고 권고한다. 그들은 모든 사람이 보기에 고상한 일을 하고(롬 12:17), 모든 사람에 대한 사랑이 넘치고(살전 3:12), 그들의 순종과 온유함이 모든 사람에게 알려지도록 해야 한다(롬 16:19; 빌 4:5). 이것은 바울의 교회들이 그들의 삶으로 축복해야 하는 바로 그 "모든" 사람 중 일부로부터 반대와 박해를 당하고 있는 현실을 고려할 때 더욱더 중요하다. 데살로니가전서 5:15은 이 점을 분명히 한다. 바울은 "삼가 누가 누구에게든지 악으로 악을 갚지 말게 하고 서로 대하든지 **모든 사람을 대하든지** 항상 선을 따르라." 박해를 당하는 상황에서 (살전 2:14-16을 보라), 바울은 "악을 행하는" 자들에게 "선을 행하라"고 교회에 권고한다. 이런 식으로 학대에 반응함으로써, 교회는 원수들을 화해시키고 그들을 자녀로 삼으시는 하나님의 사랑을 분명히 나타낼 것이다(롬 5:10).[2)] 간단히 말해, 그들은 하나님의 사랑과 은혜의 좋은 소식을 구현할 것이다.

바울서신에서 기독교적 생활이 하나님의 선교를 촉진시키는 방식에 대해 가장 직접적으로 언급하는 진술 중 하나는 디도서 2장에서 바울이 그리스도인 종들에게 주는 가르침에 나타난다. "종들은 자기 상전들에게 범사에 순종하여 기쁘게 하고 거슬러 말하지 말며 훔치지 말고 오히려 모든 참된 신실성을 나타내게 하라 **이는 범사에 우리 구주 하나님의 교훈을 빛나게 하려 함이라**"(딛 2:9-10). 디도서 2:10에서 **빛나게 하다**라는 말은 헬리 동시 **코스메오**를 번역한 것이다. 그 단어에서 영어 단어 "코스메틱"(화장품)이 유래한다. 그것은 "아름답게 하다" 또는 "매력적으로 만들다"라는 뜻을 의미한다. 요한계시록에서 그것은 "남편을 위하여 **단장한** 신부로 준비된" 새 예루살렘의 도래를 묘사하는데 사용된다(계

21:2). 바울의 디도서는 이 매력적인 언어를 그리스도인 종들이 하나님의 선교에 참여할 수 있는 방법에 적용시킨다. 고대 가정의 환경에서, 종들은 게으르고 주인에게 말대꾸를 하고 틈만 나면 훔치려고 한다는 일반적인 고정관념과 다른 모습을 보여야 한다.[3] 대신에, 정직, 겸손, 충실로 이루어진 삶은 불신자들에게 기독교 메시지의 아름다움을 돋보이게 한다. 이런 식으로, 그리스도인 종들은 그들이 일상생활에서 나타내는 특징으로 그들의 이교도 주인들을 복음으로 이끌 수 있다. 이것이 바로 크리스토퍼 라이트가 "선교적 자기력"(missional magnetism)이라고 부르는 것이다.[4]

### 혼란케 하지 않는 삶

그러나 이 기록에는 다른 면이 있다. 그리스도를 닮은 하나님의 백성이 신앙 공동체 바깥에 있는 자들에게 복음을 더 매력적으로 만들 수 있는 것처럼, 신자들이 저지르는 나쁜 행위는 그들로 하여금 복음에 대한 관심을 잃게 만들 수 있다. 디도서 2장 앞부분에서, 바울은 교회 안에 있는 나이든 여자들에 대해 다음과 같이 말한다.

> 늙은 여자로는 이와 같이 행실이 거룩하며 모함하지 말며 많은 술의 종이 되지 아니하며 선한 것을 가르치는 자들이 되고 그들로 젊은 여자들을 교훈하되 그 남편과 자녀를 사랑하며 신중하며 순전하며 집안 일을 하며 선하며 자기 남편에게 복종하게 하라 **이는 하나님의 말씀이 비방을 받지 않게 하려 함이라**(딛 2:3-5)

그 다음에 그 회중의 젊은 남자들에 대해 말하면서 바울은 무엇보다도 절제하는 삶을 살고 선한 일의 모범을 보이고 다른 사람들을 진실하게 가르치라고 권고한다. "**이는 대적하는 자로 하여금 부끄러워 우리를 악하다 할 것이 없게 하려 함이라**"(딛 2:8). 바울은 좋은 소식 및 하나님 자신에 대한 평판이 하나님의 자녀의 성품 및 행위와 관련되어 있다고 추정한다. 한 편으로, 복음과 일치하지 않는 행위는 외부인들에게 부정적인 결과를 가져온다. 그런 행위는 일부 사람들로 하여금 기독교 메시지를 비방하게 하고 또 좋은 소식을 의심하게 만들 수 있다. 다른 한 편으로, 복음을 비난하는 자들을 침묵시키는 최선의 방법은 그리스도의 추종자들이 진실성과 사랑이 넘치는 행동을 하는 것이다.

이 글을 쓰는 바로 그 때에, 내가 사는 대도시 지역에 있는 크고 유명한 교회가 주로 담임목사의 행위 때문에 재정 파탄에 직면하고 평판이 망가지는 일이 발생했다. 한 지역신문은 이 기독교 지도자가 어떻게 헌금을 남용하고, 가족을 교회 직원으로 고용해 높은 급료를 지급하고 또 호화로운 생활을 즐겼는지 상세히 보도한다. 그러면서 그 목사는 교인들에게는 교회를 위해 큰 희생을 해달라고 요구했다고 한다. 이제 울적하게도 전 세계 교회에서 흔한 일이 되어버린 그런 공개적 추문들은 불신자들이 그리스도의 교회 및 그 메시지를 인식하는데 많은 해를 끼쳤다. 우리는 그와 같은 인상에 어떻게 대응하는가? 가장 좋은 해독제는 바울이 제시하는 것이리라. 그것은 지켜보고 있는 세상 앞에서 그리스도를 닮은 행동과 태도를 통해 교회가 지속적으로 복음을 실행하는 것이다

교회의 행위가 교회의 공적 증언을 손상시키지 않아야 한다는 바울의 우려는 특히 고린도전서에서 분명히 나타난다.[5] 고린도전서 5장에서 교인들 간에 일어난 악명 높은 성적 부도덕 사례에 대해 솔직하게 말하면서, 바울은 "그런 음행은 이방인 중에서도 없는 것이라"고 지적한다(고전 5:1). 바울은 **불신자들조차** 그런 행위를 반대하는 데도 회중이 그것을 묵인하는 것은 외부인들에 대한 교회의 증언을 대단히 위태롭게 만드는 것이리고 암시한다.[6] 애석히게도 우리는 현대에서 그와 유사한 일들을 어렵지 않게 찾아볼 수 있다. 신부나 목사가 어린이들을 성추행하고 교회가 나중에 그 일을 은폐할 때, 세상 속에서 교회의 평판은 엄청나게 훼손된다. 마이클 바람이 표현한 대로, "매우 비도덕적인 인간 행위와 구별하

기 어려운 행위를 하는 기독교 공동체는 다른 사람들을 끌어들이기를 기대할 수 없다."[7]

바울은 고린도전서 10:23-30에서 다소 다른 각도에서 외부인들에게 걸림돌이 되지 않는 그리스도인들의 문제를 다룬다. 이 가르침은 고린도인들이 이교도 신전의 우상들에게 바친 음식을 먹는 것이 적절한지에 대해 바울이 길게 논의한 끝에 나타난다. 바울은 가상적인 "사례" 하나를 제시한다. 어떤 그리스도인이 믿지 않는 지인의 집에 초대를 받았는데 전에 이교도 제단에 바쳤던 고기가 상에 나왔다. 일반적으로 바울의 충고는 기독교적 자유를 행사하라는 것이다. "너희 앞에 차려 놓은 것은 무엇이든지 먹으라"(고전 10:27). 그러나 자유에는 한계가 있다. 믿지 않는 손님이나 주인이 먹고 있는 고기가 제사 고기라고 주의를 준다면, 그 신자는 "다른 사람의 양심을 위하여" 그것을 먹지 **말아야** 한다(고전 10:28-29). 여기에서 "양심"은 불신자가 유대인들과 마찬가지로 그리스도인들이 그런 음식을 꺼림칙하게 생각할 것이라고 추정하면서 그리스도인들에 대해 갖고 있는 도덕적 인식을 언급하는 것 같다. 제사 음식을 먹으면 불신자는 그 손님이 그들의 기독교적 신념을 굽혔다고 생각할지 모른다. 하나님의 백성은 자유롭게 먹을 수 있지만, 외부인들에 대한 증언을 제대로 하는 것이 개인적 자유보다 더 중요하다.

우상에게 바친 고기 문제에 대한 논의를 끝내면서, 바울은 이렇게 요약해 말한다. "유대인에게나 헬라인에게나 하나님의 교회에나 거치는 자가 되지 말라"(고전 10:32). 다시 말해서, 하나님의 백성은 불신자가 믿음을 갖는 것을 방해하지 않는 방식으로 또는 그리스도인들이 믿음을 지키는 것을 방해하지 않는 방식으로 처신해야 한다. 이 점에서 바울 자신의 삶은 모방할 가치가 있다. 바울은 "나와 같이 모든 일에 모든 사람을 기쁘게 하여 자신의 유익을 구하지 아니하고 많은 사람의 유익을 구하여 그들로 구원을 받게 하라"고 권고한다(고전 10:33). 하지만 교회의 궁극적인 모범은 다른 사람들의 구원을 위해 모든 것을 포기하신 그리스도 자신이시다(고전 11:1) 신자든 불신자든, 이방인이든 유대인이든 모든 사람과 관련해서, 그리스도인들은 삶의 모든 측면에서 "선교 의식"을 개발해야 한다.[8]

### 문화 참여

바울은 모든 그리스도인이 그처럼 순회 선교사가 되기를 기대하지 않았다. 오히려 하나님의 백성은 로마 세계에서 이루어지는 그들의 일상 생활 가운데 복음을 증언해야 한다. 이것은 그들이 밥벌이를 하고 세금을 내고 가정을 꾸리고 사회생활에 참여할 때 일어난다. 바울은 기독교 공동체를 주변 세계에서 영원히 물러나 사는 "거룩한 모임"으로 상상하지 않았다. 교회에서 일어난 부도덕을 묵과하는 것에 대해 고린도인들에게 경고하면서, 바울은 그렇다고 그들이 부도덕하고 탐욕스러운 강도나 우상숭배자인 불신자들과 어울리지 않아야 한다는 말은 **아니라고** 분명히 한다. "만일 그리하려면" 교회는 "세상 밖으로 나가야 할 것이라"(고전 5:9-10). 그리스도인들은 주변 문화를 피하는 것이 아니라 예언자적으로 그 문화에 참여해야 한다.

실제로 "고린도에 있는 하나님의 **교회**(에클레시아)"에 편지를 쓸 때(고전 1:2; 또 고후 1:1; 살전 1:1을 보라), 바울은 이미 그 공동체의 외부지향적 증언에 대해 무언가를 말하고 있는 것이다. 헬라 로마 세계에서, **에클레시아**라는 용어는 보통 도시의 공적 문제들을 다루기 위해 모인 자유 시민들의 대중 집회를 언급했다(행 19:31, 39, 41을 보라). **에클레시아**로서, 교회는 단순히 로마제국에 있는 많은 사적 종교 공동체 중 하나가 아니다. 오히려 교회는 하나님께 충성을 바치는 **공적** 단체이다. 따라서 교회는 황제의 주장을 포함해서 다른 모든 대립되는 충성에 도전한다.[9] 게다가 **에클레시아**라는 단어는 구약에서 하나님의 선택을 받고 모인 언약 백성의 거룩한 집회를 묘사하는데 사용되었다(신 4:10; 9:10; 10:4; 18:16을 보라). 이 **에클레시아**는 열방을 위해 거룩한 나라가 되도록 부름받은 백성이다. 그들의 공동생활은 하나님의 영광을 가시적으로 증언하는 것이다. 그러니까 하나님의 **에클레시아**로서 교회의 정체성은 교회를 그 문화의 공적 생활로 나아가게 한다.

이것은 교회가 정치권력과 어떤 관계를 맺어야 하는가 하는 문제를 제기한다. 바울 서신에서 이 문제를 다루는 대표적인 구절은 로마서 13:1-7이다. 여기에서 바울은 로마인들에게 "위에 있는 권세에 복종하고"(롬 13:1; 또 롬 13:5을 보라) 국가에 세금을 내라고(롬 13:6-7), 다시 말해 좋은 시민이 되라고 권고한다. 현대 그리스도인들은 바울이 로마 당국을 "하나님의 사역자"라고 긍정적으로 묘사하는 것을 보고 가끔 마음의 혼란을 느낀다. 특히 로마 당국이 때때로 그리스도인들에게 적대감을 보였기 때문에 그렇다. 하지만 우리는 이 구절의 배경이 교회가 로마에서 하나님의 선교에 참여하는 것이라는 점을 인식할 필요가 있다. 나는 다른 곳에서 다음과 같이 글을 쓴 바 있다.

> 분명히 바울은 그리스도인들이 세금 납부를 거부하거나 반사회적 행위를 하면 교회 및 교회의 공적 증언이 훼손될 것이라고 염려한다. 적어도 부분적으로, 이 구절은 사회정치적 권력이 없는 공동체인 그리스도인들이 행정당국에 불순종해서 그들의 생존은 말할 것도 없고, 로마에서 수행하는 선교를 위험에 빠트리지 않도록 하기 위해 한 말이다.[10]

동시에 바울은 그리스도인들이 사회의 권력 구조와 관련하여 그저 수동적인 자세만 취하기를 기대하지 않는다. 바울이 로마서 13:3에서 그리스도인들에게 "선을 행하라"고 말할 때, 그것은 단지 "좋은 사람이 되도록 노력하라"는 뜻 그 이상을 의미한다.[11] 로마 세계에서 "선행"은 기부와 공적 봉사를 가리키는 언어이다. 보통 공적 봉사 행위를 통해 도시의 복지를 향상시키는 것은 부유하고 힘 있는 자들의 의무였으리라. 그러나 여기에서 바울은 문화적 기대를 완전히 뒤엎는다. 바울은 유력 인사들이 아니라 힘없는 기독교 공동체에 공적 후원자의 역할을 떠맡도록 권고한다. 이와 같이 "선행"은 겸손한 사랑과 섬김의 행위를 수행하는 면에서 재정립된다. 그것은 공적 광장에서 교회가 수행하는 변혁적 증언의 일부가 된다.[12]

바울은 또한 하나님의 백성이 고대 가정의 상황에서도 변혁적인 영향을 끼치기를 바란다.[13] 남편과 아내, 부모와 자녀, 주인과 종에 대한 바울의 가르침은 그 당시 사람들에게 익숙한 주제들을 다룬다. 예를 들어, 골로새서(골 3:18-4:1)와 에베소서(엡 5:22-6:9)의 가정 규례는 그 당시 유대 로마 문화에 있는 가르침과 공통점을 많이 갖고 있다. 바울은 여기에서 선교는 기존 사회 구조를 무시하는 것이 아니라 그 구조에 참여함으로써 가장 잘 수행된다고 추정한다. 그러나 바울은 그의 가르침에 내적으로 차이가 있음을 드러낸다. 그리고 그 차이점은 **그리스도**이다.

예를 들어, 에베소서에서 그리스도의 이야기가 모든 가정 관계를 형성한다. 하나님의 백성에게 결혼은 더 이상 가부장적 제도가 아니고, 그리스도가 교회를 위해 자신을 주시는 사랑이다(엡 5:23-25). 실제로, 클린턴 아놀드는 "이런 기독교적 결혼관에 대한 거의 모든 것은 일반적인 로마의 문화적 관례와 정반대"라고 말한다.[14] 게다가 에베소서에 나오는 가정 규례 전체의 제목은 "그리스도를 경외함으로 **피차** 복종하라"(엡 5:21)는 것이다. 이런 상호복종의 태도는 전통적인 위계적 관계를 변화시킨다. 기대하는 바가 놀랄 정도로 뒤바뀌면서, 종들은 주인에게 "주께 하듯" 섬겨야 할뿐만 아니라, 주인들도 "그들에게 **이와 같이 해야**" 한다(엡 6:5-9). 마리안 메예 톰슨이 주장한 대로, "사회 구조 내에서 예수 그리스도의 모범을 따라 살면서 그 구조 내에 있는 관계가 근본적으로 변화되지 않게 하는 것은 정말로 불가능하다."[15]

오늘날 기독교 공동체들은 종종 비슷한 선교적 도전에 직면한다. 그 도전은 십자가로 형성된 차이점을 뚜렷하게 나타내면서 그들의 문화에 있는 기관들에 참여하는 것이다. 많은 경우에 우리는 사회 전체를 변화시킬 수 있는 발판을 갖고 있지 못할 것이다. 오히려 우리는 우리가 속한 문화와 공동체들을 훨씬 작지만 의미 있는 방식으로 형성할 수 있는 기회를 찾아야 할 것이다. 예를 들어, 내가 잘 아는 어떤 기독교 대학은 전통적으로 장애인들을 방치하거나 감추는 아시아의 한 국가에서 장애인들을 돌보는 훈련을 실시하는 중요한 센터가 되었다. 그런 방식으로, "교회의 증언은 그 문화의 공적 생활로 번져 나가야 한다."[16]

### 예배의 증언

바울이 보기에 교회는 또한 그들의 공동 관례를 통해 하나님의 선교에 참여한다. 거기에는 예배, 헌금, 기도 등이 포함된다. 바울은 고린도전서 14장에서 공동 예배와 전도 증언의 관계를 분명히 보여준다. 바울은 고린도전서 14장에서 교회의 예언 사역이 방언보다 우월함을 상세히 설명한다. 바울은 예언은 이해할 수 있고 따라서 교회에 덕을 끼친다고 말한다. 반면에 방언은 이해할 수 없으며 따라서 공동체에 유익을 주지 **못한다**(고전 14:1-19). 그러나 교회가 공동 예배에서 말하고 행동하는 방식은 그런 예배 자리에 있을지 모를 **불신자들**에게도 영향을 끼친다.

> 그러므로 온 교회가 함께 모여 다 방언으로 말하면 알지 못하는 자들이나 믿지 아니하는 자들이 들어와서 너희를 미쳤다 하지 아니하겠느냐 그러나 다 예언을 하면 믿지 아니하는 자들이나 알지 못하는 자들이 들어와서 모든 사람에게 책망을 들으며 모든 사람에게 판단을 받고 그 마음의 숨은 일들이 드러나게 되므로 엎드리어 하나님께 경배하며 하나님이 참으로 너희 가운데 계신다 전파하리라(고전 14:23-25)

부정적인 면에서, 모든 사람이 방언으로 말하는 것을 듣는 외부 방문자는 이 그리스도인들은 미치거나 아니면 무엇에 사로잡혔다고 생각할 것이다. 긍정적인 면에서, 그리스도인이 이해할 수 있는 말로 예언하는 것을 듣는 똑같은 그 방문자는 죄를 깨닫고 마음이 찔릴 것이다. 하나님의 강력한 임재를 경험한 그 불신자는 겸손히 하나님을 예배하게 될 것이다. 다시 말해서, 그 외부인은 회심할 것이다. 우리가 "예언"을 넓게 정의하든 아니면 좁게 정의하든,[17] 바울의 요점은 이것이다. 불신자가 회중이 정상적으로 예배를 드리면서 말하는 것을 "들을" 때, 전도가 이루어질 가능성이 있다(고전 14:25). 구약 이스라엘의 선교적 역할과 마찬가지로, 공동체가 모여서 참된 하나님을 예배할 때 외부인들이 자석에 끌려오는 것처럼 끌려와서 예배자들과 함께 찬송가를 부르게 될 것이다.

### 주고 보내는 사역

빌립보서 처음에서 바울은 빌립보 교회로 인해 하나님께 감사를 드린다. "너희가 첫날부터 이제까지 복음을 위한 일에 참여하고(코이노니아) 있기 때문이라"(빌 1:5). 빌립보서의 문맥에 비추어 볼 때, 이것은 그들이 복음 사역 및 확산에 바울과 동역을 하고 있다는 의미이다.[18] 그리고 빌립보인들이 바울의 복음 사역에 동참하는 한 가지 방법은 재정적 물질적으로 바울을 후원하는 것이다. 이것은 빌립보서 4장에 분명히 나타난다. 거기에서 바울은 빌립보인들이 헌금을 보내준 것과 관련해 "참여"라는 똑같은 언어를 사용한다. 바울 사도는 "내가 마게도냐를 떠날 때에 주고 받는 내 일에 참여한(코이노네센) 교회가 너희 외에 아무도 없었느니라"고 회상한다(빌 4:15). 흔히 하던 관례와는 반대로(고전 9:15-18을 보라), 바울은 이 회중과 계속적으로 선교사 후원 관계를 맺었다(고전 4:15-18). 빌립보인들은 심지어 그들의 교인인 에바브로디도를 보내서 감옥에 갇혀 있는 바울을 실제적으로 도와주도록 했다(빌 2:25-30). 바울은 분명히 빌립보인들의 후원을 후원자와 수혜자의 관계라는 면에서 보지 않았다. 만약 그런 관계라면 바울은 그들에 대해 의무를 져야만 했을 것이다. 오히려, 바울은 그것을 동등한 입장에서 복음 사역에 서로 참여하는 것으로 본다(빌 4:15). 바울은 빌립보인들의 재정적 후원을 하나님의 선교에 부차적인 기여를 하는 것이 아니라 온전히 참여하는 것으로 본다.

바울이 받아들인 또 다른 종류의 실제적 후원이 있다. 지역 교회들은 바울이 "가려고 하는 곳으로 갈 수 있도록" 도왔다(고전 16:6; 고후 1:16; 또 고전 16:10-11; 딛 3:13을 보라). 여기에는 바울에게 비용, 음식, 동행 등 선교 여행에 필요한 것은 무엇이든 제공하는 것이 포함되었다. 어떤 경우에, 바울은 로마 교회가 스페인 개척 선교에 필요한 재원을 제공해 줄 것을 기대하고 있다고 말한다(롬 15:24, 28-29). 이런 종류의 "선교사 파송 후원"은 지역 회중들이 바울의 선교 사역에 참여할 수 있는 중요한 수단이 되었다.

게다가, 바울은 이방인 교회들에게 예루살렘에 있는 유대 그리스도인 형제자매들을 돕는 헌금에 참여해 달라고 부탁한다(고전 16:1-4; 고후 8-9장; 롬 15:25-31을 보라). 또 다시, 바울은 어려운 형편에 있는 사람들을 도와주는 것을 교회의 "진짜" 선교에 부차적이거나 보조적인 활동으로 여기지 않는다. 바울에게 주는 "은혜"(고후 8:6, 7, 19)는 그리스도 안에 나타난 하나님의 은혜를 실제적으로 표현하는 것이다(고후 8:9). 그것은 복음에 육신을 입힌다. 바울은 어려운 형편에 있는 동료 신자들에게 주는 것이 전도 사역을 후원하기 위해 우리의 지갑을 여는 것 못지않게, 하나님의 선교에 참여하는 것이요 복음을 구현하는 것이라는 점에 분명히 동의할 것이다.

### 중보기도

바울의 교회들이 하나님의 선교에 참여하는 또 다른 방법은 기도다. 바울은 거듭해서 이런 회중들에게 그의 선교 사역과 그의 동료들의 선교 사역을 위해 중보기도를 해달라고 부탁한다. 예를 들어, 바울은 골로새 그리스도인들에게 이렇게 강력히 권고한다. "또한 우리를 위하여 기도하되 하나님이 전도할 문을 우리에게 열어 주사 그리스도의 비밀을 말하게 하시기를 구하라 내가 이 일 때문에 매임을 당하였노라 그리하면 내가 마땅히 할 말로써 이 비밀을 나타내리라"(골 4:3-4). 이런 식으로, 이 방인 교회들은 바울의 사역에 적극적으로 참여한다. 바울은 그의 선교가 계속적으로 열매를 맺는 것을 기독교 공동체들의 기도에 결속시킨다.[19]

이 외에도, 디모데전서는 디모데가 목양하는 회중들에게 교회 바깥에 있는 자들을 위해 중보기도를 하라고 가르친다.

> 그러므로 내가 첫째로 권하노니 **모든 사람**을 위하여 간구와 기도와 도고와 감사를 하되 임금들과 높은 지위에 있는 **모든 사람**을 위하여 하라 이는 우리가 모든 경건과 단정함으로 고요하고 평안한 생활을 하려 함이라 이것이 우리 구주 하나님 앞에 선하고 받으실 만한 것이니 하나님은 **모든 사람**이 구원을 받으며 진리를 아는 데에 이르기를 원하시느니라(딤전 2:1-4)

그리스도인들은 하나님께서 **모든 사람**이 구원받기를 원하신다는 사실에 비추어(딤전 2:3-4) **모든 사람**을 위해 기도해야 한다(딤전 2:1). 그와 같은 중보기도의 목표는 모든 사람이 차별 없이 구원을 받는 것이다.

그럼에도 불구하고, 바울이 기독교 공동체들에 불신자들의 구원이나 선교 활동을 위해 기도하라고 더 자주 권고하지 않는 것은 다소 놀라운 일이다. 하지만 기도와 선교가 직접적으로 결합된 사례가 많지 않다고 해서 놀란다면 그것은 **우리**가 매우 협소한 선교관을 갖고 있음을 나타내는 것일 수 있다. 이 점에 대해 도날드 카슨은 통찰력 있는 논평을 한다.

> 우리는 선교를 별개의 프로젝트로 (또는 별개의 프로젝트들로), 종종 타문화와 관련된 일로 생각하는 경향을 보여 왔다. 그 결과 따로 떼어내 생각할 수 없는 이 기능을 위한 특별 기도를 요청하는 일이 벌어졌다... 바울은 선교를 총체적 방식, 심지어 우주적 방식으로 본다. 하나님의 영광, 그리스도의 통치, 복음의 비밀에 대한 선포, 남자와 여자의 회심, 교

회의 성장과 발전, 우주적 권세의 격파, 거룩함의 추구, 교회 안에서의 경건한 교제와 연합에 대한 열망, 유대인과 이방인의 하나됨, 모든 사람에게 그러나 특별히 동료 신자에게 선을 행함--이런 것들이 솔기 없는 옷처럼 짜여 있다.[20]

이것은 우리의 "선교적 기도"는 해외에 나가 좋은 소식을 듣지 못한 자들에게 그 소식을 전하도록 부름받은 자들을 위해 중보기도를 하는 것으로 한정되지 않음을 의미한다. **선교적 기도**는 하나님의 선교만큼 그 범위가 포괄적이다. 그와 같은 기도는 하나님이 그분의 창조 세계를 회복하시고 인간 생활 전체를 구속하시기 위해 하려고 의도하시는 모든 것과 관련이 있다. 바로 **교회의** 선교가 **하나님의** 선교이기 때문에 기도는 교회의 선교에 중요하다.

## 바울의 교회에서 복음을 말하는 것이 차지하는 역할

이제까지, 우리는 바울이 그의 회중에게 그들의 존재 및 세상 속에서 이루어지는 공적 생활을 통해 복음을 현시할 것을 기대한다는 점을 살펴보았다. 게다가, 그들은 재정 후원, 동정의 은사, 예배, 중보기도 등 여러 가지 공동 관례를 통해 하나님의 선교에 참여해야 한다. 이것들은 모두 주로 비언어적 활동이다. 지역 교회의 선교에 관한 한, 복음을 **삶으로 나타내는 것**이 바울의 관심의 초점인 것 같다. 그러나 말로 복음을 전하는 것은 어떤가? 바울은 그의 회중들이 언어적 증언을 통해 외부인들에게 적극적으로 전도하기를 기대했는가? 다시 말해서, 모든 신자는 다른 사람들에게 좋은 소식을 전하려고 하면서 바울의 모범을 따라야 했는가?

모든 사람이 그런 문제들에 대해 의견이 일치하는 것은 아니다.[21] 예를 들어, 바울학자이면서 장기 선교사인 폴 보워스는 바울이 그의 교회들에 대해 그 자신의 선교 활동과 비슷한 계획적인 선교 활동에 참여하도록 했다는 암시가 바울서신에는 없다고 주장한다. 보워스가 보기에, 적극적으로 복음을 전파하는 과제는 전체 교회가 아니라 선교사들과 전도자들 같은 하나님의 지시를 받은 **개인들**의 책임이다.[22] 심지어 더 도발적으로 브라이언 피터슨은 바울은 그의 회중들이 회심자를 얻기 위해 "예수님에 대해 [그들의 이웃들에게] 말하기를" 기대하지 않았다고 주장한다. 대신에, 그들은 그저 교회가 "되고" 또 그들의 공동생활이 말을 하도록 해야 했다. 회중들은 좋은 소식을 선포하는 것이 아니라, 공동체로서 그 소식을 구현해야 했다.[23] 이 관점에서 볼 때, 세상 속에서 이루어지는 교회의 증언은 지켜보고 있는 세상 앞에 하나님의 임재와 사랑을 나타내는 구약 이스라엘의 증언과 비슷하다.

그러나 다른 사람들은 바울을 전혀 다르게 읽는다. 바울서신에서 교회의 선교를 폭넓게 연구한 로버트 플리머는 바울의 전도 선교와 그의 교회들의 선교 사이에 강한 연속성이 있음을 발견한다. 빌립보서, 에베소서, 고린도전서에 나오는 여러 구절을 살펴본 후에, 플리머는 이렇게 결론을 내린다. "바울은 그의 교회들이 적극적으로 복음을 전하도록 가르치고 그 사역을 승인한다는 점에 대해 의심의 여지가 있을 수 없다."[24]

이런 각각 다른 관점에 비추어 볼 때, 바울이 그의 회중들의 선교에서 좋은 소식을 말하는 것이 차지하는 역할에 대해 실제로 무어라 말하는지 살펴보는 것은 중요하다. 내가 이 장 처음에서 언급한 대로, 바울은 우리가 생각하는 것보다 적게 말한다. 바울서신 어디에서도 우리는 바울이 그의 회중들에게 "나와 함께 복음을 전하자" 또는 "믿지 않는 이웃들에게 부지런히 전도하라"고 권고하는 모습을 발견하지 못한다. 그렇다면 이것은 바울이 그의 회중들에게 적극적으로 복음을 전할 의무를 면제해 주었다는 의미인가? 반드시 그런 것은 아니다. 첫째, 우리는 바울이 특별한 목적을 갖고 편지를 쓴다는 점을 기억하는 것이 필요하다. 대체로 바울서신은 바울이 편지를 보내는 교회에서 발생한 특정한 문제들을 다룬다. 그래서 특정한 한 편지에서 어떤 문제들이 다른 것들보다 더 주목을 받는다. 바울은 특정한 회중이 그 문제들과 관련된 이야기를 들을 필요가 있다고 판단하기 때문이다. 따라서 그리스도인들이 좋은 소식을 말하는 것에 대해 바울이 얼마나 자주 또는 얼마나 널리 논의하는지를 근거로 해서, 그 문제가 바울에게 얼마나 중요한지 결정하기가 곤란하다.[25]

그럼에도 불구하고 바울서신에 일반 그리스도인들이 그리스도의 좋은 소식에 대해 **말할 것**을 바울이 기대했다는 증거가 있는가? 그 문제에 대답하기 위해, 몇 가지 관련 본문들을 고찰해 보자.

### 말씀이 들리다: 데살로니가전서 1:7-8

데살로니가전서 처음에서 바울은 그 교회가 마게도냐와 아가야의 모든 신자에게 모범이 되고 있음을 칭찬한다(살전 1:7). 바울은 그 **이유**가 "주의 말씀이 너희에게로부터 들렸기" 때문이라고 말한다. 게다가, 그 말씀은 주변 지역과 그 너머까지 계속 퍼져 나갔다("각처에," 살전 1:8). 여기에서 "주의 말씀"은 복음 **메시지**를 언급한다(살전 1:5; 2:13을 보라). 그리고 그 말씀이 데살로니가로부터 퍼져나가는 주된 수단은 그들이 입으로 선포하는 것이다. 우리는 구체적으로 데살로니가인들이 **어떻게** 다른 지역에 복음을 전파했는지 모른다. 그것은 반드시 바울이 한 것 같은 대중설교의 형태로 이루어지지 않았다.[26] 예를 들어, 우리는 그리스도인들이 타처에서 그들의 집을 찾아온 불신자들에게 그들의 변화된 행위에 대한 이유를 설명하는 장면을 상상할 수 있다. 그런 일이 어떤 식으로 일어났든, 하나님은 "그들이 복음을 이야기할 때 사방으로 퍼져나갈 수 있는 능력"을 그들의 말에 부여하셨다.[27]

하지만 이 절의 후반부는 그 복음 증언에 또 한 차원을 더한다. 바울은 "**하나님을 향하는 너희 믿음의 소문**이 각처에 **퍼졌으므로** 우리는 아무 말도 할 것이 없노라"고 말한다(살전 1:8). **복음**이 교회가 처한 지역을 넘어 전파될 뿐만 아니라 또한 박해 가운데서도 하나님을 향한 데살로니가인들의 **믿음**의 소문이 퍼져 나간다(살전 1:6). 앤디 존슨이 올바르게 인정한 대로, "이런 일이 생긴 것은... 그들이 **유앙겔리온**[복음]을 말로 표현하는 것과 그것을 삶으로 나타내는 것을 결합시켰기 때문이다."[28] 이런 식으로, 데살로니가 신자들은 외부인들에게 복음을 말하는 것과 하나님의 백성으로 공동생활의 특징을 나타내는 것 **둘 다**에서 다른 교회들에 모범이 된다(살전 1:7-8).

### 평안의 복음을 전하라: 에베소서 6:15, 17

에베소인들에 대한 마지막 권면에서, 바울은 그 교회에 악한 세력이 공격해 올 때마다 굳게 서라고 권고한다(엡 6:10-20). 이 싸움에서 승리하기 위해, 그들은 하나님이 제공하신 영적 갑옷을 입어야만 한다. 가르침을 베풀면서 바울은 이렇게 주장한다. "평안의 복음이 준비한 것으로 신을 신고"(엡 6:15). 문자적으로 바울은 신자들에게 "복음이 준비한(헤토이마시아) 것으로" 신을 신으라고 말한다. 일부 해석자들은 이것을 군인이 신는 신발의 **안정성**을 언급하는 것으로 본다. 즉 "평안의 복음이 당신의 신발이라면, 당신은 싸움을 할 준비(또는 안정성)를 갖출 수 있을 것이다."[29] 하지만 여기에서 바울이 평안의 복음을 적극적으로 전할 준비가 된 교회를 염두에 두었을 가능성이 더 높다.[30] 이런 해석은 이 구절의 배경을 이루고 있는 이사야서 52:7의 취지에 잘 맞는다. "평화를 공포하며 복된 좋은 소식을 가져오며... 산을 넘는 발이 어찌 그리 아름다운가."

게다가, 바울이 군인의 전투 대형에 대해 묘사하는 것 중 유일한 공격 무기는 "성령의 검 곧 하나님의 말씀"이다(엡 6:17). 에베소서 6:15에 비추어 볼 때, "하나님의 말씀"(롬 10:17-18을 보라)은 무엇보다도 교회가 성령의 능력으로 복음을 선포하는 것을 언급한다. 피터 오브리엔은 그것은 "어둠이 지배하는 곳에 복음을 신실하게 말하는 것이다. 그래서 사탄에 붙잡힌 남녀들이 자유와 생명을 주는 이 말씀을 듣고 그의 손아귀에서 벗어날 수 있게 하는 것이다"라고 쓴다.[31]

그러니까 사탄의 악한 권세에 대항해 교회가 해야 할 중대한 일은 좋은 소식을 전할 준비를 하는 것이다. 이 메시지는 그리스도가 모든 악한 권세를 물리치시고 그분이 흘리신 피와 생명의 부활을 통해 평안을 가져오셨다는 사실을 선포한다. 동시에 이것은 그리스도인들이 하나님의 선교에 참여하는 유일한 방법이 아니다. 그들은 또한 모든 신자를 위해 "성령 안에서 기도해야" 한다. 특히 그들은 바울이 담대하게 복음을 말할 수 있도록 중보기도를 해야 한다(엡 6:18-20). 여기에서 바울은 그리스도인들에게 그들 자신이 복음 이야기를 말하는 것뿐만 아니라 또한 다른 사람을 위해 기도하는 것을 통해 복음을 널리 알리라고 권고한다.

### 은혜가 넘치는 말: 골로새서 4:5-6

골로새인들에게 권고하면서 바울은 그들이 불신자들과 어떤 관계를 맺어야 하는가 하는 문제와 관련된 호소를 덧붙인다. "외인에게 대해서는 지혜로 행하여 세월을 아끼라 너희 말을 항상 은혜 가운데서 소금으로 맛을 냄과 같이 하라 그리하면 각 사람에게 마땅히 대답할 것을 알리라"(골 4:5-6). 이 권고에서 우리가 주목해야 할 여러 가지가 있다. 첫째, 바울은 "행동"과 "말"을 매우 긴밀하게 연결시킨다. 바울의 청중이 지혜롭게 행동하여(문자적으로 "걷다") 외부인들에 대해 기회를 최대한 활용하는 것은 은혜가 넘치는 말을 하는 것이다. 은혜가 넘치는 말은 매력적이고 호감을 주며 유익하다. 그런 말은 단조롭고 따분한 것이 아니라, 생기가 넘치고 지혜로 가득하다(골 4:6).

둘째, 이 절들은 바울이 골로새인들에게 그의 선교 사역을 위해 기도해 달라는 요청에 바로 뒤이어 나온다(골 4:3-4). 하나님이 그에게 "말씀"(로고스, 골 4:3)을 말할 수 있는 문을 열어 주시기를 바라는 바울의 소원과 골로새인들이 불신자들에게 하는 은혜로운 "말"(로고스, 골 4:6)은 아주 유사하다. 두 경우에, 입으로 하는 말이 복음에 대해 증언하는데 중요한 역할을 한다.[32] 하지만 공동체의 증언은 초점이 다르다. 바울이 직접 "그리스도의 비밀"(골 4:3)에 대해 말하기를 원하는 반면에, 회중은 외부인들의 질문이나 반대에 대답하기 위해 말해야 한다(골 4:6). 여기에서 바울은 공개적인 선포보다 일상적인 대화를 나누는 가운데 불신자들에게 대답하면서 이루어지는 교회의 증언을 상상한다. 게다가, 그 대답은 그 사람과 상황에 적절해야만 한다. 그들은 문자 그대로 "각 사람에게" 대답하는 방법을 알아야 한다.

셋째, 바울의 호소는 교회가 공적 광장에서 자주 불신자들과 만나서 대화를 나눌 것을 추정한다. 이것은 서로 "내부자"들만 아는 언어를 쓰는 폐쇄된 그리스도인 공동체의 모습이 아니다. 오히려, 바울은 "시장, 목욕탕, 식탁 같은 사회적 상황에 관여하면서 매력적인 삶과 말로 주변 사람들의 관심을 끌 것으로 예상되는" 교회를 상상한다.[33] 아마도 믿지 않는 이웃들과 가족은 신자들이 황제를 숭배하는 이교 신전에서 식사를 하지 않는 이유나 그들의 성적 관행이 극적으로 변화된 이유가 무엇인지 질문했을 것이다. 또 다시 말과 삶이 결혼한다. 바울은 그리스도인들이 질문을 할 만큼 가치 있는 삶을 살 때, 말할 수 있는 기회가 뒤따라올 것이라고 추정한다.

아마도 오늘날 교회가 고려해야 할 문제는 이것이리라. 우리의 삶의 특징은 다른 사람들로부터 질문을 불러일으키는가? 최근에 우리 아버지가 자주 가시는 커피숍에서 한 고객이 아버지가 앉아 계신 테이블에 와서 세상에 좋은 일이 별로 없는데 당신은 어째서 항상 즐겁고 힘이 나는 것처럼 보이느냐고 물었다. 우리 아버지는 그 사람에게 대답하는 방법을 아셨다. 그래서 그 질문을 받은 다음 기쁨과 희망의 원천이 되시는 하나님에 대한 대화를 나눌 수 있었다. 쾌락을 추구하는 데 미쳐 있는 세상에서, 진정한 기쁨을 누리는 삶은 여러 질문을 불러일으키는 촉매가 될 것이다.

### 배우자를 구원하라: 고린도전서 7:16

결혼은 또한 증언을 할 수 있는 배경이 될 수 있다. 그리스도인 배우자들이 그들의 믿지 않는 동반자들과 계속 살아야 하는 이유에 대해 주장하면서, 바울은 그와 같은 결혼 생활이 전도의 잠재력을 갖고 있음을 소개한다. "아내 된 자여 네가 남편을 구원할는지 어찌 알 수 있으며 남편 된 자여 네가 네 아내를 구원할는지 어찌 알 수 있으리요"(고전 7:16). 여기에서 배우자를 "구원한다"는 것은 선교적 언어이다. 바울의 요점은 믿지 않는 배우자와 이혼을 하면, 그리스도인들은 그들을 구원으로 이끌 수 있는 기회를 잃게 된다는 것이다.

바울은 그리스도인들이 그들의 배우자들을 어떻게 구원할 수 있는지 구체적으로 말하지 않는다. 거기에는 분명히 신자 편에서 나타내는 매력적인 행위가 포함될 것이다. 그러나 기독교 메시지를 말로 설명하는 것은 포함되지 않을 것이라고 상상하기 어렵다. 복음이 사람들로 하여금 하나님께 순종하는 관계를 맺도록 하기 위해 하나님이 예수님 안에서 행하신 일에 대한 이야기라면(고전 15:3-5; 롬 1:1-6, 16-17을 보라), 그 이야기는 말로 전해져야만 한다. 게다가, 자신의 배우자를 "구원하는" 것은 회심의 순간으로 한정되지 않아야 한다. 그것은 또한 자신의 배우자가 믿음 안에서 성장하도록 돕고 격려하는 일 등 포괄적인 의미에서 그들의 구원의 목표에 기여하는 것은 다 포함할 것이다.

**화해의 메시지: 고린도후서 5:18-20**

고린도후서 5:18-20은 더 광범위한 신학적 관점에서 교회가 하나님의 선교에 참여하는 문제를 다룬다. 바울은 다음과 같이 쓴다.

> 모든 것이 하나님께로서 났으며 그가 그리스도로 말미암아 우리를 자기와 화목하게 하시고 또 우리에게 화목하게 하는 직분을 주셨으니 곧 하나님께서 그리스도 안에 계시사 세상을 자기와 화목하게 하시며 그들의 죄를 그들에게 돌리지 아니하시고 화목하게 하는 말씀을 우리에게 부탁하셨느니라 그러므로 우리가 그리스도를 대신하여 사신이 되어 하나님이 우리를 통하여 너희를 권면하시는 것 같이 그리스도를 대신하여 간청

하노니 너희는 하나님과 화목하라

이것은 하나님이 바울 및 그의 동료 선교사들에게 위임하신 "화해의 사역"(고후 5:18)에 대한 바울의 가장 중요한 논의이다.[34] 사도로서 바울의 근본적인 정체성은 그가 "화해의 메시지"를 전하도록 부름받은 사실이다. 그것은 모든 사람을 그리스도 안에서 하나님 자신과 화해시키시려는 하나님의 선교에 대한 좋은 소식을 말한다. 그러나 이 화해의 사역에 바울의 그리스도인 독자들도 포함되는가?

이 질문에 대한 대답은 주로 우리가 이 절들에 나오는 1인칭 복수("우리")를 어떻게 이해하느냐에 달려 있다. 이 구절 앞에서 바울은 "너희" 고린도인들과 대조하면서, "우리"를 그 자신으로 분명히 제한시킨다(고후 5:11-13을 보라). 하지만 우리는 고린도후서 5:18에서 이 관점이 확대되는 것을 본다. 바울은 하나님이 "우리"를, 즉 "그리스도 안에" 있는 모든 자를 그분 자신과 화해시키셨다고 단언한다(고후 5:17). 그 다음에 바울은 즉시 "또 **우리에게** 화목하게 하는 직분을 주셨다"는 말을 덧붙인다. 일부 해석자들은 이 두 번째 "우리"를 바울과 그의 동료 선교사들로 국한시킨다.[35] 그러나 이 맥락에서 그것은 하나님이 화해시키신 사람들과 똑같은 사람들, 즉 모든 신자를 언급한다고 보는 것이 더 자연스럽다. 다시 말해 하나님이 화해시키신 사람들에게 하나님은 또한 세상 속에서 화해의 대행자가 되는 책임을 부여하셨다.[36]

마찬가지로, 바울이 고린도후서 5:19에서 하나님이 **우리에게** 화해의 메시지(문자적으로 '말씀')를 부탁하셨다고 썼을 때, 바울은 단지 그 자신과 동료 선교사들이 아니라 교회 전체를 의미했을 공산이 크다. 이것은 하나님이 기독교 공동체 전체에 화해의 복음을 말로 전하도록 요구하셨음을 암시한다. 바울은 우리에게 구체적으로 그런 일이 어떻게 또 어떤 상황에서 일어날 것인지 말하지 않는다. 그러나 바울은 기회가 생기는 대로, 하나님이 세상을 그분 자신에게 화해시키신 그 좋은 소식을 세상에 말하는 하나님의 백성의 모습을 상상한다(고후 5:19).

### 전도자의 일을 하라: 디모데후서 4:5

바울은 **모든** 하나님의 백성이 복음을 증언해야 한다고 믿는다. 그러나 일부 사람들은 특별히 **전도자**가 되라는 부름을 받는다. 에베소서는 성령의 은사를 받은 교회 지도자들 가운데 사도, 선지자, 목사, 교사와 더불어 "복음 전하는 자"를 열거한다(엡 4:11). 그리고 바울의 동역자 디모데는 "전도자의 일을 하라"는 권고를 받는다(딤후 4:5). 그렇다면 "전도자"는 누구인가? 그리고 그들의 특별한 역할은 좋은 소식을 외부인들에게 말하는 전체 교회의 책임과 어떤 관련이 있는가?

이런 문제들에 대해 확실한 답변을 찾는 것은 희귀한 나비를 그물로 잡는 것만큼 어렵다. 신약은 우리에게 "전도자"의 구체적인 역할에 대해 많은 정보를 제공하지 않는다. 하지만 분명해 보이는 것은 **전도자들**은, 문자적으로 "복음을 말하는 사람들"(유앙겔리스테스)은 좋은 소식을 알리도록 특별한 부름과 은사를 받은 그리스도인들이라는 사실이다. 이런 복음 선포는 주로 그리스도를 아직 믿지 않는 사람들에게 이루어졌을 공산이 크다. 그러나 에베소서 4:11과 디모데후서 4:5이 지역교회에 대한 사역의 맥락에서 전도자에 대해 말하고 있기 때문에, 그들이 좋은 소식을 선포하는 것은 짐작컨대 신자들에게도 이루어졌을 수 있다(롬 1:15을 보라).[37] 신약은 빌립 같이 새로운 지역에 복음을 전했던 순회 전도자들에 대해 묘사한다(행 21:8; 또 행 8:4-40을 보라). 그러나 신약은 또 지역교회에 분명히 머물러 있으면서 그들이 사는 도시와 지역의 불신자들에게 복음 이야기를 말한 "전도자"를 알고 있다(엡 4:11). 예를 들어, 바울은 빌립보에서 좋은 소식을 전할 때 그와 함께 수고한 세 명의 지역교회 지도자들인 유오디아, 순두게, 글레멘드에 대해 잠깐 언급한다(빌 4:2-3).

우리는 "몇몇 사람"만이 특별히 전도자로 부름과 은사를 받기 때문에(엡 4:11), 교회의 나머지 사람들은 좋은 소식을 전하는 책임에서 "면제된다"고 생각할 수 있다. 그러나 사실은 그렇지 않다. 우리는 에베소서 6장 뒤에서 바울이 "평안의 복음을 전하는 것"을 하나님의 전체 백성의 과제로 상상하고 있음을 본 바 있다(엡 6:15, 17). 게다가, 에베소서 4:11-16의 문맥은 전도자 같은 은사를 받은 지도자들이 "복음을 전했을 뿐만 아니라, 또한 교회 내에 있는 다른 신자들이 그들의 신앙을 나누고 또 주 예수 그리스도를 아는 지식 가운데 성장할 수 있도록 그들을 훈련시키는 일을 했음"을 암시한다.[38]

동시에, 바울은 그리스도께서 교회 내에 은사를 가진 "전도자들"을 세우셔서 복음을 선포하는 특별 사역을 수행하도록 하셨음을 인정한다. 이것은 오늘날 교회에 함축하는 바가 많다. 우리 모두는 기회가 생길 때마다 복음을 널리 알리고 예수님에 대한 이야기를 말할 특권을 갖고 있긴 하지만, 우리 모두가 "전도자"는 아니다. 하나님은 우리 기독교 공동체 내에 있는 **일부** 사람들을 불신자들에게 좋은 소식을 말하는 일을 집중적으로 하는 사역으로 부르셨다. 그래서 그 불신자들이 그리스도의 몸의 일부가 될 수 있도록 말이다.

## 빌립보서에 나타난 회중 증언

이제까지 우리는 바울은 그의 회중들이 입술과 삶으로 복음에 대해 증언하기를 기대했다는 점을 살펴보았다. 하지만 바울서신 중 하나는 기독교 선교의 이런 차원들이 특별한 방식으로 완벽하게 연결되어 있음을 집중 조명한다. 그것은 바로 빌립보서이다.[39]

### 복음의 동반자 관계

빌립보서 처음부터, 바울은 빌립보인들이 하나님의 선교에 적극적으로 참여하고 있다고 단언한다. "너희가 첫날부터 이제까지 복음을 위한 일에 참여하고 있기 때문이라"(빌 1:5). 이것은 특히 빌립보인들이 복음 사역 및 진전에 바울과 동역하고 있음을 뜻한다. 이 장 앞부분에서 우리는 그런 복음 동반자 관계에는 재정적 선물(빌 4:15-16)과 에바브로디도 같은 대리인을 보내 바울을 돌보도록 한 것(빌 2:25-20)을 포함해서, 바울의 사역을 실제적으로 후원하는 일이 관련되었다는 점을 보았다. 그러나 그것이 전부가 아니다. 바울과 빌립보인들의 동반자 관계는 또한 다음의 것들을 포함했을 공산이 크다.

* 그리스도의 복음에 합당하게 살기(빌 1:27)
* 복음을 위해 바울과 함께 고난 받기(빌 1:30; 4:14)
* 바울의 복음 사역을 위해 중보기도하기(빌 1:19)
* 빌립보에서 복음을 전하는 증인되기(빌 1:27-28을 보라)

다시 말해서, 그들이 회심한 때부터 바울이 이 편지를 쓸 때까지 빌립보인들은 바울의 "선교 동반자" 역할을 했다. 이 선교에는 그들이 속한 세상에서 복음을 말하고 실행하는 것이 포함되었다. 그리고 바울이 빌립보서 1:5에서 빌립보인들이 이미 참여하고 있다고 말하는 것은 그들이 **되어야** 하는 것이 무엇인지 방향을 제시해 준다. 후자에 대해서는 빌립보서 후반부에서 밝혀진다. 빌립보서에서 사도 바울의 주된 목표 중 하나는 **선교적 공동체**를 형성하는 것이다. 그리고 바울이 선교를 수행하는 그 교회를 묘사한 모습은 입으로 말하는 복음과 삶으로 구현하는 복음의 결혼 관계를 드러낸다. 이것이 빌립보서에서 어떻게 나타나는지 탐구해보자.

### 복음에 합당한 삶

바울은 그의 회심자들이 빌립보에서 복음에 "육신"을 입히는 것에 관심을 가진다. 이것은 빌립보서 1:27-2:18에서 바울이 교회에 권면하는 말 중에 나오는 중요한 주제이다. 주안점은 빌립보서 1:27에 나온다. "오직 너희는 그리스도의 복음에 합당하게 시민권을 행사하라"(저자 번역).

유감스럽게도 대부분의 영어 번역은 바울의 권면을 "생활하라"(NRSV)와 같이 일반적인 방식으로 옮긴다. 우리는 이것을 그리스도인들이 그들의 사적 삶을 살아가는 방법을 언급하는 것으로 오해하기 쉽다. 하지만 "시민권을 행사하라"(폴리테우스타이)는 동사는 **정치적** 언어이다. 그것은 로마의 식민지라는 빌립보의 지위(축소된 로마)를 갖고 언어유희를 하는 것이다. 바울은 독자들에게 그들이 로마 식민지 빌립보에서 공적, 공동생활을 하지만, 그들은 하나님에 대한 더 높은 충성심과 독특한 생활방식에 따라 그렇게 해야 한다는 점을 상기시킨다. 교회에서든 아니면 공적 광장에서든, 그들은 그리스도에 대한 좋은 소식을 가시적으로 구현해야 한다.

바울은 뒤따라 나오는 절들에서 이것이 무엇을 의미하는지 풀어 설명한다. 반대자들의 압박을 받으면서, 그들은 "복음의 신앙을 위하여" 함께 협력해야 한다(빌 1:27). 이것은 복음의 진실성이나 진리를 타협하라는 압박에 저항하라는 요청일 공산이 크다. 그것은 아마도 외부인들에게 복음을 알리고 변호하는 일은 물론이고, 또한 적절하지 못한 삶으로 복음을 타협시키지 않는 것을 포함했을 것이다. 그것은 "보여주고 말하는" 증언이다. 게다가, 바울은 고난 가운데서 빌립보인들이 보여주는 신실하고 연합된 증언은 그들을 핍박하는 자들에게 "증거"가 된다고 말한다(빌 1:28). 한 편으로, 그것은 그들을 반대하는 자들이 멸망에 이르는 길을 가고 있음을 나타낸다. 다른 한 편으로, 그것은 하나님이 결국 그분의 백성을 구출하시고 옹호해 주실 것을 보여준다. 다시 말해, 그들의 삶은 그들을 학대하는 자들에게까지 "말을 한다."

복음에 합당한 삶은 또한 하나님의 능력을 통해 "우리 자신의 구원을 이루는" 것을 의미한다(빌 2:12-13). 그것이 실제로 "이루어지는" 방법에는 부정적인 측면과 긍정적인 측면이 다 있다. 빌립보인들이 하지 **않아야** 하는 것은 수시로 불평하고 다투는 일이다(빌 2:14). 빌립보서의 이 부분에서, 교회 **내의** 연합과 조화에 대한 호소는 교회 **바깥에** 있는 사람들을 염두에 둔다(빌 1:27; 2:1-4을 보라). 바울은 교회내부의 싸움이 지켜보고 있는 세상 앞에서 이루어지는 빌립보인들의 증언을 심하게 훼손시킬 수 있다는 점을 잘 알고 있다.

긍정적으로, 그리스도인들은 비뚤어지고 부패한 환경 가운데서 거룩하고 흠이 없는 삶을 살아야 한다(신 32:5을 보라). 그런 삶을 살면, 그들은 세상에서 빛을 발하게 될 것이라고 바울은 장담한다(빌 2:15).[40] 이스라엘이 "이방의 빛"이 되도록 부름받은 것처럼(사 42:6; 49:6), "빌립보에 사는 하나님의 백성의 연합과 진실성은 그들로 하여금 이교도들 가운데서 빛을 발하는 증언을 할 수 있게 할 것이다."[41] 이스라엘처럼, 연합과 진실성을 구현하는 기독교 공동체는 바로 그 차이점을 갖고 주변 문화에 도전할 것이다. 동시에 하나님의 백성은 어둠 속의 발광체처럼 빛을 발해서, 다른 사람들을 그들의 주님께 끌어올 것이다.

다르게 된다는 것은 로마 빌립보의 문화를 완전히 거부함을 의미하지 않는다. 빌립보서 4:8에서 바울은 헬라 로마 세계에서 높은 평가를 받은 일련의 덕목을 열거한다. 신자들은 예를 들어 존경스럽고 훌륭하며 칭찬받을 만한 것에 집중해야 한다. 그와 같이 공적으로 인정받는 가치들을 비난하기보다, 바울은 사실상 그의 청중에게 "선한 것을 발견할 때마다 그것을 인정하라"고 권고하는 것이다. 교회는 **그런 덕목들이 그리스도의 자신을 주시는 사랑의 이야기와 양립될 수 있다면**(빌 2:5-11), 그것들을 받아들이고 접촉점으로 사용할 수 있다. 이것이 교회가 어두운 세상에 빛을 발하면서 그 문화에 비판적으로 참여하는 한 가지 방법이다(빌 2:15).

### 그리스도를 선포하라

빌립보인들에게 복음은 실행할 뿐만 아니라 또한 입으로 말해야 할 것이다. 바울은 모범과 권면을 통해 이 점에 대해 말한다. 바울 사도가 개인적으로 공격을 당하면서도 끈질기게 "그리스도를 전파하는"(빌

1:15-18) 일을 하는 이유는 빌립보인들로 하여금 그들이 처한 환경에서 신실하게 그리스도를 알리는 일을 하도록 하기 위함이다. 게다가 바울은 그의 모범 때문에 "겁 없이 하나님의 말씀을 더욱 담대히 전하게 된"(빌 1:14) 로마 신자들의 증언에 관심을 끈다. 이것은 빌립보에 있는 그의 친구들을 위한 모범 역할을 한다. 그들은, 로마 신자들처럼, 박해에도 불구하고 바울과 함께 두려움 없이 좋은 소식을 말하는 일에 동참해야 한다.[42]

후에, 바울은 빌립보인들에게 그들이 "생명의 말씀을 밝혀"(빌 2:16) 어두운 세상에서 빛을 발하게 될 것이라고 말한다. 그런데 여기에서 바울이 사용하는 동사(에페코)가 여러 방식으로 번역될 수 있기 때문에, 그 동안 이 구절은 확신에 찬 논쟁을 불러일으켰다. 바울은 적극적인 언어적 증언이라는 면에서 말씀을 "선하는"(holding forth) 하나님의 백성을 보는가? 아니면 바울은 그들이 "생명의 말씀을 굳게 붙잡아" (더 흔한 번역; hold fast, NRSV를 보라) 믿음에 흔들림 없이 머물러 있기를 원하는가? 세부적인 것들을 거론하지 않고, 나는 제임스 웨어 및 다른 사람들이 전자의 번역을 지지하면서 펼친 논의가 아주 설득력이 있다고 생각한다.[43] 무엇보다도, "생명의 말씀"이라는 독특한 구절이 다른 사람들에게 생명을 가져다주는 복음을 언급한다. 바울이 그리스도인들로 하여금 이교도 이웃들에게 "밝히기를" 기대하는 것이 바로 그 메시지이다. 그러나 바울이 빌립보인들에게 복음을 고수하기를 요청하고 있다 할지라도, 이것은 여전히 선교적 초점을 필요로 한다. 복음이 "생명을 주는 말씀"이라면, 복음에 신실하다는 것은 분명히 기회가 생길 때마다 그 말씀을 다른 사람들과 나누는 것을 포함한다.

### 자신을 주는 사랑의 선교

빌립보서 1:27-2:18에서 하나님의 선교에 참여하라는 바울의 권면의 핵심에는 예수님에 대한 근본적인 이야기가 있다(빌 2:5-11). 유명한 이 구절은 우리에게 그리스도 안에 나타난 하나님의 사랑의 선교에 대한 이야기를 말해줄 뿐만 아니라, 또한 우리에게 그 선교에 동참하기 위해 우리가 취해야 하는 태도와 행동을 보여준다. 예수님이 그분 자신을 비우고 겸손해지신 일에 대해 이야기하기 전에(빌 2:7-8), 바울은 "너희 안에 이 마음을 품으라 곧 그리스도 예수의 마음이니"라고 말한다(빌 2:5). 다시 말해, "그리스도인들은 그리스도처럼 행하라." 교회는 그들이 주님에게서 보는 것과 똑같은 태도를 받아들여야 한다. 예수님은 사랑 가운데 다른 사람들을 위해 자신을 쏟아 버리셨다.

나는 이 구절에서 예수님의 모범을 따른다는 것은 오직 다른 그리스도인들과 우리의 관계**만**을 말하는 것이 아니라는 마이클 고먼의 의견에 동의한다.44) 예수님이 십자가에 달려 죽기까지 순종하시도록 이끈 자신을 주는 사랑의 태도는 또한 그리스도인들로 하여금 그들의 입술과 삶으로 그리스도에 대한 좋은 소식을 신실하게 증언하도록 만들 것이다. 오직 예수님의 마음을 취할 때만 교회는 공적 광장에서 복음을 구현할 수 있을 것이다(빌 4:5을 보라). 십자가의 모범을 따라 형성된 공동체로서, 바울의 청중은 말과 행위로 로마 식민지인 빌립보에서 좋은 소식이 될 수 있다.

## 결론

바울은 그가 세운 기독교 공동체들이 하나님의 선교에 참여하는 모습을 그릴 때 무엇을 보았는가? 이 장에서 그 질문에 대해 대답하려고 시도하면서, 우리는 적어도 두 가지 결론이 떠오르는 것을 보았다.

첫째, **바울은 그 자신의 선교적 소명과 그의 교회들의 선교적 소명 간에 연속성과 불연속성이 둘 다 있음을 본다**. 분명히, 바울은 모든 그리스도인이 그의 특별한 선교 활동이나 방법을 모방하기를 기대하지 않는다. 바울은 예를 들어 모든 신자가 개척 선교사가 되어 미전도 지역에 가서 좋은 소식을 전하는 모습을 상상하지 않는다. 바울은 선교사들을 복제하려고 하지 않고, 선교적 공동체들을 형성하려고 한다. 동시에 바울은 그가 하는 만큼 그들이 모두 하나님의 선교에 헌신하고 참여하기를 **기대한다**(고전 10:31-11:1). 물론 그들의 헌신과 참여는 다양한 사역 은사들을 통해 그리고 그들에게 열린 각각 다른 봉사의 길을 통해 (예를 들어, 기도, 헌금, 예배, 고난, 존재, 말) 여러 가지 모습으로 나타날 것이다.

이것은 오늘날 교회에 많은 교훈을 준다. 복음을 전하러 다른 나라로 가는 전임 선교사들은 때때로 기독교 사역의 "인기 스타" 대접을 받는다. 나는 장기 선교사로 이 점에 대해 확실히 말할 수 있다. 그리고 나는 하나님이 여전히 여자와 남자를 선교사로 부르신다고 굳게 믿는다. 그러나 지역교회에 남아 있는 "일반" 그리스도인들 역시 하나님의 선교를 성취하는데 중요하다. 존 닉슨이 우리에게 상기시켜 준 대로, 기독교 선교의 "잘 알려지지 않은 비밀" 중 하나는 하나님의 선교는 우리가 종종 인식하는 것보다 훨씬 더 풍성하고 훨씬 더 포괄적이라는 것이다.[45] 기독교 선교는 선교사로 부름받은 자들이나 특별히 전도 은사를 받은 자들만을 위한 것이 아니다. 모든 신자는 하나님의 선교에서 담당해야 할 중요한 역할이 있다.

둘째, **하나님의 선교에 참여하는 교회의 특징은 말과 삶으로 온전한 증언을 한다는 것이다.** 우리가 바울이 쓴 빌립보서에서 본 것처럼, "복음에 합당한" 공적 공동생활(빌 1:27)은 지켜보고 있는 세상 앞에서 거룩하게 **사는 것**과 적극적으로 "생명의 말씀을 굳게 붙잡는 것"(빌 2:14-16) 둘 다를 포함한다. 오늘날 선교의 추는 한 편으로 좁은 의미에서 전도 및 교회개척과, 다른 한 편으로 그리스도인들의 존재 및 사랑의 행동 사이를 오가는 경향이 있다. 그런 이분법은 분명히 바울을 어리둥절하게 만들었을 것이다.

당신은 내가 이 장을 시작하면서 한 이야기를 기억하는가? 나는 이웃 사람들에게 사랑을 실천해서 복음이 무엇인지 보여주고자 하는 내 친구의 관심에 깊이 공감한다. 그러나 나는 말이 필요 없다는 그의 결론을 받아들일 수 없다. 적절한 시점에, **우리는 우리의 행동 이면에 있는 그 이야기를 말해야 한다.** 우리는 다른 사람들에게 우리가 왜 그렇게 존재하는지 또 우리가 왜 그런 방식으로 행동하는지 그 **이유**를 알게 해야 한다. 바울은 그리스도를 닮은 삶을 살지만, 그들의 삶을 변화시키신 주님에 대한 좋은 소식을 다른 사람들에게 알리지 않는 기독교 공동체를 상상할 수 없었다. 투명한 기독교적 삶이란 우리 주위에 있는 사람들에게 그들이 우리의 삶 가운데서 인지하는 차이점에 대한 이유를 설명하는 것을 의미한다.

분명히, 다양한 환경에서 우리가 기독교적 선포보다 기독교적 존재를 더 강조하거나, 아니면 거꾸로 기독교적 존재보다 기독교적 선포를 더 강조할 필요가 있을 때가 있다. 우리가 사는 세상에는 그리스도를 믿는 신자들이 직접 언어적 증언을 할 수 있는 기회가 제한된 닫힌 사회들이 있다. 하지만 종종 그런 것처럼, 복음에 신실한 결과 고난을 겪을 때에도(빌 1:29-30), 바울은 그저 우리의 삶이 말하도록 하는 것으로는 충분하지 않다고 분명히 밝힌다. 또 우리는 어리석게 우리가 그저 말하기만 하면 그리스도의 선교를 완수하는 것이라고 생각할 수도 없다. 오늘날 기독교 공동체들에게 하나님의 선교에 참여한다는 것은 레슬리 뉴비긴이 말한 것처럼 우리가 처한 지역 환경에서 "복음의 해석"이 되는 것을 의미한다.[46] 그러나 그것은 또한 적절한 때에 은혜가 넘치는 말을 하는 것을 의미한다(골 4:6). 그것은 하나님이 예수 그리스도 안에서 모든 사람을 서로와 또 그분 자신께 화해시키기를 기뻐하신다는 사실을 즐겁게 전할 만큼 우리의 이웃들과 직장 동료들에게 관심을 갖는 것을 의미한다. 하나님의 온전한 선교에 참여하는 교회도 똑같이 해야 한다.

**생각해 볼 질문**

1. 그리스도인들의 행동과 태도가 오늘날 교회 바깥에 있는 자들에게 복음을 매력적으로 보이게 만들 수 있는 특정한 삶의 영역은 무엇인지 깊이 생각해 보라.
2. 당신은 오늘날 당신이 속한 기독교 공동체가 다음 둘 중 어느 것에 더 유혹을 받는다고 생각하는가? (a) 주변 세상의 가치에 순응하는 것, (b) 주변 세상과 고립되는 것. 예를 들어 설명해 보라.
3. 당신의 경험에 비추어 볼 때, 오늘날 기독교 공동체들은 **모든** 신자가 여러 가지 수단(전도, 헌금, 중보기도, 모범적인 삶 등)을 통해 하나님의 선교에 참여하도록 훈련시키는 일을 얼마나 잘 하고 있는가?

## 주

1) Craig G. Bartholomew and Michael W. Goheen, *The Drama of Scripture: Finding Our Place in the Biblical Story* (Grand Rapids: Baker, 2004), p. 194. 「성경은 드라마다」(IVP)
2) Andy Johnson, *1 and 2 Thessalonians* (Grand Rapids: Eerdmans, 근간)를 보라.
3) Craig S. Keener, *The IVP Bible Background Commentary: New Testament* (Downers Grove, IL: InterVarsity Press, 1993), p. 638. 「성경 배경 주석」(IVP)
4) Christopher J. H. Wright, *The Mission of God's People: A Biblical Theology of the Church's Mission* (Grand Rapids: Zondervan, 2010), p. 129. 「하나님 백성의 선교」(IVP)
5) Brain S. Rosner, "The Missionary Character of 1 Corinthians," in *New Testament Theology in Light of the Church's Mission*, ed. Jon C. Laansma, Grant Osborne and Ray Van Neste (Eugene, OR: Cascade Books, 2011), 특히, pp. 188-89를 보라.
6) Craig Blomberg, *1 Corinthians* (Grand Rapids: Zondervan, 1994), p. 109. 「고린도전서」(솔로몬)
7) Michael D. Barram, *Mission and Moral Reflection in Paul* (New York: Peter Lang, 2006), pp. 153-54.
8) Michael D. Barram, "Pauline Mission as Salvific Intentionality: Fostering a Missional Consciousness in 1 Corinthians 9:19-23 and 10:31-11:1," in *Paul as Missionary: Identity, Activity, Theology, and Practice*, ed. Trevor J. Burke and Brian S. Rosner (London: T & T Clark, 2011), p. 236.
9) Michael Goheen, *A Light to the Nations: The Missional Church and the Biblical Story* (Grand Rapids: Baker, 2011), pp. 180-81. 「열방에 빛을」(복있는 사람)
10) Dean Flemming, *Contextualization in the New Testament: Patterns for Theology and Mission* (Downers Grove, IL: InterVarsity Press, 2005), p.

289. 로마서 13장은 일종의 최선의 시나리오를 상정한다. 그 시나리오에서 로마 당국은 정의를 시행하고 또 신적 임명을 받은 그들의 역할을 대체로 책임 있게 수행한다. 하지만 정치권력이 하나님의 뜻을 직접 반대하는 상황에서는 문제가 다르다. 교회가 부정하고 억압적인 권력에 예언자적으로 도전해야만 할 때가 있다. 특히 요한계시록을 다룬 이 책 10장을 보라.

11) Wright, *Mission of God's People*, p. 234를 보라.

12) Philip H. Towner, "Romans 13:1-7 and Paul's Missiological Perspective: A Call to Political Quietism or Transformation?" in *Romans ands the People of God: Essays in Honor of Gordon D. Fee on the Occasion of His 65th Birthday*, ed. S. K. Soderlund and N. T. Wright (Grand Rapids: Eerdmans, 1999), pp. 164-69.

13) 더 자세한 논의로 Flemming, *Contextualization in the New Testament*, pp. 146-50를 보라.

14) Clinton E. Arnold, *Ephesians* (Grand Rapids: Zondervan, 2010), p. 410.

15) Marianne Meye Thompson, *Colossians and Philemon* (Grand Rapids: Eerdmans, 2005), p. 94.

16) Bartholomew and Goheen, *Drama of Scripture*, p. 194.

17) 적어도, 예언은 기독교 공동체를 격려하고 세우려는 의도로 언급하는 이해할 수 있는 말이다(고전 14:3-5, 31). 균형 잡힌 논의로 David E. Garland, *1 Corinthians* (Grand Rapids: Baker Academic, 2003), pp. 632-33를 보라.

18) 빌립보인들에게 "복음"은 역동적인 언어이다. 바울은 복음의 "변증"(빌 1:7, 16), 복음의 "진전"(빌 1:12), 복음의 "수고"(빌 2:22; 4:3), 그리고 빌립보에서 바울의 복음 사역의 "시조"(빌 4:15)에 대해 말한다.

19) Don N. Howell Jr., "Mission in Paul's Epistles: Genesis, Pattern, and Dynamics," in *Mission in the New Testament: An Evangelical Approach*, ed. William J. Larkin Jr. and Joel F. Williams (Maryknoll, NY: Orbis, 1998), p. 90. 「성경의 선교신학」(이레서원)

20) Donald A. Carson, "Paul's Mission and Prayer," in *The Gospel to the Nations: Perspectives on Paul's Mission*, ed. Peter Bolt and Mark Thompson

(Downers Grove, IL: InterVarsity Press, 2000), p. 182.

21) 이 문제에 대한 여러 가지 입장을 훌륭하게 요약한 책으로 Robert L. Plummer, *Paul's Understanding of the Church's Mission: Did the Apostle Expect the Early Christian Communities to Evangelize?* (Eugene, OR: Wipf and Stock, 2006), pp. 5–42를 보라.

22) Paul Bowers, "Church and Mission in Paul," *Journal for the Study of the New Testament* 44 (1991): 89–111; 또 David Bosch, *Transforming Mission*, (Maryknoll, NY: Orbis, 1991), pp. 137–38를 보라. 「변화하는 선교」(CLC); John P. Dickson, *Mission-Commitment in Ancient Judaism and in the Pauline Communities: The Shape, Extent and Background of Early Christian Mission* (Tubingen: Mohr Siebeck, 2003). 존 딕슨은 바울 교회가 복음을 전파한 것을 부인하지만, 다른 수단들을 통한(예를 들면, 재정적 지원, 기도, 매력적인 삶 등) 그들의 "선교 헌신"을 단언한다.

23) Brain K. Peterson, "Being the Church in Philippi," *Horizons in Biblical Theology* 30 (2008): 163–78; 여기에서는 p. 169.

24) Plummer, *Paul's Understanding*, p. 96. 플리머는 Peter T. O'Brien, *Gospel and Mission in the Writings of Paul: An Exegetical and Theological Analysis* (Grand Rapids: Baker, 1995)에 기반을 두고 있다.

25) Plummer, *Paul's Understanding*, p. 96.

26) James Ware, "The Thessalonians as a Missionary Congregation: 1 Thessalonians 1:5–8," *Zeitschrift fur die Neutestamentliche Wissenschaft* 83 (1992): 130.

27) Johnson, *1 and 2 Thessalonians*.

28) Ibid.

29) John Dickson, *The Best Kept Secret of Christian Mission: Promoting the Gospel with More Than Our Lips* (Grand Rapids: Zondervan, 2010), p. 175.

30) Peter T. O'Brien, *The Letter to the Ephesians* (Grand Rapids: Eerdmans, 1999), pp. 476–78; Arnold, *Ephesians*, pp. 454–55를 보라.

31) O'Brien, *Ephesians*, p. 482.

32) Thompson, *Colossians ans Philemon*, p. 101.

33) James D. G. Dunn, *The Epistles to the Colossians and to Philemon* (Grand Rapids: Eerdmans, 1996), p. 267.

34) Stanley E. Porter, "Reconciliation as the Heart of Paul's Missionary Theology," in *Paul as Missionary: Identity, Activity, Theology, and Practice*, ed. Trevor J. Burke and Brian S. Rosner (London: T & T Clark, 2011), p. 172.

35) 예를 들어, Ralph P. Martin, *2 Corinthians* (Waco, TX: Word Books, 1986), p. 153; C. K. Barrett, *A Commentary on the Second Epistle to the Corinthians* (London: Black, 1973), p. 176를 보라.

36) Porter, "Reconciliation," p. 173. 또 Victor Paul Furnish, *2 Corinthians* (New York: Doubleday, 1984), pp. 317, 320, 336를 보라.

37) Klyne Snodgrass, *Ephesians* (Grand Rapids: Zondervan, 1996), p. 204.

38) Arnold, *Ephesians*, pp. 259-60. 또 Mark J. Keown, *Congregational Evangelism in Philippians: The Centrality of an Appeal for Gospel Proclamation to the Fabric of Philippians* (Carlisle, UK: Paternoster, 2008), pp. 231, 243를 보라.

39) Dean Flemming, "Exploring a Missional Reading of Scripture: Philippians as a Case Study," *Evangelical Quarterly* 83 (2011): 9-15를 보라.

40) "세상에서 빛들로 나타나리라"는 구절은 "많은 사람을 옳은 데로 돌아오게 한 자는 별과 같이 영원토록 빛나리라"고 예언하는 다니엘서 12:3을 상기시킨다.

41) Dean Flemming, *Philippians. A Commentary in the Wesleyan Tradition* (Kansas City, MO: Beacon Hill, 2009), p. 134.

42) James Ware, *The Mission of the Church in Paul's Letter to the Philippians in the Context of Ancient Judaism* (Leiden: Brill, 2005), pp. 184-85; Keown, *Congregational Evangelism*, pp. 71-86를 보라. 이와 대조적으로 존 딕슨은 빌립보서 1:14의 "형제"가 "일반 신자들"이 아니라 바울의 동료 선교사들이라고 주장한다(John P. Dickson, *Best Kept Secret*, p. 146). 하지만 그 문맥을 살펴보면 그와 같이 좁게 해석할 필요가 없다.

43) Ware, *Mission of the Church*, pp. 256-84; Keown, *Congregational*

*Evangelism*, pp. 135-46; 또 Flemming, *Philippians*, pp. 134-35를 보라.

44) Michael J. Gorman, "Apologetic and Missional Impulse of Phil 2:6-11 in the Context of the Letter," pp. 6-7. 2009년 루이지애나주 뉴올리언스에서 열린 성서학회(SBL) 연례모임에서 발표한 논문. Michael J. Gorman, *Becoming the Gospel: Paul, Participation, and Mission* (Grand Rapids: Eerdmans, 2015)에 수록.

45) Dickson, *Best Kept Secret*를 보라.

46) Lesslie Newbigin, *The Gospel in a Pluralist Society* (Grand Rapids: Eerdmans, 1989), pp. 222-33를 보라. 「다원주의 사회에서의 복음」(IVP)

# CHAPTER 09
# 주변부에서 이루어지는 선교
## 베드로전서에 나타난 존재, 행동, 말

> 이는 혹 말씀을 순종하지 않는 자라도 말로 말미암지 않고 그 아내의
> 행실로 말미암아 구원을 받게 하려 함이니 너희의 두려워하며
> 정결한 행실을 봄이라 (벧전 3:1-2)

나는 이 책을 시작하면서 성 프란시스가 한 유명한 충고 한 마디를 언급했다. "항상 복음을 전하라. 그리고 필요하다면 말도 사용해라." 이 충고가 지닌 정서를 가장 잘 나타내는 신약 책이 있다면, 그것은 틀림없이 베드로전서이다. 그 **이유**는 그 편지가 다루는 상황과 많은 관계가 있다. 베드로는 예수 그리스도에 대한 충성으로 말미암아 사회 및 문화의 주변부로 밀려난 그리스도인들에게 편지를 쓴다. 베드로는 그들을 "거류민과 나그네"로 묘사한다(벧전 2:11). 그들은 한때 그들이 속한 사회에서 잘 살았으나 지금은 어울리지 않는 사람들이 되었다. 지난날과 달리, 그들은 그들이 나타내는 새로운 기독교적 헌신 때문에 여러 가지 형태의 학대, 비방, 고난에 직면한다. 그런 상황에서, 하나님의 백성은 그들이 처한 비우호적이고 비기독교적인 환경에 신실하게 반응하는 방법을 알 필요가 있다. 결과적으로 베드로는 선교적 백성에게 선교적 편지를 써 보낸다.

이 장은 베드로전서가 하나님의 백성이 어떤 **존재**인지 즉 그들의 선교적 정체성이 무엇인지 그리고 그들이 믿지 않는 세상에 대해 어떻게 **행동해야** 하는지 밝히는데 집중하고 있음을 보여줄 것이다. 그 다음에 좋은 소식을 **말하는 것**의 역할은 무엇인가? 우리가 볼 것처럼, 베드로는 "말을 사용하는 것"이 정말 때때로 "필요하다"고 믿는다. 복음전도와 관련해 **존재**, **행동**, **말**은 베드로전서에서 밀접하게 관련된다. 그러나 우리의 연구 목적상 우리는 각각 별개로 살펴볼 것이다. 나는 "주변부에서" 선교를 하는 베드로의 관점이 다수 세계에 있는 기독교 공동체들뿐만 아니라 또한, 점차적으로, 서구에 있는 교회들에도 강력한 교훈을 준다는 점을 보여주고자 한다.

## 존재의 선교

### 거류민과 나그네

베드로가 선교를 이해하는데 중대한 문제는 "우리는 누구인가?"하는 것이다. 베드로전서에서 정체성과 선교는 동행한다. 아마도 교회의 선교적 정체성을 묘사하는 가장 중요한 은유는 "거류민과 나그네"(파로이코스와 파레피데모스, 벧전 2:11; 참고. 벧전 1:1, 17)라는 은유일 것이다.[1] 이런 이미지들은 이스라엘의 이야기에 깊이 뿌리를 박고 있다. 아브라함은 고향을 떠나라는 명을 받고 헷 족속 가운데 "나그네와 거류하는 자"로 살게 되었다(창 23:4). 아브라함의 후손은 "이집트 땅에서 거류민"이 되었으며(레 19:34), 나중에 고국에서 쫓겨나 바벨론에서 포로 생활을 했다. 게다가 독자들은 **흩어진** 나그네이다(벧전 1:1). 베드로 당시 유대인들은 고국을 떠나 로마 제국의 여러 곳에 흩어져 살고 있었다. 베드로는 주로 이방인들에게 편지를 쓰지만, 그는 외국에서 나그네와 피난민이 된 이스라엘의 경험에 빗대어 그들에게 말한다. 베드로가 현저하게 쓰는 언어는 그 점을 강조한다. 즉 이런 그리스도인들은 외부인들이라는 것이다. 그들은 부적응자들이다. 그들은 본국에 있지 않다.

그러나 어떤 의미에서 그들은 "거류민"이고 "나그네"인가? 이것은 그들이 그리스도의 추종자가 되기 전이나 후에, 그들이 지닌 실제적인 사회적 또는 정치적 지위를 묘사하는 것이 아니다.[2] 오히려, 베드로의 언어는 한때 그들의 사회에서 편안하게 지냈으나, 지금은 그들의 문화에서 외국인 신세가 된 사람들에 대해 말한다. 전에 그들은 "이방인의 뜻을 따라 행했다"(벧전 4:3). 그들은 자연스럽게 어울린다. 그러나 그들이 거듭나면서 상황이 근본적으로 바뀌었다(벧전 1:3). 하나님은 그들에게 "선택받은 나그네"로 새로운 지위를 부여하셨다(벧전 1:1, 저자 번역). 하나님은 그들을 세상과 전혀 다른 새로운 생활방식으로 부르셨다. 그 결과 그들은 당연히 그들의 비그리스도인 가족 및 이웃과 소원해졌다. 그들의 진짜 집은 더 이상 그들이 태어나서 자란 문화 안에 있지 않다. 오히려 그 집은 "그리스도 안에 있는" 그들의 생명 가운데서 찾을 수 있다(벧전 3:16; 5:10, 14).[3]

이것은 베드로는 그의 청중이 그들이 속한 문화에서 물러나 경건한 게토에 모여 살거나 아니면 방어적이고 배타적인 태도를 취하기 원한다는 말이 아니다. 또 베드로의 요점은 그저 그들이 하늘에 있는 참된 집에서 떠나 있다는 것도 아니다. 그들이 부르는 찬송가는 널리 알려진 복음성가 "이 세상은 내 집 아니네. 나는 이 세상에 정들 수 없도다"가 아니다. 그들은 여전히 "이방인 중에서" 살며(벧전 2:12), 그것이 바로 그들의 선교가 수행되어야 하는 곳이다. 미로슬라브 볼프가 심사숙고한 대로,

> 그리스도인들은 (2세대 이민자들처럼) 그들의 새로운 집에 순응하려고 하거나, (시민주의자들처럼) 새로운 집을 그들이 두고 온 집의 이미지대로 만들려고 하거나, 아니면 (거주하는 외국인들처럼) 낯선 신세계에 옛 집을 연상시키는 작은 안식처를 만들려고 외부에서 그들의 사회적 세계 안으로 들어가지 않는다. 그들은 내부자가 되려고 하거나 아니면 완고하

게 외부인의 지위를 유지하려고 애쓰는 외부인이 아니다. 그리스도인들은 거듭남으로써 그들의 문화로부터 방향을 바꾼 **내부자**이다.⁴⁾

베드로전서에 나타난 교회의 나그네 지위는 요한복음에 나타난 "세상에 있으나" 세상에 속하지 아니한 긴장과 비슷하다(요 17:11-19). 그리고 이런 그리스도인들이 위치해 있었던 "세상"은 로마가 지배하고 있었다. 베드로전서 끝에서 베드로가 로마를 언급하면서 그 이름을 그대로 부르지 않고, 이스라엘이 포로로 잡혀간 "바벨론"이라는 이름을 사용한 것은 우연이 아니다(벧전 5:13). 그리스도 안에서 하나님의 백성이 되면서 이런 기독교 공동체들은 로마제국 아래에서 살아가는 방법을 제시하는 로마의 이야기와 불화를 겪게 된다. 바벨론에 잡혀간 이스라엘처럼, 그들은 더 이상 로마의 신 및 군주를 숭배하는 관례와 로마의 권력 및 폭력 제도와 또는 로마의 지위 및 명예 규칙과 어울리지 않는다. 그리고 로마제국에서 "부적응자들"은 적처럼 취급되고 모멸을 당한다. 부적응자들은 **고난을 겪는다**(벧전 4:12-19).

그러나 그것이 전부는 아니다. 나그네와 거류민으로 그들은 그들이 속한 문화의 가치 및 생활방식과 상당한 거리를 두지만, 그들은 여전히 그 문화의 일부로 활동한다. 그들은 "일반 사회의 정치적, 인종적, 종교적, 문화적 기관 내에서 대안이 되는 생활방식을 산다."⁵⁾ 베드로는 이런 기독교 공동체들을 "이방인 중에서"(벧전 2:12) 변화를 가져오는 선교적 존재로 본다. 그들은 속하지만 속하지 않는다. 이 역설적인 나그네 같은 존재는 베드로전서에서 하나님의 선교에 참여하는 상황이 된다. 선교는 우리의 **존재** 가운데서 흘러나온다.

다수 세계에 있는 많은 그리스도인들은 그들의 나라 문화에서 외국인처럼 사는 것이 어떤지 오래 전부터 알고 있다. 하지만 서양의 경우, 기독교 왕국의 유산으로 말미암아 교회는 역사적으로 사회에서 특권적 지위를 부여받았으며, 그리스도인들은 비교적 곤란을 겪지 않았다. 따라서 우리에게는 나그네의 정체성이 별로 없다. 우리는 적응하기를 원한다. 정치적, 국가적, 경제적, 기술적 권세이든 아니면 문화를 형성하는 할리우드와 대중매체의 권세이든, 우리는 무비판적으로 우리 시대의 권세와 동일화하라는 유혹을 받는다. 더글라스 하링크는 다음과 같이 애통해 한다.

> 교회는 신적 메시아적 정체성 및 선교를 세속적 권세가 규정하는 정체성 및 선교와 너무 쉽게 그리고 자주 혼동하거나 대체해 버렸다… 2001년 9월 11일 이후로 미국 그리스도인들은 이런 방향으로 나가도록 강력한 유혹을 받았으며, 많은 미국 교회와 그리스도인들은 애국적 국가주의와 군사주의의 정신에 굴복했다. 그 결과 복음이 그 아래에 포함되고 그것의 종이 되었으며, 그렇게 함으로써 복음은 더 이상 복음이 아니다.⁶⁾

우리가 하나님의 선교적 백성이 **되어야** 한다면, 우리는 나그네로서만 그렇게 할 수 있다. 우리는 우리의 고국에서 그 시대의 정신이 아니라 다른 성령의 인도를 받아 살아가는 "집 없는 사람"이다. 하지만 하나님의 나그네로서 우리의 공적 공동생활은 놀랍게도 우리의 이웃과 가족에게 선교적 존재가 된다.

### 거룩한 제사장

베드로전서에 나타난 교회의 선교적 정체성의 두 번째, 밀접하게 관련된 측면은 우리는 **하나님의 거룩한 백성**이라는 것이다. 하나님의 선교는 하나님의 거룩하심과 분리할 수 없다. 그리고 하나님의 거룩하심은 거룩한 백성의 형태로 세상을 향해 표출된다. 거룩함에 대한 베드로의 기본적인 호소는 베드로전서 1:14-16에 나온다. "너희가 순종하는 자식처럼 전에 알지 못할 때에 따르던 너희 사욕을 본받지 말고 오직 너희를 부르신 거룩한 이처럼 너희도 모든 행실에 거룩한 자가 되라 기록되었으되 내가 거룩하니 너희도 거룩할지어다 하셨느니라."

레위기 19:2을 상기시키면서, 베드로는 또 다시 그의 독자들에게 이스라엘의 이야기를 언급한다. 하나님의 은혜로 속박 가운데서 부름받은 이스라엘이 하나님의 거룩한 성품을 열방에 나타내야 했던 것처럼, 어린 양 그리스도의 피로 구속받은 교회(벧전 1:19) 역시 로마제국의 거리와 시장에서 하나님의 거룩하심을 나타내야 했다. 먼저 거룩하라는 요구는 "다르게 되거나 구별되는" 것을 의미한다. 이방인 중에서 영향을 끼치기 위해, 기독교 공동체는 이방인들과 **달라야** 한다.[7] 그러나 거룩함은 또한 거룩하신 하나님의 성품과 방식에 순응하는 것을 의미한다. 더글라스 하링크는 "하나님의 백성은 먼저 **거룩하신** 하나님에 의해 **거룩하게 만들어졌기** 때문에 **거룩해져야만** 한다"고 쓴다.[8]

하나님에 근거한 이 거룩함은 구체적이고 포괄적이다. 그것은 베드로가 표현한 대로 "모든 행실에"(벧전 1:15) 실행된다. 거룩함은 "삶의 모든 측면"에 확장된다.[9] 베드로가 보기에, 그와 같은 거룩한 생활방식은 예수님의 자신을 주시는 사랑의 모습으로 나타난다. "그리스도도 너희를 위하여 고난을 받으사 너희에게 본을 끼쳐 그 자취를 따라오게 하려 하셨느니라"(벧전 2:21; 또 벧전 3:15을 보라). 이것은 때때로 "거룩함"으로 가장하는 분리시키고, 한 가지만 지나치게 생각하고, 세상을 부인하는 사고방식과 전혀 다른 것이다. 오히려 거룩한 사랑의 특징을 하고 있고, 그리스도의 구속 사역으로 가능해지고(벧전 1:18-23), "이방인 중에서" 실행되는 교회의 독특한 삶은 주변 세상에 대해 증언하는 방법이 된다(벧전 2:12; 3:1, 13-17을 보라).

거룩함과 선교의 관계는 특히 베드로전서 2:4-10에서 강력하게 나타난다. 이 구절은 교회의 정체성에 대한 베드로의 입장을 분명히 밝힌다. 출애굽기 19:6의 이미지에 의지해서, 베드로는 기독교 공동체를 "거룩하고, 왕 같은 제사장"(벧전 2:5, 9)이며 또 "거룩한 나라"(벧전 2:9)의 역할을 하는 이스라엘의 선교라는 맥락에서 본다. 베드로가 이 언어를 어떻게 사용하는지 이해하는 것이 중요하다. "제사장직"을 교회 안에 있는 각각의 개인 신자로 보는 개신교의 통념에도 불구하고, 베드로의 생각은 다르다. 베드로의 관심은 외부를 지향하는 하나님의 백성 전체의 제사장적 역할이다.[10] 이 거룩한 제사장적 공동체의 목적은 말과 행위로 하나님의 위대한 행동을 선포하고, 하나님의 구원과 복을 세상에 전하는 것이다(벧전 2:9). 그 공동체가 드리는 "영적 제사는 열방 가운데, 그리고 그들을 위하여, 경건한 백성으로서 십자가로 형성된 거룩한 삶을 사는 것이다."[11]

그러므로 교회의 거룩함은 교회가 수행하는 선교의 균형을 잡아주는 대항마 같은 것이 아니다. 그와 반대로, 거룩하라는 요구는 세상에서 하나님의 선교를 수행하는데 필수적인 것이다. 그것은 (때때로 그런 것처럼) 거룩함을 세상에서 물러나 개인적으로 경건하게 살라는 요청이나 아니면 세상을 적으로 보고 그 세상과 맞서 싸우라는 요구로 이해하려고 하지 않을 것이다. 조엘 그린은 그 점을 다음과 같이 훌륭하게 말한다.

> 우리는 세상과 맞서지 않는다. 하나님의 백성의 거룩함은 반대자들에 대한 적개심에서 찾을 수 없다... 우리는 단순히 다른 사람들의 믿음과 행위를 부인함으로써 우리의 정체성 및 선교의식을 나타내지 않는다. 우리가 세상과 다르다면, 그것은 우리가 그렇게 되도록 조치를 취하기 때문이 아니라, 우리의 삶이 궁극적으로 세상과 다른 하나님을 의지하고 또 우리가 예수 그리스도의 발자취를 따르기 때문이다.[12]

다른 사람들을 위하여, 근본적으로 다른 방식으로, 하지만 온전히 관여하는 것이 "선교적 거룩함"에 대한 베드로의 비전이다.

## 행동의 선교

**선행**

선교적 거룩함은 실제로 어떤 모습으로 나타나는가? 베드로는 베드로전서 2:11-12로 시작되는 권면에서 이 문제를 다룬다. 이 절들은 뒤이어 나오는 말씀에 대한 일종의 제목 역할을 한다.[13]

> 사랑하는 자들아 거류민과 나그네 같은 너희를 권하노니 영혼을 거슬러 싸우는 육체의 정욕을 제어하라 너희가 이방인 중에서 행실을 선하게 가져 너희를 악행한다고 비방하는 자들로 하여금 너희 선한 일을 보고 오시는 날에 하나님께 영광을 돌리게 하려 함이라(벧전 2:11-12)

이 말씀은 베드로전서의 새로운 부분을 시작하지만, 우리는 그것이 앞에 나오는 부분과 연결되어 있는 점을 놓치지 말아야 한다. 베드로는 그의 독자들에게 사실상 다음과 같이 도전하는 것이다. "하나님이 거룩하신 것처럼 거룩해지도록 부름받은 공동체로서(벧전 1:15), 은혜롭게 선택 받고 하나님 보시기에 소중한 하나님의 제사장 백성으로서(벧전 2:4-5, 9-10), 더 이상 너희의 문화에 어울리지 않는 나그네로서, **그 정체성을 실행하라**. 다른 사람들 앞에서 그와 같은 모범적인 삶을 살아라. 그래서 작정하고 너희를 비방하는 바로 그 사람들이 마음을 바꾸어 너희가 섬기는 하나님을 경배할 수 있게 하라."[14] 베드로가 보기에, 우리의 **존재**가 우리의 행동을 형성한다.

베드로전서에는 기독교적 "행실"(아나스트로페; 벧전 1:15; 2:12; 3:1-2, 16을 보라)과 "선행"(벧전 2:12, 15, 20; 3:10-17; 4:19을 보라)에 대한 언급이 아주 많다. 사실상, "선행"은 베드로전서의 주요 주제 중 하나이다. 그러나 하나님의 거룩한 나그네가 "선을 행한다"는 것은 무슨 뜻인가? 그리고 이것은 하나님의 선교와 어떤 관계가 있는가?

베드로가 보기에, "선행"은 증언의 한 형태이다. 그것은 가시적이고 외부를 지향한다.[15] 베드로전서 2:12에 나타난 베드로의 주요 진술은 "이방인 중에서" 수행되는 선행과, 또 다른 사람들이 "볼" 수 있는 선행에 대해 이야기한다. 그 뒤에 따라 나오는 말씀은 그 공동체의 선행을 그들을 반대하는 외부인들과의 관계라는 맥락 가운데 놓는다. 예를 들어, 베드로는 정치권력과 관련해서 "선행"으로 그들을 비난하는 자들의 오판을 드러내고 그렇게 함으로써 "어리석은 사람들의 무식한 말을 막는" 것이 하나님의 뜻이라고 단언한다(벧전 2:15).[16]

이런 공적 행위는 **차이**와 **매력**이라는 두 가지 특징을 갖고 있다. 한편으로, 하나님의 백성의 새로운 생활방식은 그들이 과거에 행동하던 방식과 극명하게 대조된다(벧전 2:11; 4:3). 그들은 옛날의 나쁜 습관을 버렸으며, 이제 그들의 변화된 삶은 다른 사람들이 보기에 분명하다. 베드로는, 사실상, 예전에 같이 어울려 놀던 친구들이 "더 이상 너희가 먹고 마시며 놀지 않는" 것을 알게 될 때 당황해한다고 말한다(벧전 4:4).

다른 한 편으로, 강력한 자석처럼 "선행"은 믿지 않는 자들을 끌어당긴다. 베드로는 교회의 훌륭한 행위가 전에 비방하던 사람들조차 태도를 바꾸게 할 것이라고 믿는다. 대신에, 그들은 "오시는 날에 하나님께 영광을 돌리게" 될 것이다(벧전 2:12). 낯낯 해석자들은 이 진술이 이방인들의 회심을 언급하는 것이 아니라, "심판 날에 그들이 강제로 하나님을 인정하게 되는 것"을 언급한다고 생각한다.[17] 하지만 "하나님께 영광을 돌린다"는 표현은 보통 하나님의 백성이 자발적으로 예배드리는 것을 언급한다(벧전 4:16을 보라). 우리는 여기에서 "이같이 너희 빛이 사람 앞에 비치게 하여 그들로 너희 착한 행실을 보고 하늘에 계신 너희 아버지께 영광을 돌리게 하라"(마 5:16)는 예수님의 명령이 반복되고 있는 점을 놓칠 수 없다. 그러니까 베드로는 기독교 공동체의 선행이 전도의 효과가 있음을 인정한다. 교회의 독특한 생활방식을 관찰함으로써, 불신자들은 예수 그리스도를 믿게 될 수 있다(벧전 3:1을 보라). 그 결과, 그들은 마지막 날에 하나님께 영광을 돌리는 자들의 무리에 합류할 것이다.

**선교와 순종**

"선행"은 그 자체만 갖고는 다소 애매한 개념이다. 그러나 베드로는 그것을 베드로전서 2:13-3:7에서 찾아볼 수 있는 이른바 "가정 규칙"의 형태로 그의 구체적인 상황에 관련시킨다. 베드로전서의 이 부분은 로마 세계의 일상적인 사회적, 정치적, 가정적 관계 가운데서 하나님의 백성이 "선을 행한다는 것"이 무엇을 의미하는지 분석한다. 베드로의 가정 규칙은 골로새서와 에베소서에 나오는 가정 규칙과 다르다. 베드로의 규칙은 그리스도인들 사이의 관계에 덜 집중하고 그리스도인들이 불신자들과 관계를 맺는 방법에 더 집중한다.

베드로의 가정 규칙에 나오는 특징적인 동사는 "순종하라"(휘포타소)는 것이다. 종들은 그들의 주인에게 순종하고(벧전 2:18), 아내들은 그들의 남편에게 순종하고(벧전 3:1), 일반 그리스도인들은 "인간의 모든 제도"에 순종해야 한다(벧전 2:13). 인간의 모든 제도에는 황제와 총독 같은 정치권력이 포함된다(벧전 2:13-14). 하나님의 백성은 심지어 "왕을 존대해야" 한다(벧전 2:17). 얼핏 보기에 이것은 로마의 사회적 가치를 **변화**시키기보다 사회의 기대에 **순응하라**는 요구처럼 들린다. 진실로, 몇몇 해석자들은 "적응"이 바로 이 가정 규칙이 말하는 것이라고 생각한다. 그들은 베드로가 기독교적 행위는 일반적으로 로마인들이 선하다고 여기는 것에 순응한다는 점을 보여줌으로써 교회를 향해 날아오는 적의의 화살을 약화시키려고 했다고 주장한다.[18]

이제 "선행"이 교회의 배타적인 재산이 아니라는 점은 분명하다. 불신자들이 기독교적 행위에서 선한 것을 알아볼 수 있다는 사실은(벧전 2:12) 그리스도인들과 주위에 있는 일반 사람들 간에 "선행"의 개념에 대해 공통점이 있음을 보여준다. 다시 말해서, 기독교적 행위는 완전히 일반 문화에 반대하는 것은 아니다. 그러나 그것이 전부는 아니다. 그리스도인 종(벧전 2:18-20)과 배우자(벧전 3:1-7)에 대한 베드로의 가르침을 결합시키는 접착제로 베드로가 그리스도의 이야기에 호소하고 있는 것(벧전 2:21-25)은 결코 우연이 아니다. 베드로는 적대적인 환경 가운데서 수행되는 선한 행위를 예수님의 모범을 갖고 규정한다. 그것은 모두 다른 사람들을 위해, 자신을 복종시키고 원수를 사랑하고 부당한 고난을 참고 복수하지 않는 모습으로 나타난다.[19] "선을 행하는 것"은 궁극적으로 "예수님의 자취를 따라가는" 것을 의미한다(벧전 2:21).

그리스도의 모범에 비추어 볼 때만 우리는 그들이 속한 사회적 세계의 여러 기관 내에서 수행되는 하나님의 백성의 선교에 대한 베드로의 비전을 이해할 수 있다. 그들은 선한 행위를 통해 복음을 증언할 수 있다. 그들의 행위가 그들 주위에 있는 문화의 행위와 똑같기 때문이 아니라 **다르기** 때문에 그렇다.[20] 베드로전서 3:1-2에 나오는 그리스도인 아내들에 대한 베드로의 가르침은 이 점을 특히 분명히 한다. "아내들아 이와 같이 자기 남편에게 순종하라 이는 혹 말씀을 순종하지 않는 자라도 말로 말미암지 않고 그 아내의 행실로 말미암아 구원을 받게 하려 함이니 너희의 두려워하며 정결한 행실을 봄이라."

여기에서 베드로는 아내가 신자이고 남편은 신자가 아닌 가정 문제를 다룬다. 로마 사회에서 이 시나리오는 일촉즉발의 위급한 가정 상황이다. 어쨌든, 플루타르크가 쓴 것처럼, "아내는 그의 남편이 믿는 신만을 숭배하고 알아야 했다."[21] 이것은 베드로가 믿는 아내들은 남편의 "권위를 받아들이라"고 조언할 때, 여기에는 그리스도에 대한 더 높은 충성심을 희생시키는 것이 포함되지 않음을 의미한다. 게다가, "말씀을 순종하지 않는" 남편들에 대한 베드로의 언급은 그들이 그냥 "불신자들"이 아니라 복음을 적극적으로 거부하는 남자들이라는 점을 암시한다(벧전 2:8을 보라). 그들은 믿음에 적대적인 자들일 공산이 크다.[22]

하지만 상충되는 충성과 노골적인 반대에도 불구하고, 베드로는 남편들이 아내의 일상 행위를 보고 나서 그리스도를 "믿게" 될 가능성에 대해 낙관한다. 베드로는 이 생활방식을 로마의 가치가 아니라 기독교적 성품, 즉 순결한 삶(벧전 1:22을 보라)과 하나님을 경외함(벧전 3:2)이라는 면에서 규정한다. 비우호적이고 심지어는 적대적인 남편 앞에서, 그리스도를 닮은 아내의 행위는 강력한 증언의 역할을 한다. 하링크는 "아내의 목표는 말씀을 믿도록 남편을 조종하는 것이 아니다. 남편은 최종적으로 그 말씀을 거부할 지도 모른다. 오히려 아내는 이것이 예수 그리스도의 방식이기 때문에 은혜롭게 순종의 행동을 한다… 그것이 복음의 선포다"라고 쓴다.[23] 베드로가 보기에, **순종**은 **선교**로 이어진다.

이 구절은 말의 증언보다 생활방식의 증언을 강조한다. 사실상, 베드로는 아내들의 "말로 **말미암지 않고**"(벧전 3:1) 남편들이 구원을 받을 수 있게 되기를 소망한다. 하지만 베드로는 "어떤 일이 있더라도 복음에 대해 말하지 말라!"고 말하지는 **않는다**(벧전 3:15을 보라). 또 베드로는 선한 행위로 이루어진 증언만 갖고 온전히 충분하다고 말하지도 않는다. 이런 남편들이 "말씀"에 순종하지 않았다는 사실은 그들이 이미 기독교적 메시지를 들었다는 점을 암시한다. 그럼에도 불구하고, 복음에 대해 적대적인 상황에서 가장 큰 전도의 효과가 있는 것은 말이 아니라 행위와 성품이라고 베드로는 생각한다.

베드로가 "아내들에게 주는 권면"은 그들에게만 해당되는 것은 아니다. 베드로전서의 상황에서, 아내들은 (벧전 2:18-20에 나오는 종들과 함께) 비우호적인 사회의 주변부에서 "거류민과 나그네"로 살아가는 그리스도인들을 나타내는 예이다. 조엘 그린이 말한 대로, "믿지 않는 남편들과 관련해 믿는 아내들에게 한 말은 믿지 않는 세상과 관련해 모든 신자에게 적용된다."[24] 로마제국의 여러 사회 기관에 참여하고 있는 그리스도인들에게 베드로는 사실상 다음과 같이 말한다. "순응하지 말라. 물러나지 말라. 너희가 속한 세계에 관여하라. 그러나 일상생활 가운데 자신을 주시는 그리스도의 사랑을 구현하는 하나님의 거룩한, 독특한 백성으로 그렇게 하라."

그리스도를 닮은 행위는 오늘날에도 여전히 전도에 강력한 영향력을 발휘한다. 내 친구 하나는 미시건주 그랜드래피즈에 위치한 국제교회의 담임목사이다. 이 지역회중은 그 도시에 있는 많은 이민자 공동체에 사랑과 은혜를 전하는 통로가 되고자 노력해 왔다. 베트남 출신 불교도인 애나가 주중에 모이는 영어 학습반에 참석하기 시작했다. 영어를 더 유창하게 말하기 위해, 이 젊은 엄마는 주일 아침에 모이는 영어 학습자들을 위한 성경 공부에도 나오기 시작했다. 어느 주일 공부를 마친 후, 애나는 밝게 웃으면서 내 친구에게 다가와 "나는 예수님을 믿어요!"라고 외쳤다. 내 친구는 애나가 불교 출신이라는 것을 알고 무슨 일인지 설명해 보라고 말했다. 그는 종이 한 장을 가져다가 중앙에 세로로 줄을 하나 그었다. 그리고 위에는 10이라는 숫자를, 아래에는 1이라는 숫자를 썼다. 그런 다음 그는 세로줄에다가 '러 게의 짧은 가로줄을 그리고 가운데에 5라는 숫자를 썼다. 그리고 그는 이렇게 설명했다. "제 고국에서는 모든 사람이 숫자예요. 사람들의 숫자에 따라 그들을 대하죠. 당신이 5라면, 당신은 숫자가 8이거나 3인 사람하고 이야기하지 않아요. 당신은 같은 숫자를 갖고 있는 사람만 사랑해요. 그것이 제가 여기에서 만난 사람들을 이해할 수 없었던 이유예요. 저는 베트남 사람이죠. 여기에서 저는 그저 1이에요. 그러나 아무도 나를 알지 못할 때도, 그들은 나를 10처럼 대했어요. '그들이 왜 나를 사랑하지?' 하고 저는 생각했어요. 오늘 성경 공부에서 저는 그 이유를 배웠어요. 예수님은 모든 사람을 똑같이 사랑하셨어요. 예수님은 숫자로 사람들을 평가하지 않으셨어요. 이제 저는 이 교회 사람들이 저를 사랑하는 이유를 알아요. 그건 바로 예수님 때문이에요!" 애나가 하나님의 백성이 베푸는 사랑의 대접 속에서 본 진리가 그가 들은 진리에 대해 마음을 열게 만들었다.[25] 교회는 좋은 소식을 **전할** 뿐만 아니라 또한 **좋은 소식을 나타내 보이면서** 세상에 관여한다.[26] 우리가 "선을 행함으로써 하나님을 나타낸다"고 말한다고 해서 베드로의 메시지에 충실하지 않은 것은 아니리라.

**선교적 고난**

우리는 고난이라는 주제를 다루지 않고 베드로전서에 나타난 생활방식 선교에 대해 이야기할 수 없다. "고난"이라는 단어는 어떤 다른 신약 책보다 이 편지에 더 많이 나타난다.[27] 베드로는 이 편지 여기저기에서 고난이라는 주제를 언급한다(벧전 1:6-7; 2:12, 18-25; 3:13-18; 4:1-6, 12-19; 5:8-10을 보라). 그러나 고난이 선교와 무슨 관계가 있는가?

먼저, 베드로는 하나님의 백성이 세상에 관여할 때 부당한 고난을 경험하는 것을 아주 "정상적인" 것으로 본다. 베드로는 불 시험을 당할 때 "이상한 일 당하는 것 같이 이상히 여기지 말라"고 권면한다(벧전 4:12). 레온하르트 고펠트가 설명한 대로, "기관들 안에서 살아가는 그리스도인들이 항상 다른 동기에 근거해서, 그리고 다른 기준에 따라 행동했기 때문에, 그래서 그들의 비그리스도인 동료들이 기대했던 것보다 항상 달랐기 때문에 갈등이 생겼다."[28] 그 교회의 믿지 않는 가족, 이웃, 동료 시민들은 "너희가 그들과 함께 그런 극한 방탕에 달음질하지 아니하는 것을 이상히 여겨 비방한다"(벧전 4:4). 베드로가 보기에, 선을 행한다고 그리스도인들이 갈등을 피할 수 있는 것은 아니다. 실상은 정반대이다. 하나님의 백성은 "의를 위하여 고난을 받을" 수 있으며 또 종종 그렇게 한다(벧전 3:14; 또 벧전 2:20; 3:17; 4:16을 보라). 대단히 흥미롭게도 베드로는 결코 기독교 공동체들에게 고난을 피하기 위해 그들이 처한 사회 환경에서 물러나라고 권면하지 않는다. 또 베드로는 먼저 그들이 당하는 고난을 야기한 자들을 한 번도 책망하거나 비난하지 않는다.[29] 오히려 베드로는 고난 가운데서 하나님의 백성은 역시 학대를 당하신 예수님의 발자취를 따르는 것일 뿐이라는 점을 단언한다(벧전 2:21-22; 4:12-14을 보라).[30]

그러니까 학대에 반응하는 방법을 보여주는 최고의 모범은 다른 사람들을 위해 부당하게 고난을 당하셨던 그리스도 자신이시다. "이를 위하여 너희가 부르심을 받았으니 그리스도도 너희를 위하여 고난을 받으사 너희에게 본을 끼쳐 그 자취를 따라오게 하려 하셨느니라"(벧전 2:21; 또 벧전 3:17-18을 보라). 베드로는 다른 사람들을 위해 학대를 참으신 예수님의 선교와 교회의 선교 사이에 유사성이 있음을 밝힌다.31) 그 유사성은 완전히 똑같은 것은 아니다. 그리스도의 고난은 인간의 죄를 속죄하는 유일한 것이었다(벧전 2:24; 3:18). 그러나 그리스도인들은 그럼에도 불구하고 그리스도의 고난에 참여하고(벧전 4:13) 그리스도가 하신 방식대로 학대에 반응하라는 요청을 받는다.

특히 기독교 공동체는 "악을 악으로 욕을 욕으로 갚지" 않고, 오히려 원수에게 은혜와 복을 빌어준다(벧전 3:9). 예를 들어, 그리스도인 종들은 가혹한 주인에게 보복하지 않아야 한다(벧전 2:18). 그것이 그리스도가 보이신 모범이기 때문이다. "욕을 당하시되 맞대어 욕하지 아니하시고"(벧전 2:23). 언약하면서도 원수에 대한 사랑을 잃지 않는 모습을 통해, 하나님의 백성은 원수들을 하나님께 인도하기 위해 사랑 가운데 부당하게 고난을 당하신 메시아에 대한 복음을 선포한다(벧전 3:18).

앤디 존슨은 손해를 축복으로 갚은 방글라데시의 신자 공동체에 대해 이야기한다.32) 대부분의 사람들은 낮은 카스트 출신으로 같은 마을 사람들에게 차별을 당하고 있었다. 마을에 공동으로 사용하는 우물이 있었지만, 그들은 그리스도인이었기 때문에 그 우물을 사용할 수 없었다. 그래서 그들은 5km나 걸어가서 물을 길어와야만 했다. 또 그것보다 더 가까운 곳에 있는 불안전한 수원을 사용해야만 했기 때문에 교인들은 몸이 아프고 심지어는 몇몇 아이들이 죽기까지 했다. 하지만 다른 교회들의 도움을 받아 이 그리스도인들은 기증받은 작은 땅에 그들만의 우물을 팔 수 있었다. 그들은 마침내 가까운 곳에서 깨끗한 생명수를 얻을 수 있게 되었다. 그러나 그 물을 자신들만 사용하는 대신에, 그들은 마을에 사는 모든 사람이 자유롭게 그 우물을 사용할 수 있게 했다. 그 결과 현재 마을 중앙에 있는 우물을 사용하지 못하게 했던 그 사람들 중 일부가 그들의 예배에 참석하기 시작했다. 이 지역 기독교 공동체는 선행을 통해 원수를 위해 자신을 주시는 그리스도의 사랑의 복음을 전했다.

결국, 교회의 고난과 그 고난에 대해 교회가 반응하는 방법은 강력한 형태의 증언이 된다. 고난은 "불신자들의 회심을 이루는 촉매가 될 수 있다."[33] 고난 가운데 수행하는 선행은 비방하는 사람들의 마음을 바꾸어 하나님께 영광을 돌리게 한다(벧전 2:12).[34] 역경에 맞서 거룩한 삶을 사는 아내들은 그들의 남편들이 구원을 얻게 할 수 있다(벧전 3:1-2). 게다가 학대 가운데서도 메시아의 도를 나타내는 그리스도인들은 질문을 불러일으키지 않을 수 없다. 질문을 받을 때마다 그리스도 안에 있는 소망에 대해 설명할 준비를 하라고 하나님의 백성에게 권고할 때, 베드로는 고난 가운데서도 흔들리지 말라고 권면하면서 그렇게 한다(벧전 3:15; 또 벧전 3:13-17을 보라). 진실로 베드로는 고난 **없는** 선교를 상상할 수 없었다.

수 세기에 걸쳐 많은 지역에서, 고난 가운데서도 흔들림 없이 진실한 모습을 나타내는 그리스도인들 때문에 놀랍게도 많은 사람들이 그리스도께 돌아왔다. 2세기 저스틴 마터의 감동적인 간증에 귀를 기울여 보라.

> 전 세계에서 예수님을 믿는 우리를 겁먹게 하거나 진압할 수 있는 사람은 아무도 없다. 우리는 참형이나 십자가형에 처해지고 맹수와 불길에 던져지고 쇠사슬로 묶이고 온갖 고문을 당하지만, 우리는 결코 우리의 신앙 고백을 취소하지 않을 것이다. 우리가 박해를 당하면 당할수록, 더 많은 다른 사람들이 그 신앙을 받아들이고 예수님의 이름으로 하나님께 예배를 드리는 자가 된다.[35]

크리스토퍼 라이트가 상기시킨 대로, 그리스도 안에서 하나님의 선교는 십자가에서 최고로 표현된 고난을 통해 성취된다. 하나님의 선교에 동참하기 원한다면, 우리는 그 하나님과 함께 그 하나님을 위해 기꺼이 고난의 대가를 지불하려고 해야 한다. 그러니까 선교를 수행하면서 **우리가 겪는 고난**은 "고난당하시는 하나님의 고통스러운 선교"에 참여하는

것이다.36)

## 말의 선교

이제까지 우리는 베드로전서가 하나님의 백성이 그들의 **생활방식**을 통해, 특히 고난의 상황 가운데서, 복음을 전하는 방법에 집중 조명하고 있음을 보았다. 그러나 그것은 베드로가 **말**의 가치를 낮춰 보았다는 의미는 아니다. 토레이 세란드는 베드로전서에 나타난 말의 선교적 기능에 세 차원이 있다고 말한다. (1) 하나님의 백성을 믿음에 이르게 하는 수단으로서의 말; (2) 교회의 복음 전파; 그리고 (3) 이웃들이 던지는 질문들에 대한 그리스도인들의 대답.37) 나는 첫 번째 차원에 대해서는 간단하게 다루고 나머지 두 차원을 집중적으로 고찰할 것이다.

### 그 이야기를 들음

베드로전서 전반부에서, 베드로는 그의 청중에게 그들이 전파된 말씀을 통해 부활하신 그리스도를 믿게 되었다는 사실을 상기시킨다. 그리스도 안에서 이루어진 하나님의 은혜로운 구원은 선지자들이 예언한 것이요, "복음을 전하는 자들로 이제 너희에게 알린 것이다"(벧전 1:10-12). 게다가, 베드로의 독자들은 "살아 있고 항상 있는 하나님의 말씀"으로 새롭게 태어났다(벧전 1:23). 성경에 증언된 이 영원한 말씀은 그들에게 전파된 것과 똑같은 복음이다(벧전 1:24-25; 또 사 40:6-8을 보라). 베드로는 전파된 좋은 소식이 그들이 구원과 영적 생명을 누리게 된 수단이라는 점을 분명히 한다.

### 그 이야기를 선포함

이 그리스도인들은 좋은 소식을 받아들일 뿐만 아니라 또한 그것을 선포하도록 부름받는다. 이것은 베드로전서 2:9에 분명히 나타난다. "그러나 너희는 택하신 족속이요 왕 같은 제사장들이요 거룩한 나라요 그의 소유가 된 백성이니 이는 너희를 어두운 데서 불러내어 그의 기이한 빛에 들어가게 하신 이의 **아름다운 덕을 선포하게 하려 하심이라**." 우리가 본 대로, 이 구절에서 베드로의 주된 관심은 하나님의 백성의 **존재**이다. 그러나 하나님의 선택받은 거룩한 백성으로 그들의 정체성은 또한 그들에게 세상 속에서 이룰 목적을 부여한다. 이 제사장 공동체는 하나님의 자유와 사랑의 행동을 선포**하기 위해** 존재한다. 몇몇 해석자들은 이 절에 나온 "선포하다"(엑상겔로)라는 용어가 선교적 언어가 아니라고 주장한다. 오히려, 그것은 하나님의 백성이 공중 예배를 드리면서 하나님을 찬양할 때 선언하는 것을 말할 뿐이라는 것이다.[38] 하지만 다른 사람들은 그것이 불신자들에게 증언하는 것을 말한다고 생각한다. 다시 말해서, 베드로는 그의 독자들이 "이웃과 가족에게 복음을 선포하기를" 원한다.[39]

하지만 우리는 하나님을 찬양하는 것으로 보는 "수직적" 의미와 좋은 소식을 외부인들에게 선언하는 것으로 보는 "수평적" 의미 중 하나를 선택해야만 하는가? **두** 측면이 다 있는 것 아닌가? 전자에 대해서 말하자면, 이 언어의 구약 배경은 예배 활동을 가리킨다. 이사야서에서, 하나님은 "이 백성은 내가 나를 위하여 지었나니 나를 찬송하게 하려 함이니라"고 말씀하신다(사 43:21; 또 시 9:14을 보라). 그렇다면 베드로전서 2:9에서 상상하는 "선포"에는 공동 예배와 찬송이 포함된다. 그렇다 하더라도 이것만이 "수직적인" 활동은 아니다. 구약과 베드로전서에서, "그와 같은 선포적 찬송은 하나님과 예배자들 간에 이루어지는 사적 일이 아니다. 그 찬송은 공적 무대로 넘쳐흘러서 하나님이 열방을 그분께 이끄시는 한 수단이 된다."[40] 존 딕슨이 결론을 내린 대로, 공적 찬송을 통해 "우리는 아직 하나님의 기이한 빛에 들어오지 못하고 어두운 데 머무른 채로 우리의 찬송을 엿듣는 자들에게 하나님의 자비와 권능을 알린다."[41]

동시에, 우리는 교회의 선포에 대한 베드로의 비전을 공적 예배로 제한할 수 없다. "거룩한 제사장"으로서, 하나님의 백성은 그분의 구원의 복을 세상에 전달한다. 그리고 베드로전서의 문맥에서, 그것은 분명히 하나님의 놀라운 행위를 여러 가지 환경에 놓여 있는 구원받지 못한 자들에게 말하는 것을 포함한다(벧전 3:13-16을 보라). 이런 구원 행위는 특히 기독교 선교의 중심에 있는 이야기, 즉 예수 그리스도의 구속적 죽음과 부활에 초점을 맞춘다(벧전 1:3, 18-21; 2:21-25; 3:18-21).[42] 게다가, 베드로는 하나님의 구원을 선포하는 이야기 다음에 바로 불신자들이 하나님을 예배하도록 이끄는 삶을 그들 앞에서 살라고 권면한다(벧전 2:11-12). 말씀의 증언과 행위의 증언은 결코 멀리 떨어져 살지 않는다.

"말"과 관련해서 베드로전서에 나오는 또 다른 본문이 중요하다. 우리는 앞에서 베드로전서 3:1-2은 믿지 않는 남편들이 아내들의 신행을 통해, 즉 "말로 말미암지 않고" 회심할 가능성을 제시한다는 것을 보았다. 하지만 이런 남편 중 일부가 "말씀"에 순종하지 않았니는 사실은 **누군가**가 이미 그들에게 좋은 소식을 전했음을 암시한다.[43] 다시, 선포와 현시는 하나님의 선교를 수행하는 동반자들이다.

### 그 이야기를 설명함

우리가 고찰할 마지막 구절은 아마도 복음에 대해 말하는 것과 관련해서 기독교 공동체의 역할이 무엇인지 파악하는데 베드로전서에서 가장 중요한 구절일 것이다. 베드로전서 3장에서, 베드로는 다음과 같이 권고한다.

> 너희 마음에 그리스도를 주로 삼아 거룩하게 하고 너희 속에 있는 소망에 관한 이유를 묻는 자에게는 대답할 것을 항상 준비하되 온유와 두려움으로 하고 선한 양심을 가지라 이는 그리스도 안에 있는 너희의 선행을 욕하는 자들로 그 비방하는 일에 부끄러움을 당하게 하려 함이라(벧전 3:15-16)

여기에서 베드로는 특별한 지도자나 전도자 그룹이 아니라 일반 교인들을 향해 말하고 있다. 베드로는 모든 하나님의 백성이 일상생활 가운데 그들의 신앙을 설명하는 모습을 상상한다.

초점은 **언어적** 증언에 맞추어져 있다. 그리스도인들은 그들의 소망에 대한 "이유"(로고스)를 묻는 자들에게 항상 "대답"(아폴로기아)을 할 수 있는 준비를 해야만 한다. 여기에서 "대답"은 법정에서 하는 것 같은 공식적인 변호를 말하는 것이 아니다. 오히려, "베드로는 그의 독자들이 이교도 사회에서 그리스도를 위해 살면서 매일 '심문을 받고 있는' 것으로 본다."[44] 이 구절에 나오는 교회의 증언에서 분명한 것은 주도적이 아니라 **반응적**이라는 사실이다. 그 증언은 불신자들이 설명을 요구하는 질문을 할 때 촉발된다.

일반 그리스도인들은 어떤 종류의 질문들을 받게 되는가? 이 절들의 문맥이 중요하다. 이 구절 바로 앞에서, 베드로는 그의 독자들에게 그들이 의를 위해 고난을 받을지라도 복을 받은 것이라고 확언한다(벧전 3:14). 그리고 베드로전서 3:16에서, 베드로는 "그리스도 안에 있는 너희의 선행을 욕하는 자들"에 대해 언급한다. 그렇다면 베드로가 상상하는 모습은 불신자들이 그리스도인들에게 그들의 행위, 즉 용인된 문화적 관행의 흐름을 거슬러 사는 생활방식에 대해 비공식적으로 질문을 하는 것일 공산이 크다.[45] 나중에 베드로는 질문을 유발했을 몇 가지 행위를 언급한다. 예를 들어 그리스도인들은 로마제국의 일상적인 사회생활에 만연해 있던 여러 형태의 우상숭배를 거부한 것 때문에 비난을 받았을 수 있다. 또한 이교도 친구들은 그리스도인들이 예전과 달리(벧전 4:3-4) 진탕 마시며 노는 행위 및 다른 종류의 대중적인 방종 행위를 더 이상 하지 않는 이유를 알고 싶어 했을 수 있다. 베드로는 하나님의 백성이 적대적이거나 비호의적인 질문들을 받을 지라도 그것들에 대해 설명해주기를 기대한다.

오늘날 그리스도인들도 마찬가지로 다방면에서 오해와 질문을 받는다. 서양에 사는 신자들의 경우, "성적 취향에 대한 성경적 견해로 말미암아 대중매체에서 자주 비판을 받고 친구들의 질문을 받는다… 하나님에 대한 믿음은 때때로 과학 시대에 아무 생각이 없는 것으로 그리고 세계의 고통에 비추어 근거가 없는 것으로 치부된다."[46] 문화적 가치 및 추세에 보조를 맞추어 걷기를 거부하는 제자들은 "극단주의자"라는 낙인이 찍히거나 아니면 고상한 척 하는 것으로 여겨진다. 정령을 숭배하는 환경에 사는 신자들의 경우, 전통 신들을 더 이상 숭배하지 않는 이유나 호신용 부적을 갖고 다니지 않는 이유에 대한 질문을 받는다. 이슬람 사회에 사는 그리스도인 소수집단들의 경우, 규정된 종교 의식을 준행하지 않을 때 가족의 명예를 더럽힌다는 비난을 받을 수 있다. 문제가 무엇이든, 베드로는 "이유를 묻는 자에게는 대답할 것을 항상 준비하라"고 말한다(벧전 3:15).

베드로에게, 그와 같은 질문들은 궁극적으로 기독교 공동체 내에 있는 **소망**에 대한 것이다(벧전 3:15). 그 소망은 하나님의 백성이 그들을 비난하는 자들에게 반응하는 방법의 중심이 되어야 한다. 이것은 일반적인 이미에서 반박할 수 없는 논거를 계속 세시하거나 "변증"을 하는 문제라기보다, 그리스도에 대한 이야기 즉 그분의 고난과 죽음, 부활과 영광 중 재림에 대한 이야기를 말하는 문제이다(벧전 1:3-12을 보라).[47] 그와 같은 놀라운 소망은 외부인들에게 의문을 불러일으킬 만큼 매우 독특한 생활방식에서 나온다. 베드로전서 3:15의 구조는 이런 말과 삶의 결혼을 분명히 한다. 교회가 품고 있는 소망에 대해 증언하려고 하는 태도는 "너희 마음에 그리스도를 주로 삼아 거룩하게 하라"는(벧전 3:15) 요구에서 흘러나온다. 베드로전서에서 하나님의 백성은 거룩한 삶, 즉 하나님의 거룩한 성품을 드러내는 행위를 통해 그들의 주님을 거룩하게 한다(벧전 1:15-16). 차이점이 없다면, 질문을 할 이유가 없다.

교회의 "보여주고 밀하는" 증언은 베드로전서 3:16에시도 분명하다. 베드로는 그리스도 안에 있는 너희 삶에 대해 항상 설명할 준비를 하되

"온유와 두려움으로 하라"고 말한다. 다니엘 파워스는 "대답하는 **방법**이 때때로 대답하는 **내용**만큼 중요하다"고 말한다.48) "온유"는 겸손하고 예의바른 태도를 묘사한다. "두려움"은 우리가 다른 사람들에 대해 반응하는 방법을 결정하시는 하나님을 지향하는 자세를 언급한다. 우리가 불신자들에게 말하는 방식은 고난을 당하시고, 자신을 주시는 하나님에 대한 우리의 메시지와 언제나 일치해야 한다. 그리스도인들이 그들을 비난하는 자들을 마귀 취급하고 반대자들을 비판하거나 아니면 다른 사람들의 믿음이나 행위를 조롱할 때마다, 그들은 정치적 득점을 올릴지는 모르지만, 아마도 그 사람들을 설득해 그리스도의 추종자로 만들 수 있는 기회는 놓쳐버릴 것이다. 유감스럽게도, 현재 미국에서 동성애 및 동성애자의 권리를 놓고 벌이는 논쟁의 경우 그런 모습을 보이는 사례가 너무 많다. 일부 그리스도인들은 동성애자 사회에 속한 사람들을 거의 인간으로 취급하지 않으며, 또 그들이 겪을 수 있는 고통에 대해 공감하는 마음이 별로 없다. 우리는 성경적 진리에 대해 타협할 필요가 없다. 그러나 우리가 다른 사람들을 대하는 방식이 예수님의 정신을 부인한다면, 우리는 어떻게 그들이 살아가고 있는 이야기보다 더 나은 이야기를 받아들이도록 누군가를 설득할 수 있겠는가?

베드로가 보기에, 온유한 변호는 "그리스도 안에 있는 선행"의 일부이다(벧전 3:16). 존 딕슨이 설명한 대로,

> 우리가 말하면서 나타내야 하는 삶은 단순히 도덕주의적인 삶이 아니다. 그것은 겸손, 동정, 비보복 등으로 이루어진 삶이다. 다시 말해서, 그것은 **사랑**의 삶이다. 그리스도인들은 단순히 "친절하고," "윤리적인" 사람으로 세상 가운데 돋보이지 않을 것이다. 그들이 베드로전서에 묘사된 삶을 산다면, 그들은 구세주가 완벽하게 보여주신 삶으로 돋보일 것이다.49)

베드로의 요점은 분명하다. 질문할 가치가 있는 삶이 없다면 들을 가치가 있는 변호도 없다.[50]

## 결론

다른 어떤 신약 서신보다 더 베드로전서는 믿지 않는 세상과 관련해 하나님의 백성으로 산다는 것이 무엇을 의미하는지 밝히는데 치중한다. 베드로는 기독교 선교에서 좋은 소식을 말하는 것과 삶으로 나타내는 것의 관계에 대해 우리에게 무엇을 말해 주는가? 몇 가지로 요약해 보기로 하자.

* 베드로전서는 아마도 신약에서 교회의 **선교적 정체성**을 가장 심층적으로 다룬 편지일 것이다. 베드로가 보기에, 우리의 **존재**가 우리가 주변 세상에 참여하는 방법을 형성한다. 교회에 대한 베드로의 이미지들은 대체로 비우호적인 문화를 추정한다. 하나님의 백성은 외국에서 나그네와 타인으로 살아간다. 그들은 그들이 속한 문화의 주변부에서 하나님의 선교에 참여한다. 무엇보다도, 그들은 지켜보고 있는 세상 앞에서 그들을 불러내신 하나님의 성품을 나타내는 **거룩한** 백성이다(벧전 1:13-15).
* 베드로는 선교의 중요한 수단으로 **선행**을 강조한다. 댄 오코너가 "신약의 어디에서도 베드로전서보다 더 웅변적으로 기독교 증언의 한 방식으로 거룩한 삶이라는 주제를 말한 곳은 없다"고 주장한 것은 옳다.[51] 베드로가 보기에, 하나님의 백성은 "선을 행함"으로써 그들의 선교적 정체성을 나타낸다.
* 베드로는 "선행"은 삶의 모든 영역에서 불신자들과 관계를 맺는 것이라는 점을 강조한다. 하나님의 백성은 정치 지도자, 고용주, 배우자, 예전에 어울려 놀던 친구들을 포함한 모든 사람과 관련해 "그리스도

를 따른다." 그들의 새로운 생활방식은 지배적인 문화의 생활방식과 명확한 차이가 난다. 하지만 바로 그 차이점에 사람을 끌어당기는 강력한 매력이 있기에, 어떤 사람들은 "말로 말미암지 않고 구원을 받기도" 한다(벧전 3:1). 이런 "무언의 증언"은 핍박을 당하고 있는 교회에 특히 적절하다.

* 베드로가 보기에, 하나님의 거룩한 나그네로 살면서 다른 사람들에게 선을 행하는 것은 필연적으로 **고난**을 수반한다. 고난이 세상 속에서 이루어진 그리스도의 선교의 핵심적인 부분이었던 것처럼, 그분의 백성의 선교에서도 마찬가지다. 조만간 하나님 나라의 삶과 세상 문화의 삶은 충돌할 것이다. 하지만 모든 고난을 피하려 하기보다, 베드로는 부당한 대우를 교회가 자신을 주시는 그리스도의 사랑의 복음을 나타내 보일 기회로 본다.

* 거룩한 행위와 비언어적 증언을 강조하면서, 베드로전서는 **하나님의 선교에서 말이 차지하는 역할**을 무시하지 않는다. 말씀을 들음으로 변화된 사람들은 이제 하나님의 구원 행위를 선포하고(벧전 2:9) 질문을 받을 때 그들의 기독교적 소망을 변호하고 설명하라는(벧전 3:15) 요청을 받는다. 하지만 그들이 그런 일을 하는 **태도**가 중요하며, 또 언어적 증언이 항상 거룩한 생활방식과 동반자가 되어 협력한다.

나는 기독교 선교의 특징에 대한 베드로전서의 관점이 매우 타당하다고 확신한다. 다수 세계에 있는 교회들은 아마 베드로전서와 비슷한 선교적 상황에 오랫동안 노출되어 있었겠지만, 이것은 점차 북미와 유럽에 있는 그리스도인들에게도 해당된다. 북미와 유럽의 교회는 더 이상 그 문화의 주류에서 활동하지 않는다. 오히려, 그 교회는 빠르게 변화하는 다원주의적 사회의 주변부로 밀려나고 있다. 우리 이웃과 동포 가운데 많은 사람들은 기독교 메시지를 알지 못하거나 아니면 이미 그 메시지에 대해 부정적인 편견을 갖고 있다. 그리고 나와 같은 서양 신자들은 세계의 많은 부분에 있는 그리스도인 형제·자매들과 비교해서 이렇다 할 고난을 경험하지 못했지만, 문화적 변화가 진행 중에 있다. 그리스도인들은 신앙을 지키기 위해서 점차로 사회적 가치 및 관습의 흐름에 맞서 싸워야 한다. 간단히 말해, **21세기** 교회가 처한 상황은 분명히 **1세기** 베드로의 교회가 처한 상황과 똑같지 않지만, 점점 더 비슷해지고 있다. 하나님의 거룩한 나그네로서 우리의 정체성을 새롭게 가다듬어야 할 매우 중요한 시점이다!

나그네와 거류민으로 선교를 수행하는 것은 결코 쉬운 일이 아니다. 그것은 상당한 긴장을 만들어낸다. 우리는 우리 문화의 기관과 공적 생활이 불편하다는 점을 잘 알지라도, 그것들에 참여해야 한다. 미로슬라브 볼프는 이것을 "온건한 차별성"이라고 부른다.[52] 볼프는 이 말을 하나님의 백성은 사회의 구조를 변화시키려고 시도하지 않고, 그 구조 내에서 변화를 가져오는 독특한 방식으로 살려고 노력해야 한다는 의미로 사용한다. **참여하는 나그네**로서, 기독교적 증언은 모든 형태의 압력이나 조종을 거부한다. 때때로 그 증언은 다른 사람들이 우리가 다르게 사는 이유를 물을 때 온유한 설명으로 나타난다(벧전 3:15-16). 다른 경우에, 우리는 "말로 말미암지 않고" 우리의 행위의 특징으로 복음을 전할 것이다(벧전 3:1). 그것은 학대를 당하면서도 사랑으로 반응하는 형태를 취할 수도 있다. 베드로는 우리에게, 이 장을 시작하면서 인용한 문장의 언어를 빌려 말하자면, 우리의 거룩한 삶으로 "복음을 전하는" 것이 "말을 사용하는" 것보다 훨씬 더 중요한 때가 있다는 점을 상기시킨다.

요약하면, 베드로는 선교의 존재, 행동, 말의 측면을 정교한 태피스트리처럼 엮는다. 베드로는 우리에게 선교는 다른 무엇보다도 더 우리의 **존재**와 관련이 있다는 점을 보여준다. 우리는 우리가 속한 사회적 세계에 근본적으로 다른 방식으로, 하지만 온전히 관여하는 거룩한 나그네들의 공동체이다. 선교는 또한 거룩한 생활방식과 관련이 있으며, 그리스도의 고난을 감수하는 사랑이 모든 생활을 관통하도록 해야 한다. 그리고 선교는 우리의 살아 있는 소망에 대해 때로는 말로, 때로는 말없이 증언하는 것과 관련이 있으며, 그 결과 다른 사람들이 나그네의 무리에 합류해서 하나님의 영광을 찬양하도록 하는 것이다(벧전 2:12).

하지만 신약은 우리에게 선교하는 교회가 세상에 관여하는 방법에 대해 또 다른 관점을 제공한다. 그것은 우리가 베드로전서에서 발견하는 "부드러운" 관점이 아니다. 다음 장에서 그 주제에 대해 살펴보기로 하자.

### 생각해 볼 질문

1. 당신이 속한 문화에서 당신이 외국인이나 나그네가 된다는 것은 실제적으로 무엇을 의미하는가? 그것은 당신이 하나님의 선교에 참여하는 방식에 어떤 영향을 끼치는가?
2. 당신이나 당신이 속한 기독교 공동체가 "하나님이 거룩하신 것처럼 거룩해지도록"(벧전 1:15-16) 부름받은 일상생활의 영역은 무엇인가?
3. 당신이 처한 상황에서, 어떤 종류의 특별한 기독교적 행위나 태도가 불신자들로부터 질문을 불러일으킬 수 있는가?
4. 당신이 처한 환경에서 교회는 고난을 겪도록 요청받는가? 이 점에 대해 설명해 보라.

## 주

1) **거류민**과 **나그네**라는 용어들의 의미를 구별하려는 잦은 시도에도 불구하고, 그 용어들이 베드로전서에서 수행하는 기능은 거의 차이가 없는 것 같다. Moses Chin, "A Heavenly Home for the Homeless: Aliens and Strangers in 1 Peter," *Tyndale Bulletin* 42 (1991): 110를 보라.

2) 반대 의견으로 John H. Elliott, *A Home for the Homeless: A Sociological Exegesis of 1 Peter, Its Situation and Strategy* (Philadelphia: Fortress, 1981); *1 Peter: A New Translation with Introduction and Commentary* (New York: Doubleday, 2000), pp. 312-13, 476-83를 보라.

3) Joel B. Green, "Living as Exiles: The Church in the Diaspora in 1 Peter," in *Holiness and Ecclesiology in the New Testament*, ed. Kent E. Brower and Andy Johnson (Grand Rapids: Eerdmans, 2007)," p. 317.

4) Miroslav Volf, "Soft Difference: Theological Reflections on the Relation Between Church and Culture in *1 Peter*," *Ex Auditu* 10 (1994): 18-19.

5) Ibid., p. 20.

6) Douglas Harink, *1 & 2 Peter*, (Grand Rapids: Brazos, 2009), p. 38.

7) Green, "Living as Exiles," p. 322를 보라.

8) Harink, *1 & 2 Peter*, p. 55.

9) Joel B. Green, *1 Peter* (Grand Rapids: Eerdmans, 2007), p. 44.

10) Paul J. Achtemeier, *A Commentary on First Peter* (Minneapolis: Fortress, 1996), p. 156; Green, *1 Peter*, pp. 61, 220-21.

11) Harink, *1 & 2 Peter*, p. 69.

12) Green, "Living as Exiles," p. 324.

13) David Horrell, "Between Conformity and Resistance: Beyond the Balch-Elliott Debate Towards a Postcolonial Reading of First Peter," in *Reading First Peter with New Eyes: Methodological Reassessments of the Letter of First Peter*, ed. Robert L. Webb and Betsy Bauman-Martin (London: T & T Clark, 2007), p. 133.

14) Christopher J. H. Wright, *The Mission of God's People: A Biblical Theology of the Church's Mission* (Grand Rapids: Zondervan, 2010), p. 127를 보라. 「하나님 백성의 선교」(IVP)

15) 이것은 베드로는 그리스도인들이 서로에 대해 처신하는 방식에 관심을 갖지 않는다는 뜻은 아니다. 신자들은 "마음으로 뜨겁게 서로 사랑"하는 것처럼(벧전 1:22; 또 벧전 2:17; 3:8; 4:8-9을 보라) 그들의 거룩한 성품과 정체성을 실행해야 한다. 교회가 주변 세상에 영향을 끼치고 변화를 가져오려면 하나님의 백성의 서로 사랑과 연합은 정말 필수적이다.

16) 브루스 윈터는 베드로전서 2:14-15에 나오는 "선행"을 공적 자선 행위를 하는 부유한 그리스도인들에 대한 언급으로 이해한다. 그리스도인 후원자들은 이런 선행을 한 결과로 통치자로부터 포상이나 비문의 형태로 "찬사"를 받게 될 것이다(벧전 2:14). Bruce W. Winter, "The Public Honouring of Christian Benefactors: Romans 13.3-4 and 1 Peter 2.14-15," *Journal for the Study of the New Testament* 34 (1988): 87-103. 그러나 베드로전서 2:13-17에 나오는 선행에 대한 베드로의 호소는 매우 일반적이어서 그가 특별히 부유한 그리스도인들을 대상으로 삼았다고 보기 어렵다. 게다가 베드로전서는 "선행"을 부당한 고난을 촉발시키는 계기로 묘사하는데(벧전 2:20; 3:14, 17), 공적 자선 행위를 한 자들에게는 그런 고난이 발생하지 않는다. 윈터의 견해를 비판한 글로 Torrey Seland, "Resident Aliens in Mission: Missional Practices in the Emerging Church of 1 Peter," *Bulletin for Biblical Research* 19 (2009): 577-78를 보라.

17) Eckhard J. Schnabel, *Early Christian Mission*, vol. 2, *Paul and the Early Church* (Downers Grove, IL: InterVarsity Press, 2004), p. 1522n124.

18) 특히 David L. Balch, *Let Wives Be Submissive: The Domestic Code in 1 Peter* (Atlanta: Scholars Press, 1981)를 보라.

19) Harink, *1 & 2 Peter*, p. 79를 보라.

20) 이것은 브루스 윈터가 베드로전서 2:14-15을 해석하는 방식과 상반된다. 윈터는 그리스도인 후원자들이 도시의 복지를 위해 "선행"을 하는 헬라 로마 문화의 기대를 따라함으로써 공적 찬사를 받게 될 것이라고 이해한다; Winter, "Public Honouring"을 보라.

21) Plutarch, *Moralia* 140D, Green, *1 Peter*, p. 92에서 인용. 그와 같은 태도는 오늘날 많은 문화에서 그리스도인 여성들이 직면하는 기대를 떠올리게 한다.
22) Green, *1 Peter*, p. 94.
23) Harink, *1 & 2 Peter*, p. 87.
24) Green, *1 Peter*, p. 94.
25) Joseph Knight, "Becoming a Multiethnic Church: When the World Comes to Your Doorstep," 미출간 D. Min. 논문, Gordon-Conwell Theological Seminary, May 2011, pp. 265-66.
26) Leonard Sweet, *So Beautiful: Divine Design for Life and the Church* (Colorado Springs, CO: David C. Cook, 2009), p. 37.
27) **파스코**("고난을 당하다")는 12번 나타나고, **파테마**("고난")는 4번 나타난다. Seland, "Resident Aliens in Mission," pp. 569-70를 보라.
28) Leonhard Goppelt, *Theology of the New Testament*, vol. 2, *The Variety and Unity of the Apostolic Witness to Christ*, trans. John Alsup (Grand Rapids: Eerdmans, 1982), p. 174. 「신약신학」(크리스천다이제스트사)
29) Green, *1 Peter*, p. 227.
30) Ibid., p. 284.
31) Abson P. Joseph, *A Narratological Reading of 1 Peter* (London: T & T Clark, 2012), pp. 119-21를 보라.
32) Andy Johnson, *1 and 2 Thessalonians* (Grand Rapids: Eerdmans, 근간).
33) Green, *1 Peter*, p. 227.
34) Joseph, *A Narratological Reading of 1 Peter*, p. 119.
35) St. Justin Martyr, *Dialogue with Trypho 110*, SFC 3, ed. Michael Slusser, trans. T. B. Falls (Washington: Catholic University of America, 2003), p. 165.
36) Wright, *Mission of God's People*, pp. 240-41.
37) Seland, "Resident Aliens in Mission," pp. 580-88.
38) 예를 들어, J. Ramsey Michaels, *1 Peter* (Waco, TX: Word, 1998), p. 110를 보라. 또 John Dickson, *The Best Kept Secret of Christian Mission* (Grand

Rapids: Zondervan, 2010), pp. 160-62를 보라. 존 딕슨은 베드로전서 2:9의 전도적 의미를 공중 예배 장소로 제한한다.

39) Seland, "Resident Aliens in Mission," p. 585; 또 Schnabel, *Early Christian Mission* 2, p. 1524를 보라.

40) Wright, *Mission of God's People*, p. 250.

41) Dickson, *Best Kept Secret*, p. 163.

42) Green, *1 Peter*, p. 62.

43) Seland, "Resident Aliens in Mission," p. 585.

44) Michaels, *1 Peter*, p. 188.

45) Achtemeier, *1 Peter*, p. 233.

46) Dickson, *Best Kept Secret*, p. 179.

47) Green, *1 Peter*, p. 117; Harink, *1 & 2 Peter*, pp. 94-95.

48) Daniel G. Powers, *1 & 2 Peter, Jude: A Commentary in the Wesleyan Tradition* (Kansas City, MO: Beacon Hill, 2010), p. 118.

49) Dickson, *Best Kept Secret*, p. 188.

50) Ibid.

51) Dan O'Connor, "Holiness as a Way of Christian Witness," *International Review of Mission* 80 (1991): 17.

52) Volf, "Soft Difference," p. 24.

# CHAPTER 10

# 어린 양을 따라서

## 요한계시록에 나타난 말과 삶의 선교

이 사람들은... 어린 양이 어디로 인도하든지 따라가는 자며

(계 14:4)

솔직히 말해서, 요한계시록은 대부분의 그리스도인들이 기독교 선교를 이해하기 위해 **제일 먼저** 찾아보는 책은 아니다. 일부 사람들은 교회와 적대적인 세상을 예리하게 대립시키는 요한계시록은 외부인들에 대한 하나님의 심판에 앞서 그들에 대한 선교에 거의 또는 전혀 관심이 없다고 생각한다(계 22:11을 보라).[1] 다른 사람들은 요한계시록은 주로 먼 미래에 일어날 일을 묘사한 책이라고 생각한다. 따라서 그 책은 현재의 세상에서 이루어지는 하나님 백성의 선교에 대해 별로 말하지 않는다. 이런 인상은 요한계시록에 대한 대중적인 해석들로 말미암아 더 악화된다. 이를테면 신실한 교회는 요한계시록 4장초에 하늘로 "휴거된다"는 것이다("이리로 올라오라," 계 4:1). 이것은 반역적인 세상에 대한 하나님의 선교에서 교회가 담당해야 할 역할로부터 **도피하는 것**이다.[2]

그러나 그와 같은 해석은 기독교 성경의 마지막 책이 지니고 있는 심오한 선교적 특징을 이해하지 못하는 것이다. 요한계시록은 우리에게 그

저 하나님의 선교가 궁극적으로 승리하는 모습을 제시하는 것으로 끝나지 않는다. 요한계시록은 또한 기독교 공동체들이 지금 이곳에서 삼위일체 하나님의 선교에 신실하게 참여하는 방법을 형성하고자 한다. 따라서 요한계시록은 예수 그리스도의 좋은 소식을 말하는 것과 삶으로 나타내는 것의 관계에 대한 신약의 가르침을 온전히 이해하는데 매우 중요하다. 그 다음에 이 장은 천국과 종말에 대한 요한의 환상이 어떻게 선교를 수행하는 교회의 의제를 설정하는지 탐구한다. **존재, 행동, 말**의 선교는 요한계시록에서 밀접하게 관련되어 있기 때문에, 그것들을 별개로 다룰 수 없다. 오히려 나는 요한계시록에 나오는 일부 핵심적인 선교적 주제들과 이미지들이 우리가 좋은 소식을 말하고 실행하고 구현하는 교회의 사명을 이해하는데 어떤 도움을 주는지 주목하면서, 그것들에 대해 심사숙고할 것이다.

## 새로운 세상을 상상함

요한계시록이 기독교 선교의 특징을 묘사하는 방법을 파악하기 위해, 우리는 요한의 초기 그리스도인 청중이 처한 상황과 또 요한이 이 책을 쓴 이유에 대해 알아야 한다. 요한의 독자들에게 하나님의 선교에 참여하라는 요청은 로마제국의 소아시아에 있는 도시들에서 실행되었다. 요한이 편지를 쓴 교회들은 두 가지 기본적인 문제에 직면했다. 하나는 박해고 다른 하나는 순응하라는 유혹이었다. 제국 전역에서 벌어진 "공식적인" 박해는 1세기 후반에 흔하지 않았지만, 그리스도인들은 산발적으로 여러 지역에서 강한 반대에 직면했다(계 2:10; 3:10을 보라).[3] 게다가, 요한은 그의 독자들이 현재 겪고 있는 시련을 장차 올 심각한 고난의 전조로 본다(계 6:9-11을 보라). 그러나 이런 교회들의 대부분이 직면하는 훨씬 더 큰 위협은 아마도 박해를 피하기 위한 방편으로 로마의 사고방식과 생활방식에 순응하는 위험이었다(계 2:14-16, 20-23; 3:1-3, 15-19). 소아시아 서부 지역에 있는 그리스도인들은 매일 로마의 공적 생활에 참여하라는 압박을 받았다. 그리고 아시아의 일상생활은 황제와 전통 신들을 숭배하는 "시민종교"와 밀접하게 관련되어 있었다.[4] 하지만 요한이 보기에 로마제국의 방식과 타협하는 것은 위험한 일이었다. 그것은 로마의 종교적, 경제적, 정치적 권력의 전체 시스템과 엮이는 것을 의미했다. 그것은 이런 교회들로 하여금 하나님만이 받으실 자격이 있는 충성을 감히 요구하는 세속적 통치/제국과 결탁하게 만든다.

그러니까 요한의 저술 목표는 부정적인 면과 긍정적인 면 둘 다를 가지고 있다. 한 편으로, 요한은 이런 공동체들이 로마제국의 이데올로기 및 그것을 지지하는 관행에 관여하지 않게 하려고 시도한다. 다른 한 편으로, 요한은 그들이 참된 하나님 한 분만을 예배하고 세상에서 이루어지는 하나님의 선교에 대해 에인자직 증인을 하도록 요징된다. 미이글 고먼이 현명하게 언급한 대로, 요한계시록은 "무엇보다도 공동체를 형성하는 문서이다. 그것은 하나님의 어린 양이 되시는 예수님을 믿는 신자들의 공동체를 예배와 증언을 실행하는 더 신실한 선교적 공동체로 만들고자 한다."[5]

묵시문학의 상징적 자원에 의지해서, 요한은 이런 그리스도인들에게 로마제국의 기만적인 세계관과 전혀 다른 세상에 대한 비전을 제시한다. 요한은 사실상 그의 독자들에게 하나님의 미래와 하나님의 보좌의 관점에서 볼 때 "이것이 세상이 **정말로** 존재하는 방식"이라고 선언하는 것이다. 리차드 보캄이 지적한 대로, 요한은 그의 독자들이 "하늘의 관점에서 세상을 볼 수 있도록" 그들을 하늘로 데리고 간다. 요한은 미래를 가리고 있는 커튼을 걷어서 그들이 세상을 향한 하나님의 궁극적 목적의 관점에서 현재를 볼 수 있게 한다.[6]

예를 들어, 하늘에서 밤낮으로 하나님을 예배하는 다국적 무리를 상상할 때(계 7:9-17), 요한은 미래에 대한 교회의 희망을 묘사할 뿐만 아니라, 또한 기독교 공동체들에게 세상과 전혀 다른 상상을 제공한다. 그것은 그들이 누구인지 그리고 하나님이 이미 세상 가운데서 무슨 일을 하고 계신지 밝히 드러낸다. 그것은 그들의 선교적 정체성을 규정하는 비전이다. 그들은 모든 사람을 서로 및 하나님과 화해시키는 대행자가 되도록 부름받은 공동체이다. 요한은 사실상 그의 청중에게 긴급한 질문을 제기한다. 어떤 실재관이 당신이 세상을 인식하는 방식과 당신의 신앙을 실천하는 방법을 형성할 것인가? 그것은 하나님의 백성을 위한 하나님의 최종적인 목적에 대한 비전인가 아니면 지배적인 세상 문화의 가치인가?

## 예언자적 증언을 함

### 말과 삶의 증언

요한계시록이 선교적 공동체들을 형성하고자 시도하다면, 그것들의 선교의 특징은 무엇인가? 요한계시록에서 교회의 근본적인 소명은 신실한 **증인**(마르투스)이 되는 것이다. 요한복음과 사도행전처럼, 요한계시록에서 증언을 하는 것은 먼저 하나님의 진리에 대해 언어적 증언(마르투리아)을 하는 것을 의미한다. 따라서 기독교적 증언은 하나님의 "말씀"(계 1:2, 9; 6:9; 12:11; 20:4) 및 예언(계 10:11; 11:3)과 밀접한 관계가 있다. 그것은 또한 하나님의 계명에 순종하는 것을 포함한다(계 12:17). 그러나 교회의 증언은 "충성된 증인이신 예수 그리스도"에 단단히 기반을 두고 있으며(계 1:5), 또 예수님은 그분의 확고한 증언 때문에 십자가에 달리셨다. 따라서 살해당한 어린 양을 따르는 자들 역시 증언을 하고 고난을 당해야 한다. 그들은 "예수님의 증거"를 굳게 지킨다(계 12:17; 19:10; 참고. 계 1:2, 9). 여기에는 예수님에 **대한** 그들의 증언뿐만 아니라, 또한 예수님의 말씀과 신실한 삶과 죽음을 통해 예수님 **자신이** 진리를 증언하신 것도 포함된다.[7] 요한은 선교의 하나님이 어린 양의 흘린 피를 통해 구속하기로 선택하신 사실을 분명히 한다(계 1:5; 5:9; 12:11). "우주의 주권적인 하나님은 자신을 주시는 사랑으로 움직이시며, 인류를 구원하기 위해 부상당하실 수 있는 분이다."⁸⁾ 따라서 교회의 고통스러운 증언은 하나님의 고통스러운 사랑에 참여하는 것이다. 구속받은 자들은 어린 양이 "어디로 인도하든지," 그 목적지가 십자가일지라도 그분을 따라간다(계 14:4). 요한계시록에서 증인이 되는 것은 말과 삶으로 용기 있게 증언하는 것을 의미한다.

요한계시록 전체에 걸쳐 하나님의 진리를 말하는 것은 고난과 관련되어 있다. 요한은 그의 독자들에게 어린 양 같은 희생적인 증인의 다른 예들을 제공한다. 그들 가운데서 죽임을 당한 "내 증인 안디바"(계 2:13), 지금 하늘에 있는 신실한 증인들과 순교자들(계 6:9-11; 12:11) 그리고 밧모섬으로 추방을 당한 요한 자신(계 1:9) 등이 있다. 요한계시록의 관점에서 신실한 증언은 적대감을 불러일으킨다. 신자들이 하나님의 진리에 대해 증언할 때, 그들은 하나님을 반대하는 권력의 우상숭배와 기만을 폭로한다. 그 결과 성도들은 피를 흘리게 될 수 있다(계 6:9). 그러나 예언자적 말씀과 목숨을 내놓은 삶의 증언을 통해, 하나님의 백성은 어린 양의 승리에 동참한다. "우리 형제들이 어린 양의 피와 자기들이 증언하는 말씀으로써 그[사탄]를 이겼으니 그들은 죽기까지 자기들의 생명을 아끼지 아니하였도다"(계 12:11).

### 두 증인

언어적 증언과 가시적 증언의 관련성은 두 증인에 대한 요한의 환상에서 가장 분명하게 드러난다(계 11:1-13). 이 증인들은 증언 활동을 하는 전체 교회를 대표한다.⁹⁾ 그들은 또한 선지자로 불리고(계 11:10), 또 예언을 할 수 있는 권세를 받는다(계 11:3). 그것은 우리에게 모세와 엘리야 같은 구약 인물을 연상시킨다(계 11:6). 사실상 증언과 예언의 개념은 이 구절에서 교체 사용할 수 있다. 이것은 세상 사람들에게 예언자적 말씀을 하는 증인의 역할을 강조한다(계 11:9; 10:11을 보라). 요한은 그들이 전하는 메시지의 내용을 구체적으로 말하지 않는다. 그러나 그것은 한 편으로 하나님의 심판에 대한 경고(계 11:5-6, 13)와, 다른 한 편으로 회개하고 (계 11:3에서 그들이 베옷을 입은 것으로 상징되어 있다) 하늘의 하나님을 예배하라(계 11:13을 보라)는 긍정적인 요청을 포함할 공산이 크다.[10]

증인들의 이야기는 세 부분으로 이루어진 드라마처럼 펼쳐진다. 거기에서 교회는 간증의 형태로 예수님에 대한 이야기를 한다.[11] 제1막에서 예언자들의 증언은 엄청난 권위와 기적적인 능력을 나타낸다(계 11:4-6). 그들은 말과 행위로 증언을 한다. 그들의 입에서 뿜어 나오는 소멸하는 불은 하나님의 말씀을 상징한다(계 11:5; 참고. 히 12:29). 그것은 요한의 독자들에게 그리스도의 입에서 나오는, 승리를 가져오는 말씀의 검을 상기시킨다(계 1:16; 2:16; 19:15, 21). 요제프 망기나는 요한이 증인을 묘사한 것은 예수님의 지상 사역을 생각나게 한다고 말한다. "그 때 예수님은 그분의 적들을 물리치시고 전무후무한 성공을 거두셨으며… 또 예수님은 그분의 말씀 사역으로 많은 사람들을 자유롭게 하신 것으로 명성이 높았다."[12] 이것은 분명히 아시아의 소외된 교회들을 격려해 주었을 것이다. 그들의 주님처럼, 그들은 증언을 하도록 파송되고, 하나님의 권위와 변화시키는 능력으로 그 일을 감당한다.

드라마의 제2막은 운명의 역전을 암시한다. 증인들은 "그들의 주께서 십자가에 못 박히신 큰 성"에서 짐승에게 살해당하고 공개적으로 굴욕을 당한다(계 11:7-10). 예수님이 하나님의 나라에 대해 신실하게 증언한 결과 적의 손에 넘겨져 죽임을 당하신 것처럼, 증언을 하는 교회들도 짐승 같은 권력에게 같은 대접을 받을 수 있다. 교회가 선교를 수행하는 방법은 증언하는 내용만큼 중요하다. 교회의 증언은 강력하지만 강압적으로 이루어지지 않으며 취약하다. 그것은 살해당한 어린 양의 길을 따라가는 고통스러운 사랑의 증언이다.

제3막에서, 창조주 하나님은 증인들에게 새 생명을 불어넣으시고 그들은 하나님의 부름을 받아 하늘로 올라간다(계 11:11-12). 그것은 하나님이 십자가에 처형당하신 어린 양을 일으켜 높이신 것과 비슷하다. 그러나 그들이 구원을 받을 뿐만 아니라, 또한 지진을 통한 하나님의 심판과 함께 그들이 죽기까지 신실하게 증언한 결과로 두려움에 휩싸인 생존자들이 참된 하나님께 영광을 돌리게 된다(계 11:13). 이 행위는 그저 강요된 고백이 아니라 진정한 회개와 회심이 이루어진 것을 나타낸다(계 14:7; 15:4을 보라).[13] 그러나 교회가 입으로 선포한 것만으로 모든 나라의 사람들이 회개하게 된 것은 아니다. 그들의 고통스러운 증언과 하나님의 옹호하심을 통해 그들은 십자가에서 처형당하시고 부활하신 주님의 이야기를 가시적으로 구현한다.

이 두 증인들에 대한 요한계시록의 환상은 오늘날 선교하는 교회에 실제적으로 무엇을 말하는가? 첫째, 그것은 우리는 비우호적인 환경에서 하나님의 신리를 용기 있게 말하도록 부름받는다는 점을 상기시킨다. 포스트모던 환경에서 교회는 진리를 개인적 방식과 선호의 문제로 축소시키려는 압력을 받는다. 여러 세계적 상황에서, 기독교적 내러티브는 요한의 시대와 마찬가지로 타종교나 이데올로기가 내세우는 진리의 도전을 받는다. 환경이 어떠하든지, 우리의 증언은 상대방에게 강요하지 않고 사랑을 추구해야 한다. 다시 말해서, 우리의 증언의 형태는 우리의 메시지와 일치해야 한다. 그 메시지는 물론 살해당하시고 부활하신 어린 양에 대한 복음이다.

둘째, 신실한 증언은 종종 고난과 분리할 수 없다. 이것이 내가 가상 고민하는 신약 증언의 차원이다. 그것은 내가 신실한 증언의 대가를 반대하기 때문이 아니라 너무 적게 고난을 경험해 왔기 때문이다. 우리 세상에 살고 있는 많은 그리스도인 형제자매들에게(그 중 일부는 내가 알거나 가르친 적이 있는 사람들이다), 그리스도를 위해 학대를 당하는 것은 일상적인 현실이며 정말 순교를 당할 가능성마저 있다. 그들은 증언과 고난의 관련성을 쉽사리 이해한다. 그러나 요한계시록은 불경한 권력 때문에 고난을 당할 염려가 비교적 없는 사회에 살고 있는 나 같은 신자들에게 무어라 말하는가? 이 문제에 대한 간단한 답변은 없다. 분명히 우리는 기도를 통해 박해를 당하고 있는 무력한 신자들과 연대하고 또 우리가 할 수 있는 실제적인 지원 활동을 해야 한다. 그러나 그것이 다가 아니다. 내가 지난 장에서 말한 대로, 비교적 관용적인 사회라 할지라도, 그리스도인들이 공적 광장에서 그리스도에 대해 진정한 증언을 할 때 그들은 무슨 형태든 반대나 조소에 직면할 공산이 점차 커진다. 스티븐 파울이 흥미롭게 언급한 대로, "문제는 미국이나 다른 곳에 있는 그리스도인들이 삼위일체 하나님에 대해 무관심하거나 적대적인 권력으로부터 반대를 불러일으킬 만큼 실질적으로 말과 행위로 신앙에 대해 증언을 하는가 하는 것이다."[14)]

우리의 환경이 어떠하든지, 요한계시록은 우리가 하는 희생적인 증언이 헛되지 않을 것이라고 확언한다. 선교의 하나님은 더듬거리는 말과 연약한 삶으로 이루어지는 교회의 증언을 취하셔서 거기에 신적 능력을 불어넣으신다. 그 결과, 이전에 반대하던 사람들까지도 삼위일체 하나님을 예배하는 자로 변화될 수 있다(계 11:13).

## 선교적 백성이 됨

적극적으로 증언을 하는 것에 덧붙여, 요한계시록은 교회가 세상과 관련해서 어떤 **존재**가 될 것인지 상상한다. 두 경우에, 요한은 교회를 "나라"와 "제사장"으로 본다(계 1:6; 5:10; 참고. 계 20:6). 또 다시 우리는 한 신약 저자가 출애굽기 19:5-6(참고. 벧전 2:9)에 나오는 기본적인 언약 구절의 언어를 재상황화하고 있는 것을 발견한다. 하나님의 백성이 **나라**와 **제사장**이라는 것은 무엇을 의미하는가? 하나님의 나라 백성으로서, 교회는 그리스도의 통치에 동참하고(계 2:26-27; 3:21; 5:10), 또 "세상 나라"(계 11:15)와 전혀 다르게 살면서 그 통치를 공개적으로 증언한다. 제사장 백성으로서, 교회는 하나님과 세상을 중재하도록 부름받는다. 우리는 1장에서 이스라엘에서 제사장의 역할은 "하나님을 사람들에게 모셔가고 사람들을 하나님께 데려가는 것"이라는 점을 보았다.15) 출애굽기 19장에서, 하나님은 이스라엘 전체에 다른 민족들을 위한 제사장이 되는 사명을 부여하셨다. 여기에서 요한은 이것이 교회의 선교적 정체성이라고 말한다. 이스라엘이 이방인들에게 하나님의 빛을 전달하도록 구별된 것처럼, 새로운 제사장 공동체는 독특한 삶과 증언을 통해 열방에 하나님의 임재를 전한다. 출애굽기와 베드로전서처럼, 제사장 백성이 되는 것은 선교적 과제이다.

밀접하게 관련된 것으로 요한은 아시아의 교회들을 일곱 "촛대"로 묘사한다(계 1:12, 13, 20; 참고. 계 11:4). 촛대의 이미지는 하나님의 백성 이스라엘을 일곱 가지가 있는 금 촛대로 본 스가랴의 환상에 뿌리를 두고 있다(슥 4:2). 하지만 요한계시록에 한 개가 아니라 일곱 개의 촛대가 있다는 것은 각 지역 교회가 하나님의 백성 전체를 대표한다는 점을 시사한다.16) 이 이미지의 주된 취지는 이 교회들이 주위 세상을 비추는 하나님의 빛이 되는 사명을 갖고 있다는 것이다. 그러나 유진 보링이 지적한 대로, "교회는 혼자 이 사명을 외롭게 수행하지 않는다. 그리스도가 촛대 사이를 걸어 다니신다"17)(계 1:13을 보라).

## 바벨론에서 나옴

하나님의 백성은 세상의 제사장과 열방의 빛이 되는 소명을 어떻게 실행하는가? 우리가 위에서 본 것처럼, 요한계시록의 대답 일부는 용기 있게 희생적으로 증언을 하는 것이다. 그리고 그 대답의 또 다른 일부는 불경한 제국 가운데서 경건한 공동체가 되는 것이다. 다른 신약 책은 교회와 주위 세계 사이에 분명하게 경계선을 긋지 않는다. 이런 입장은 요한이 편지를 쓰고 있는 교회가 처한 상황과 관련이 있다.18) 요한계시록의 관점에서 볼 때, 교회는 절대 권력을 선언한 로마제국이 지배하는 세상에서 선교적 소명을 실행한다. 로마는 참된 하나님으로부터 세상을 다스리는 주권을 찬탈했다. 이런 우상숭배적 질서는 무엇보다도 아시아의 도시들에서 번창하던 황제숭배 가운데 나타났다. 하지만 황제숭배는 단순한 사적 "종교적" 문제가 아니었다. 그것은 정치적 경제적 현실과 불가분하게 연결되어 있었다. 웨스 하워드 브룩과 앤서니 그위더는 이 관련성을 다음과 같이 서술한다.

> 로마의 황제숭배는 제국을 선전하는 도구 역할을 했다. 그 메시지가 돌과 금속에 새겨져 있고, 공적 의식에서 선포되고, "좋은 소식"으로 발표되었다. 로마제국은 상상할 수 있는 가장 강력하고 행복한 현실이었다. 로마제국을 숭배하기를 거부하는 것은 이단과 반역에 동시에 관련되는 것이었다. 이와 같이, 로마제국의 정치적 경제적 기능은 종교의 관례에 의해 "거룩한 것"으로 선전되었다.[19]

그러니까 요한의 로마 묘사가 전혀 호의적이지 않은 것에 놀랄 필요가 없다. 통렬한 상징으로 요한계시록은 로마제국의 참된 정체를 폭로한다. 로마제국은 "온 땅"의 경배를 받는 강력하고 억압적인 짐승으로 묘사된다(계 13:3). 그리고 음녀 바벨론의 이미지는 특별히 로마의 상업 제도를 상징한다(계 18장을 보라).[20] 요한계시록에서, 바벨론은 교만한 인간 도성을 나타낸다. 구약에서는 바벨, 소돔 그리고 물론 바벨론이 그런 부류에 속하는 도성들이었다. 하지만 그것은 현재 로마로 나타나 있는데, 그 악은 그것들 모두를 앞선다.[21] 로마의 신하들은 로마제국의 엄청난 부와 그들이 로마와 거래하면서 이룬 번영에 취한다. "하지만 요한은 예언자적으로 로마의 정체를 폭로한다. 로마는 아무 잘못이 없는 자들에게 폭력을 휘두르고, 힘이 없는 자들을 억압하고, 로마제국을 경제적으로 착취해서 부자가 된 도성이다."[22] 로마가 끊임없이 추구하는 사치는 오직 다른 사람들의 복지를 희생시켜야만 만족시킬 수 있다(계 18:3, 7). 요한계시록 18장에서 요한이 로마제국의 경제를 통렬히 비판하는 것은 하나님이 경제적 불의를 눈감아 주실 수 없다는 점을 분명히 한다. 바벨론이 심판받는 것은 확실하다(계 18:10, 20).

아시아의 교회들은 로마의 부도덕과 불의의 형태로 나타난 악과 타협하라는 압력에 어떻게 반응해야 하는가? 요한의 대답은 그들이 바벨론에서 "나와야" 한다는 것이다(계 18:4). 그러나 그것은 로마제국 **안에서** 살고 있는 사람들에게 무엇을 의미하는가? 이것은 몸을 피하라는 말이 아니라 바벨론의 우상숭배, 탐욕, 억압에 연루되지 말라는 말이다. 그것은 하나님의 백성에게 바벨론 같은 삶을 포기하라고 요청하는 것이다. 실제적으로 그것은 우상에게 바친 음식을 먹는 것 같은 일반적인 문화적 관행들과 거리를 두는 것을 의미한다(계 2:14-15, 20-21). 그리스도인들은 대단히 다양한 상황에서 우상에게 바친 음식과 마주칠 수 있었다. 여기에는 공적 잔치, 성전에서 열리는 친목 식사, 동업자 모임 등이 포함되는데, 모두 다 황제와 전통적인 이교 신들을 숭배하는 순서가 있었다. 그러나 이것이 그 문화에서 흔히 하는 "정상적" 활동이라 하더라도, 요한의 예언자적 안목에서 볼 때 그것은 국가가 후원하는 우상숭배와 타협하는 것이다. 바벨론을 떠나는 것은 또한 부정한 경제적 관행들을 그만두는 것을 포함했을 것이다. 그리고 그리스도가 라오디게아 교회에 보내시는 메시지가 드러내는 것처럼, 그것은 더 이상 방종한 소비를 하지 않고, 또 그런 소비를 부채질하는 교만을 버리는 것이다. 라오디게아인들은 "나는 부자라 부요하여 부족한 것이 없다"고 자랑한다(계 3:17). 요컨대, 바벨론에서 나오는 것은 로마제국의 우상숭배를 지지하고, 살아계신 참된 하나님의 주장에 반대하는 모든 가치와 관행을 떠나는 것을 수반한다.

그렇다면 바벨론에서 나오라는 이 호소는 교회의 선교에 어떤 영향을 끼치는가? 요한은 기독교 공동체가 공적 세계에서 도피할 것을 기대하는가? 기독교 공동체는 그저 쪼그리고 앉아서 하나님이 종말에 바벨론을 심판하시기만을 소극적으로 기다려야 하는가? 그와 반대로, 요한계시록이 교회에 보여주는 환상은 경건한 고립이라는 보호막 안으로 물러나는 것이 아니다. 요한계시록의 선교는 분리와 참여라는 이중적인 움직임을 나타낸다. 마이클 고먼이 말한 대로, 바벨론의 가치와 관행을 버리는 것은 "피해 나온 바로 그 바벨론 **안에서** 신실하게 사는데 필요한 전제조건이다. 즉 바벨론**에서 나온** 교회가 될 때까지 교회는 바벨론 **안에서** 교회가 될 수 없다."[23]

거룩함은 선교와 결합되어 있다. 요한계시록에서, 교회의 선교적 소명의 중요한 한 측면은 하나님의 거룩하심을 나타내는 방식으로 사는 대조적 공동체가 되는 것이다. "흠이 없고" 거짓이 없는 교회만이(계 14:4-5) 하나님의 진리를 확실하게 증언할 수 있다. 동시에 유혹적인 바벨론의 매력을 거부하는 그리스도인들은 외부인들이 그들 주위에 있는 실재를 다시 한 번 돌아볼 수 있는 기회를 만들어내며, 그 결과 어쩌면 그들이 로마제국에 충성을 바치던 일을 "그만두게" 할 수도 있다.

요한계시록의 관점에서 볼 때, 바벨론에 대해 교회가 "아니오"라고 말하는 것은 세상에 대해 "예"라고 말하는 것이 된다. 하나님의 백성은 **공적 광장에서** 거룩한 독특한 공동체로 살아야만 한다. 어린 양에게 충성을 바치는 것은 사적인 일이 아니다. 모든 사람이 볼 수 있도록 "그들의 이마에는 어린 양의 이름과 그 아버지의 이름을 쓴 것이 있더라"(계 14:1; 참고. 계 22:4). 요한계시록의 상징 가운데, 그들이 짐승에 속하는 것이 아니라(참고. 계 13:16-17) 하나님께 속한다는 가시적 표시로 그들은 이마에 신적 "인침"을 받는다(계 7:3-8; 9:4). 교회의 삶은 감추어지지 않고, 지켜보고 있는 세상 앞에 펼쳐진다. "어디로 인도하든지 어린 양을 따라가면서"(계 14:4), 하나님의 백성은 십자가에서 처형당하신 주님에 대한 이야기를 공적으로 구현한다.[24] 그리고 이것을 통해 다른 사람들을 구세주께 이끈다. 구속받고 거룩해진 하나님과 어린 양의 추종자들은 장차 이루어질 훨씬 더 큰 구원의 추수의 "첫 열매"이다(계 14:4-5, 14-16).

오늘날 기독교 공동체가 "바벨론에서 나온다"는 것은 무엇을 의미하는가? 먼저 우리는 성령의 인도하심을 따라 "바벨론"이 어디에 있는지 알아내야 한다. 그것은 우리가 생각하는 것보다 가까운 곳에 있을지 모른다. 이 세상 어디에서 정부나 기업은 힘이 없는 사람들을 희생시켜 가면서 그들의 부와 안전을 증가시키고 있는가? 국가들은 자기 잇속만 차리는 정책을 촉진하기 위해 어디에서 정치적 군사적 또는 경제적 힘을 사용하고 있는가? 정치적 또는 경제적 세력은 어디에서 우상숭배적인 충성을 요구하는 방식으로 행동하고 있는가?[25] 개인과 사회는 어디에서 소비주의라는 문화의 신을 껴안고 있는가? 그리고 그리스도인들은 적극적이든 소극적이든 어떤 방식으로 바벨론과 공범이 되도록 말려들고 있는가?

하나님의 백성이 바벨론에 반대하는 것은 분명히 말로 예언자적 증언을 하는 것을 포함한다. 그것은 오늘날의 우상 제조자, 직취자, 밀매자, 억압자들에게 도전하는 그런 말이다. 그러나 요한계시록은 또한 우리에게 거룩한 생활방식으로 증언할 것을 요청한다. 그것은 바벨론식 생활을 중단하고 세상에 긍정적인 대안을 제시하는 그런 생활방식이다. 예를 들어, 미국의 교회들은 그 문화에 널리 퍼져있는 시민종교와 밀착해 있는 관계를 정리할 필요가 있다.[26] 내 목사 친구는 그가 섬기는 지역교회가 최근에 교회 예배당 전면, 십자가 바로 오른쪽에 국기를 놓는 것이 적절한지 하는 문제를 갖고 대화를 나눈 경험을 나에게 말했다. 국기는 교회가 세워진 이래 줄곧 거기에 놓여 있었다고 한다. 그들은 그 국기를 옮기고 특별 행사 때만 그것을 사용하기로 공동 결정을 내렸다. 그들은 하나님만이 받으실 자격이 있는 영광을 국가에 돌리는 영적 실수를 범하고 있지 않다는 점을 모든 사람에게 분명히 밝히기 원했다.

바벨론에서 나오는 것은 또한 우리가 돈을 쓰는 관행과도 관련이 있다. 어떤 나라에 사는 그리스도인들은 권력자들에게 유리한 부패와 뇌물로 점철된 제도에 그들이 참여할 것인지 말 것인지 결정해야만 한다. 선진국에 사는 우리는 우리 사회의 사악한 소비주의와 물질주의에 영향을 받는다. 미국의 경우 예전에 대통령 선거를 하면서 내건 구호가 통설로 받아들여진다. "문제는 경제야, 바보야!" 소비자 경제가 우리 문화를 통제하는 권력인지라, 그 흐름을 거슬러 사는 것은 쉽지 않다. 우리는 몇 가지 어려운 질문을 해야 한다. 우리는 다른 사람들의 소중한 자원으로 만든 불필요한 사치품을 구매하는가? 우리는 부자를 옹호하고 가난한 자를 착취하는 회사들을 위해 계속 일하거나 투자를 하고 또 그들이 만든 제품들을 살 수 있는가? 우리 교회는 재정적 자원을 건물에 쏟아 붓는가, 아니면 우리 세계의 잃어버린 자들과 지극히 작은 자들을 더 잘 섬길 수 있는 사역에 쏟아 붓는가? 기독교 공동체는 그들이 처한 상황에서 바벨론을 나오는 **방법**이 정확히 무엇인지 파악하는 것이 필요하다. 그러나 이런 문제들은 단지 개인 윤리의 문제가 아니다. 그 문제들은 세상에 대한 우리의 증언의 일부이기도 하다.

## 예배를 통해 증언함

우리는 때때로 예배를 하나님과 그분의 백성 사이에 이루어지는 사적 일로 생각하고, 외부 세계와 전혀 관련이 없는 것으로 여긴다. 하지만 성경 전체에 걸쳐, 특히 요한계시록에서, 예배는 엄청나게 공적이고 선교적인 모습을 하고 있다. 이 책의 관심사와 관련해서, 어린 양의 공동체의 예배는 말과 행동과 존재를 다 포함한다. 요한계시록에서 하나님을 예배하는 자들은 그분을 찬양하는 **노래를 부르고** 그분의 구원과 심판의 위대한 행위를 **선포한다**. 그들은 예배 **의식**에 참여한다. 기도하고, 몸을 엎드리고, 화관을 던지고, 향을 피우고, 성경을 상기하고, 찬송가를 부른다. 그리고 예배를 통해 그들은 그들이 섬기는 하나님과 관련해 **그들이 어떤 존재인지** 규정하고 기억하며, 또 예배를 받으려고 하는 권세에 대해서는 **그들이 어떤 존재가 아닌지** 규정하고 기억한다. 예배는 의심할 나위 없이 요한계시록 전체에 걸쳐 중요한 주제이다. 그러나 예배는 어떻게 **선**

교의 엔진 역할을 하는가?

### 공동체의 예배는 공적이면서 정치적이다

예배는 충성을 선언하는 것과 관련이 있다. 밥 딜런이 인상적으로 노래한 것처럼, "당신은 누군가를 섬겨야 한다."[27] 요한계시록에서, 하늘에 계신 참된 하나님을 예배하는 것은 땅에서 짐승을 경배하는 것과 극명하게 대조된다(계 13:4, 8, 12, 15; 14:9, 11; 16:2; 19:20). 우도 슈넬은 "예배를 드리면서, 신앙 공동체는 어린 양의 주권 아래 있는 새로운 정체성을 인식하고, 또 바벨론/로마가 주장하는 주권을 의식적이고 의도적으로 거부한다. 새로운 실재가 반복적으로 실행되는 장소로서, 예배는 또한 하나님을 대적하는 권세에 저항하는 중심지이다."[28] 그렇다면 예배는 종교적 행사일 뿐만 아니라 또한 정치적 행위다. 로마 아시아에 있는 교회들에게, 짐승 경배는 특히 황제 숭배에 구현되어 있었다. 황제를 숭배하고 로마 권력을 과찬하는 것이 요한이 살고 있는 세계의 두드러진 특징이었다. 시인들은 로마의 불패를 노래했고, 동전에는 가이사의 신성이 새겨져 있었으며, 도시마다 황제를 찬양하는 노래를 부르는 합창단을 만들었다.[29] 그와 같은 찬양의 합창은 요한이 묘사한 온 땅이 짐승을 경배하는 모습에 그대로 나타난다. "누가 이 짐승과 같으냐 누가 능히 이와 더불어 싸우리요"(계 13:3-4).

하지만 요한의 관점에서 볼 때, 바벨론은 "예배를 반대하는 징소"이다.[30] 그 노래는 곧 들리지 않게 될 것이다(계 18:22). 요한계시록에 편만한 예배 장면들은 로마의 주권 주장을 전복시키며 로마제국의 예배 의식을 패러디한다. 데이비드 온은 요한계시록의 4장과 5장에 나오는 하늘 보좌 장면이 궁정 및 황제숭배 의식과 많은 유사성을 갖고 있음을 보여준다. 부복, 찬송가, 금관 수여 등과 같은 관례들이다. 따라서 요한의 독자들은 그 연관성을 잘 알았을 것이다.[31] 로마 황세들은 전 세계에 구원(살루스)을 가져온다고 주장했다. 그에 반해서, 요한은 모든 나라에서 온

수많은 어린 양의 추종자들이 이렇게 외치는 장면을 본다. "구원하심이 보좌에 앉으신 우리 하나님과 어린 양에게 있도다"(계 7:10). 공동체가 예배를 드리면서 찬송가를 부를 때, 그것은 그 노래를 듣는 자들에게 매우 공적이고 "정치적인" 메시지를 보낸다. 그것은 보좌에 앉아 계신 분은 주권적인 하나님이시지 가이사가 아니라는 사실이다.

### 공동체의 예배는 선교적이다

예배가 공적이면서 정치적이라면, 그것은 또한 선교적이다. 요한계시록에 나오는 많은 예배 장면들은 하나님의 백성이 하나님의 선교에 참여하도록 초대한다. 먼저 예배는 선교의 **목표**이다.[32] 요한계시록에 따르면, 하나님의 목적은 만국의 백성이 살아계신 하나님을 영원토록 사랑하고 순종하고 예배하고 영광을 돌리게 되는 것이다. 모세와 어린 양의 노래에서, 짐승을 물리친 자들이 유리 바닷가에 서서 거문고를 들고 다음과 같이 찬양한다.

주 하나님 곧 전능하신 이시여
하시는 일이 크고 놀라우시도다
만국의 왕이시여
주의 길이 의롭고 참되시도다
주여 누가 주의 이름을 두려워하지 아니하며
영화롭게 하지 아니하오리이까
오직 주만 거룩하시니이다
주의 의로우신 일이 나타났으매
만국이 와서
주께 경배하리이다(계 15:3-4)

똑같은 정신으로, 복음을 가진 천사가 세상의 모든 백성과 민족에게 이렇게 선포한다. "하나님을 두려워하며 그에게 영광을 돌리라... 하늘과 땅과 바다와 물들의 근원을 만드신 이를 경배하라"(계 14:6-7). 요한계시록이 창조 세계에 있는 모든 피조물이 하나님께 존귀와 영광을 돌리는 장면을 묘사할 때(계 5:13), 우리는 교회가 엮여 있는 **하나님의 선교**(미시오 데이)의 궁극적 목표를 본다.

둘째, 예배 자체가 증언의 **수단**이 된다. 아시아의 회중들은 **타락한 바벨론 가운데서** 하나님과 어린 양을 향해 찬송가를 부른다. 그들의 예배는 하나님의 가치를 공개적으로 선포하고 하나님이 그리스도 안에서 하신 일에 대한 이야기를 노래한다. "두루마리를 가지시고 그 인봉을 떼기에 합당하시도다 일찍이 죽임을 당하사 각 족속과 방언과 백성과 나라 가운데서 사람들을 피로 사서 하나님께 드리시고"(계 5:9). 마이클 고먼은 "하늘에서 계속되는 하나님 예배에 동참하라는 요청으로서, 요한계시록은 동시에 예배 가운데 경축되는 신적 드라마의 제시이며, 그래서 또한 하나님의 이야기와 선교에 참여하라는 요청"이라고 말한다.[33] 그런 예배 요청은 교회뿐만 아니라 또한 세상으로 확대된다. 공동체의 예배는 하나님께 영광을 돌리고 또 다른 사람들이 하나님을 예배하게 만드는 것 둘 다를 추구한다.

이 "찬양을 통한" 증언은 다면적이다. 예를 들어, 요한계시록 7:9-12에서 하나님의 백성은 천사들의 합창과 함께 구원과 존귀와 권능이 "우리 하나님"께만 영원토록 있다고 **말로 선포한다**. 그들은 흰 옷을 입고 손에 종려나무 가지를 들고 보좌 앞에 엎드려 있는 자세를 취함으로써 하나님의 승리와 주권을 **신체적으로 표현한다**. 그리고 그들은 모든 나라, 족속, 백성에서 온 셀 수 없이 많은 사람으로서 그들의 특징을 통해 하나님의 무한한 구원을 **개인적으로 구현한다**. 하늘 예배에 대한 이 포괄적인 환상은 그 장면을 지켜보고 듣는 자들에게 초대장 역할을 한다. 그것은 크고 분명하게 이렇게 외친다. "더 이상 죄악에 물든 권세에 중성하지 말라. 와서 다 같이 하나님과 어린 양을 찬양하는 노래를 부르자!"

증언의 수단으로서, 예배는 또한 다가오는 하나님의 선교의 승리를 미리 맛보는 것이 된다. 크리스토퍼 라이트는 그 점을 다음과 같이 훌륭하게 진술한다.

> 하나님을 영화롭게 하고 그분을 영원히 즐거워하는 것이 새 창조 세계에서 구속받은 인류가 영원토록 누릴 즐거운 특권이 될 것이기에, 현 시점에서 그와 같은 찬송과 기도를 드리는 것은 미래를 기대하는 행동이자 미래를 가리키는 이정표가 될 것이다. 담대하고 긍정적으로 그렇게 할 때, 우리는 다른 사람들을 현재의 예배 경험뿐만 아니라 미래의 구속받은 영원한 영광으로 초대하는 것이다.[34]

그러니까 요한계시록은 우리에게 예배가 우리의 선교의 중대한 한 측면임을 보여준다. 예배는 **선포**이면서 **초대**의 역할을 한다. 공적 예배를 드리면서, 우리는 말과 행동으로 세상에 대해 유일하신 주님 한 분만이 존재하시며 세상 문화의 우상들은 다 거짓이라고 선포한다. 현대 사회에서 우상은 여러 모양으로 나타날 수 있다. 몇 가지 예를 들면, 부, 성공, 오락, 명성, 기술, 민족주의 등이 있다. 우리의 예배는 하나님의 백성에게 그와 같은 우상들을 포기하라고 요구할 뿐만 아니라, 또한 주목하는 자들에게 살아계신 하나님께 돌아오라고 초대한다. 우리가 하나님을 예배하는 일에 진지하다면, 우리는 또한 다른 사람들이 하나님을 예배하게 만드는 일에도 깊은 관심을 가질 것이다.

동시에 예배는 그리스도인들이 일주일에 한 번 모여서 하는 행사 그 이상이다. 요한계시록에서 하나님의 백성이 끊임없이 하나님을 예배하는(라트레우에인) 모습(계 7:15; 22:3)은 삶 전부가 하나님을 찬양하는 것이 되어야 함을 암시한다. 예배는 하나님이 **만물**의 중심이 되신다는 현실을 경축한다. 예배를 드리면서, 우리의 존재, 행동, 말 이 모든 것이 연합하여 하나님께 영광을 돌리고 또 다른 사람들이 똑같은 일을 하도록 요청한다.

## 미래를 현재의 삶에 나타냄

요한계시록 21장과 22장에서 우리는 성경 이야기 전체의 절정에 도달한다. 그것은 새 하늘과 새 땅에 대한 요한의 환상이다. 이 두 장은 하나님의 선교의 궁극적인 승리를 묘사한다. 그 때 하나님은 모든 창조 세계에 대한 그분의 통치를 다시 주장하실 것이며, 하나님의 영광이 온 땅에 충만할 것이다. 그러나 이 절정의 환상은 어떻게 교회가 하나님의 선교에 참여할 수 있도록 도와주는가? 이것이 우리가 지금 이곳에서 살아가는 방법과 관련이 없고 **그저** 그리스도인들의 미래 운명을 묘사한 것에 **지나지 않다면**, 그것은 선교하는 교회에 선혀 노움이 되시 않는다. 더 심각한 것은 그런 식으로 이해할 경우 선교를 **도피하는** 결과를 조장할 수도 있다는 점이다.

그와 반대로, 새 예루살렘은 미래에 속하지만 그것이 우리가 현재 하나님의 선교에 참여하는 삶을 형성하는 환상을 제공한다. 유진 피터슨이 우아하게 심사숙고한 대로, "하늘은 수사학적 장치로 요한계시록의 끝에 덧붙인 화려한 글귀가 아니라, 우리의 삶이 하나님의 통치에 근거하도록 이끄는 실재이다. 그 결과 우리의 순종이 회복되고 장기적으로 우리의 영육이 강건해지며 또 용기 있게 증언을 할 수 있는 힘을 얻도록 날이다."[35) 하나님의 선교의 미래에 대해 제대로 이해함으로써, 교회는 타락한 바벨론 가운데서 장차 임할 하나님의 통치를 미리 보여주는 모델로 살 수 있는 은혜와 용기를 받는다. 새로운 창조 세계는 하나님이 앞으로 우리의 세계에 대해 하실 일이 무엇인지 엄청나게 놀라운 모습을 제공한다. 따라서 그것은 또한 우리가 어떤 존재가 되어야 하는지 유익한 교훈을 제공한다.

새 예루살렘은 우리에게 **충만한** 하나님의 구원에 대한 환상을 제공한다. 새 예루살렘이 하늘에서 내려올 때(계 21:2; 참고. 계 3:12), 온전한 하늘의 삶이 인류에게 내려온다. 선교하는 교회는 요한계시록 21장과 22장이 묘사하는 바, 만물을 회복시키시려는 하나님의 광범위한 목적에 대해 증언하고 또 부분적으로 그 목적을 실현한다.[36] 새 예루살렘의 특징은 다음과 같은 방식으로 기독교 선교의 의제를 설정하는데 도움을 준다.[37]

### 하나님 및 다른 사람들과 회복된 관계

새 예루살렘은 하나님과 친밀한 관계 및 회복된 인간 공동체를 나타낸다. 그 시민들은 서로 충만한 사랑의 관계를 누리면서 산다. 그리고 그들의 공동생활의 중심에는 삼위일체 하나님이 계신다. 무엇보다도, 어린 양의 추종자들은 직접적이고 막힘이 없는 하나님의 임재를 향유한다(계 21:3; 22:3-4). 모세처럼, **모든** 하나님의 종들은 "그분의 얼굴을 볼 것이고" 그들의 이마에는 그분의 이름이 적혀 있을 것이다(계 22:4). 이것은 교회의 미래일 뿐만 아니라 또한 소명이기도 하다. 요한의 환상은 철저하게 "복음적"이다. 그 환상은 선교하는 교회가 살해당한 어린 양이 다시 오실 이야기를 말하고, 또 사람들이 삼위일체 하나님과 교제를 나누도록 초대하는 일을 하게 만든다. 그러나 구원받은 개인들은 또한 하나님의 가족의 일원으로서 치유하고 예배를 드리는 **공동체**가 되어야 한다(계 21:7).[38]

### 세계를 품는 다국적 공동체

새 창조는 모든 사람, 문화, 국가를 받아들이는 공동체로서 교회의 정체성을 형성한다. 요한은 열방이 하나님과 어린 양의 빛을 따라 다니고, 세상의 왕들이 새로운 거룩한 도성에 그들의 "영광"(즉 하나님에 대한 예배)을 가지고 오는 환상을 상상한다(계 21:24). "땅의 왕들"이 최근에 음녀 바벨론과 음행을 저질렀으며(계 17:2; 18:3) 멸망당할 운명에 처해 있기 때문에(계 19:19-21; 참고. 계 11:18; 19:15) 이것은 정말 놀라운 일이다. 그러나 여기에서 하나님의 풍성한 자비가 반역적인 나라들과 그 통치자들에게까지 미친다. 게다가 새 예루살렘에서 하나님은 구약의 약속처럼 그분의 "백성"(레 26:12; 렘 24:7)이 아니라 복수형인 그분의 "백성들"(계 21:3)과 더불어 거하실 것이다. 종말론적 하나님의 백성이 땅의 모든 백성으로부터 모여들 것이다. 그렇다면 교회는 세상 사람들을 서로 그리고 하나님과 화해시키는 대행자 역할을 함으로써 이런 실재를 증언한다.

**거룩한 공동체**

거룩함은 새 예루살렘의 특징이다. 요한은 거기에서 성전을 보지 못한다. 대신에 완전한 입방체 모양을 한 도성 전체가 하나님과 어린 양의 임재로 거룩해진, 이스라엘의 지성소 같은 성전이 된다(계 21:15-17, 22). 새 예루살렘은 인류를 하나님의 서룩한 임재로부터 분리시킨 죄의 저주가 역전된 것을 나타낸다(계 22:3). 예복을 빤 자들만이 그 문으로 들어갈 수 있다(계 22:14). 도덕적으로 부정한 모든 것은 거룩한 도성에 들어갈 수 없다(계 21:27; 참고. 계 21:8; 22:15). 오직 거룩한 백성만이 하나님의 선교를 수행할 수 있다. 그리고 그 선교에는 사람들이 "구원을 얻게" 하는 것 이상이 포함된다. 그것은 다른 사람들이 그리스도의 거룩한 성품을 닮아 가도록 추구한다.

**치유 공동체**

새 예루살렘의 선교는 "만국을 치료하는 것"이다(계 22:2).[39)] 이것은 온전한 구원을 말한다. 하나님의 미래에 대한 환상으로 형성된 교회는 하나님에 대한 반역으로 생긴 모든 상처를 치유하는 도구가 되어야 한다. 죄의 영향과 악의 권세가 인간 삶의 모든 차원에 침투해 있다. 그 중 몇 가지 예를 들자면, 영적 관계적 문화적 사회적 정치적 종교적 차원이 있다. 따라서 세상 속에서 하나님의 치유 사역의 도구가 되는 선교는 이런 모든 차원을 다루어야만 한다. 교회가 생수의 샘에서 물을 마시고 그

가운데 생명의 나무를 갖고 있다면(계 21:6; 22:2), 교회가 열방에 제공해야 하는 것은 가장 포괄적인 의미에서 풍성한 삶이다.[40]

### 고통과 불행의 경감

새 예루살렘에 임재해 계신 하나님은 인간의 모든 슬픔, 고통, 어려움을 해결해 주실 것이다(계 21:4; 참고. 계 7:15-17). 변화된 도성은 **모든** 주민에게 풍성한 음식과 물을 공급해 준다(계 21:6; 22:1-2; 참고. 계 7:16). 이 환상은 미래에 가서 완전히 실현되겠지만, 그것은 기독교 공동체에 병자, 장애인, 굶주린 자, 슬픔에 잠긴 자를 사랑하고 섬길 것을 요구한다.

### 사회적 경제적 정의

새 예루살렘에는 불의나 억압이 없다. 그 도성은 구속받은 사회, 구속받은 정치, 구속받은 경제를 나타낸다. 바벨론이 다른 사람들을 착취해서 부를 축적한 반면에(계 18:11-17), 눈부시게 찬란한 예루살렘의 부는 **모든 사람**이 공유한다. 넬슨 크레이빌은 "새 예루살렘에는 사재기도 없고, 배타적인 이웃도 없고, 가난도 없다"고 쓴다.[41] 거룩한 도성의 희망찬 환상은 교회가 약한 자를 착취하는 권세의 정체를 예언자적으로 드러낼 것을 요청한다. 그것은 하나님의 다가오는 통치의 이정표로서 다른 사람들을 공정하고 관대하게 다룰 것을 우리에게 요구한다.

### 창조 세계의 갱신

하나님의 회복 목적은 모든 창조 세계를 다 포함한다. 요한은 새 예루살렘을 무성한 도시 정원으로 묘사한다. 그것은 도성의 중심가에 우뚝 솟아 있다고 말할 수 있다(계 22:1-2).[42] 새 낙원은 세상이 **재**창조된 모습을 하고 있다. 하나님의 사랑과 자유를 가져오는 선교는 창조 세계만큼 광범위하다. 이것이 사실이라면, 우리가 하나님의 선교에 참여하는 것은 "사람뿐만 아니라 창조 세계에도 좋은 소식을 전하는 대행자"가 되는

것을 포함한다.⁴³⁾

새 예루살렘에 대한 요한의 놀라운 환상은, 성경의 다른 곳과 마찬가지로, 하나님의 사랑과 구속과 화해의 목적이 얼마나 광범위한지 묘사한다. 이 환상은 교회가 하나님의 미래에 대해 앞서 증언할 수 있도록 힘을 북돋아준다. 그렇다면 우리의 선교는 잃어버린 자들에게 전도하거나 아니면 사회정의를 위해 일하거나 **양자택일**의 문제가 아니다. 그것은 하나님의 진리를 예언자적으로 말하는 것과 실제적인 필요를 가진 사람들을 돕는 것 중 하나를 선택하는 문제가 아니다. 분명히, 하나님의 선교는 심오하게 개인적이고 영적인 차원을 갖고 있다. 어린 양의 생명책에 그 이름이 기록된 자들만 거룩한 도성에 들어갈 것이다(계 21:27). 그러나 하나님은 만국을 치유하기 원하신다. 그러므로 우리는 이렇게 물어야 한다. "우리의 말과 행동은 그 치유에 기여하는가, 아니면 우리는 하나님이 세상 가운데서 궁극적으로 행하고 계신 일에 보조를 맞추지 못하고 있는가?"⁴⁴⁾

## 결론

요한계시록은 천만뜻밖에도 교회가 하나님의 선교에 참여하는 방법을 이해하는 것과 관련해 신약에서 가장 깊은 저수지 중 하나다. 이 장은 요한계시록에서 복음을 말하고 삶으로 나타내는 것이 단단히 묶여 있음을 보여 주었다. 이 연관성은 **증언**, **물러남**, **예배**의 형태에서 찾아볼 수 있다. 첫째, 요한이 보기에 교회의 기본적인 선교적 과제는 증언을 하는 것이다. 이 증언에는 "영원한 복음"(계 14:6)을 말하는 것과 모든 민족의 사람들에게 유일하신 참된 하나님을 예배하라고 요구하는 것이 포함된다. 그러나 그것은 또한 용기 있게 어린 양을 따라가는 삶을 의미한다. 심지어 그분을 위해 고난을 당하고 죽는다 해도 말이다.

둘째, 어떤 다른 신약 책보다 더 분명하게 드러나는 것으로, 요한계시록에서 신실한 증언은 하나님의 통치를 반대하는 인간적이고 사탄적인 권세에 **저항하는 것**을 의미한다. 때때로 그런 저항은 "하나님 노릇"을 하고 싶어 하는 현대 바벨론의 거짓과 불의에 도전하는 예언자적 말씀으로 나타날 것이다. 권세를 향해 진리를 말하려면 언제나 그렇듯이 대가를 지불해야 하는 법이다. 다른 경우에 그것은 우리가 몸담고 있는 문화에서 아주 정상적인 것처럼 보일 수 있는 사고 및 행동 방식으로부터 물러나는 것을 의미한다. 물러나는 방식의 그런 증언이 구체적으로 무엇을 수반할 것인지는 마이애미와 마닐라가 다르고, 카라치와 카라카스가 다를 것이다. 마이클 고먼은 "그러나 요한계시록은 모든 그리스도인에게 군사적, 정치적, 사회적, 경제적 권력과 힘의 신들에게 충성과 헌신을 표하는 행위에 참여하지 말 것을 요청한다"고 쓴다.[45]

셋째, 요한계시록은 예배와 증언의 결혼에 특별히 주목한다. 예배를 드리면서 우리는 어린 양만이 우리의 충성을 받으실 자격이 있을 뿐, 우리 문화의 신들은 받을 자격이 없다는 진리를 말하고 노래한다. 우리는 예배 의식을 통해 그 충성을 실행한다. 그리고 예배는 하나님 한 분께만 속하는 신실한 선교적 백성으로서 우리의 공동 정체성을 형성한다. 우리가 정기적으로 드리는 "예배"인 경우에도, 사람들은 교회가 진심으로 찬양하는 모습을 보고 감동을 받아서 그 찬양 대열에 동참하게 될 것이다.

게다가, 요한계시록은 신약의 다른 어떤 책보다 훨씬 더 선교를 소망에 결속시킨다. 요한계시록은 교회에 세상을 보는 전혀 다른 방식을 제공한다. 그것은 교회가 살해당한 어린 양에 대한 드라마를 말하고 실행하는 방법을 형성한다. 특히 장차 올 예루살렘에 대한 요한의 환상은 우리에게 모든 창조 세계에 대한 하나님의 목적이 얼마나 광범위한지 보여준다. 그 환상은 하나님의 백성이 의롭고, 거룩하고, 회복을 이루고, 희망을 주는 대안 공동체가 될 것을 보여준다. 그것은 우리가 간절히 기다리는, 세상과 모든 사람의 온갖 상처가 치유될 그 때를 가리킨다. 요한계시록은 복음을 그저 하늘로 가는 항공권으로 축소하려는 어떤 시도에도 반대한다. 요한계시록은 교회의 휴거를 세상과 그 문제로부터 도피하는 명분으로 삼으려는 모든 노력에 퇴짜를 놓는다. 하나님의 미래를 상상한다는 것은 우리가 인간의 빈곤과 불의에서 비롯된 울부짖음을 무시할 수 없고, 하나님의 창조 세계에 대한 책임을 회피할 수 없고, "열방"에 대해 화해와 희망의 말씀을 제공하는 것을 거절할 수 없음을 의미한다. 그것이 우리가 사는 이웃 마을이든 아니면 세계 전역이든 마찬가지다.

윌리엄 윌버포스를 포함한 신자들의 작은 모임인 클래펌파(Clapham sect)는 빅토리아 시대 잉글랜드에서 새로운 창조를 가리키는 그런 이정표가 되었다. 그리스도에 대한 깊은 신앙을 실천에 옮기면서, 그들은 노예제를 폐지하고 감옥과 형법을 개혁하고 밀매와 아동 착취를 종식시키고 공개적인 부도덕과 취태를 반대하고 교육을 촉진하고 여러 선교회를 세우기 위해 무단히 노력했다. 자수 조롱과 반대를 당했지만, 그들은 그들이 속한 세상에 있는 바벨론의 권세에 예언자적으로 단호하게 저항했다. 그 결과 나라 전체의 삶이 변화되었다.

마지막으로 요한이 이미지와 상징을 통해 그의 독자들의 신학적 상상력을 변화시키고자 하는 목표는 오늘날의 기독교적 증언에 적절한 교훈을 제공한다.[46)] 요한계시록에는 상상력, 상호작용성, 센세이션 등이 희미하게 빛난다. 요한계시록은 단순히 기록된 글로 읽는 것보다 듣고 행하고 경험해 볼 때 최대한의 영향을 끼칠 수 있다(계 1:3). 나는 나이든 설교자가 요한계시록을 **실연하는** 모습을 목격했을 때 받은 감동과 충격을 잊을 수 없다. 요한계시록은 우리에게 만화경 같은 감각이 풍성한 이미지들을 퍼붓는다. 금 촛대와 영광스러운 도성의 모습, 크게 울리는 천둥과 노래하는 성가대의 소리, 향의 냄새, 두루마리의 달콤하고 쓴 맛 등이다. 특히 다수 세계에 있는 교회들은 때때로 의식과 상징과 드라마가 원리와 명제보다 더 강력하게 복음의 실재를 표현한다는 사실을 배워서 알고 있다. 동시에 요한계시록은 시각과 경험을 통해 배우는데 익숙한 포스트모던 세대에게 하나님의 진리를 전달하는 모델이 될 수 있다. 그들은 주로 이미지, 대중매체, 상호작용을 하는 경험을 통해 형성되는 사람들이지 않은가.

요약하면, 성경의 마지막 책인 요한계시록은 기독교 공동체가 앞으로 이루어질 하나님의 새 창조에 대해 우리의 말과 행동과 선교적 정체성을 통해 지금 신실하게 증언할 수 있도록 도와줄 수 있다. 성령이 교회들에게 하시는 말씀을 **우리가** 들으려고 하면 그렇게 될 수 있다.

### 생각해 볼 질문

1. 당신이 속한 기독교 공동체는 요한계시록을 기독교 선교를 이해하는데 유익한 자료로 보는가? 그렇지 않다면, 당신은 그 이유가 무엇이라고 생각하는가?
2. 당신이 처한 환경에서 그리스도인들이 "바벨론에서 나온다"는 것은 실제적으로 무엇을 의미하는가?
3. 요한계시록에서 예배는 유일하신 참된 하나님 한 분만이 존재하시며 세상 문화의 우상들은 다 거짓이라고 선언한다. 당신이 처한 상황에서 사람들의 충성을 요구하는 "우상들"은 무엇인가?
4. 요한계시록이 묘사하는 새 예루살렘이 오늘날 개인으로서 그리고 기독교 공동체로서 우리의 정체성과 선교를 형성하게 할 수 있는 구체적인 방법은 무엇인가?

# 주

1) 예를 들어, Akira Satake, "Kirche and feindliche Welt: Zur dualistischen Auffassung der Menschenwelt in der Johannesapokalypse," in *Kirche: Festschrift fur Gunther Bornkamm zum 75. Geburtstag*, ed. Dieter Luhrmann and Georg Strecker (Tubingen: Mohr Siebeck, 1980), p. 331; "요한계시록은 선교에 전혀 관심을… 보이지 않는다"(저자 번역).
2) 대중적인 세대주의는 일반적으로 요한계시록에 나오는 "선교 활동"을 기독교로 개종하는 14만 4천 명의 유대인에 국한시킨다(계 7:1-8; 14:1-5). 그러면 그들이 결국 다른 나라들의 많은 사람들을 전도할 것이라는 것이다(계 7:9-17).
3) Craig R. Koester, *Revelation's Challenge to Ordinary Empire*," Interpretation 63 (2009): 6-7; Greg K. Beale, *The Book of Revelation* (Grand Rapids: Eerdmans, 1999), pp. 28-33를 보라.
4) A. Y. Collins, *Crisis and Catharsis: The Power of the Apocalypse* (Philadelphia: Westminster, 1984), pp. 84-104; David A deSilva, "The Social Setting of the Revelation to John: Conflicts Within Fears Without," *Westminster Theological Journal* 54 (1992): 286-96를 보라.
5) Michael J. Gorman, *Reading Revelation Responsibly: Uncivil Worship and Witness: Following Lamb into the New Creation* (Eugene, OR: Cascade Books, 2011), p. 176. 「요한계시록 바르게 읽기」(새물결플러스)
6) Richard Bauckham, *The Theology of the Book of Revelation* (Cambridge: Cambridge University Press, 1993), p. 7. 「요한계시록 신학」(한들출판사)
7) A. A. Trites, *The New Testament Concept of Witness*, Society for the New Testament Studies Monograph Series 31 (Cambridge: Cambridge University Press, 1977), pp. 156-64를 보라.
8) John Christopher Thomas and Frank Macchia, *Revelation* (Grand Rapids: Eerdmans, 근간).
9) 두 증인이 "촛대"로 불리는 것을 주목하라(계 11:4). 촛대는 요한계시록 1:12, 20에서 일곱 교회를 나타내는 상징이다.

10) 두 증인의 예언자적 사역은 요한계시록 10:11로 소급된다. 거기에서 요한을 향해 많은 백성과 나라"에게"(에피) 예언하라고 주어진 명령은 아마도 심판과 구원의 좋은 소식에 대한 메시지를 수반했을 것이다. Grant R. Osborne, *Revelation* (Grand Rapids: Baker Academic, 2002), pp. 404-5를 보라.

11) Joseph L. Mangina, *Revelation* (Grand Rapids: Brazos, 2010), pp. 137-39를 보라

12) Ibid., p. 138.

13) Brian K. Blount, *Revelation: A Commentary* (Louisville: Westminster John Knox, 2009), pp. 217-18.

14) Stephen Fowl, *Philippians* (Grand Rapids: Eerdmans, 2005), p. 71.

15) Christopher J. H. Wright, *The Mission of God's People: A Biblical Theology of the Church's Mission* (Grand Rapids: Zondervan, 2010), p. 121.「하나님 백성의 선교」(IVP)

16) Stephen S. Smalley, *The Revelation to John: A Commentary on the Greek Text of the Apocalypse* (London: SPCK, 2005), p. 53.

17) Eugene Boring, *Revelation* (Louisville: Westminster John Knox, 1989), p. 85.「요한계시록」(한국장로교출판사)

18) 이 부분은 Dean Flemming, "'On Earth as It Is in Heaven': Holiness and the People of God in Revelation," in *Holiness and Ecclesiology in the New Testament*, ed. Kent E. Brower and Andy Johnson (Grand Rapids: Eerdmans, 2007)," pp. 351-52에서 가져온 것이다.

19) Wes Howard-Brook and Anthony Gwyther, *Unveiling Empire: Reading Revelation Then and Now* (Maryknoll, NY: Orbis, 1999), p. 238.

20) 요한계시록의 경제적 비판에 대해서는, Richard Bauckham, *The Climax of Prophecy: Studies on the Book of Revelation* (Edinburgh: T & T Clark, 1993), pp. 338-83를 보라.「예언의 절정」(한들출판사)

21) Bauckham, *Theology*, p. 130를 보라.

22) Flemming, "'On Earth as It Is in Heaven'," p. 352.

23) Gorman, *Reading Revelation*, p. 185.

24) Kent E. Brower and Andy Johnson, "Introduction: Holiness and the Ekklesia of God," in *Holiness and Ecclesiology in the New Testament*, ed. Kent E. Brower and Andy Johnson (Grand Rapids: Eerdmans, 2007), p.xxiii.

25) J. Nelson Kraybill, *Imperial Cult and Commerce in John's Apocalypse*, Journal for the Study of the New Testament Supplement Series 132 (Sheffield: Sheffield Academic Press, 1996), p. 22.

26) Gorman, *Reading Revelation*, 특히 pp. 48-56를 보라.

27) Bob Dylan, *Slow Train Coming*, LP record, Columbia Records/CBS Inc., 1979.

28) Udo Schnelle, *Theology of the New Testament*, trans. M. Eugene Boring (Grand Rapids: Baker, 2009), p. 767.

29) J. Nelson Kraybill, "The New Jerusalem as a Paradigm for Mission," *Mission Focus Annual Review* 2 (1994): 129.

30) Eugene Peterson, *Reversed Thunder: The Revelation of John and the Praying Imagination* (San Francisco: HarperSanFrancisco, 1998), p. 66. 「묵시: 현실을 새롭게 하는 영성」(IVP)

31) David E. Aune, "The Influence of Roman Imperial Court Ceremonial on the Apocalypse of John," *Biblical Research* 28 (1983): 5-26. 또 Howard-Brooke and Gwyther, *Unveiling Empire*, pp. 202-7를 보라.

32) Wright, *Mission of God's People*, pp. 244-47를 보라.

33) Gorman, *Reading Revelation*, p. 37.

34) Wright, *Mission of God's People*, p. 247.

35) Peterson, *Reversed Thunder*, p. 173.

36) Gorman, *Reading Revelation*, p. 174.

37) 다음에 나오는 글에 대해서는, Dean Flemming, "Revelation and the Missio Dei: Toward a Missional Reading of the Apocalypse," *Journal of Theological Interpretation* (2012): 175-76를 보라.

38) J. Nelson Kraybill, *Apocalypse and Allegiance: Worship, Politics, and Devotion in the Book of Revelation* (Grand Rapids: Brazos, 2010), p. 177를 보라. 「요한

계시록의 비전」(CLC)
39) Ibid., p. 178.
40) Mangina, *Revelation*, p. 248를 보라.
41) Kraybill, *Apocalypse and Allegiance*, p. 177.
42) Howard-Brooke and Gwyther, *Unveiling Empire*, pp. 90-91.
43) Wright, *Mission of God's People*, p. 61.
44) Eugene Boring "Revelation 19-21: End Without Closure," *Princeton Seminary Bulletin*, Supplementary Issue 3 (1994): 80.
45) Gorman, *Reading Revelation*, p. 182.
46) 다음 단락에 대해서는, Flemming, "'On Earth as It Is in Heaven'," pp. 361-62를 보라; 또 Eugene H. Peterson, *Subversive Spirituality* (Grand Rapids: Eerdmans, 1997), pp. 93-100를 보라. 「거룩한 그루터기」(포이에마)

# CHAPTER 11
# 어떤 영향을 끼치는가?
## 결론적 성찰

> 우리가 이같이 너희를 사모하여 하나님의 복음뿐 아니라 우리의 목숨까지도 너희에게 주기를 기뻐함은 너희가 우리의 사랑하는 자 됨이라 (살전 2:8)

우리는 이제까지 무엇을 배웠으며 또 그것이 중요한 이유는 무엇인가? 우리가 성경 본문들을 검토하는 작업을 마무리하는 시점에서 이것들은 중요한 질문들이다. 이 책의 목표는 성경에서, 특히 신약에서 좋은 소식을 **구현하고 실천하고 말하는 것**의 관계를 밝혀내고, 그 관계가 오늘날 세상에서 수행되는 교회의 선교를 어떻게 형성하는지 물어보는 것이었다. 각 장은 그 목표에 기여하려고 노력했다. 이제 우리의 과제는 이 성경 탐구 여행이 우리에게 보여준 것을 요약하고, 그것이 21세기에 교회가 선교하는 방법에 어떤 영향을 끼치는지 묻는 것이다.

## 우리는 이제까지 무엇을 배웠는가?

### 성경 개관

1장과 2장에서, 우리는 신약 연구의 중대한 기초로서 구약이 선교를 어떻게 이해하고 있는지 살펴보았다. 우리는 하나님의 백성의 기본적인 소명은 창세기 12:1-3에서 하나님이 아브라함에게 하신 약속의 성취로, 온 세상을 위한 복의 백성이 **되는 것**이라는 점을 보았다. 이 목적을 위해 하나님은 이스라엘을 독특한 거룩한 백성으로 구별하셔서, 열방에 하나님에 대한 지식과 임재를 전하게 하신다. 이것은 지켜보고 있는 세상 앞에서 하나님을 닮은 삶을 사는 이스라엘을 통해 주로 이루어진다. 하나님의 백성은 하나님이 모든 사람에게 의도하시는 거룩함, 사랑, 정의의 삶을 모범적으로 산다. 그러나 그들은 또한 하나님의 영광을, 특히 예배를 드리는 가운데, 선포해야 한다. 그래서 열방이 듣고 하나님을 찬양하는 일에 동참할 수 있게 해야 한다. 하지만 선교적 백성이 **되는 것**과 그에 상응하는 **생활방식**을 현시하는 것이 강조되고 있다. 그것은 근본적으로 다르면서 동시에 외부인들에게 매력적인 삶이다. 신약은 이 선교적 역할을 확대해서 그것을 그리스도에 비추어 외부로 뻗어나가게 한다. 그러나 구약에 나타난 하나님의 백성의 기본적 선교는 여전히 교회의 소명이다.

3장부터 5장까지 우리는 신약의 복음서에 대해 살펴보았다. 여기에서 우리는 교회의 선교는 예수님의 선교에서 흘러나온다는 점을 보았다. 예수님은 그야말로 총체적 선교의 모범을 보이신다. 예수님은 하나님 나라의 좋은 소식을 선포하시고 구현하신다. 예수님은 그 좋은 소식을 외부인들을 향한 능력의 행위와 자비의 행동으로 현시하신다. 우리의 선교 역시 예수님이 지극히 작은 자들과 잃어버린 자들에게 보여주신 사랑과 동정으로 시작되어야 한다.

동시에 각 복음서는 우리에게 독특한 렌즈를 통해 예수님의 선교를 그리고 더 나아가 우리의 선교를 볼 수 있도록 해준다. 예를 들어, 마태복음은 교회의 과제가 단지 회심자들을 만드는 것이 아니라, 특히 그들에게 순종의 삶을 살도록 가르침으로써 제자를 삼는 것이라는 점을 보여준다. 마가복음은 선교는 단지 말의 문제가 아니라 행위의 문제라는 점을 부각시킨다. 그러나 마가에게 선교는 십자가로 형성된다. 선교는 다른 사람들에게 자신을 주는 섬김의 방식이다. 누가복음은 "가난한 자들에게 좋은 소식"을 전하는 것은 죄인들에게 용서를 선포하고 억눌린 자들에게 정의를 제공하는 것을 다 포함한다는 점을 강조한다. 선교는 광범위한 인간의 필요만큼 넓다. 그리고 요한복음은 우리가 **행동**하거나 **말**할 수 있기 전에 합당한 **존재**가 되어야 한다는 점을 나타낸다. 요한복음에서 선교는 하나님의 사랑의 마음에서 흘러나오며 사랑의 공동체에 의해 구현된다. 뿐만 아니라, 오늘날의 교회 역시 선교를 수행하면서 다양한 환경에 적절한 각각 다른 차원들을 강조할 필요가 있다.

6장에서 우리는 사도행전에서 하나님의 백성의 선교가 전개되는 과정을 살펴보았다. 우리는 교회의 정체성이 하나님의 선교에서 담당하는 역할로 규정되고 있는 교회를 보았다. 사도행전은 공동체가 성령의 권능을 받아 온갖 종류의 사람들에게 증언하는 활동을 통해 말씀이 진전되는 과정을 연대순으로 기록한다. 이 선포는 새로운 환경에서 새로운 형태로 이루어진다. 하지만 그리스도를 중심으로 하는 복음의 핵심은 변함이 없다. 그러나 말씀이 사도행전에서 각광을 받지만, 교회의 언어적 증언은 기적적인 능력의 행위 및 공동체의 일상생활과 분리할 수 없다. 하나님의 백성이 기쁜 마음으로 예배를 드리고 사회적 장벽을 무너뜨리고 인간의 필요를 해결할 때, 그들은 메시지에 진정성을 부여한다. 그때나 지금이나, 성령이 충만한 공동체의 삶은 좋은 소식의 구현이다.

다음에, 우리는 바울서신은 바울의 선교와 그가 돌보는 회중의 선교에 대해 많은 것을 가르쳐준다는 점을 보았다(7장과 8장). 바울 선교의 핵심은 좋은 소식을 전하는 소명이다. 이것은 불신자들에게 전도하는 일뿐만 아니라 또한 성숙한 신앙 공동체를 세우는 일을 포함한다. 하지만 바울은 단순한 설교자 그 이상이었다. 사도 바울은 이렇게 간증했다. "그리스도께서 이방인들을 순종하게 하기 위하여 나를 통하여 역사하신 것 외에는 내가 감히 말하지 아니하노라 그 일은 말과 행위로 표적과 기사의 능력으로 성령의 능력으로 이루어졌으며"(롬 15:18-19). 그와 같은 "말, 행위, 기사"[1]에 덧붙여, 바울은 어려운 형편에 있는 자들을 돌보고 선교적 기도를 한다. 게다가 고난과 개인적 진실성에 대한 바울의 이야기는 그가 선포하는 복음을 구체적으로 보여준다. 예수님처럼, 바울은 우리에게 선포, 실천, 존재의 놀라운 협력에 대한 모범을 보여준다.

바울이 세운 교회들의 선교는 바울 사도의 사역과 같은 점도 있고 다른 점도 있다는 것을 우리는 배웠다. 하나님의 백성은 모두 바울 같은 개척 선교사는 아니다. 그러나 그들은 기도, 헌금, 고난, 선교적 예배, 그리고 외부인들을 그리스도께 끌어들이는 삶을 통해 똑같이 하나님의 선교에 헌신한다. 게다가 바울은 그들이 기회가 생길 때마다 예수님에 대한 이야기를 말할 것이라고 추정한다. 특히 빌립보서는 말로 전한 복음과 삶으로 나타낸 복음이 아름답게 통합된 모습을 제시한다. 그리스도의 이야기(빌 2:5-11)에 기반을 둔 이 회중의 이야기는 계속해서 오늘날 선교를 수행하는 교회를 형성한다.

마지막으로 베드로전서와 요한계시록에서 우리는 비우호적인 세상에서 하나님의 백성이 된다는 것이 무엇을 의미하는지 보여주는 책을 만난다(9장과 10장). 그러나 각 책은 그와 관련해서 독특한 특징을 지니고 있다. 구약의 우물 깊은 곳에서 끌어내고 있는 베드로는 교회의 선교적 정체성에 특별히 주목한다. 베드로는 "우리는 누구인가" 하는 질문에 거룩한 제사장 백성이라는 출애굽의 이미지와 외국에서 나그네가 된 바벨론 포로의 이미지를 갖고 대답한다. 압박을 받고 있는 교회에게 거룩한 생활방식은 강력한 증언의 형태가 된다. 베드로는 하나님의 백성이 "선행"으로 시세에 역행할 때 고난이 따를 것이라고 분명히 예상한다. 하지만 주류 문화에 편승해서 살아가는 대신에 그리스도를 따르는 삶은 "말로 말미암지 않고"(벧전 3:1) 일부 사람들을 구세주께 끌어들인다.

요한계시록은 하나님을 반대하는 모든 권세에 저항하라는 명령을 받은 교회를 묘사한다. 그 명령은 신실한 증언을 통해 이루어진다. 이것은

**말**로 하는 증언일 수도 있다. 우리는 하나님을 대체하려고 하는 "바벨론"의 거짓과 불의에 도전하면서 권세에 대해 예언자적으로 진리를 말하라는 요청을 받는다. 아니면 그것은 **삶**으로 하는 증언일 수도 있다. 그것은 고난을 당하고 죽기까지 어린 양을 용기 있게 따르는 그런 삶이다. 때때로 그것은 세상 문화의 "정상적인" 사고 및 행동방식으로부터 **분리**하는 증언이다. 증언은 또 **예배**의 형태로 이루어진다. 우리는 공개적으로 홀로 찬양받기에 합당하신 어린 양에 대한 이야기를 노래하면서 다른 사람들이 그 노래를 함께 부르도록 초대한다. 어떤 다른 신약 책보다 요한계시록은 우리에게 창조 세계 전체를 회복시키시려는 하나님의 선교에 대한 포괄적인 환상을 제공한다. 하나님의 미래에 대한 이 환상은 지금도 열방을 위한 치유와 희망의 공동체로서 우리의 삶을 형성한다.

### 종합 정리

이 성경 탐구 여행이 우리에게 가르쳐 주는 것이 있다면, 그것은 **존재**, **행동**, **말**이 하나님의 백성의 선교에 완벽하게 관련되어 있다는 것이다. 그 점을 분명히 하기 위해, 나는 일부러 교회의 선교의 이런 여러 측면들의 차이점을 더 자세히 진술했다. 그러나 결국 우리는 그것들을 분리할 수 없다. 성경이 그것들을 분리하지 않기 때문이다. 성경 본문은 시종여일하게 우리에게 말과 행위를 통한 증언을 소개한다. 그리고 선포와 실천은 언제나 우리의 **존재**에 단단히 기반을 두고 있다.

하지만 이것은 복음을 말하고 실천하고 구현하는 것이 언제나 똑같은 균형 상태로 기능한다는 것을 의미하지는 않는다. 때때로 상황의 필요 때문에, 하나가 주연 역할을 하고 다른 것은 조연 역할을 한다. 예를 들어, 베드로전서는 독특하고 거룩한 백성으로서 교회의 **정체성**을 강조한다. 사도행전은 특별히 교회가 온갖 종류의 사람들에게 **말**로 증언하는 활동을 부각시킨다. 그리고 마가복음은 예수님의 하나님 나라 선교의 표현으로서 그분의 **행동**을 특별히 강조한다. 하지만 이렇게 특별히 강조한다고 해서 선교의 전체 모습을 무시하는 책은 없다. 우리는 존재, 행동, 말의 관계를 재즈 트리오에 비교할 수 있다. 세 재즈 악기, 즉 피아노, 베이스 기타, 드럼 모두가 연주에 필수적이다. 하지만 때때로 한 악기가 앞장서서 이끌고 다른 두 악기는 뒷전으로 물러나 연주한다. 나중에 이끄는 역할이 다른 악기로 넘어간다. 그러나 훌륭한 재즈 콘서트를 하려면 트리오 전부가 함께 연주를 해야 한다.

이제까지 우리가 성경 본문을 연구한 결과 교회의 선교와 관련해 두 가지 추가 결론이 도출된다. 첫째, 성경적인 선교는 아주 풍부하고 다면적이다. 예수 그리스도의 좋은 소식을 선포하는 것은 분명히 매우 중요하다. 그러나 하나님의 백성의 선교는 훨씬 더 많은 것을 포함한다. 동정의 행위와 정의의 행동, 권세와 맞서 싸우는 것과 창조 세계를 돌보는 것, 복이 되고 하나님 나라를 구현하는 것, 문화에 관여하고 외부인들을 끌어들이는 것, 제자들을 세우고 거룩한 삶을 사는 것, 기도와 찬양, 예배와 고난, 헌금과 사랑 등이 다 포함된다. 참으로 성경적인 교회의 선교는 우리가 종종 상상하는 것보다 더 커서, 이런 모든 차원을 다 포괄할 정도이다.

둘째, 선교 자체가 포괄적일 뿐만 아니라 또한 하나님의 백성은 그 선교 안에서 다른 **역할들**을 맡는다. 사도행전과 바울서신은 우리에게 하나님이 신앙 공동체 안에 있는 **일부 사람들**을 불신자들에게 복음을 전하는 특별한 사역으로 부르신다는 사실을 보여준다. 바울과 사도들이 최고 사례이다. 그러나 그것은 교회 **전체**의 주된 소명이 아니다. 우리가 빌립보서를 연구한 결과를 보면 바울은 이 회중이 헌금, 중보기도, 그리스도를 위한 고난, 공동체 생활 가운데 복음을 실행하는 것 등을 통해 복음을 널리 전하는 일에 그와 함께하기를 기대한 사실을 알 수 있다. 동시에 그들은 기회가 생길 때마다 구원받지 못한 친구와 이웃들에게 그리스도에 대해 말할 준비를 해야 한다(또 골 4:5-6; 벧전 3:15을 보라). 이런 문제들은 오늘날 선교를 수행하는 교회에 중요한 교훈을 제공한다. 이제 그 교훈들을 살펴볼 차례이다.

## 무엇이 문제인가?

우리는 이제까지 하나님의 백성에게 적절한 성경 본문들을 집중적으로 탐구해 왔다. 그것은 그리스도의 추종자로서 우리가 살아가는 방법에 어떤 영향을 끼치는가? 나는 말, 행동, 존재의 성경적 관계가 21세기 상황에서 교회를 형성하는데 도움을 줄 수 있는 몇 가지 방법에 대해 고찰할 것이다. 동시에 나는 세계 교회가 직면하고 있는 21세기 **상황**이 매우 다양하다는 점을 잘 안다. 따라서 당신은 이런 생각들을 당신이 처한 환경에 비추어 상황화하는 것이 필요하다.

### 우리는 누구인가?

내가 이 책 서언에서 말한 대로, 교회의 선교에 대한 논의들은 종종 "말 대 행위"의 문제에 집중한다.[2] 즉, 우리는 메시지를 선포하는데 집중해야 하는가 아니면 다른 사람들을 섬기는 활동에 집중해야 하는가? 유감스럽게도, 이런 식으로 문제를 표현하는 것은 필수적인 것을 경시하게 만드는 경향이 있다. 그것은 교회의 선교적 **정체성**이다. 우리의 **존재**는 우리가 **말하는 것**이나 **행동하는 것**보다 더 기본적이다. 그리고 선교는 우리의 존재에 중심이 된다.

선교는 무엇보다도 교회가 수행하는 한 가지 **활동** 그 이상이다. 우리는 교회의 선교를 전도 프로그램 실시, 해외 선교사 후원, 빈민가 급식소 운영, 인신매매 방지 등과 동일시할 수 없다. 물론 그와 같은 활동들은 다 가치가 있는 일이다. 하지만 이런 활동들은 훨씬 더 깊게 흐르는 무엇인가가 구체적으로 표현된 것에 지나지 않다. 우리는 단순히 선교를 **수행하지** 않는다. "선교"는 우리의 **존재**이다. 우리는 세상을 위해 하나님의 부름을 받은 백성이다. 교회의 존재는 그 선교와 분리할 수 없다. 이 기본적인 선교적 정체성은 우리가 교회로서 말하고 행동하는 모든 것을 통합시킨다.

> [교회의] 선교적 본질은 내부인들을 위한 내적 활동과 외부인들을 위한 외적 활동으로 세분될 수 없다. 교회가 하거나 존재하는 모든 것은 세상 가운데서 하나님의 생명을 나타내야 한다. 선교적 백성은 지켜보고 있는 세상 앞에서 하나님의 생명을 실천해야 한다. 여기에는 예배, 설교, 성찬, 서로 사랑, 사회정의, 가난한 자 돌보기, 예수님의 복음을 전하기 등이 다 포함된다. 선교적이 되는 것은 그 일부가 아니라 그 전부와 관련되는 것이다.[3]

오늘날 "선교적 교회"에 대한 말들이 많다.[4] 그 논의는 주로 교회의 존재 이유를 더 성경적으로 이해하고자 하는 바람에서 시작되었다. 그것은 특히 서구에서 몹시 제도화되고 내적으로 치우쳐 있는 교회 모델에 대한 심각한 불만을 반영한다. 그것은 필요한 교정책이다. 그러나 성경적 관점에서 볼 때, "선교적 교회"는 "어린 아기"처럼 거의 불필요한 용어이다.[5] 하나님의 선교에 관여하지 않는 교회는 교회가 아니다. 그렇다면 우리가 당면한 도전은 우리가 이미 존재하고 있는 것을 실천에 옮기는 것이다.

### 선포와 현시

이 책 전체에 걸쳐 우리는 성경에서 복음을 말하고 삶으로 나타내는 것이 이혼이 아니라 건강한 결혼 상태에 있음을 보았다. 좋은 소식은 보여야 하고 들려야 한다. 그 소식은 선포되어야 하고 현시되어야 한다. 그러나 많은 그리스도인들이 다른 것을 경시하면서 하나를 강조하고 있는 것이 현실이다. 그리스도의 추종자들은 선교하면서 말과 행위 중 어느 것을 우선해야 하는가 하는 문제를 갖고 논쟁을 계속하고 있다. 그리고 우리가 의식적으로 그 문제를 논의하지 않으면, 우리는 하나가 다른 하나보다 우선한다는 무언의 가정 아래 우리의 신앙을 실천해 나갈지 모른다. 하지만 우리가 어느 방향으로든 극단으로 치우치지 않는 것이 중요하다.

말만 갖고 충분한가?

우리가 복음을 **삶으로 나타내지** 않고 복음을 **말하는 것**만 강조할 때 무슨 일이 일어나는가? 우선 우리는 결국 온전하지 못한 왜소한 선교관을 갖게 될 수 있다. 때때로 교회가 하나님의 선교에 참여하는 것은 가능한 한 많은 영혼을 그리스도께 인도하기 위해 복음 메시지를 선포하는 것으로 제한된다. 나도 예전에는 그런 선교관을 갖고 있었다. 그것은 좁은 개울과도 같아서, 솟저럼 발로 선노하는 것을 넘어서지 못했다.

분명히 성경은 다른 사람들에게 예수님에 대한 영광스러운 좋은 소식을 말하라고 요청한다. 그리고 그것은 그리스도에 대한 개인적 헌신의 필요성을 단언한다. 그러나 그것이 하나님의 선교의 **전부**는 아니다. 크리스토퍼 라이트는 선교를 "영적" 활동으로 축소하는 위험에 대해 다음과 같이 훌륭하게 요약한다.

"영적 전도"는 복음을 죄사함의 수단으로 그리고 미래에 천국에 들어가는 수단으로만 소개하는 것을 의미한다. 그것은 우리 주위에 있는 사회적·경제적·정치적 사회에서 개인적으로 정직하게 살라는 도덕적 도전이나, 다른 사람들을 위한 정의와 동정의 문제에 대해 적극적으로 관심을 가지라는 선교적 도전에 대해서는 무심하다. 그 결과 일종의 개인화된 경건주의, 또는 같은 마음을 가진 신자들과는 잘 어울리나 넓은 사회와 관련하여 선지자적 안목이 없는 신앙인이 된다. 그러므로 천국에 가는 데는 관심이 있지만, 사방에서 일어나는 육체적·물질적·가성적·사회적·국제적 필요와 위기에 대해서는 전혀 관심을 기울이지 않는 그리스도인이 될 수 있다. 이러한 사회적 문제들은 너무나 쉽게 아무런 관심도 받지 못하고 선교 레이더망에 잡히지 않는 하찮은 것들이 되고 만다.[6]

균형을 잃은 이런 선교관은 교회는 우리가 사는 삶**보다** 우리가 하는 말로 선교적 소명을 실행한다고 흔히 추정한다.

언어적 증언을 지나치게 강조하면 선교 전체에 대한 왜곡된 생각을 갖게 될 뿐만 아니라 또한 교회의 특별한 **전도** 소명에 대해서도 축소된 이해를 갖게 될 수 있다. 앞에서 나는 전도를 우리의 삶을 다해 예수 그리스도를 따르라는 초대로 묘사했다. 그러나 그런 초대는 단순히 **말**의 문제인가? 그것이 바로 많은 그리스도인들이 전통적으로 전도 과제를 이해하는 방법이었다. 즉 전도는 선포를 **의미한다**는 것이다. 최근에 우리의 선교 소명과 관련해 말과 행위의 관계를 연구한 책에서, 듀안 리트핀은 이런 관점을 힘차게 옹호한다. 전도는 "한 가지 특별한 일"이라고 그는 주장한다. "전도는 복음, 즉 예수 그리스도에 대한 좋은 이야기를 말로 증언하는 행위다."[7] 공정하게 말해서, 리트핀의 대단히 중요한 관심사는 우리가 **반대** 방향으로 너무 멀리 가지 않아야 한다는 것이다. 즉 우리는 우리가 수행하는 선교의 언어적 차원을 경시하고 행위**만** 강조하지 않아야 한다는 것이다. 그리고 나는 그런 염려에 십분 공감한다. 그러나 나는 그가 내린 결론, 즉 성경적 관점에서 "복음은 말을 통해서만 전달될 수 있다"는 주장에 동의할 수 없다.[8] 그것은 복음**과** 전도 과제 둘 다를 과소평가한다.

좋은 소식은 말을 제외하고 표현될 수 없으며 전도는 엄격히 언어적이라고 말하는 것은 말과 삶으로 이루어진 교회의 증언을 성경적으로 옹호될 수 없는 방식으로 갈라놓는 것이다. "하나님의 나라가 가까이 왔다"는 좋은 소식을 전파하셨을 때(막 1:15), 예수님은 말로만 언급하시지 않았다. 예수님은 그분의 인격, 하나님 나라를 나타내는 그분의 행동, 그분의 메시지에 대해 전체적으로 일괄해서 말씀하셨다. 예수님은 **말씀이 육신이 되신** 분이셨다(요 1:14). 예수님은 좋은 소식을 선포하셨을 뿐만 아니라 또한 그 소식을 구현하셨다(눅 4:21을 보라). 게다가, 우리는 복음서에서 "가난한 자에게 좋은 소식을 전하는" 활동은 말만 하는 것 그 이상을 언급할 수 있다는 점을 보았다. 그것은 말과 행위를 통해, 전인을 치유하시고 자유롭게 하시는 예수님의 하나님 나라 사역 전체를 요약한다(눅 4:18-21; 7:22; 마 11:4-5). **9)** 마찬가지로, 오늘날 예수님의 하나님 나라 선교를 수행하는 것은 하나님의 통치에 대한 좋은 소식을 말할 뿐만 아니라 또한 그 소식을 현시하고 구현하는 것을 의미한다.

또한 신약의 나머지에서도 복음은 말만 갖고 전달되지 않는다. 바울은 그의 고난은 그가 그리스도의 죽음과 부활에 대해 선포하는 메시지를 세상에 나타낸다고 증언한다. 바울에게 복음은 선포되고 믿어져야 할 뿐만 아니라 또한 기독교 공동체에 의해 **실행**되어야 한다(빌 1:27). 마찬가지로, 베드로는 전도를 기독교적 생활방식과 결속시킨다. 실제로, 베드로는 그리스도인 아내들이 거룩한 생활방식을 구현하면 믿지 않는 남편들이 "말로 말미암지 않고 그 아내의 행실로 말미암아 구원을 받게" 될 수 있다고 격려한다(벧전 3:1-2).

이제 나는 분명히 내 입장을 밝히고자 한다. 나는 신약이 복음을 말과 **관계없이** 전달할 수 있다고 가르친다고 주장하지 않는다. 말은 중요하다. 그러나 교회의 전도 과제는 단순히 말하는 것**뿐**이라고 주장하는 것은 옳지 않다. 실제로 우리의 달걀 전부를 말 바구니에 넣을 경우 선교하는 교회에 진짜 위험이 발생한다.

첫째, **그것은 메시지를 메신저와 분리시키는 위험이 있다.** 우리의 성품과 행위의 진실성은 우리가 선포하는 복음과 단단히 연결되어 있다. 데살로니가전서 2:1-12은 그 점을 매우 명확하게 한다(7장을 보라). 바울이 데살로니가인들에게 처음에 전한 복음을 변호할 때, 의문시되는 것은 그 메시지의 내용이 아니라 그 메신저의 동기이다(살전 2:1-12). 이것이 바울이 그의 삶은 좋은 소식을 현시한다는 점을 설명하려고 애쓴 이유이다. [10)] 바울은 그 점을 인상적으로 진술한다. "우리가 이같이 너희를 사모하여 **하나님의 복음뿐 아니라 우리의 목숨까지도** 너희에게 주기를 기뻐함은 너희가 우리의 사랑하는 자 됨이라"(살전 2:8). 역으로, 우리의 삶이 우리가 하는 말과 일치하지 않을 때, 우리는 사람들이 믿음을 갖지 못하게 장벽을 세운다.

둘째, **그것은 전도를 순종의 삶과 이혼시키는 위험이 있다.** 전도가 언어적 선포로 제한된다면, 우리는 복음을 믿어야할 일련의 명제로 축소하려는 유혹을 받을 수 있다. 그러나 성경에서 말씀을 믿는 것은 그 말씀을 실행하는 것과 분리될 수 없다. 바울은 그의 선교 사역의 목표를 이방인 중에서 "믿어 순종하게" 하는 것으로 본다(롬 1:5; 16:26). 예수님이 교회에 주신 위임령은 단순히 메시지를 선포하라는 것이 아니라 모든 민족을 "제자 삼으라"는 것이다. 그리고 거기에는 순종의 삶이 포함된다(마 28:19-20). 오늘날 교회에는 복음을 **삶으로 나타내지 못하는 신자들**이 너무 많다. 전도는 기도를 하고 결신카드에 서명을 하거나 처음 믿기로 결정하는 것 그 이상을 의미한다. 그것은 급진적인 제자도를 요구하는 것이다. 십자가에서 처형당하신 주 예수님을 따르라는 초대는 "십자가를 통해 구체화되는" 요구이다.[11)]

셋째, **그것은 전도를 교회의 삶과 분리시키는 위험이 있다.** 전도는 언어적 활동이면서 **사회적** 활동이다. 전도가 이루어지는 상황은 하나님의 백성으로서 우리가 하는 공동생활이다. 사도행전 2장에서 예루살렘 공동체의 기쁘고 관대한 생활은 주님이 "구원받는 사람을 날마다 더하게 하시는" 촉매가 된다(행 2:43-47). 이 경우에, 신자들이 "와서 우리와 함께 해요"라고 말했다는 기록은 없다. 외부인들은 자석처럼 교회에 끌려왔다.[12)] 예수님에 대한 이야기를 말하는 것은 가난한 자 돌보기, 원수 용서하기, 민족·인종적 장벽 무너뜨리기, 그리스도를 위해 고난당하기, 성례와 예배에 참여하기 같은 것들을 실행하는 교회의 증언과 분리될 수 없다. 성령의 인도를 받는 공동체의 생활은 지켜보고 있는 세상 앞에 눈으로 보고 손으로 만질 수 있는 복음의 실체를 제시한다. 말로만 하는 전도는 실체가 없는 형태의 증언이다.[13]

넷째, **그것은 이성을 경험과 갈라놓는 위험이 있다.** 전도 선포는 종종 인간 이성에 호소하는 형태로 이루어진다. 그러나 특히 포스트모던 상황에서 그리고 다수 세계의 대부분에서, 전도 증언은 논리적 주장으로 제한될 수 없다. 처음에 불신자들을 끌어들이는 것은 매우 조리가 정연한 논증보다 기독교 공동체에 하나님의 임재와 권능이 나타난 경우가 훨씬 더 많다. 전도는 사랑이 넘치고 순종적인 신앙 공동체에 참여하도록 개인들을 초대할 때 종종 이루어진다. 사람들은 **믿기** 전에 **소속될** 필요가 있다. 포스트모던 세상에 타당한 복음은 말로 전달될 뿐만 아니라 또한 그리스도처럼 보이는 공동체들의 공동생활 가운데 실현되는 복음이다. 따라서 **그런 생활방식 증언은 좋은 소식의 전달의 필수적인 부분이 된다.**

우리가 전도를 좀 더 총체적으로 이해한다면, 우리는 또 다른 종류의 위험을 불러들이는 것인가? 우리는 복음의 능력이 말에 있지 않고 메신저의 삶과 행동에 있다고 생각할 위험이 있는가?[14] 전혀 그렇지 않다. 성경은 복음이 "모든 믿는 자에게 구원을 주시는 하나님의 능력"이 된다고 분명히 말한다(롬 1:16; 참고. 고전 1:18). 복음이 선포될 때, 인간의 삶을 변화시키시는 성령의 능력이 역사한다(살전 1:5을 보라). 그러나 이것은 성령이 말을 통해서만 역사하신다는 뜻은 아니다.

데살로니가전서에서, 바울은 복음이 회심자들에게 "말로만 이른 것이 아니라 또한 능력과 성령과 큰 확신으로 된 것임이라 **우리가 너희 가운데서 너희를 위하여 어떤 사람이 된 것은** 너희가 아는 바와 같으니라"(살전 1:5)고 쓴다. 여기에서 데살로니가인들의 복음의 진리에 대한 확신은 바울과 그의 동역자들이 그들 가운데 있을 때 살던 방식과 연결되어 있다. 다시 말해서, 바울이 그들 가운데서 행동한 방식은 그가 선포한 메시지를 구현했다. 그리고 이것은 결과적으로 데살로니가인들의 삶에 죄를 깨닫게 하는 복음의 능력이 크게 역사하는데 기여했다.[15] 성령은 우리의 삶의 특징을 사용해서 우리가 말하는 좋은 소식의 진리를 확증하신다.

내가 처음에 한 질문에 대답을 하면, 말만 갖고는 충분하지 **않다**는 것이다. 하나님의 온전한 선교에 참여하는 것이든, 아니면 그리스도를 알지 못하는 자들에게 전도 하는 특별한 소명을 수행하는 것이든 마찬가지다.

말이 필요한가?

다른 한 편으로, 오늘날 많은 그리스도인들은 기독교 선교에서 **말**이 차지하는 역할을 불신한다. 그들은 언어적 증언을 주제넘게 참견하고 강요하려 드는 전도 형태와 관련지어 생각한다. 전혀 모르는 사람들에게 사전에 작성해 놓은 구원 계획을 들이밀고, 전도자의 말재주에 의존해 능숙하게 복음을 제시하거나, 아니면 "삶을 보여주는 것 없이 말만 해대는" 그런 전도 형태로 여긴다.

진지한 그리스도인 사상가들조차 언어적 선포가 여전히 효과적이거나 필요한 증언 형태인지 의심한다. 토마스 머튼이 갑자기 죽기 직전에 오늘날 사람들이 그리스도께 회심할 필요가 있는지 질문을 받았을 때, 그는 이렇게 대답했다. "우리가 현재 해야 할 일은 그리스도에 대해 말하는 것보다 그분을 우리 안에 사시게 한 다음 사람들이 그분께서 우리 안에 어떻게 사시는지 느낌으로 그분을 발견할 수 있게 하는 것이다."[16] 또 다른 저자는 세상에서 수행되는 교회의 선교를 방 가운데 떠있는 빨간 풍선에 비교한다. 이 풍선은 확대되려고 애를 쓰거나 아니면, 보통 말하는 그런 의미로, 세상을 구속하려고 노력하지도 않는다. 대신에 기독교 공동체는 하나님의 새 창조의 구현으로 세상 가운데 가시적인 존재가 되어야 한다.[17]

물론 이와 같은 관점들에는 약간의 진리가 있다. 그러나 그것들은 우리의 선교에서 매우 중대한 무엇을 빠트리고 있다. "좋은 소식"으로서 복음은 **메시지**가 말해지고 들려질 것을 요구한다. **소식**은 우선 언어적인 것이다. 사도행전에 나오는 교회의 이야기는 기독교적 증언에서 말이 차지하는 필수적인 역할을 강조한다. 복음은 일련의 명제 그 이상이지만, 그것은 하나님이 그리스도 안에서 세상을 구원하기 위해 하신 일에 대한 이야기**이다**. 세상 속에서 이루어지는 우리의 생활방식 증언은 우리가 왜 그런 방식으로 행동하는지 그 **이유**를 설명하지 않는다면 하나님의 좋은 소식이 되지 못한다(벧전 3:15을 보라). 구원하는 이야기를 말하는 것은 결코 선택 사항이 아니다. 결국 그 이야기는 말로 전해져야만 한다.

그러므로 우리는 말이 우리가 필요한 **전부**라고 생각함으로써 "선교에서 벗어날" 수 있는 것처럼 그리스도를 따르도록 사람들을 초대하는 선교의 말을 생시함으로써 "선교에서 벗어날" 수 있다. 우리는 우리가 사는 지역사회에 사랑으로 존재하고, 억눌린 사람들을 위해 정의를 추구하거나, 가난한 자, 굶주린 자, 중독자 등을 돌보는 일에 깊이 헌신할 수 있다. 그러나 우리가 그런 사람들이 그리스도의 죽음과 부활을 통해 죄의 권세에서 자유롭게 되고 하나님의 가족에 소속되는 것을 보고자하는 마음이 전혀 없다면, 우리의 선교의 중심에 큰 구멍이 나 있는 것이다.

교회는 인류를 하나님 자신과 화해시키시고 만물을 그리스도 안에서 새롭게 만드시려는 하나님의 목적에 대한 영광스러운 좋은 소식을 맡았다. 우리가 어떻게 그와 같은 소식을 잃어버리고 깨진 사람들과 나누지 **않을** 수 있겠는가? 그러나 우리는 우리가 그저 질그릇에 불과하고 모든 능력은 하나님으로부터 온다는 사실을 기억하고, 항상 겸손한 태도로 그렇게 해야만 한다(고후 4:7). 우리는 하나님의 은혜가 이미 사람들의 삶 속에 역사해서, 그들이 변화시키는 말씀을 받아들일 준비를 하고 있다는 점을 신뢰해야 한다.

하나님의 진리를 증언할 수 있는 많은 기회는 우리가 일상생활을 하면서 매일 다른 사람들과 만나는 가운데 자연스럽게 생긴다. 우리가 총체적 방식으로 복음을 **삶으로 나타낸다**면, 분명히 좋은 소식을 **말할** 수 있는 기회가 따라올 것이다. 최근에 한 이웃이 나에게 부모님이 오랫동안 병환 중이라 힘들다고 말했다. 우리는 자연스럽게 그리스도가 주시는 희망과 위로에 대해 그리고 그와 비슷한 상황에서 내가 그 희망을 경험한 것에 대해 대화를 나눌 수 있었다. 우리가 사람들이 지닌 갈망과 힘든 일에 대해 귀 기울여 듣는 법을 배울 때, 주제넘게 참견하는 방식이 아니라 자연스럽게 좋은 소식을 전할 수 있는 기회가 생길 것이다.

### 우선권이 있는가?

우리의 선교가 선포와 현시를 **둘 다** 포함한다면, 성경은 우리가 우선권을 정할 수 있도록 허락하는가? 선교를 수행하면서 우리는 언제나 하나가 다른 하나보다 우선하도록 해야 하는가? 많은 그리스도인들은 둘 다 필수적이지만, 인간의 가장 큰 필요가 영적이고 영원하기 때문에 좋은 소식을 전하는 것이 우선되어야 한다고 주장한다. 그러므로 사람들을 그리스도에 대한 믿음과 영원한 삶으로 이끄는 전도 선포가 더 중요하다. 하지만 그리스도의 다른 추종자들은 똑같이 진지한 자세로 인간의 가장 긴급하고 절실한 필요는 끝도 없이 계속되는 가난, 걷잡을 수 없는 질병, 인권 유린, 성 매매, 폭력 같은 문제들이라고 주장한다. 따라서 그와 같은 관심사가 비참한 세상에서 교회가 우선적으로 해야 할 일이다. 다시 말해서 우리는 그리스도의 사랑에 대해 **말하기** 전에 그 사랑을 **보여줄** 필요가 있다.

그러나 **우선권**이라는 말은 하나님의 백성의 선교를 표현하는 최선의 방법인가? 나는 아니라고 생각한다. 무엇보다도, 선포나 현시 둘 중 하나를 우선해야 하는 것으로 말하는 것은 그것들이 분리될 수 있고 또 우리가 그 중 하나를 선택할 수 있음을 암시한다. 이를테면 **말**을 우선시할 경우, 우리는 때때로 사람들의 현실적인 필요를 돌보는 일이 선택 사항이라고 생각할 수 있다. 그것은 우선순위 목록에서 아래에 있기 때문이다. 하지만 신약은 복음을 말하고 현시하는 것을 하나님의 선교에서 별개의 선택 사항으로 다루지 않는다. 사도행전에서 베드로는 예수님의 사역을 "화평의 복음을 전하고 선한 일을 행하시고 마귀에게 눌린 모든 사람을 고치신" 것으로 묘사한다(행 10:36-38). 예수님이 제자들을 내보내실 때, 치유 활동과 좋은 소식을 선포하는 활동은 한 가지 실재, 즉 하나님 나라의 임재를 가리킨다(마 10:1-8). 레슬리 뉴비긴이 예리하게 표현한 대로, "말 없는 행위는 벙어리고, 행위 없는 말은 공허하다."[18] 이것은 모든 행위는 말과 연결되어야 하고 모든 말은 행위와 연결되어야 한다는 뜻은 아니다. 오히려, "그것은 교회의 온전한 증언 가운데 말과 행위가 협력해서 복음을 신뢰할 수 있게 만든다"는 뜻이다.[19] 그 둘은 하나님의 선교적 백성으로서 우리의 **존재** 가운데 흘러나온다. 제자의 근본적인 소명은 "예수님과 함께 있는" 것이다(막 3:14). 세계적인 미가 네트워크는 말, 행동, 존재를 결속시키는 "통합적 선교"를 다음과 같이 웅변적으로 묘사한다.

> 통합적 선교는... 복음을 선포하고 현시하는 것이다. 그것은 단순히 전도와 사회 참여를 함께 실행해야 한다고 말하는 것이 아니다. 오히려, 통합적 선교를 하면서 우리가 사람들에게 모든 삶의 영역에서 사랑과 회개를 요청할 때 우리의 선포는 사회적 결과를 가져온다는 말이다. 그리고 우리가 예수 그리스도의 변화시키는 은혜를 증언할 때 우리의 사회 참여는 전도적 결과를 가져온다는 말이다. 우리가 세상을 무시하면 우리는 세상을 섬기도록 우리를 보내신 하나님의 말씀을 저버리는 것이다. 우리가 하나님의 말씀을 무시하면 우리는 세상에 전할 것이 전혀 없게 된다. 정의와 이신칭의, 예배와 정치적 행동, 영적인 것과 물질적인 것, 개인적 변화와 구조적 변화 이 모든 것은 함께 한다. 예수님의 삶처럼, 존재, 행동, 말은 우리의 통합적 과제의 핵심이다.[20]

크리스토퍼 라이트는 기독교 제자도에서 성경 읽기와 기도가 차지하는 역할에 대한 유추를 한다. 사실상 어느 것이 우선한다고 주장하는 것은 아무런 의미가 없다. 그것들은 둘 다 성경적이고 둘 다 그리스도인의 성장에 중요하다.[21] 마찬가지로, 복음을 말하는 것과 구현하는 것은 둘 다 기독교 선교에 필수적이다.

구세군의 창립자인 윌리엄 부스는 이 점을 제대로 이해했다. 부스는 결코 전도에 대한 깊은 열정을 잃어버리지 않았다. 그러나 부스는 또한 그가 가난한 자들에게 전하는 좋은 소식을 긍정적으로 듣는 것을 훼방하는 육체적, 사회적, 정치적 요인들이 있음을 알았다.[22] 감동적인 산문으로, 부스는 "매음굴에서 태어나, 독한 술을 빨아먹고, 아주 어릴 때부터 짐승 같은 방탕한 짓에 익숙하고, 열두 살도 되기 전에 성폭행을 당하고 일이년 후에 엄마의 손에 거리로 쫓겨난 매춘부의 사생아"에게 어떤 기회가 있을 수 있는지 묻는다.[23] 데이비드 스미스는 "이와 같은 만남들을 통해 부스와 그의 동료들은 전도와 사회 활동은 분리될 수 없다는 점을 인식하게 되었다"고 결론을 내린다.[24]

둘째, **우선권**은 우리가 해야만 하는 가장 **긴급한** 일이 있음을 암시한다. 즉 그것이 우리의 사역이 시작해야 하는 곳이라는 말이다.[25] 그러나 사람들은 광범위한 필요를 갖고 있으며, 가장 긴급한 일은 그 사람들과 그들이 처한 생활환경에 따라 다를 것이다. 예를 들어, 막 배우자를 잃어버린 이웃에게는 그 옆에 같이 있으면서 이야기를 들어주고 따뜻한 식사를 함께 하는 것이 가장 필요할 것이다. 그리스도인 친구를 따라 청소년 교회 활동에 참가한 후 이 "기독교적인 것"에 대해 질문하기 시작한 십대 청소년에게는 그저 복음을 간단하게 설명해주는 것이 필요할 것이다. 착취와 억압을 당하고 있는 사람들에게는 우리가 그들에게 좋은 소식을 말할 수 있는 기회가 있든지 없든지 간에 그들을 지지하고 옹호하는 것이 필요할 것이다. 교회에서 상처를 입고 마음이 닫힌 직장 동료에게는 지속적인 친절로 그리스도의 사랑을 나타내 보이면서, 궁극적으로 성령의 인도하심을 따라 우리 안에 있는 소망에 대해 말하는 것이 필요할 것이다.[26] 다시 말해, 주어진 상황에서 우리의 **우선권**은 그것이 존재, 말, 행동 무엇이든지 간에 사람들이 갖고 있는 특정한 필요에 따라 다를 것이다. 우리는 그 안에 선교의 세 가지 차원 모두가 서로 연결된 상태로 존재하는 삼각형이라는 면에서 생각해 볼 수 있다. 그러나 우리는 사람들의 실제 생활환경을 고려하여 이런 선교적 반응 가운데 한두 가지를 우선적으로 실행할 수 있다. 예를 들어, 그리스도인으로 존재하거나 아니면 복음 이야기를 말하거나 하는 것 등이다(그림 11.1을 보라).

예수님 자신의 사역은 이런 점에 대해 모범을 보여준다. 예수님이 온갖 사람들을 사랑으로 대하신 것은 나병환자의 몸을 만지시고, 괄시를 받는 여인과 생수에 대해 이야기하시고, 굶주린 무리를 먹이시거나 죄인들과 함께 식사를 하시는 형태로 나타났다. 궁극적으로 브네 빠디아는 하나님의 나라의 임재가 삶의 전 영역에 대한 그분의 통치를 의미한다면, "모든 인간의 필요는… 하나님의 성령에 의해 그분의 왕권을 나타내는 발판으로 사용될 수 있다"고 주장한다.[27] 실제로, 우리가 어디에서 시작하는가 하는 문제는 중요하지 않다.

셋째, 우리의 선교적 우선권은 우리의 은사와 소명에 달려 있다. 뉴비긴이 말한 대로, 복음을 선포하고 현시하는 것은 몸의 공동생활을 통해 관련된다.[28] 우리 중 누구도 모든 종류의 필요를 홀로 해결할 수 없다.

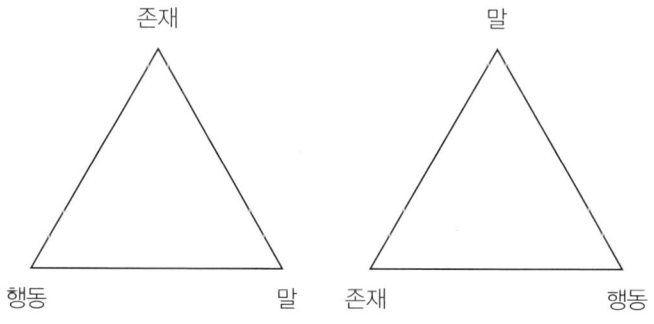

**그림 11.1 변화하는 선교적 우선권**

하나님은 교회에 여러 사역을 부여하셨다. 따라서 우리는 각각 다른 선교적 우선 사항에 집중하도록 부름받을 수 있다. 어떤 사람들은 전도자가 되도록 부름받는다(엡 4:11). 다른 사람들은 남을 위해 구제하는 특별한 은사를 받을 수 있다(롬 12:8). 또 기도를 하거나 실제적인 필요를 돌보는 특별한 은사를 받을 수도 있다(행 6:1-6을 보라). 또 말하는 은사와 섬기는 은사도 있다(벧전 4:10-11). 게다가 우리가 어떤 필요를 **보았다**고 해서 우리가 개인으로서나 기독교 공동체로서나 반드시 그 필요를 직접 **해결해야** 하는 것은 아니다. 우리는 우리가 하나님으로부터 받은 소명을 실행해야 한다.

마지막으로 나는 선포나 현시 중 어느 것이 **우선권**을 갖는지 이야기하는 대신에 우리는 **궁극성**(ultimacy)이라는 면에서 생각해야 한다는 크리스토퍼 라이트의 제안을 좋아한다. 하나님의 백성은 다른 사람들에 대한 선교적 반응을 그리스도인의 존재, 자비로운 봉사, 사회 정의 또는 요청받은 그 무엇을 갖고 시작할 수 있다. 하지만 하나님의 소원은 모든 사람이 그분을 알고 그분이 주시는 영생의 선물을 받는 것이기 때문에, 우리는 **궁극적으로** 사람들이 예수 그리스도의 변화시키는 좋은 소식을 들을 수 있는 기회를 가질 때까지 만족할 수 없다. 라이트는 다음과 같이 주장한다. "선교는 항상 전도로 **시작하지** 않을 수도 있다. 그러나 궁극적으로 하나님의 말씀과 그리스도의 이름을 선포하고, 회개와 믿음과 순종을 요청하는 것을 **포함하지** 않는 선교는 그 과제를 다 하지 못하는 것이다. 그것은 총체적인 선교가 아니라, 결함이 있는 선교다."[29]

### 선교적 거룩함

우리의 연구에서 떠오른 한 가지 중요한 주제는 성경에서 거룩함과 선교가 협력한다는 것이다. 유감스럽게도, 거룩함은 종종 오해를 받고 하나님의 선교와 분리되고 만 다. 하지만 거룩함은 다음과 같은 것이 아니다.

* 개인적 경건의 세계로 물러나거나 내적 영성에만 집중하는 것.
* 사악한 세계와 분리된 채로 사는 태도. 그런 "방부제 같은 거룩함"은 전혀 거룩한 것이 아니다.
* 세상을 **반대하는** 운동을 시작하라는 요청. 참된 거룩함은 다른 사람들의 믿음과 행위를 맹비난하지 않는다.

그와 반대로, 성경적 거룩함은 사람들을 끌어들이고 전염성이 있고 초대하는 특징을 갖고 있다. 거룩함의 아름다움 때문에 외부인들이 하나님의 가족으로 끌려온다. 교회의 공적인 공동생활이 예수님의 자신을 주시는 사랑의 모습을 나타낼 때 이런 일이 일어난다. 따라서 세상 가운데 있는 교회는 두 방향으로 바라보아야 한다. 교회는 동시에 외적으로 내적으로 향한다. 예수님은 우리가 서로 사랑함으로써 우리가 그분께 속한 것을 세상이 알게 될 것이라고 약속하신다(요 13:34-35). 사도행전은 친교, 예배, 환대, 물질 공유 그리고 소외된 사람들을 포함시키는 일 등을 일상적으로 실행해서 그 공동체를 지켜보는 자들을 그리스도께로 끌어들이는 선교적 공동체의 모습을 제시한다. 바울은 반복해서 우리가 "서로"를 대하는 방법을 "모든 사람" 즉 외부인들에 대한 우리의 증언과 연결시킨다(롬 12:9-21; 빌 4:2-5:1; 살전 3:12을 보라). 사랑이 넘치고 순종적인 공동체로서 교회의 내적 생활은 다른 사람들에 대한 증언과 분리될 수 없다. 우리는 세상 앞에서 우리의 거룩한 공동생활을 실행한다. 브라이언 스톤은 그 점을 이렇게 도발적으로 표현한다. "교회가 오늘날 할 수 있는 가장 전도적인 일은 교회가 되는 것이다."[30]

이것은 결코 좋은 소식을 말하는 역할을 약화시키지 않는다. 우리는 우리를 규정하는 이야기를 말하지 않고서는 참다운 교회가 될 수 없다. 그러나 우리가 사랑, 자비, 정의를 실천하는 행동을 통해 좋은 소식을 **실현하는 것** 역시 중요하다. 슬픈 사실은 때때로 세상이 교회의 공적 생활에서 좋은 소식이 **아닌** 것을 본다는 것이다. 너무 자주 세상은 분열된 교회, 재정적 속임수, 일반 사회와 다를 바 없는 이혼율, 불의 앞에서 침묵, 그리고 우리와 의견이 다른 사람들에 대해 사랑 없이 반응하는 모습을 본다. 우리는 이런 모습을 보고 울어야 한다. 우리는 우리의 말과 우리의 생활방식이 종종 일치하지 않은 점을 겸손하게 고백해야 한다. 초대교회는 거룩한 삶을 사는 동기의 일부가 복음이 신뢰를 잃어버리지 않도록 하는 것이라는 점을 알았다(딛 2:5, 8).

물론 우리가 신실하다고 해서 반드시 전도에 성공하는 것은 아니다. 때때로 외부인들이 우리의 순종하는 삶을 보고 끌려올 것이다. 하지만 다른 경우에 그런 삶은 외부인들을 돌아서게 만드는 스캔들이 될 것이다.[31] 그러나 우리는 사람들이 그리스도를 받아들이라는 초청을 거부할 경우 그것이 **우리가 복음을 구현하지 못한 잘못** 때문에 생긴 스캔들이 아니라 **복음**의 스캔들 때문이라는 점을 확실히 하는 것이 필요하다. 우리가 선교적인 존재가 되기 원한다면, 우리는 그리스도를 닮아야 한다. 그리고 그것은 오직 하나님의 풍성한 은혜와 "성결의 영"(롬 1:4)이 내적으로 능력을 부어주실 때만 가능하다. 우리는 먼저 하나님의 능력으로 변화되지 못하면 우리가 사는 세상에 변화를 가져오는 대행자가 될 수 없다.

### 다른 방식으로 참여

복음을 말하고 삶으로 나타내는 것은 빈 공간에서 일어나지 않는다. 그것은 특정한 문화, 환경, 사람들의 집단 가운데서만 의미를 가진다. 신약은 문화에 관여하는 것과 문화에 의문을 제기하는 것을 세심하게 구분한다. 한 편으로, 복음을 분명히 설명하는 "한 가지 절대 표준 방식"은 없다. 복음이 의미를 가지려면 상황에 맞게 조정되어야 한다. 예를 들어, 사도행전에서 바울이 안디옥 유대인들에게 메시지를 전할 때 그는 약속된 메시아에 대한 유대인의 소망을 말하지만(행 13장), 아덴에서 교육 수준이 높은 이방인들에게 말할 때는 그리스 시인들을 인용한다(행 17장).

특정한 문화와 청중에게 의미가 통하는 방식으로 말하려면 남다른 융통성과 혁신적인 마음이 필요하다.

우리는 우리가 복음을 전달하는 방식을 사람들의 필요와 생활환경에 맞춰야 한다. 예를 들어, 권세를 대한 그리스도의 승리를 말하는 언어(골 2:15을 보라)는 세속화된 사회보다 보이지 않는 세력에 대한 두려움이 지배하고 있는 전통적인 정령신앙(애니미즘) 문화에서 훨씬 더 큰 선교적 영향력을 발휘할 것이다. 그렇지만 회심을 잠에서 "깨어나는 것"(엡 5:14을 보라)으로 이야기하는 것은 세속적인 사람들이 더 공감하기 쉬운 이미지이다.[32] 마찬가지로, 우리가 진리를 **실행하는** 방법은 1세기에 우상에게 제물로 바쳐졌던 음식을 먹을 수 있는 때와 먹을 수 없는 때를 분별하는 것에서부터(고전 8-10장) 21세기에 학대받는 여성들을 위한 쉼터를 운영하는 것에 이르기까지 수많은 형태로 나타날 수 있다.

동시에 우리는 우리가 살고 있는 문화를 계속적으로 검토하면서 복음을 말하고 구현하는 방식을 찾아나가야 한다. 우리가 사람들이 말하고 생각하고 행동하는 형태를 그대로 취한다면 그리스도를 위해 그들에게 접근할 수 있는 더 좋은 기회를 갖게 될 것이라는 말은 논리적으로 들릴지 모른다. 그러나 그것은 복음의 논리가 아니다. 세상에 대한 교회의 증언은 우리가 세상과 너무 많이 **비슷해질** 때 사라져 버린다. 전세계적으로 기독교 강단과 기독교 대중매체에서 선포되고 있는 "건강과 부"의 복음은 교과서적인 예이다. 그것은 소비주의라는 문화의 신에게 드리는 제사이다. 또 일부 교회가 국가를 지배하고 있는 세계관을 기독교 복음과 섞는 방법을 고려해 보라. 결과적으로 그들은 강렬한 국가적 자부심이나 어떤 정당을 지지하는 것이 그리스도께 충성하는 증거라고 추정하는 시민종교로 끝날 수 있다. 선교적 거룩함을 구현하는 교회는 세상과 전혀 다른 공동체로 살아야만 한다. 게르하르트 로핑크는 그 점에 대해 다음과 같이 훌륭하게 말한다.

**교회가 자신을 위해 존재하는 것이 아니라 전적으로 세상만을 위해 존재하기 때문에, 교회는 세상이 되어서는 안 되며 자신의 모습을 유지하는 것이 반드시 필요하다.** 교회가 자신의 모습을 잃어버리면, 교회가 그 빛을 잃고 그 짠맛을 잃어버리면, 교회는 더 이상 사회를 변화시킬 수 없다. 선교활동이나 사회 참여를 아무리 열심히 해도 더 이상 도움이 되지 않는다.[33)]

우리가 진정으로 그리스도께 순종하는 삶의 모습을 온전히 나타내지 못한다면, 외부인들에게 제공할 것이 전혀 없다. 크리스토퍼 라이트가 결론을 내린 대로, "교회가 '세상과 대조되는 사회,' 선교적 거룩함으로 빛나는 놀라운 능력에 의해 세상을 하나님께로 끌어들이는 공동체가 되어야 할 필요는 오늘날 교회가 직면하고 있는 가장 큰 도전 중 하나다."[34)]

그러나 대조 공동체가 **언제나** 세상에 매력적인 존재가 되는 것은 아니다. 성경은 이 문제에 대해 명백하게 증언한다. 복음을 말하고 삶으로 나타내는 것은 오해와 반대와 고난을 불러일으킬 수 있다. 오늘날 전 세계에 걸쳐 수많은 그리스도인들이 복음으로 말미암아 매일 적의에 둘러싸여 있다. 그러나 비교적 관대하고 민주적인 사회에서조차 진정으로 진리를 말하고 실천하는 그리스도의 추종자들은 점점 더 반대에 직면한다. 성경은 그냥 많은 이야기 중 한 가지를 말하는 것이 아니라 한 가지 참된 이야기를 말한다고 주장한다. 하지만 이런 주장은 다원주의가, 역설적이게도, 타협할 수 없는 **유일한** 것이 된 포스트모던 사회에서 받아들여지지 않는다. 교회는 어떤 믿음과 행위가 참되고 옳다는 것을 담대하게 증언한다. 교회는 문화를 지배하는 바람에 따라 이리저리 흔들리지 않는다. 최근 미국에서 한 대도시 시장이 전국적인 대중매체를 통해 한 그리스도인 사업가를 비난하는 일이 있었다. 그것은 이 신자가 자신이 신봉하는 성경적 가치를 정직하게 표현했기 때문이었다. 그러나 우리가 그런 압력을 받았다고 해서 세상에서 물러나거나 똑같은 방식으로 맞서 싸워서는 안된다. 우리는 고난 **가운데** 그리고 때때로 고난을 **통해서**까지 그리스도를 겸손하게 증언하도록 부름 받았다.

### 광범위한 우리의 선교

우리는 되풀이해서 하나님의 백성의 선교는 그 범위가 포괄적이라는 점을 보았다. N. T. 라이트가 요약한 대로, "좀 더 협소한 의미에서의 선교 그리고 가장 넓은 의미에서의 선교를 위해 교회는 존재한다. 하나님은 세상을 바로잡기를 원하신다. 그래서 예수님을 통해 이 프로젝트를 극적으로 시작하셨다. 예수님께 속한 사람은 지금 여기에서 성령의 권능으로 그 바로잡는 목적의 역군이 되라고 부름받는다."[35] 성경은 처음부터 끝까지 하나님의 백성을 통해 만물을 바로잡으시려는 하나님의 복표를 널리 알린다. 창세기 12:1-3은 하나님의 백성이 땅의 모든 백성을 축복하는 도구가 되도록 부름받았다고 선언한다. 그리고 그 복에는 사람들을 구속하시고, 그들을 서로 화해시키시고 또 창조 세계의 모든 것을 회복시키시려는 하나님의 목적이 포함된다.

그렇다면 우리는 하나님의 포괄적인 선교에 비추어서 "그러므로 너희는 가서 모든 민족으로 제자를 삼으라"(마 28:19)는 예수님의 위임령을 이해해야 한다. 그동안 대위임령은 "오로지 각처에 가서 복음을 전하라는 진도 명령으로만 종종 묘사되었다. 하지만 실제로 그 본문에서 중심이 되는 단 하나의 명령법 동사는 '제자를 삼으라'는 것이다."[36] 분명히, 예수님은 "제자 삼기"에 "세례 베풀기"가 포함된다고 설명하신다. 그것은 복음 선포를 하고 그 결과 사람들이 믿음을 갖게 되는 일을 추정한다. 그러나 회심자들에게 세례를 베푸는 것은 또한 그들이 하나님의 가족에 포함됨을 의미한다. 게다가 제자 삼기에는 예수님의 명령을 "가르쳐" 실천하도록 하는 것이 포함된다. 그런 가르침은 지혜로운 말씀을 통해서뿐만 아니라 또한 순종적인 삶의 모범을 통해서 이루어진다. 우리가 제자를

**삼을** 수 있기 전에, 우리는 제자가 **되어야** 한다. 그러니까 예수님의 위임령은 좁은 협곡이 아니라 넓은 대초원이다. 그것은 교회가 말과 행동과 존재로 선교를 수행하게 한다. 그리고 그 목표는 세상의 모든 사람 가운데서 예수님처럼 보이고 예수님처럼 행동하는 제자들의 공동체를 형성하는 것이다.

하나님의 교정 프로그램은 성경의 마지막 장면에서 절정에 달한다. 그것은 새 하늘과 새 땅을 묘사하는 요한계시록의 장면이다(계 21-22장). 이 놀라운 환상은 교회가 창조 세계 전체를 회복시키시려는 하나님의 목적에 참여하도록 손짓을 한다. 거기에는 "만국을 치료하는" 일이 포함된다(계 22:2). 열방을 위한 소망과 치유의 도구가 되는 것은 전 세계에 걸쳐 복음을 선포하고 사람들을 전도하는 일을 포함할 뿐만 아니라, 또한 세계 열방 가운데서, 특히 가난하고 학대당하는 자들을 위해 평화와 정의와 화해를 위해 일하고 행동하는 것을 포함한다. 우리는 아름답고 창조적이고 온전한 하나님의 미래의 삶을 지금 이곳에서 공적으로 구현해야 한다. 그러니까 성경적 선교는 선포와 존재, 말하기와 섬기기, 말과 일을 다 하도록 명령한다.

게다가 우리의 선교적 책임은 사람들뿐만 아니라 창조 세계 전체까지 확대된다. 1장에서 우리는 우리의 **인간적** 과제의 일부는 하나님이 만드신 모든 것을 소중히 여기시는 하나님의 마음을 본받아 하나님의 창조 세계를 돌보고 섬기는 것이라는 점을 보았다(시 145:9). 하나님의 사랑의 목적은 창조 세계 전체를 그리스도의 십자가를 통해 죄의 억압적인 영향에서 해방시키는 것이다(골 1:20). 그것이 사실이라면, 지구를 돌보는 것은 창조 세계 전체를 사랑하시는 창조주를 가시적이고 구체적으로 증언하는 활동이 된다. 전도에 매우 헌신되어 있는 것처럼 보이는 일부 그리스도인들이 하나님의 창조 세계의 성경적 청지기직에 대해 가장 관심이 없는 사람들 가운데 속해 있다는 것은 비극적 모순이다. 세계 로잔 운동에서 발표한 케이프타운 서약은 다음과 같이 진지하게 고백한다. "**하나**

**님의 창조 세계에 대한** 사랑은 우리가 지구 자원의 파괴, 낭비, 오염에 참여한 것과 소비주의라는 유독성 우상과 결탁한 것에 대해 회개할 것을 요구한다." 대신에 그 서약은 교회에 대해 "긴급하고 예언자적인 생태학적 책임"을 감당할 것을 요청한다.[37] 이것은 물론 일반적인 의미에서 하나님의 백성이 창조 세계를 배려하는 활동을 실천하고 지지해야 한다는 점을 뜻한다. 하지만 그것은 또한 하나님은 일부 그리스도인들이 하나님의 세계에서 특별히 생태학적 프로젝트를 맡아 봉사하기를 원하신다는 점을 인정한다.[38]

우리의 선교는 얼마나 광범위한가? 케이프타운 서약은 그 점을 다음과 같이 훌륭하게 요약한다.

> 통합적 선교는 복음이 예수 그리스도의 십자가의 부활을 통해 개인과 사회와 창조 세계를 위한 하나님의 좋은 소식이라는 성경적 진리를 분별하고 선포하고 실행하는 것을 의미한다. 개인과 사회와 창조 세계 이 세 가지 모두는 죄로 말미암아 망가지고 고통을 당하고 있다. 그리고 이 세 가지 모두는 하나님의 구속적 사랑과 선교에 포함된다. 따라서 이 세 가지 모두는 하나님의 백성의 포괄적 선교의 일부가 되어야만 한다.[39]

### 선교적 사랑

우리의 성경 탐구 여행을 관통하는 주제는 성경적 선교가 사랑의 선교라는 것이다. 이것은 적어도 두 가지 점에서 사실이다. 첫째, 사랑은 우리의 선교의 **특징**이다. 사랑을 추구하는 것이 죄로 망가진 세상을 구속하시고 다시 정돈하시려는 하나님의 선교 프로젝트 전체의 핵심에 놓여 있다(요 3:16-17). 하나님의 풍성한 사랑은 예수님의 삶, 죽음, 부활 가운데 구체적으로 나타났다. 그리고 예수님의 선교를 흠뻑 적신 그 무한한 사랑은 존재, 행동, 말로 이루어진 우리의 선교의 진정성을 평가하는 척도가 된다. 우리가 그리스도의 자신을 주시는 사랑을 구현하지 않는다면, 우리의 말은 공허하고, 우리의 행위는 무의미하며, 우리의 선교는 성과가 없다.

짐 웍스는 두려움, 염려, 약물 남용의 문제와 씨름하고 있는 청년 웨스의 이야기를 말한다. 웨스는 짐이 사역을 하는 도시선교회와 연결이 되었다. 웨스는 그곳에서 다양한 신자들로 이루어진 공동체의 사랑을 경험했다. 그러나 어느날 짐은 웨스가 큰 소리를 내면서 선교회를 떠나가는 장면을 목격했다. 짐은 웨스에게 "어디로 가는 거야?"라고 물었다. 웨스는 친구를 만나러 강변공원에 갈 것이라고 대답했다. 짐은 그 공원이 마약과 알코올에 빠져들기 쉬운 장소라는 것을 잘 알고 있었다. 짐은 웨스에게 점심을 같이 먹자고 제안했으나 웨스는 그 제안을 거절했다. 그러고 나서 짐은 선교회에서 주중에 실시하는 성경 공부 모임에 웨스를 초대했다. 그 모임에서 웨스는 그리스도인들의 후원과 그가 절실하게 찾는 사랑을 발견할 수 있을 것이다. 웨스는 확실한 반응을 하지 않았다. 웨스가 방향을 돌려 공원을 향해 걸어가려고 하자, 짐은 갑자기 안에서 무언가 끓어오르는 것을 느꼈다. 계단으로 서둘러 쫓아가서 짐은 외쳤다. "웨스야. 너 내가 너를 사랑하는 거 알지." 그러자 웨스는 몸을 돌려 이렇게 대답했다. "목사님. 감사해요. 저도 목사님을 사랑해요."

그 주 후에, 웨스는 성경 공부 모임에 나왔다. 웨스는 짐에게 자신이 교회를 떠나 공원에서 마약상인을 만날 계획이었다고 자백했다. "그런데 그때 목사님이 저에게 '너를 사랑한단다'하고 소리치셨어요"라고 웨스는 말했다. "저는 그 말을 잊어버리려고 했어요. 하지만 그 말이 계속 제 머릿속을 맴돌았어요. 그리고 저는 목사님과 교회의 다른 분들과 모든 형제에 대한 생각을 멈출 수가 없었어요. 그것이 저를 '완전히 뒤집어' 버렸어요."[40] 교회의 소명은 그리스도 안에 나타난 하나님의 사랑의 이야기를 재현해 냄으로써 "사람들을 완전히 뒤집어 버리는" 것이다.

둘째, 신적 사랑은 우리의 존재와 행동을 형성할 뿐만 아니라 또한 우리가 그렇게 하는 이유도 형성한다. 사랑은 우리가 선교를 수행하는 궁극적인 **동기**이다. 복음을 선포하고 현시하는 동기는 여러 가지가 있을 수 있다. 어떤 동기는 고상하고 또 어떤 동기는 고상하지 않다. 바울은 이기적인 이유로 그리스도를 전하는 사람들을 언급한다. 그들은 다른 사람들에게 잘 보이기 위해 그리스도를 전파한다(빌 1:15-17). 다른 사람들은 의무감이나 아니면 심지어 죄책감에서 증언하거나 섬기는 일을 한다. 최근에 한 기독교 대학을 다니는 어떤 학생이 채플 시간에 다음과 같은 간증을 했다. "저는 단기 선교 여행을 가지 않은 것 때문에 여러 해 동안 죄책감에 시달렸어요, 하지만 이제 단기 선교 여행을 다녀왔기 때문에 저는 더 이상 죄책감을 느끼지 않아요. 여러분도 죄책감을 없애기 원한다면, 선교 여행을 다녀오세요." 다른 사람들은 그냥 필요를 채우거나 사람들을 돕고자하는 바람에서 섬기는 일을 한다. 한 인터뷰에서, 마더 테레사는 그가 순전히 인도주의적 이유에서 캘커타의 병들어 죽어가는 사람들 가운데서 일한다는 오해에 대해 이렇게 입장을 밝혔다. 마더 테레사는 "우리는 사회사업가들이 아닙니다. 우리는 예수님의 사랑 때문에 이 일을 합니다"라고 주장했다.[41]

 사랑은 순종과 결합되어 있다. 이것은 분명히 우리가 복음을 말하고 삶으로 나타내는 가장 최고의 동기이다. 우리의 선교는 무엇보다도 피투성이 십자가에서 나타난 예수님의 사랑과 동정이 넘치는 선교 가운데서 흘러나온다. 바울이 말한 대로, "그리스도의 사랑이 우리를 강권하시는도다 우리가 생각하건대 한 사람이 모든 사람을 대신하여 죽었은즉 모든 사람이 죽은 것이라"(고후 5:14). 그리고 우리의 선교가 십자가로 형성된다면, 그것은 조작이나 강압 전술을 전혀 활용하지 않는다. 우리는 힘 있는 자세가 아니라 겸손한 자세로 세상이 하나님과 그분의 사랑을 알도록 초대해야 한다. 고수케 고야마가 표현한 대로, "십자가에는 손잡이가 없다."[42] 십자가는 경영자의 서류가방처럼 들고 다닐 수가 없다. 십자가는 오직 피에 젖은 등으로 질 수만 있다. 우리의 선교는 자신을 비우는 사랑의 선교이다(빌 2:7).

## 마지막 생각

나는 사실상 이 책을 시작했던 곳에서 끝을 맺는다. 앞에서 나는 성 프란시스가 한 말을 인용했다. "항상 복음을 선포하라. 그리고 필요하다면 말도 사용해라." 복음을 말하고 삶으로 나타내는 것에 대한 성경적 이해에 비추어 볼 때, 나는 그 격언을 이렇게 바꾸어 말하고 싶다. "항상 복음을 선포하라. 그리고 필요하다면 말도 사용해라. 그러나 말만 사용하지 말라. 항상 당신의 사랑이 넘치는 행동을 통해 그리고 예수 그리스도의 자신을 주시는 겸손한 특징으로 형성되는 교회의 삶을 통해 복음을 선포하라."

결국 좋은 소식을 **말하고 삶으로 나타내는 것**은 "하늘에서 맺어진 결혼"이다. 우리의 말, 일, 정체성은 분리할 수 없다. 오늘날 우리에게 중대한 문제는 여러 문화적 교파적 모습을 하고 있는 교회가 이런 성경적 결혼에 입각해 세상 속에서 이루어지는 선교 방식을 결정할 것인가 하는 것이다. 우리는 말**이나** 행위를 경시함으로써 "선교에서 벗어나려는" 유혹을 거부할 것인가? 우리는 언제 행동하고 언제 말할 것인지 기도하면서 성령의 인도를 구할 것인가? 우리는 하나님의 선교적 백성으로 우리의 **존재**를 제대로 파악하고, 그 비전에 비추어 살아갈 것인가? 우리는 개인으로나 공동체로나 그리스도를 닮은 우리의 특징이 다른 사람들에게 우리가 섬기는 하나님의 아름다움과 사랑을 나타내 보일 수 있도록 할 것인가? 기독교 선교에서 말, 행동, 존재의 완벽한 관계를 훌륭하게 표현한 현대적 신앙고백 하나를 인용하면서 이 책을 마무리 짓기로 하자.[43)]

하나님의 선교에 참여하도록,
모든 사람에게 그리스도를 알고 따르도록 요청하고
예수님의 이름에

죄사함이 있고

회개하고 믿는 모든 자에게 새 생명이 있다는 확신을

모든 사람에게 선포하도록

하나님 나라의 복음과 함께

교회는 파송된다.

성령은 모든 지체에게

그들의 이웃지역과

세상에서,

가난한 자를 먹이고

목마른 자에게 물을 주고

나그네를 환영하고

벌거벗은 자에게 옷을 입히고

병든 자를 돌보고

갇힌 자를 자유롭게 하면서

하나님의 선교에 참여할 것을 요청하신다.

우리는 이 일을 소수의 사람들에게 맡겨 놓은 것을 회개한다.

**이 선교는 우리의 존재에 중심을 이루기 때문이다.**

# 주

1) Christopher J. H. Wright, *The Mission of God's People: A Biblical Theology of the Church's Mission* (Grand Rapids: Zondervan, 2010), p. 275.「하나님 백성의 선교」(IVP)
2) 예를 들어, 이런 제목을 한 책으로 Duane Litfin, *Word Versus Deed: Resetting the Scales to a Biblical Balance* (Wheaton, IL: Crossway, 2012)를 보라.
3) Alan J. Roxburgh and M. Scott Boren, *Introducing the Missional Church: What It Is, Why It Matters, How to Become One* (Grand Rapids: Baker, 2009), p. 54.
4) "선교적 교회"에 대해 쓴 책과 글은 방대하며 꾸준히 증가하고 있다. 선교적 교회 사상에 대한 중대한 신학적 기초로, Darrell L. Guder, ed., *Missional Church: A Vision for the Sending of the Church in North America* (Grand Rapids: Eerdmans, 1998)를 보라.
5) Wright, *Mission of God's People*, p. 73를 보라.
6) Christopher J. H. Wright, *The Mission of God: Unlocking the Bible's Grand Narrative* (Downers Grove, IL: InterVarsity Press, 2006), p. 287.「하나님의 선교」(IVP)
7) Litfin, *Word Versus Deed*, p. 47; 또 그가 쓴 짧은 글 "You Can't Preach the Gospel with Deeds: And Why It's So Important to Say So," *Christianity Today* (May 2012): 40-43를 보라.
8) Litfin, *Word Versus Deed*, p. 35.
9) 마태복음 11:4-5과 누가복음 4:18-21 같은 구절들은, 신약에는 "그들의 행위를 통해 무언가를 '전하라'고 하는 말이 전혀 없다. 하물며 복음은 더 말할 것도 없다"(ibid., p. 43)는 리트핀의 결론에 의문을 제기한다. 문제의 일부는 리트핀이 "전하다"와 "선포하다" 같은 단어들을 엄격하게 문자 그대로 해석하려고 한다는 것이다. 하지만 그 단어들은 문자적으로뿐만 아니라 은유적으로도 쓰인다. 그러므로 "눌린 자를 자유롭게 하거나"(눅 4:18) 제자들의 더러운 발을 씻기는 일 같은(요 13:1-11), 좋은 소식을 현시하는 행동을 통해 복음을 "선포한다"

고 말하는 것은 아주 적절하다.

10) 한 경우에, 바울은 복음이 나쁜 동기에서 선포될 때조차도 중요한 것은 복음이 전파되고 있는 사실이라고 말한다(빌 1:15-17). 이것은 복음에 대해 증언하는 자들의 동기가 중요하지 않다는 말이 아니다(빌 1:27을 보라). 그것은 복음이 그 사역자가 지닌 가치보다 훨씬 크다는 점과, 또 때때로 하나님은 복음의 진실하지 못한 선포조차 그분의 영광을 위해 사용하실 수 있다는 점을 단순히 인정하는 것이다.

11) Bryan Stone, *Evangelism After Christendom: The Theology and Practice of Christian Witness* (Grand Rapids: Brazos, 2007), p. 244.

12) David J. Bosch, "Evangelism: Theological Currents and Cross-Currents Today," in *The Study of Evangelism: Exploring a Missional Practice of the Church*, ed. Paul W. Chilcote and Laceye C. Warner (Grand Rapids: Eerdmans, 2008), p. 13.

13) Stone, *Evangelism After Christendom*, pp. 249, 285를 보라.

14) Litfin, *Word Versus Deed*, pp. 50-55를 보라.

15) Andy Johnson, *1 and 2 Thessalonians* (Grand Rapids: Eerdmans, 근간)를 보라.

16) Esther de Waal, *A Seven Day Journey with Thomas Merton* (Ann Arbor, MI: Servant, 1992), p. 26; Forster & Beebe, *Longing for God: Seven Paths of Christian Devotion* (Downers Grove, IL: InterVarsity Press, 2009), p. 85에서 인용.

17) Andrew Perriman, *Re: Mission: Biblical Mission for a Post-biblical Church* (Milton Keynes, UK: Paternoster, 2007), p. 152.

18) Lesslie Newbigin, "Crosscurrents in Ecumenical and Evangelical Understandings of Mission," *International Bulletin of Missionary Research* 6 (1982): 146.

19) Michael W. Goheen, *A Light to the Nations: The Missional Church and the Biblical Story* (Grand Rapids: Baker, 2011), p. 215. 「열방에 빛을」(복있는 사람)

20) *The Micah Network Declaration on Integral Mission*, September 2001. 다수 세계 신학자들은 교회가 통합적 선교를 하도록 요청하는데 선구자 역할을 했다. 예를 들어, 라틴아메리카신학회가 한 일을 연대순으로 기록한 책으로 Daniel Salinas, *Latin American Evangelical Theology in the 1970's: The Golden Decade* (Leiden: Brill, 2009)를 보라. 또 로잔운동에서 발간한 *Occasional Paper No. 33: Holistic Mission* (2004)과 참고문헌을 보라.

21) Wright, *Mission of God's People*, p. 277.

22) David Smith, "Evangelicals and Society: The Story of an On-Off Relationship," in *Transforming the World? The Gospel and Social Responsibility*, ed. Jamie A. Grant and Dewi A. Hughes (Nottingham, UK: Apollos, 2009), p. 260.

23) William Booth, *In Darkest England and the Way Out* (New York: Funk and Wagnalls, 1890), p. 47.

24) Smith, "Evangelicals and Society," p. 260.

25) Wright, *Mission of God*, pp. 317-19를 보라.

26) Litfin, *Word Versus Deed*, pp. 201-2를 보라.

27) C. Rene Padilla, "The Mission of the Church in Light of the Kingdom of God," *Transformation* 1 (1984): 19.

28) Newbigin, "Crosscurrents," pp. 148-49.

29) Wright, *Mission of God*, p. 319.

30) Stone, *Evangelism After Christendom*, p. 15.

31) Ibid., p. 230.

32) N. T. Wright, *Simply Christian: Why Christianity Makes Sense* (New York: HarperCollins, 2006), pp. 204-5를 보라. 「톰 라이트와 함께하는 기독교 여행」 (IVP)

33) Gerhard Lohfink, *Jesus and Community: The Social Dimension of Christian Faith*, trans. John P. Galvin (Philadelphia: Fortress, 1984), p. 146. 「예수는 어떤 공동체를 원했나?」(분도출판사)

34) Wright, *Mission of God's People*, p. 283.

35) Wright, *Simply Christian*, p. 204.

36) Wright, *Mission of God's People*, p. 284.

37) *The Cape Town Commitment: A Confession of Faith and Call to Action*, 2011. 「케이프타운 서약」(IVP)

38) Wright, *Mission of God's People*, p. 267. 라이트가 이 주제에 대해 탁월하게 논의한 것으로 pp. 267-70를 보라.

39) *Cape Town Commitment*.

40) Jim Wicks, "The Mission of the Church," in *Postmodern and Wesleyan? Exploring the Boundaries and Possibilities*, ed. Jay R. Akkerman, Thomas J. Oord and Brent D. Peterson (Kansas City, MO: Beacon Hill, 2009), pp. 131-33.

41) Melba Maggay, "To Respond to Human Need by Loving Service (i)," in *Mission in the 21st Century: Exploring the Five Marks of Global Mission*, ed. Andrew Walls and Cathy Ross (Maryknoll, NY: Orbis, 2008), p. 52.

42) Kosuke Koyama, *No Handle on the Cross: An Asian Meditation on the Crucified Mind* (Eugene, OR: Wipf and Stock, 2011).

43) *Our World Belongs to God: A Contemporary Testimony* (Grand Rapids: Christian Reformed Church in North America, 2008).

# RECOMMENDED BOOK LIST
# 추천도서 목록

Arias, Mortimer, and Alan Johnson. *The Great Commission: Biblical Models for Evangelism*. Nashville: Abingdon, 1992.

Bosch, David. *Transforming Mission: Paradigm Shifts in Theology of Mission*. Maryknoll, NY: Orbis, 1991. 「변화하는 선교」(CLC)

Brower, Kent E., and Andy Johnson, eds. *Holiness and Ecclesiology in the New Testament*. Grand Rapids: Eerdmans, 2007.

Burke, Trevor J., and Brian S. Rosner, eds. *Paul as Missionary: Identity, Activity, Theology, and Practice*. London: T & T Clark, 2011.

Burridge, Richard A. *Imitating Jesus: An Inclusive Approach to New Testament Ethics*. Grand Rapids: Eerdmans, 2007.

*The Cape Town Commitment: A Confession of Faith and Call to Action*. The Lausanne Movement, 2011. 「케이프타운 서약」(IVP)

Dickson, John P. *The Best Kept Secret of Christian Mission: Promoting the Gospel with More Than Our Lips*. Grand Rapids: Zondervan, 2010.

Flemming, Dean. *Contextualization in the New Testament: Patterns for Theology and Mission*. Downers Grove, IL: InterVarsity Press, 2005.

_____. "Exploring a Missional Reading of Scripture: Philippians as a Case Study," *Evangelical Quarterly* 83 (2011): 9–15.

_____. *Philippians: A Commentary in the Wesleyan Tradition*. Kansas City, MO: Beacon Hill, 2009.

Goheen, Michael W. *A Light to the Nations: The Missional Church and the Biblical Story*. Grand Rapids: Baker, 2011. 「열방에 빛을」(복있는 사람)

Goheen, Michael W., and Craig G. Bartholomew. *The Drama of Scripture: Finding Our Place in the Biblical Story*. Grand Rapids: Baker, 2004. 「성경은 드라마다」(IVP)

Gorman, Michael J. *Reading Revelation Responsibly: Uncivil Worship and Witness: Following Lamb into the New Creation*. Eugene, OR: Cascade Books, 2011. 「요한계시록 바르게 읽기」(새물결플러스)

Grant, Jamie A., and Dewi A. Hughes, eds. *Transforming the World? The Gospel and Social Responsibility*. Nottingham, UK: Apollos, 2009.

Green, Joel B. *1 Peter*. Grand Rapids: Eerdmans, 2007.

Guder, Darrell L., ed. *Missional Church: A Vision for the Sending of the Church in North America*. Grand Rapids: Eerdmans, 1998.

Harink, Douglas. *1 & 2 Peter*. Grand Rapids: Brazos, 2009.

Kostenberger, Andreas J. *The Missions of Jesus and the Disciples According to the Fourth Gospel*. Grand Rapids: Eerdmans, 1998.

Legrand, Lucien. *Unity and Plurality: Mission in the Bible*. Maryknoll, NY: Orbis, 1990.

Litfin, Duane. *Word Versus Deed: Resetting the Scales to a Biblical Balance*. Wheaton, IL: Crossway, 2012.

Lohfink, Gerhard. *Jesus and Community: The Social Dimension of Christian Faith*. Translated by John P. Galvin. Philadelphia: Fortress, 1984. 「예수는 어떤 공동체를 원했나?」(분도출판사)

Mangina, Joseph L. *Revelation*. Grand Rapids: Brazos, 2010.

*Micah Network Declaration on Integral Mission*, September 2001.

Newbigin, Lesslie. "Crosscurrents in Ecumenical and Evangelical Understandings of Mission," *International Bulletin of Missionary Research* 6 (1982): 146–51.

O'Brien, Peter T. *Gospel and Mission in the Writings of Paul: An Exegetical and Theological Analysis*. Grand Rapids: Baker, 1993.

Peskett, Howard, and Vinoth Ramachandra. *The Message of Mission: The Glory of Christ in All Time and Space*. Downers Grove, IL: InterVarsity Press, 2003. 「BST 선교」(IVP)

Plummer, Robert L. *Paul's Understanding of the Church's Mission: Did the Apostle Expect the Early Christian Communities to Evangelize?* Eugene, OR: Wipf and Stock, 2006.

Samuel, Vinay, and Chris Sugden, eds. *Mission as Transformation: A Theology of the Whole Gospel*. Oxford: Regnum, 1999.

Schnabel, Eckhard J. *Early Christian Mission*, 2 vols. Downers Grove, IL: InterVarsity Press, 2004.

_____. *Paul the Missionary: Realities, Strategies and Methods*. Downers Grove, IL: InterVarsity Press, 2008. 「선교사 바울」(부흥과개혁사)

Skreslet, Stanley H. *Picturing Christian Witness: New Testament Images of Disciples in Mission*. Grand Rapids: Eerdmans, 2006.

Stone, Bryan. *Evangelism After Christendom: The Theology and Practice of Christian Witness*. Grand Rapids: Brazos, 2007.

Twelftree, Graham H. *People of the Spirit: Exploring Luke's View of the Church*. London: SPCK, 2009.

Wright, Christopher J. H. *The Mission of God: Unlocking the Bible's Grand Narrative*. Downers Grove, IL: InterVarsity Press, 2006. 「하나님의 선교」(IVP)

_____. *The Mission of God's People: A Biblical Theology of the Church's Mission*. Grand Rapids: Zondervan, 2010. 「하나님 백성의 선교」(IVP)